MON LABO DE FRANÇAIS

2de 1re

VOIES GÉNÉRALE & TECHNOLOGIQUE

Cécilia Benbraham
Agrégée de Lettres modernes
Lycée Blanche-de-Castille (Le Chesnay)

Amélie Berthou-Sergeant
Certifiée de Lettres modernes
Collège de Sèvres

Stéphanie Callet
DEA de Lettres modernes
Académie de Paris

Louise Kaiser
Certifiée de Lettres modernes
Docteure en Langue française
Collège Madeleine-Danielou (Rueil-Malmaison)

Florence Renner
Agrégée de Lettres modernes
Académie de Paris

Nathan

ISBN : 978 209 172142-2

MON LABO DE FRANÇAIS

Un outil innovant pour progresser et réussir en français

Le cahier-manuel et sa plateforme

Ce cahier-manuel est conçu pour accompagner les élèves en français et leur apporter les connaissances et les outils nécessaires pour atteindre les objectifs du programme : structurer leur culture et leur faire acquérir des connaissances en histoire littéraire, améliorer leurs capacités de compréhension des textes et d'expression, les préparer aux exercices du Bac, affermir et approfondir leurs connaissances en étude de la langue.

Un manuel et un cahier

Avec ses 240 pages, l'ouvrage rassemble les avantages d'un manuel et ceux d'un cahier. Il propose des contenus développés, comme dans un manuel, mais c'est également un cahier d'activités sur lequel, par des observations et des exercices, chacun peut s'approprier ces connaissances.

Les 88 fiches sont réparties de manière à couvrir tous les attendus de la 2de et de la 1re. Chaque fiche contient les éléments nécessaires aux apprentissages : du cours et des activités.

Un cahier et une plateforme numérique

Le cahier-manuel constitue un objet qu'on peut conserver pendant les deux années de français jusqu'au Bac. Il est adossé à des ressources numériques qui fournissent des outils complémentaires pour l'acquisition des savoirs utiles au lycée. Des liens conduisent vers :

– des vidéos et des quiz en histoire littéraire ;

– des cartes mentales animées pour se familiariser avec les outils d'analyse littéraire et comprendre leur usage ;

– des exemples de productions pour la préparation aux épreuves écrites ;

– des vidéos de prestations pour l'oral ;

– Des modules interactifs pour l'étude de la langue.

Des parcours adaptatifs pour l'étude de la langue

Pour l'étude de la langue, le numérique présente l'avantage de proposer à chacun un parcours individualisé. Les notions du programme font ainsi l'objet de parcours adaptatifs pour mémoriser, s'entraîner et progresser. La plateforme contient en outre un module de révision doté d'un algorithme proposant une remédiation adaptée à chaque élève.

Les auteurs

Sommaire du cahier-manuel

1. Pour bien commencer… 12

Histoire littéraire 14

2. La littérature médiévale 16
- Retenir et Textes clés 16
- S'entraîner 18
- BAC ÉCRIT Commenter un extrait de roman de chevalerie 19

3. L'humanisme et la Pléiade 20
- Retenir et Textes clés 20
- S'entraîner 22
- BAC ÉCRIT Analyser un texte humaniste 23

4. Le baroque et le classicisme 24
- Retenir et Textes clés 24
- S'entraîner 26
- BAC ÉCRIT Utiliser ses connaissances sur le « Grand Siècle » 27

5. Les Lumières 28
- Retenir et Textes clés 28
- S'entraîner 30
- BAC ÉCRIT Analyser un texte des Lumières 31

6. Le romantisme 32
- Retenir et Textes clés 32
- S'entraîner 34
- BAC ÉCRIT Analyser un texte romantique 35

7. Le réalisme et le naturalisme 36
- Retenir et Textes clés 36
- S'entraîner 38
- BAC ÉCRIT Analyser un texte naturaliste 39

8. Du symbolisme au surréalisme 40
- Retenir et Textes clés 40
- S'entraîner 42
- BAC ÉCRIT Utiliser ses connaissances sur la modernité poétique 43

9. Le théâtre du XXe siècle 44
- Retenir et Textes clés 44
- S'entraîner 46
- BAC ÉCRIT Commenter un extrait de théâtre 47

10. Le Nouveau roman et l'OuLiPo 48
- Retenir et Textes clés 48
- S'entraîner 50
- BAC ÉCRIT Analyser un extrait de Nouveau roman 51

11. Le théâtre contemporain 52
- Retenir et Textes clés 52
- S'entraîner 54
- BAC ÉCRIT Commenter un extrait de théâtre 55

12. **Le roman aux XXe et XXIe siècles** 56
- Retenir et Textes clés 56
- S'entraîner 58
- BAC ÉCRIT Commenter un extrait de roman historique 59

13. **La poésie moderne et contemporaine** 60
- Retenir et Textes clés 60
- S'entraîner 62
- BAC ÉCRIT Commenter un poème contemporain 53

Étude de la langue 64

Les accords
14. Les accords dans le groupe nominal 66
15. Les accords entre le sujet et le verbe 70

Le verbe
16. Les valeurs temporelles 74
17. Les valeurs aspectuelles 78
18. Les valeurs modales 80
19. La concordance des temps 84

Les relations dans la phrase complexe
20. Juxtaposition, coordination, subordination 86
21. Les propositions subordonnées complétives 90

La syntaxe des propositions subordonnées relatives
22. Les propositions subordonnées relatives 94

Les propositions subordonnées circonstancielles
23. Les propositions conjonctives circonstancielles (1) 98
24. Les propositions conjonctives circonstancielles (2) 100

L'interrogation
25. L'interrogation partielle et totale 106
26. L'interrogation directe et indirecte 108

La négation
27. La négation 110

Outils d'analyse littéraire 114

Lire un texte poétique

28. Les différentes formes poétiques 116
29. La versification 118
30. Effets sonores, effets visuels 120
31. Analyser un texte poétique 122
32. INFOGRAPHIE Aborder un texte poétique 124

Lire un texte théâtral

33. Les différents genres théâtraux 126
34. Les formes de parole théâtrale 128
35. Analyser la structure d'une pièce de théâtre 130
36. Analyser un texte de théâtral 132
37. INFOGRAPHIE Aborder un texte théâtral 134

Lire un récit

38. Les différents genres du récit 136
39. Les types de personnages 138
40. Narrateur et points de vue 140
41. Analyser un texte romanesque 142
42. INFOGRAPHIE Aborder un texte narratif 144

Lire un texte argumentatif

43. Les différents genres argumentatifs 146
44. Analyser un texte argumentatif 148
45. INFOGRAPHIE Aborder un argumentatif 150

Identifier la composition d'un extrait

46. Identifier les mouvements d'un texte 152

Repérer les différentes tonalités

47. Les tonalités comique et satirique 154
48. Les tonalités épique, lyrique et dramatique 156
49. Les tonalités tragique, élégiaque et pathétique 158
50. La tonalité polémique 160

Analyser les figures de style

51. Les figures d'analogie : comparaison, métaphore, personnification, allégorie 162
52. Les figures d'insistance : anaphore, énumération, pléonasme, hyperbole, oxymore et antithèse 164
53. Les figures de substition : périphrase, métonymie, euphémisme, litote et épanorthose 166

Repérer l'ironie dans un texte

54. L'ironie 168

Vers le BAC 170

SE PRÉPARER À L'ÉCRIT DU BAC

Le commentaire

55. Comprendre l'enjeu du commentaire 172
56. Lire et comprendre un texte 174
57. Utiliser son brouillon de manière efficace 176
58. Construire un plan 178
59. Formuler une problématique 180
60. Rédiger un paragraphe et insérer des citations 182
61. Rédiger l'introduction et la conclusion 184

La dissertation

62. Comprendre l'enjeu de la dissertation 186
63. Analyser un sujet 188
64. Construire un plan 190
65. Formuler une problématique 192
66. Mobiliser ses connaissances 194
67. Rédiger un paragraphe argumenté 196
68. Rédiger l'introduction et la conclusion 198
69. Utiliser son brouillon de manière efficace 200

La contraction de texte

70. Comprendre l'enjeu de la contraction de texte 202
71. Étudier l'organisation et les idées d'un texte 204
72. Reformuler et contracter un texte 206

L'essai

73. Comprendre l'enjeu de l'essai 208
74. Analyser un sujet et formuler une problématique 210
75. Construire un plan 212
76. Rédiger un essai 214
77. Utiliser son brouillon de manière efficace 216

Réussir son écrit

78. Ponctuer ses écrits 218
79. Éviter les répétitions 220
80. Corriger ses erreurs d'écriture 222

SE PRÉPARER À L'ORAL DU BAC

L'explication linéaire

81. Comprendre l'enjeu de l'explication linéaire 224
82. Organiser son introduction et répondre à un projet de lecture 226
83. Présenter son explication linéaire à l'oral 228

L'entretien

84. Justifier le choix d'une œuvre à l'oral 230
85. Répondre aux questions de l'examinateur 232

Réussir son oral

86. Travailler la lecture des textes 234
87. Concevoir des fiches sur ses textes 236
88. Prendre la parole en public 238

Retrouvez vos ressources numériques sur la plateforme

MON LABO DE FRANÇAIS

Histoire littéraire

Des vidéos

▶ Dans chaque fiche, une **vidéo** pour entrer dans la notion

2. La littérature médiévale : une vidéo de Renaud Pasquier 16
3. L'humanisme et la Pléiade : une vidéo d'Amélie Vioux 20
4. Le baroque et le classicisme : un MOOC Grand Palais : « Une brève histoire de l'art » sur le Grand Siècle 24
5. Les Lumières : un MOOC Grand Palais : « Une brève histoire de l'art » sur le XVIIIe siècle 28
6. Le romantisme : un extrait de l'émission « 1,2,3, culture ! » : Le romantisme 32
7. Le réalisme et le naturalisme : un extrait de l'émission « D'Art d'Art », sur *Un enterrement à Ornans*, de G. Courbet 36
8. Du symbolisme au surréalisme : une vidéo du musée d'Orsay 40
9. Le théâtre du XXe siècle : une vidéo de Pierre Teuler 44
10. Le Nouveau roman et l'OuLiPo : une vidéo de SchoolMouv 48
11. Le théâtre contemporain : la bande-annonce de *Cendrillon* de J. Pommerat 52
12. Le roman aux XXe et XXIe siècles : un extrait de l'émission de France Culture : « Écrire, c'est quoi ? » 56
13. La poésie moderne et contemporaine : un extrait de l'émission « La Grande Librairie » sur Abd al Malik racontant « Le jeune noir à l'épée » 60

Des quiz d'entraînement

▶ Dans chaque fiche, un **quiz** d'entraînement pour vérifier ses connaissances

Étude de la langue

▶ Une plateforme numérique dédiée à l'étude de la langue, avec des modules de révision et d'apprentissage, des rappels de cours et des exercices adaptés au niveau de chaque élève.

Réviser

Natures
1. Les mots variables
2. Les mots invariables
3. Les natures de mots

Fonctions
4. Les fonctions dans le groupe nominal
5. La fonction sujet
6. Les attributs
7. Les compléments d'objet
8. Les compléments circonstanciels
9. Phrase simple et phrase complexe

Conjugaison
10. Les temps simples
11. Les temps composés
12. Les modes (1)
13. Les modes (2) : le subjonctif

La grammaire au lycée

Les accords dans le GN et entre le sujet et le verbe (2de)
14. Les accords dans le GN
15. Les accords entre le sujet et le verbe

Le verbe (2de)
16. Valeurs temporelles
17. Valeurs aspectuelles
18. Valeurs modales
19. La concordance des temps

Les relations au sein de la phrase complexe (2de)

20. Juxtaposition, coordination, subordination

21. Les propositions subordonnées complétives

La syntaxe des propositions subordonnées relatives (2de)

22. Identifier la construction des relatives

23. Le pronom relatif et ses fonctions

Les subordonnées conjonctives compléments circonstanciels (1re)

24. Syntaxe des conjonctives circonstancielles

25. Les circonstances

L'interrogation (1re)

26. Interrogation totale et partielle

27. Interrogation directe et indirecte

L'expression de la négation (1re)

28. Formes et fonctionnement de la négation

Outils d'analyse littéraire

Des cartes mentales animées

- Figures de style et sonorités 120
- La poésie : ce qu'il faut savoir 122, 124
- Le théâtre : ce qu'il faut savoir 132, 134
- L'autobiographie : ce qu'il faut savoir 142, 144
- La littérature d'idées : ce qu'il faut savoir 148, 150
- Les tonalités qu'il faut connaître 154, 156, 158, 160
- Les sept figures de style qu'il faut connaître 162, 164, 166, 168

En partenariat avec « Le Français, c'est clair »

youtube.com/c/Lefrancaiscestclair

Vers le Bac

Des sujets de Bac

Des sujets de **dissertation**, de **commentaire**, de **contraction**, d'**essai développés** sur les œuvres intégrales au programme, avec des conseils, des plans détaillés, des exemples de paragraphes, d'introduction et de conclusion rédigés.

Sujets de dissertation sur...

- *Déclaration des droits de la femme et de la citoyenne*, d'O. de Gouges
- *Les Caractères*, de J. de La Bruyère
- *Gargantua*, de Fr. Rabelais
- *Juste la fin du monde*, de J.-L. Lagarce
- *Le Malade imaginaire*, de Molière
- *Les Fausses Confidences*, de Marivaux
- *La Peau de chagrin*, d'H. de Balzac
- *Manon Lescaut*, de l'abbé Prévost
- *Les Contemplations*, de V. Hugo

Sujets de commentaire sur...

- Un extrait de *Julie ou la Nouvelle Héloïse*, de Rousseau
- « Le Crapaud », de Corbière
- « Spleen », *Les Fleurs du mal*, de Baudelaire
- Un extrait des *Mémoires* de Saint-Simon
- Un extrait des *Mémoires d'Outre-Tombe* de Chateaubriand

Sujets de contraction de texte

- *Discours sur la misère*, de V. Hugo
- « Pourquoi la raison se nourrit des émotions », de V. Riva

Sujets d'essai sur le parcours...

- « Écrire et combattre pour l'égalité » (O. de Gouges)
- « La bonne éducation » (Rabelais)

Des vidéos d'entraînement pour l'oral

L'explication linéaire 226, 228

L'entretien 230

La plateforme *Mon labo de français*

➜ Cette plateforme contient toutes les ressources associées au cahier, avec, en particulier, deux modules dédiés à l'étude de la langue.

Les modules d'étude de la langue

Les autres ressources : quiz, vidéos, cartes mentales, sujets de bac…

Les deux modules d'étude de la langue

➜ L'enseignement de la grammaire figure désormais au programme du lycée et fait l'objet d'une question à l'oral du bac de français. Or, les **sept questions de langue** à traiter, quatre en 2de et trois en 1re, supposent que les notions de grammaire vues au collège sont bien acquises.

➜ La plateforme est conçue tant pour travailler en classe que pour permettre à chacun de s'entraîner en autonomie. Elle est dotée d'un module « Réviser », élaboré à partir des attendus de fin de 3e, et d'un module « La grammaire au lycée » pour les notions d'étude de la langue au programme en 2de et en 1re.

➜ Elle contient plus de **600 exercices** supplémentaires.

1 Le module « Réviser »

➜ Chacune des **treize fiches** de ce module est dotée d'un test initial qui permet à l'élève de se positionner. Un algorithme lui propose ensuite des activités de **remédiation** en fonction de ses résultats. Ainsi, chacun peut à la fois vérifier ses connaissances et combler les lacunes qui pourraient subsister.

Différents types d'exercices

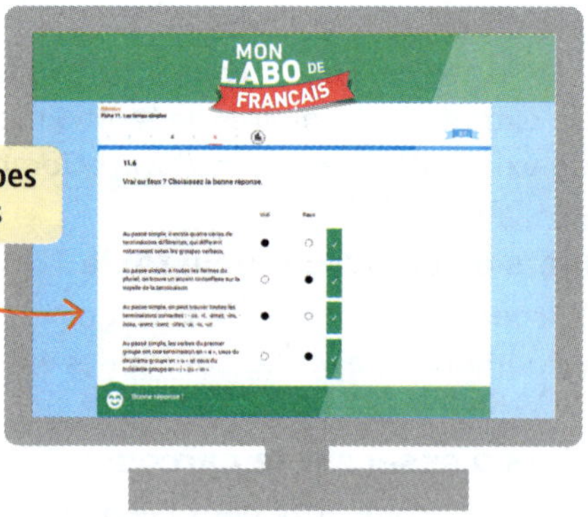

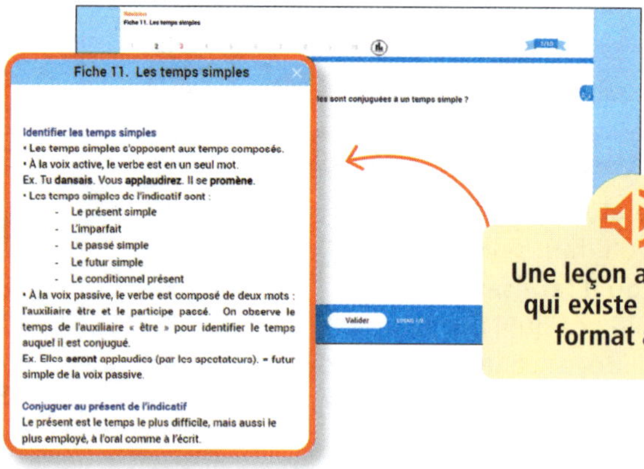

Une leçon accessible qui existe aussi en format audio

2 Le module d'apprentissage « La grammaire au lycée »

➜ Il se compose de **quinze fiches** d'exercices. Après avoir pris connaissance du cours proposé sous forme écrite et audio, un test permet d'en vérifier la compréhension et la mémorisation. Selon le résultat de ce test, chaque élève est orienté vers des séries d'exercices organisés par paliers, jusqu'à ce que son score indique que la notion est acquise. Dans la partie concernant le programme de 1re, de nombreux exercices sont composés à partir d'**extraits des œuvres intégrales au programme**.

LA GRAMMAIRE AU LYCÉE
FICHE 20. Juxtaposition, coordination, subordination

Des exercices sur des extraits d'œuvres au programme

Un outil pour l'élève et pour le professeur

→ Chaque élève peut ainsi **progresser à son rythme** et **visualiser son parcours**. Le professeur peut également utiliser la plateforme pour suivre les résultats de ses élèves grâce à **des tableaux de bord, et pour organiser la progression** de son cours en étude de la langue. Il dispose en effet d'un outil pour créer des devoirs à partir d'une banque regroupant tous les exercices de la plateforme.

Le professeur choisit des exercices pour composer un devoir.

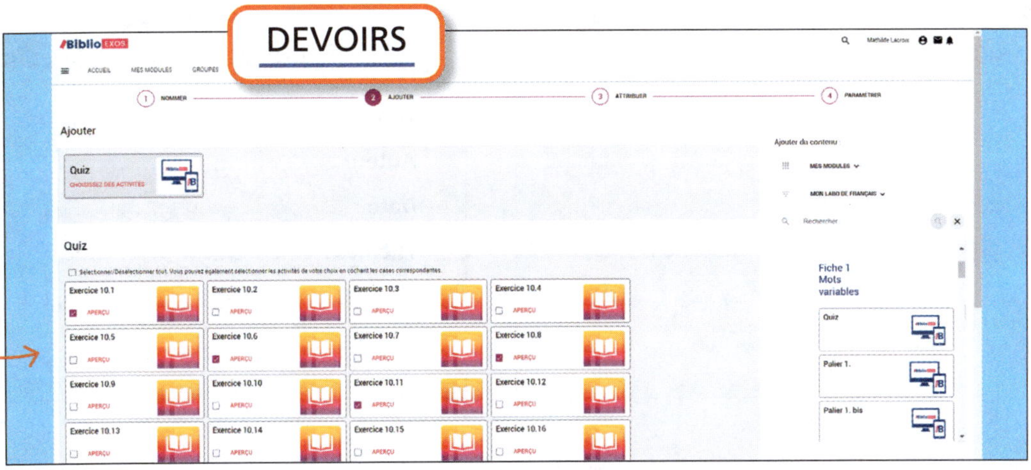

→ Ces devoirs peuvent être adressés à l'ensemble de la classe ou à des groupes de niveaux, et sont à effectuer selon des modalités choisies : en classe, à la maison, en temps limité, en autorisant ou non plusieurs tentatives…

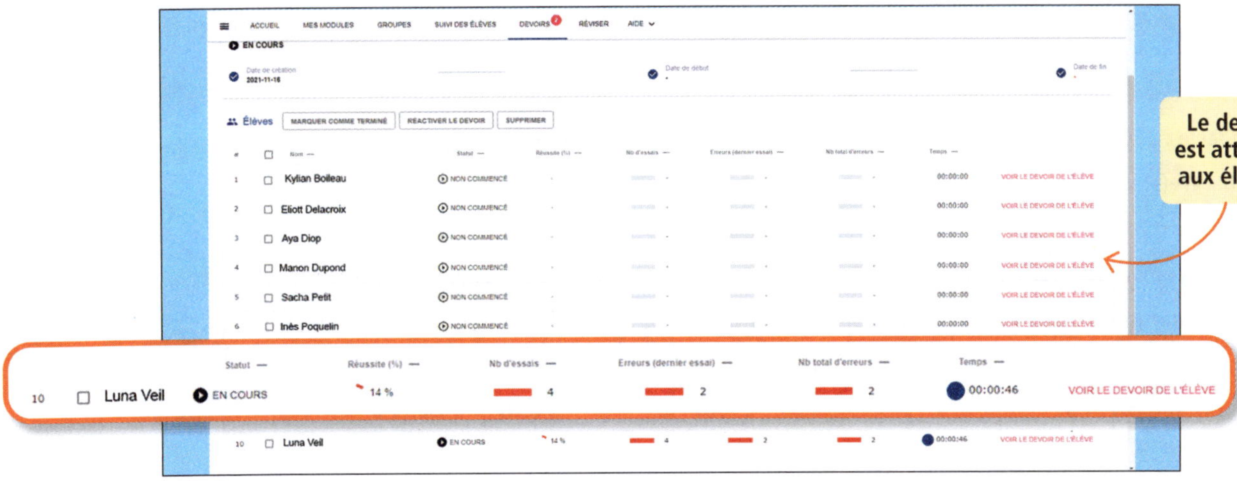

Le devoir est attribué aux élèves.

1 Pour bien commencer...

Ma bibliothèque personnelle

1 Choisissez quatre ouvrages qui vous ont plu, lus en classe ou dans le cadre d'une lecture personnelle, et complétez les éléments demandés.

LIVRE 1
Récit ou roman

Titre : ....
Auteur : ....
Date : ....
Thèmes : ....
....
....

LIVRE 2
Pièce de théâtre

Titre : ....
Auteur : ....
Date : ....
Thèmes : ....
....
....

LIVRE 3
Recueil de poèmes ou poème

Titre : ....
Auteur : ....
Date : ....
Thèmes : ....
....
....

LIVRE 4
Fable, conte, littérature d'idées

Titre : ....
Auteur : ....
Date : ....
Thèmes : ....
....
....

Des auteurs classiques que je connais

2 Choisissez deux auteurs parmi ceux étudiés au cours des années précédentes, et complétez les fiches suivantes. Aidez-vous de la frise située au début et à la fin de votre cahier.

AUTEUR

....

- Siècle : ....
- Œuvre(s) : ....
- Genre : ....
- Mouvement littéraire : ....
- Fait marquant de sa vie : ....
....
- Contemporain de : ....
....

AUTEUR

....

- Siècle : ....
- Œuvre(s) : ....
- Genre : ....
- Mouvement littéraire : ....
- Fait marquant de sa vie : ....
....
- Contemporain de : ....
....

Le lexique littéraire que je connais

3 a. Répondez aux questions en utilisant chacun de ces termes.

lyrique — tirade — fable — didascalie — narrateur — alexandrin — focalisation — fantastique — tragique — apologue — comique — quatrain

b. Utilisez-les tous dans une ou deux phrases d'analyse littéraire.

Texte 1

ATHALIE [*s'adressant à Mathan et Abner.*]
[…] Ma mère Jézabel devant moi s'est montrée,
Comme au jour de sa mort pompeusement parée.
[…] Son ombre vers mon lit a paru se baisser.
Et moi, je lui tendais les mains pour l'embrasser.
Mais je n'ai plus trouvé qu'un horrible mélange
D'os et de chair meurtris, et traînés dans la fange,
Des lambeaux pleins de sang, et des membres affreux,
Que des chiens dévorants se disputaient entre eux.

D'après **Racine**, *Athalie*, 1691.

1. Comment nomme-t-on une longue réplique ?

....

2. Comment nomme-t-on les indications en italique, surlignées en vert ?

....

3. Quelle est la tonalité de cet extrait ?

....

4. Rédigez une courte phrase reprenant les réponses des questions 1 à 3.

....

....

....

Texte 2

Je me dressai, les mains tendues, en me tournant si vite que je faillis tomber. Eh bien ?.... on y voyait comme en plein jour, et je ne me vis pas dans ma glace ! Elle était vide, claire, profonde, pleine de lumière ! Mon image n'était pas dedans… et j'étais en face, moi !

G. de Maupassant, *Le Horla*, 1887.

1. Comment se nomme l'instance qui prend en charge le récit ?

....

2. Quel terme est synonyme de « point de vue » ?

....

3. Quelle est la tonalité de cet extrait ?

....

4. Rédigez une courte phrase reprenant les réponses des questions 1 à 3.

....

....

....

Texte 3

L'amour toujours attend et même la présence
N'a pour lui que l'éclat de ce qui va finir.
Fiancée à tes bras j'épouse la distance.
L'enfant portant ma traîne est né de mes soupirs.

Louise de Vilmorin (1902-1969), « L'amour toujours attend ».

1. Comment nomme-t-on une strophe de quatre vers ?

....

2. Comment nomme-t-on un vers de douze syllabes ?

....

3. Quelle est la tonalité de cet extrait ?

....

4. Rédigez une courte phrase reprenant les réponses des questions 1 à 3.

....

....

....

Texte 4

Un mort s'en allait tristement
S'emparer de son dernier gîte ;
Un Curé s'en allait gaiement
Enterrer ce mort au plus vite.
Notre défunt était en carrosse porté,
Bien et dûment empaqueté,
Et vêtu d'une robe, hélas ! qu'on nomme bière,
Robe d'hiver, robe d'été,
Que les morts ne dépouillent guère.

J. de La Fontaine, *Fables*, « Le Curé et le Mort », 1678.

1. À quel genre cet extrait appartient-il ?

....

2. Comment nomme-t-on un récit court, plaisant et instructif ?

....

3. Quelle est la tonalité de cet extrait ?

....

4. Rédigez une courte phrase reprenant les réponses des questions 1 à 3.

....

....

....

HISTOIRE LITTÉRAIRE

Paroles d'écrivains

« Nous avons besoin [de l'histoire littéraire] parce que la littérature est subversive, toxique, provocante, sacrilège, profondément déstabilisante : les historiens de la littérature sont des démineurs, qui savent réduire et maîtriser ces charges explosives par l'analyse des circonstances, des caractères, des conventions, des relations complexes des auteurs et des publics. Mais nous en avons besoin aussi parce que l'histoire littéraire nous aide, de façon irremplaçable, à comprendre le sens que les textes avaient pour ceux qui les ont écrits et pour ceux à qui ils étaient d'abord destinés : et ce sens-là, révélé par l'enquête historique, rétablit la continuité de l'humanité, la proximité entre les nouveaux lecteurs et les anciens lecteurs noyés dans les brumes du passé. Elle oppose au sens imaginaire des livres, séduisant et légitime, mais souvent partiel et fragmentaire, la cohérence de leur sens originel, tel qu'il a été pensé par les auteurs et pour les lecteurs qu'ils connaissaient ou pouvaient deviner. »

Sylvain Menant, « Vers une nouvelle histoire littéraire : la reconstruction du continuum », *L'Histoire littéraire à l'aube du XXIe siècle*, © PUF, 2005.

« Le vrai écrivain n'est pas celui qui raconte des histoires, mais celui qui se raconte dans l'histoire. La sienne et celle, plus vaste, du monde dans lequel il vit. »

Philip Roth (1933-2018)

« Je ne dis pas que je n'ai pas confiance dans la littérature contemporaine. Mais je ne veux pas gaspiller un temps précieux en lisant des œuvres qui n'ont pas reçu le baptême du temps. La vie est courte. »

Haruki Murakami (né en 1949)

Vos ressources numériques

MON LABO DE FRANÇAIS

Vidéos

Kim Dong-Ky, *His room*
(à partir de La Chambre, de Vincent van Gogh, 1888).

2 La littérature médiévale

EXO Quiz

Dates clés

Vie politique

- **476** ▶ Effondrement de l'Empire romain d'Occident suite aux invasions barbares.
- **481** ▶ Baptême de Clovis : avènement du royaume des Francs.
- **800** ▶ Couronnement de Charlemagne.
- **987** ▶ Hugues Capet devient roi de France.
- **1095-1291** ▶ Croisades des chrétiens en Terre sainte.
- **1337-1453** ▶ Guerre de Cent Ans qui oppose la France et l'Angleterre.

Vie littéraire et artistique

- **880** ▶ Le *Cantilène de Sainte Eulalie* : premier texte littéraire en langue romane.
- **1098** ▶ La *Chanson de Roland* s'inspire de Charlemagne.
- **1170** ▶ *Tristan et Iseut*, un des mythes de l'amour éternel en Occident.
- **1175-1250** ▶ Le *Roman de Renart*, un des premiers récits satiriques français.
- **1176-1181** ▶ Chrétien de Troyes, *Lancelot ou le Chevalier à la charrette*.
- **1230** ▶ Le *Roman de la Rose* de Guillaume de Lorris et Jean de Meung marque l'aboutissement de la tradition courtoise tout en proposant une violente satire des femmes.
- **1405** ▶ Christine de Pizan, *La Cité des Dames*, en partie en réponse au *Roman de la Rose*.
- **1661** ▶ François Villon, *Le Testament*.

Pour commencer

5 minutes de vidéo sur La littérature médiévale

La tapisserie de Bayeux, XIe siècle (détail).

Questions

1. Pourquoi passe-t-on de la chanson de geste au roman de chevalerie ?
2. Où et grâce à qui apparaît la poésie lyrique ?
3. Quels sont les deux types de théâtre du Moyen Âge ?

Retenir

1. Qu'est-ce que la littérature au Moyen Âge ?

1 Les origines du roman

- Les récits médiévaux trouvent leur origine dans trois sources différentes : **la matière de France, celle de Rome et celle de Bretagne**. Cette dernière, la plus féconde, a inspiré tous les romans « arthuriens ».
- Le **roman courtois** des XIe et XIIe siècles met en scène des chevaliers qui combattent pour leur dame. Il donne naissance au **roman de chevalerie**, dont **Chrétien de Troyes** (XIIe s.) est le principal représentant. Imprégnés de merveilleux, ces récits racontent la quête des chevaliers du roi Arthur.
- On trouve également des genres narratifs courts, comme les **fabliaux** comiques ou les **lais**, à l'origine du genre de la nouvelle.

2 Un nouveau genre : la poésie

- La poésie se constitue comme genre à part au cours du XIIe siècle, et accorde une place nouvelle au **lyrisme** (XIVe siècle, **G. de Machaut**) et à la ***fin'amor*, ou amour courtois**. Les troubadours au Sud (langue d'oc), les trouvères au Nord (langue d'oïl) véhiculent la poésie de cour en cour.
- De nouvelles formes fixes voient le jour, comme la **ballade** ou le **rondeau** (**F. Villon, Ch. d'Orléans**).

3 Le théâtre, entre rire et religion

- Le théâtre religieux, à travers de très longues pièces appelées **mystères**, propose des représentations de scènes de la Bible. Il sert principalement à instruire le peuple.
- Les **farces** et les **soties**, pièces plus légères, sont inspirées des comédies antiques.

2. Focus sur la chanson de geste

- La **chanson de geste** (de *gesta* : « exploits ») apparaît dans une société médiévale composée d'une classe de guerriers et d'un ordre de prêtres, dont les rites et les valeurs à la fois antagonistes et complémentaires se retrouvent dans les récits.
- Rédigé en **laisses** (groupes de dix à douze vers qui s'achèvent sur la même voyelle accentuée), elle s'inspire des **épopées antiques** ; le héros se bat pour défendre les **valeurs de sa nation**.
- La ***Chanson de Roland***, qui raconte un épisode des guerres menées par Charlemagne contre les Sarrasins à Roncevaux (matière de France), est la plus célèbre des chansons de geste.

Textes clés

LA CHANSON DE GESTE

Ce long poème écrit en langue d'oc raconte les événements survenus dans le Languedoc depuis l'invasion du comté de Toulouse et de l'Albigeois par les croisés jusqu'à la mort de Simon de Montfort.

Les chevaliers vaillants et dispos, les sergents, les archers, qui viennent pleins de hardiesse, et les compagnies disposées à bien frapper, ont de toutes parts commencé un tel carnage, que le camp et la rive et la terre en retentissent. Mais le comte [de Montfort] et Alain et Foucaut [...] ont soutenu la lutte. Là vous auriez pu voir tant de hauberts[1] démaillés, tant de bons écus fendus ou brisés par le milieu, tant de poings, tant de bras, tant de pieds coupés, tant de sang versé, tant de cervelles écrasées, qu'il n'y a être si stupide qui n'en soit ému.

Guillaume de Tudèle et anonyme, *La Chanson de la croisade contre les Albigeois*, 1208-1219, trad. P. Meyer, 1875.

1. Chemise de mailles à manches et à capuchon, que portaient les hommes d'armes au Moyen Âge.

● Relevez les indices qui prouvent que ce texte appartient à la littérature épique médiévale.

LE ROMAN COURTOIS ET DE CHEVALERIE

La reine Guenièvre, femme du roi Arthur, est aimée de Lancelot. Elle est enlevée et tenue prisonnière par Méléagant. Lancelot part la délivrer...

Cinq jours avant l'Ascension, [la dame du lac] lui prépara un cheval et des armes.

– Bel ami, lui dit-elle, le temps approche où tu recouvreras ce que tu as perdu. Sache qu'il te convient d'être le jour de l'Ascension, à none[1], dans la forêt de Camaaloth. Certes, si tu ne t'y trouvais à cette heure, tu aimerais mieux ta mort que ta vie.

– Par tous les saints, dit Lancelot, j'y serai à pied ou à cheval !

Et il alla droit à la forêt, où il parvint pour voir de loin Méléagant combattre Keu et enlever la reine. Son destrier était si las qu'il ne put arriver à temps, et ce fut grâce à celui de monseigneur Gauvain qu'il attaqua les cent chevaliers pour sauver sa dame. Et à présent il lui fallait tenter de la conquérir encore.

Chrétien de Troyes, *Lancelot, le Chevalier à la charrette*, trad. de J. Boulenger, 1922.

1. À la prière de 15 heures.

● Quels éléments relèvent du récit de chevalier, et lesquels du récit d'amour courtois ?

LE RONDEAU

Le temps a laissé son manteau
De vent, de froidure et de pluie,
Et s'est vêtu de broderie
De soleil luisant, clair et beau.
Il n'y a bête ni oiseau
Qu'en son jargon ne chante ou crie :
« Le temps a laissé son manteau
De vent, de froidure et de pluie ! »
Rivière, fontaine et ruisseau,
Portent, en livrée jolie,
Gouttes d'argent d'orfèvrerie ;
Chacun s'habille de nouveau :
Le temps a laissé son manteau.

Charles d'Orléans, « Le temps a laissé son manteau... », XVe s.

● Analysez les caractéristiques de cette forme poétique (types de vers, de rimes, répétitions...).

LES LAIS

Jadis avint en Normendie
une aventure mult oïe
de dous enfanz ki s'entramerent,
par amur ambedui[1] finerent.
Un lai en firent li Bretun :
des Dous Amanz reçut le nun.

Marie de France, *Le Lai des deux amants*, fin du XIIe siècle.

1. Tous les deux.

● Lisez le début de ce lai à voix haute et proposez-en une transcription en français moderne.

Les mots du... Moyen Âge

● Donnez la définition des mots suivants.

FÉODALITÉ	COURTOISIE	GESTE	BALLADE
....	....	....	....
....	....	....	....
....	....	....	....
....	....	....	....
....	....	....	....
....	....	....	....

S'entraîner

Histoire de la langue **Le roman**

- Le mot *roman* sert d'abord à désigner la langue romane ; il est issu de l'adverbe latin *romanice*, qui signifiait « à la manière des Romains », « en langue romaine », par opposition au latin savant.
- Au Moyen Âge, pour désigner les textes qui appartiennent au genre narratif, les termes *estoire* (qui a donné le mot « histoire ») et *conte* sont le plus souvent utilisés.
- C'est avec Chrétien de Troyes que le terme tend à se rapprocher du sens moderne.

Définir l'amour courtois

1 **Extrait 1**

Tout ce qu'il désire,
l'amant doit le demander avec délicatesse
et la dame lui accordera.
Mais elle doit bien choisir son moment.
L'amant doit la prier et se mettre à disposition.

Marie de Ventadour (1180-1205), in J.-Cl. Marol, *L'Amour libérée*, © Dervy, 1998.

Extrait 2

Par sa joie ma Dame peut guérir,
par sa colère elle peut tuer.
Par elle le plus sage peut sombrer dans la folie,
le plus beau perdre sa beauté,
le plus courtois devenir un rustre,
et le plus rustre devenir courtois.

Guillaume de Poitiers, (1100-1124), in J.-Cl. Marol, *L'Amour libérée*, © Dervy, 1998.

a. Quelles relations entre l'amant et sa dame ces deux extraits définissent-ils ? Surlignez les passages qui mettent ces rapports en valeur.

....

....

....

....

b. Quels sont les pouvoirs de la dame sur l'amant ? Quelle influence exerce-t-elle sur lui ? Analysez les procédés utilisés dans l'extrait 2 pour mettre ces pouvoirs en évidence.

....

....

....

....

....

....

....

....

Comparer chanson de geste et roman de chevalerie

2 **Extrait 1**

Sur l'herbe verte, le comte Roland se pâme. Or un Sarrasin le guette : il a contrefait le mort et gît parmi les autres. De sang il a souillé son corps et son visage. Il se dresse et accourt. Il était beau, vaillant et de grand courage ; [...] il saisit Roland, sa personne et ses armes et s'exclame : « Il est vaincu le neveu de Charles[1] ! L'épée que voici, je vais l'emporter en Arabie ! ». [...] Roland sent qu'il lui prend son épée. Il ouvre les yeux et lui dit un mot : « Tu n'es pas des nôtres, que je sache ! »

La Chanson de Roland, XIe s., trad. anonyme 1911.

1. Charlemagne.

Extrait 2

Au matin, le jeune homme se leva, bien résolu à porter secours à la jeune fille désespérée qui avait demandé son aide : « Belle amie, lui dit-il, je ne quitterai pas ces lieux sans y avoir ramené la paix. Je vais aller trouver là dehors votre ennemi et le défier en combat singulier. » [...] Les adversaires s'élancèrent au galop l'un vers l'autre. Les lances volèrent en éclats et ils se trouvèrent au sol désarçonnés. Remontant à cheval aussitôt, ils se précipitèrent l'un contre l'autre, plus féroces que des sangliers. La colère et la rage rendaient terribles les coups d'épée qu'ils se donnaient sur leurs heaumes[1] et leurs écus. Mais à la fin, Clamadeu tomba au sol, blessé au bras et au côté. Le jeune homme mit pied à terre et courut vers lui, l'épée levée. Il l'aurait bien tué, mais Clamadeu cria merci[2].

Chrétien de Troyes, *Perceval ou le conte du Graal*, XIIe s.

1. Casques. – **2.** Demanda pitié.

Quelles différences relevez-vous entre ces deux extraits de combat ? À partir de votre réponse, expliquez la différence entre la chanson de geste et le roman de chevalerie.

....

....

....

....

....

....

....

....

....

....

....

....

....

....

BAC ÉCRIT Commenter un extrait de roman de chevalerie

1 Lisez le texte suivant puis répondez aux questions.

Yvain est amoureux de Guenièvre, l'épouse du roi Arthur. Parmi les épreuves qu'il doit surmonter pour la libérer des griffes de Méléagant qui l'a enlevée, il « affronte » une jeune fille qu'il vient de défendre et à qui il a promis de lui accorder ses faveurs…

Ils s'en vont dans la salle, se tenant par la main.
Mais cela ne plaisait guère au Chevalier,
Qui se serait fort bien passé d'elle.
Un lit était dressé dans la salle,
Dont les draps étaient bien propres,
Blancs, amples et doux au toucher.
Le matelas n'était ni bourré de paille hachée,
Ni d'un contact rugueux.
Comme couverture on avait étendu sur la couche
Deux étoffes de soie à ramages.
La demoiselle se couche,
Mais sans retirer sa chemise.
Le Chevalier comme au ralenti
Se déchausse et met ses jambes à nu.
Il transpire abondamment.
Cependant, la parole donnée
L'emporte sur son anxiété.
Est-ce donc force majeure ? Tout comme
Il se trouve forcé
De se mettre au lit avec la demoiselle.
Parole donnée l'y pousse et convie.
Il se couche lentement,
Mais il ne retire pas sa chemise,
Pas plus qu'elle n'avait fait. […]
Pourquoi donc ? Parce que son cœur s'y refuse, […]
De cœur le Chevalier n'en a qu'un, […]
Immobilise le sien en un seul lieu.
Tous les cœurs ? Non, seulement ceux qu'Amour [estime.

Chrétien de Troyes, *Yvain, le Chevalier à la charrette*,

a. Vers 1 à 3 : quels rapports le chevalier et la jeune fille semblent entretenir ?

....

....

b. Vers 4 à 10 : surlignez tous les termes permettant de décrire la couche et interprétez cette description.

....

....

....

c. Vers 13 à 24 : comment interpréter les éléments en rose ?

....

....

....

d. Vers 15 à 21 : pourquoi Yvain se couche-t-il malgré tout avec la jeune fille ? En quoi y est-il « obligé » ? Soulignez deux expressions qui le prouvent.

....

....

....

e. Vers 25 à 28 : quelle réflexion sur l'amour courtois l'auteur formule-t-il ici ?

....

....

....

....

....

2 Quelle image du chevalier ce passage propose-t-il ? Comment Yvain parvient-il à sauver son honneur ?

....

....

....

....

3 VERS LE BAC ORAL

Analysez les propositions dans les vers 2 et 3.

....

....

....

3 L'humanisme et la Pléiade

EXO Quiz

Pour commencer 5 minutes de vidéo sur L'humanisme

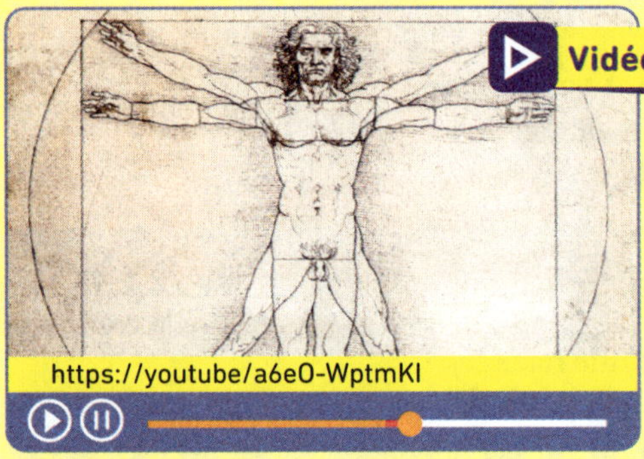

Léonard de Vinci, *Les Proportions du corps humain d'après Vitruve*, dessin, vers 1490, Galerie de l'Académie, Venise.

Questions

1. À quelle époque l'humanisme prend-il naissance ?
2. Quelles sont ses principales caractéristiques ?
3. Citez un auteur emblématique de ce mouvement.

Dates clés

Vie politique

- **1453** ▶ Prise de Constantinople par les Turcs entraînant un afflux de manuscrits anciens vers l'Europe.
- **1454** ▶ Perfectionnement de l'imprimerie par Gutenberg.
- **1492** ▶ Découverte de l'Amérique par Christophe Colomb.
- **1515-1559** ▶ Règne de François Ier, protecteur des artistes.
- **1539** ▶ Édit de Villers-Cotterêts : le français devient la langue officielle de l'administration.
- **1547-1559** ▶ Règne d'Henri II.
- **1559-1560** ▶ Régence de Catherine de Médicis.
- **1562** ▶ Début des guerres de religion entre catholiques et protestants.

Vie artistique et littéraire

- **1478** ▶ *Le Printemps*, de Botticelli.
- **1503** ▶ *La Joconde*, de Léonard de Vinci
- **1509** ▶ *Éloge de la folie*, d'Érasme.
- **1516** ▶ *Utopia*, de Th. More raconte la découverte d'une île où règnent la paix et la justice.
- **1532** ▶ *Pantagruel*, de Rabelais.
- **1552-1578** ▶ *Les Amours*, de Ronsard.
- **1555** ▶ *Élégies et Sonnets*, de Louise Labé.
- **1559** ▶ Les aventures de l'*Heptaméron* de Marguerite de Navarre divertissent et questionnent les mœurs du temps.
- **1580-1894** ▶ Les *Essais* de Montaigne nous livrent des réflexions sur la vie, l'altérité, l'éducation et l'art de vivre en société.

Retenir

1. Qu'est-ce que l'humanisme ?

1 Origine et évolution

Étymologie du mot : du latin *humanitas* (« nature humaine, culture »), lui-même dérivé de *homo* (« homme »).

- ▶ Période de **renaissance** des arts, des sciences et de la pensée, d'abord en Italie puis en France.
- ▶ Redécouverte des textes grecs et latins, et regain d'intérêt pour **la sagesse antique**.
- ▶ Diffusion d'idées nouvelles grâce aux échanges entre les intellectuels, qu'autorisent la diffusion de l'**imprimerie** et les **grands voyages**.

2 Genres privilégiés et caractériques d'écriture

- ▶ Écriture souvent **argumentative**, qui met le savoir à portée du lecteur.
- ▶ Référence à la sagesse des **Anciens**.
- ▶ Recherche d'une **connivence** avec le lecteur : utilisation de l'ironie, du paradoxe, du double sens, de la polyphonie, qui permettent d'éviter la censure.
- ▶ Essais, romans à visée didactique, poésie.

3 Principaux thèmes

- ▶ **Religion :** développement du courant évangélique, qui prône la lecture des textes bibliques, et de la réforme protestante.
- ▶ **Éducation :** proposition de nouvelles méthodes pédagogiques visant au développement de l'esprit critique et à l'extension du champ des connaissances.
- ▶ **Homme et société :** interrogation sur les différences culturelles et les moyens de perfectionner l'Homme, en vue de fonder une société nouvelle et idéale (utopie).

2. Qu'est-ce que la Pléiade ?

- **La Pléiade** est un groupe de sept poètes qui se nomment ainsi en référence à une constellation.
- Ils renouvellent la poésie française :
  - en développant le sonnet (**Ronsard**),
  - en s'inspirant de la littérature antique,
  - en revendiquant et en illustrant les potentialités du français (**Du Bellay**).

Textes clés

LE SONNET

*À la suite de Pétrarque et de Marot, Ronsard développe le genre du **sonnet** en France. Ses* Sonnets pour Hélène *demeurent parmi les plus célèbres de notre littérature.*

Quand vous serez bien vieille, au soir à la chandelle,
Assise auprès du feu, dévidant et filant,
Direz chantant mes vers, en vous émerveillant :
« Ronsard me célébrait du temps que j'étais belle. »

Lors vous n'aurez servante oyant telle nouvelle,
Déjà sous le labeur à demi sommeillant,
Qui au bruit de Ronsard ne s'aille réveillant,
Bénissant votre nom de louange immortelle.

Je serai sous la terre, et fantôme sans os
Par les ombres myrteux[1] je prendrai mon repos ;
Vous serez au foyer une vieille accroupie,

Regrettant mon amour et votre fier dédain.
Vivez, si m'en croyez, n'attendez à demain :
Cueillez dès aujourd'hui les roses de la vie.

Pierre de Ronsard, *Sonnets pour Hélène*, 1578.

1. Relatif au myrte, symbole du royaume des morts.

- Récrivez le vers 5 en français moderne.

L'ESSAI

*Montaigne s'empare au XVIe siècle du genre des **essais** pour entreprendre de se peindre lui-même sans tricherie.*

C'est ici un livre de bonne foi, lecteur. [...] Je veux qu'on m'y voie en ma façon simple, naturelle et ordinaire, sans contention[1] ni artifice : car c'est moi que je peins. Mes défauts s'y liront au vif, et ma forme naïve, autant que la révérence publique me l'a permis. [...] Ainsi, lecteur, je suis moi-même la matière de mon livre.

Michel de Montaigne, *Essais*, « Au lecteur », 1580-1595.

1. Effort.

- À quel autre genre littéraire les *Essais*, dans lesquels l'auteur est « la matière de [son] livre », vous font-ils penser ? Quelles différences faites-vous entre les deux ?

LA LANGUE FRANÇAISE

*Dans ce texte, souvent considéré comme le « **manifeste** » des poètes de la Pléiade, Du Bellay encourage les auteurs à utiliser la langue française dans leurs écrits, au lieu du latin et du grec.*

[Je] ne puis assez blâmer la sotte arrogance et la témérité de quelques-uns de notre nation qui, n'étant rien moins que Grecs ou Latins, méprisent et rejettent d'un sourcil plus que stoïque toutes choses écrites en français, et ne me puis assez m'émerveiller de l'étrange opinion de quelques savants, qui pensent que notre [langue] vulgaire[1] soit incapable de toutes bonnes lettres et érudition, comme si une invention, pour le langage seulement, devait être jugée bonne ou mauvaise.

Joachim Du Bellay, *Défense et Illustration de la langue française*, livre I, chap. 1, 1549.

1. Le français, en opposition au grec et au latin, langues savantes.

1. Que condamne Du Bellay au début de ce texte ?
2. Le sens du verbe « émerveiller » (l. 4) est-il le même dans le texte que de nos jours ? Justifiez votre réponse.

L'ÉDUCATION

*Dans son **roman*** Gargantua, *Rabelais consacre plusieurs chapitres à ce qu'il pense être une éducation idéale, conforme aux principes humanistes.*

Sur ce, on apportait des cartes, non pour jouer, mais pour y apprendre mille petits amusements et inventions nouvelles, lesquels découlaient tous de l'arithmétique. [...] Et non seulement [Gargantua] prit goût à cette science, mais aussi aux autres sciences mathématiques, comme la géométrie, l'astronomie et la musique ; car, en attendant la digestion de son repas, ils faisaient mille joyeux instruments et figures géométriques et, de même, ils pratiquaient les lois de l'astronomie.

François Rabelais, *Gargantua*, 1534.

1. Grâce à quel subterfuge le précepteur de Gargantua lui fait-il aimer l'arithmétique ?
2. Comment auriez-vous aimé que l'on vous enseigne les mathématiques lorsque vous étiez enfant ?

Les mots de... L'éducation

- **Donnez la définition des mots suivants.**

ENSEIGNER	ÉDUQUER	APPRENDRE	PÉDAGOGIE
....	....	....	....
....	....	....	....
....	....	....	....

S'entraîner

Histoire de la langue **L'Homme**

- Le mot latin *homo* dériverait de l'**indo-européen** *ghem-* qui serait le principal nom de la Terre. L'être humain serait donc sorti de la terre, de l'humus, mot qui appartient à la même racine.
- Le **latin classique** possède deux mots :
  – *hominem*, accusatif de *homo*, désignant l'être humain,
  – *vir* désignant l'individu mâle.
- À partir de l'époque impériale, l'usage militaire du terme *homo* remplace *vir* pour prendre le sens d'« être humain de sexe masculin ».
- Le mot *homme* signifie en **français** à la fois l'être humain considéré de façon générale et l'adulte de sexe masculin.

Définir l'humanisme

1 **Extrait 1**

Humanisme A. – Mouvement intellectuel se développant en Europe à la Renaissance et qui, renouant avec la civilisation gréco-latine, manifeste un vif appétit critique de savoir, visant l'épanouissement de l'homme rendu ainsi plus humain par la culture.

B. – Attitude philosophique qui tient l'homme pour la valeur suprême et revendique pour chaque homme la possibilité d'épanouir librement son humanité, ses facultés proprement humaines. *Par analogie*. Altruisme, amour des hommes. [**cnrtl**]

Extrait 2

Humanité, s. f. (*Morale.*) C'est un sentiment de bienveillance pour tous les hommes, qui ne s'enflamme guère que dans une âme grande et sensible. Ce noble et sublime enthousiasme se tourmente des peines des autres et du besoin de les soulager ; il voudrait parcourir l'univers pour abolir l'esclavage, la superstition, le vice, et le malheur.

L'Encyclopédie, **texte établi par D'Alembert et Diderot**, 1751.

a. **Quels liens pouvez-vous faire entre le mouvement (l'humanisme) et la notion morale (l'humanité) ?**

b. **Que signifie l'expression « [tenir] l'homme pour la valeur suprême » ? À quelle autre valeur suprême l'homme peut-il s'opposer ?**

2 Qui donc oserait douter qu'au milieu d'une telle effloraison[1] d'humanité et de culture spirituelle, notre siècle ne devienne plus le plus heureux de tous ? Tous, nous espérons voir à bref délai une métamorphose générale des temps, la concorde[2] entre les nations, l'ordre parfait dans les États, l'apaisement religieux que nos aïeux ont si souvent souhaité, en un mot, la félicité d'une vie heureuse et l'afflux de toutes sortes de prospérités.

Barthélemy Latomus, Discours inaugural prononcé lors de la fondation par François Ier de son collège royal, 1530.

1. Épanouissement. – 2. Union, entente.

a. **Surlignez les termes appartenant au champ lexical du bonheur.**

b. **Interprétez-les, en montrant comment ils désignent un nouvel état d'esprit.**

Analyser le genre de l'essai

3 Les autres forment l'homme, je le récite[1] : et en représente un particulier, bien mal formé : si j'avais à [le] façonner de nouveau, je le ferais vraiment bien autre qu'il n'est. […] Je ne peins pas l'être, je peins le passage : non un passage d'âge [à un] autre, […] mais de jour en jour, de minute en minute.

Michel de Montaigne, *Essais*, III, 2 « Du repentir », 1580-1595 (syntaxe modernisée pour la présente édition).

1. Je le raconte, je l'expose tel qu'il est.

a. **Quel homme « particulier » Montaigne prend-il pour modèle dans ses *Essais* ?**

b. **Quelle finalité donne-t-il au travail de rédaction qu'il se propose de faire ?**

Analyser un sonnet

4 **a.** **Relisez le sonnet de Ronsard, p. 21.**

b. **Où et comment se marque la rupture entre la description de la vieillesse et l'appel à profiter de la vie ?**

BAC ÉCRIT Analyser un texte humaniste

1 Observez les procédés d'écriture signalés dans le texte suivant.

Onomastique (étude des noms et de leur signification)

Étude de l'attitude et du contenu du discours

Expansion nominale méliorative

Discours narrativisé

Organisation rigoureuse du discours selon les règles de la rhétorique

Adverbe d'intensité

Arguments d'autorité

Champ lexical des connaissances

Alors Eudémon, après avoir demandé la permission au vice-roi son maître, bien droit sur ses jambes, le bonnet à la main, le visage avenant, la bouche vermeille, les yeux assurés et le regard posé sur Gargantua avec une modestie juvénile, commença à le louer et le glorifier : d'abord pour sa vertu et ses bonnes mœurs, puis pour son savoir, troisièmement pour sa noblesse, quatrièmement pour sa beauté physique ; cinquièmement il l'exhortait doucement à vénérer son père en toute obéissance, lui qui prenait tellement soin de le faire bien instruire ; et enfin il le priait de bien vouloir le tenir pour le plus humble de ses serviteurs. Car il ne demandait pour l'heure rien d'autre au ciel que la grâce de lui être agréable par ses services.

Et le tout fut dit avec des gestes si bien appropriés, d'une expression si claire, d'une voix si éloquente et d'un langage si bien orné et de si bon latin qu'on eût dit plutôt un Gracchus, un Cicéron ou un Emilius du temps jadis qu'un jouvenceau de notre siècle.

Rabelais, *Gargantua*, 1534, chap. 15.

2 Pour chaque procédé relevé, proposez une interprétation.

Onomastique →

Étude de l'attitude et du contenu du discours →

Expansions nominales mélioratives →

Adverbe d'intensité →

Arguments d'autorité →

Champ lexical des connaissances →

3 VERS LE BAC ORAL

I. Rédigez l'introduction de ce texte, comme si vous deviez le présenter à l'oral du bac (→ fiche 26 p. 102).

II. Entraînez-vous à en faire la lecture à voix haute, de manière fluide et d'une voix claire (→ fiche 27 p. 104).

III. En vous appuyant sur vos interprétations proposées ci-dessus, faites-en une analyse en 5 minutes, à voix haute, face à la classe (→ fiche 25, p. 100).

4 Le baroque et le classicisme

EXO Quiz

Dates clés

Vie politique

- **1589-1610** ▶ Règne d'Henri IV et fin des guerres de religion.
- **1617-1643** ▶ Règne personnel de Louis XIII.
- **1624** ▶ Richelieu, ministre : politique de renforcement de l'autorité monarchique.
- **1645-1653** ▶ Concile de Trente : réforme du clergé catholique, suite à la Réforme protestante.
- **1648** ▶ Début de la Fronde, troubles graves qui touchent le royaume de France.
- **1661** ▶ Début du règne personnel de Louis XIV, (centralisation du pouvoir et le culte du divertissement à la Cour).

Vie artistique et littéraire

- **1606-1627** ▶ *L'Astrée* d'H. d'Urfé.
- **1616** ▶ *Les Tragiques* d'Agrippa d'Aubigné.
- **1635** ▶ Fondation de l'Académie française par Richelieu.
- **1654-1660** ▶ *Clélie*, de Mme de Scudéry propose une carte du Tendre.
- **1664** ▶ *Tartuffe*, de Molière.
- **1667** ▶ Succès fracassant d'*Andromaque*, de Racine.
- **1668** ▶ Livre I des *Fables* de La Fontaine.
- **1674** ▶ *Art poétique* de Boileau.
- **1678** ▶ *La Princesse de Clèves*, de Mme de La Fayette, paraît anonymement.

Pour commencer

5 minutes de vidéo sur le XVIIe siècle

Vue du château de Versailles.

Question

- Pourquoi utilise-t-on l'expression « Le Grand Siècle » pour évoquer le XVIIe siècle ?

Retenir

1. Qu'est-ce que le baroque ?

1 Évolution

- Période de forte instabilité qui produit une « littérature de temps de crise ».
- L'esprit baroque se diffuse à partir de 1580 en réaction à l'austérité protestante et doit être rattaché à des thèmes, à des formes de prédilection, plutôt qu'à une école.

2 Principaux thèmes

- **Mort :** fragilité de la vie humaine, qui impose une **tonalité macabre**.
- **Illusion :** intérêt pour le trompe-l'œil, afin de rendre sensibles l'**instabilité du monde** et les **charmes**, parfois inquiétants, de la métamorphose.

3 Genres privilégiés et caractéristiques d'écriture

- Les figures de style chargées frappent **l'imagination** et s'adressent aux **émotions**, souvent extrêmes.
- Goût pour les **intrigues complexes** (roman-fleuve *L'Astrée*).
- Le théâtre permet de représenter l'instabilité du « **théâtre du monde** » (*L'Illusion comique*, de Corneille).

2. Qu'est-ce que le classicisme ?

1 Origine et évolution

- Mécène doté d'une véritable sensibilité artistique, **Louis XIV** offre aux artistes la **protection** et la **stabilité** nécessaires à l'expression la plus parfaite de leur art (théâtre, peinture, musique, sculpture, architecture…).

2 Genres privilégiés et caractéristiques d'écriture

- Importante production théorique, qui ordonne le goût littéraire en instaurant des **règles** et des normes et en prenant modèle sur les auteurs classiques.
- Âge d'or du **théâtre** : tragédie (**Racine**, **Corneille**), comédie (**Molière**).
- Littérature **moraliste** centrée autour de l'Homme (essai, maxime, portrait, caractère).

3 Principaux thèmes

- **Plaire et instruire :** plaisir et divertissement doivent faire grandir en humanité.
- **L'honnête homme :** idéal moral qui associe les qualités du cœur et de l'esprit.
- **L'imitation des Anciens :** réécritures de thèmes mythologiques ou historiques.

Textes clés

LA POÉSIE BAROQUE

Les stances sont des pièces poétiques lyriques ou religieuses formées de strophes régulières. Le poète s'adresse ici à l'Inconstance.

Déesse qui partout et nulle part demeure,
Qui préside à nos jours[1] et nous porte au tombeau,
Qui fais que le désir d'un instant naisse et meure,
Et qui fait que les cieux se tournent à toute heure,
Encore qu'il ne soit rien ni si grand, ni si beau.

Étienne Durand, *Stances à l'Inconstance.*

1. Instabilité.

- En quoi peut-on dire que le thème de la mort est abordé de manière originale ?

PLAIRE POUR INSTRUIRE

Certain Renard Gascon, d'autres disent Normand,
Mourant presque de faim, vit au haut d'une treille[1]
Des raisins mûrs apparemment[2],
Et couverts d'une peau vermeille.
Le galand en eût fait volontiers un repas ;
Mais comme il n'y pouvait point atteindre :
« Ils sont trop verts, dit-il, et bons pour des goujats. »
Fit-il pas mieux que de se plaindre ?

Jean de La Fontaine, *Fables*, « Le Renard et les Raisins », Livre III, 1668.

1. Vigne qui pousse contre un support. – 2. Manifestement.

1. En quoi le vers 6 donne-t-il une clef de lecture pour comprendre le choix du renard ?
2. Pourquoi La Fontaine clôt-il sa fable par une question ?

L'ESTHÉTIQUE CLASSIQUE

Travaillez à loisir, quelque ordre qui vous presse,
Et ne vous piquez point d'une folle vitesse :
Un style si rapide, et qui court en rimant,
Marque moins trop d'esprit que peu de jugement.
J'aime mieux un ruisseau qui, sur la molle arène,
Dans un pré plein de fleurs lentement se promène,
Qu'un torrent débordé qui, d'un cours orageux,
Roule, plein de gravier, sur un terrain fangeux.
Hâtez-vous lentement, et, sans perdre courage,
Vingt fois sur le métier remettez votre ouvrage.

Nicolas Boileau, *Art poétique*, Chant I, 1674.

1. Quelles valeurs de l'idéal classique Boileau expose-t-il ?
2. Comment les met-il en valeur ?

LE THÉÂTRE DU MONDE

Grâce au magicien Alcandre, le spectateur et Pridamant, un père brouillé avec son fils, suivent la vie de ce dernier, Clindor. Après de nombreux rebondissements, ce dernier meurt assassiné. Le père réagit au destin tragique du fils.

PRIDAMANT
Adieu, je vais mourir, puisque mon fils est mort. […]

ALCANDRE
Laissez faire aux douleurs qui rongent vos entrailles,
Et pour les redoubler voyez ses funérailles.

On tire un rideau et on voit tous les comédiens qui partagent leur argent.

PRIDAMANT
Que vois-je ! chez les morts compte-t-on de l'argent ?

ALCANDRE
Ainsi tous les acteurs d'une troupe comique
Leur poème récité partagent leur pratique[1], […]

PRIDAMANT
Mon fils comédien ! […]

ALCANDRE
Cessez de vous en plaindre, à présent le théâtre
Est en un point si haut qu'un chacun l'idolâtre,
Et ce que votre temps voyait avec mépris
Est aujourd'hui l'amour de tous les bons esprits […]

Pierre Corneille, *L'Illusion comique*, V, 6, 1636.

1. Ils partagent leur gain à l'issue du spectacle.

1. En quoi consiste le coup de théâtre orchestré par le magicien ?
2. Quelle « leçon de vie » le père et le spectateur en tirent-ils ?
3. Qu'est-ce que la rime « mépris » / « bons esprits » veut mettre en valeur ?

Les mots de... La rigueur classique

- **Donnez la définition des mots suivants.**

ORDONNER	PERFECTION	NORME	DOCTRINE
....	....	....	....
....	....	....	....
....	....	....	....

S'entraîner

Histoire de la langue **La préciosité**

- Emprunt de l'adjectif latin *pretiositas* : « qui a de la valeur ».
- Ce courant, majoritairement féminin, né dans les salons parisiens à partir de 1650, se développe dans le roman, en poésie ou dans le genre épistolaire, mais il dépasse largement le champ littéraire.
- Il devient un phénomène social et un art de vivre qui prône :
– le raffinement (conversations mondaines, jeux d'esprit, et une réflexion sur la langue),
– un amour idéalisé et très codifié, qui alimente débats et réflexions philosophiques,
– une place inédite pour la femme dans la vie intellectuelle et culturelle.

Définir le baroque

1 **Document 1**

L'origine du mot « baroque » [...] désigne la perle irrégulière [...] dans la langue technique de la joaillerie au XVIe siècle. Les dictionnaires français [...] l'ont accueilli avec ce sens, mais, assez rapidement, celui, figuré, d'étrange et presque de choquant fut admis.

universalis.fr

a. **Surlignez les premiers sens du mot « baroque ». Pourquoi ces termes peuvent-ils être admis de manière péjorative mais aussi positive ?**

....

....

....

Document 2

Le Bernin, *L'Extase de sainte Thérèse d'Avila*, sculpture, chapelle de la santa Maria della Vittoria, Rome, 1652.

b. **Quels éléments renvoient à une esthétique du mouvement et de l'irrégularité ?**

....

....

....

....

....

Comprendre la mode de la préciosité

2 *Magdelon et Cathos, deux « provinciales » qui veulent intégrer le milieu mondain, s'installent à Paris. Marotte est leur servante.*

MAROTTE. – Voilà un laquais qui demande si vous êtes au logis, et dit que son maître vous veut venir voir.

MAGDELON. – Apprenez, sotte, à vous énoncer moins vulgairement. Dites : « Voilà un nécessaire qui demande si vous êtes en commodité d'être visibles. »

MAROTTE. – Dame ! je n'entends point le latin, et je n'ai pas appris, comme vous, la filofie[1] dans *Le Grand Cyre*[2]. [...]

MAGDELON. – Il faut le recevoir dans cette salle basse, plutôt qu'en notre chambre. Ajustons un peu nos cheveux au moins, et soutenons notre réputation. Vite, venez nous tendre ici dedans le conseiller des grâces.

Molière, *Les Précieuses ridicules*, 1659.

1. Erreur sur le mot « philosophie ». – 2. Roman précieux.

a. **Surlignez la périphrase et la reformulation utilisées par Magdelon. Quelles différences constatez-vous avec le langage de la servante ?**

....

....

....

....

b. **Pourquoi peut-on dire que, pour Magdelon, la préciosité relève d'une posture en société ?**

Percevoir les enjeux du tragique classique

3 *La Princesse rencontre pour la dernière fois M. de Nemours et avoue l'amour qu'elle lui porte.*

J'avoue, répondit-elle, que les passions peuvent me conduire ; mais elles ne sauraient m'aveugler. [...] Vous avez déjà eu plusieurs passions, vous en auriez encore ; [...] ; je vous verrais pour une autre comme vous auriez été pour moi. J'en aurais une douleur mortelle [...]. Quand je pourrais m'accoutumer à cette sorte de malheur, pourrais-je m'accoutumer à celui de croire voir toujours M. de Clèves[1] vous accuser de sa mort, me reprocher de vous avoir aimé [...]

Mme de La Fayette, *La Princesse de Clèves*, quatrième partie, 1678.

1. Son époux, mort de chagrin.

a. **Quels sont les deux arguments donnés par la princesse pour justifier le renoncement à son amour ?**

....

....

b. **Encadrez la phrase qui énonce le triomphe de la raison sur les passions.**

c. **Surlignez le champ lexical de la souffrance amoureuse. Quelle vision de l'amour véhicule-t-il ?**

....

....

BAC ÉCRIT Utiliser ses connaissances sur le « Grand Siècle »

1 Lisez attentivement cet extrait des *Caractères* de La Bruyère.

J'entends *Théodecte* de l'antichambre ; il grossit sa voix à mesure qu'il s'approche ; le voilà entré : il rit, il crie, il éclate[1], on bouche ses oreilles, c'est un tonnerre. Il n'est pas moins redoutable par les choses qu'il dit que par le ton dont il parle. Il ne s'apaise, et il ne revient de ce grand fracas que pour bredouiller des vanités et des sottises. [...] A-t-on servi, il se met le premier à table et dans la première place. [...] Il mange, il boit, il conte, il plaisante, il interrompt tout à la fois. [...] Le vin et les viandes n'ajoutent rien à son caractère. Si l'on joue, il gagne au jeu ; il veut railler celui qui perd, et il l'offense ; les rieurs sont pour lui : il n'y a sorte de fatuités qu'on ne lui passe[2]. Je cède enfin et je disparais, incapable de souffrir plus longtemps *Théodecte*, et ceux qui le souffrent.

Jean de La Bruyère, *Les Caractères*, « De la société », 1688.

1. Exprime avec excès ses sentiments. – 2. On accepte ses paroles et ses actions déplacées.

a. Dans quelle situation sociale Théodecte est-il mis en scène ?

....

b. Proposez un titre à ce portrait. ....

c. Expliquez en quoi cet extrait peut être relié au parcours qui lui est associé : « la comédie sociale » ?

....

....

....

....

....

2 Pour vous préparer à l'exercice de la dissertation, complétez ce tableau en relevant dans cette fiche des références d'œuvres, des extraits ou des éléments d'histoire littéraire qui peuvent nourrir votre réflexion.

Œuvre intégrale : *Les Caractères*, de La Bruyère – **Parcours associé :** la comédie sociale

Exemple (œuvre, extraits, histoire littéraire…)	Idée à exploiter dans la dissertation
Les Caractères, portrait de Théodecte	....
....	La cour devient un espace de représentation sociale régi par des conventions sociales très présentes. Le théâtre= le lieu du paraître
....	Par le rire (*castigat ridendo mores*), la comédie cherche à révéler et à corriger les mœurs.
L'esthétique baroque, le théâtre dans le théâtre (*L'Illusion comique*, de Corneille)	....
La Princesse de Clèves de Mme de La Fayette / idéal moral de l'honnête homme	....

3 VERS LE BAC ORAL

Vous présentez cet extrait des *Caractères* à l'oral du bac.
Rédigez l'introduction en respectant les étapes présentées dans la fiche 83, p. 228.

5 Les Lumières

EXO Quiz

Dates clés

Vie politique

1715 ▶ Mort de Louis XIV. La monarchie absolue est remise en cause. Régence du duc d'Orléans.

1723 ▶ Début du règne de Louis XV.

1776 ▶ Début du règne de Louis XVI.

1789 ▶ Début de la Révolution française.

1792 ▶ Abolition de la monarchie.

1793 ▶ Exécution de Louis XVI.

Vie artistique et littéraire

1721 ▶ Montesquieu, *Lettres persanes.*

1730 ▶ Marivaux, *Le Jeu de l'amour et du hasard.*

1751 ▶ Début de la publication de l'*Encyclopédie* de Diderot et d'Alembert. De nombreux philosophes y contribuent.

1764 ▶ Voltaire publie clandestinement *Candide ou l'optimisme.*

1762 ▶ Rousseau, *Du contrat social.*

1764 ▶ Voltaire, *Dictionnaire philosophique.*

1765 ▶ Rousseau, *Les Confessions* (considéré comme la première autobiographie).

1782 ▶ Laclos, *Les Liaisons dangereuses.*

1784 ▶ Beaumarchais, *Le Mariage de Figaro.*

Pour commencer

5 minutes de vidéo sur Les Lumières

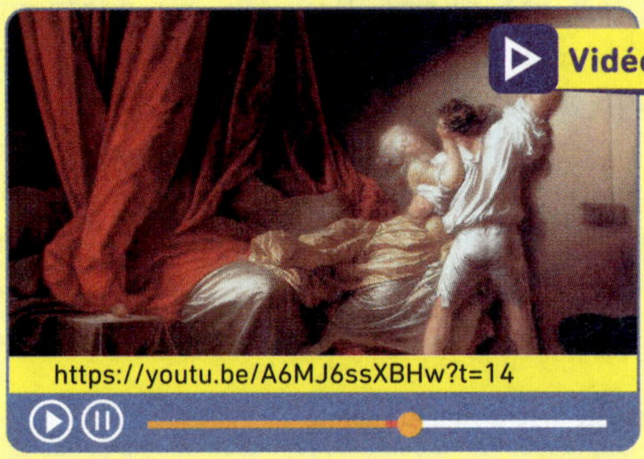

Jean-Honoré Fragonard, *Le Verrou* (1776-1779), huile sur toile, musée du Louvre, Paris.

Questions

1. Sur quelle période s'étend le mouvement des Lumières ?
2. Quelles sont les principales idées prônées par les Lumières ?
3. Citez deux auteurs emblématiques des Lumières.

Retenir

Qu'est ce que les Lumières ?

1 Origine et évolution

- Comme son nom l'indique, ce courant a pour objectif d'éclairer les esprits par la raison, par opposition aux ténèbres de l'ignorance.
- La métaphore des « lumières » désigne le principe de **raison**, d'**intelligence**, de **tolérance** et d'**esprit critique** : la connaissance et la raison sont au cœur de la réflexion.

2 Principaux thèmes

- **La raison, la connaissance et l'expérience** sont privilégiées pour mieux appréhender le monde.
- **La tolérance** : il s'agit d'éclairer les esprits pour lutter contre l'obscurantisme lié aux pratiques religieuses.
- **La critique de la société** exprime la révolte et l'indignation et permet de remettre en cause la monarchie absolue et les excès du pouvoir religieux.

3 Genres privilégiés et caractéristiques d'écriture

- Recours à l'**argumentation directe** (essai, discours, maxime, pamphlet) et **indirecte** (roman épistolaire, utopie, conte philosophique : **Laclos, Voltaire**).
→ fiche 43, p. 146
- Utilisation des formes de la **polémique**, de la **satire** et de l'**ironie**.
→ fiches 47, p. 154 ; 50, p. 160 et 54, p.168
- Au **théâtre**, des auteurs (**Beaumarchais, Marivaux**) renouvellent la comédie en portant un regard critique sur les inégalités sociales. Ils œuvrent pour la reconnaissance des droits des valets, mais aussi des femmes.
- L'***Encyclopédie*** dirigée par **Diderot** et **d'Alembert** regroupe, en dix-sept volumes de textes, les idées et les savoirs contemporains de ses nombreux contributeurs.

Textes clés

L'ENCYCLOPEDIE

*À l'occasion de la publication du huitième volume, Diderot redéfinit le but de l'*Encyclopédie.

Puisse l'instruction générale s'avancer d'un pas si rapide que, dans vingt ans d'ici, il y ait à peine en mille de nos pages une seule ligne qui ne soit populaire ! C'est aux Maîtres du monde à hâter cette heureuse révolution. Ce sont eux qui étendent ou resserrent la sphère des Lumières. Heureux le temps où ils auront tous compris que leur sécurité consiste à commander à des hommes instruits ! Les grands attentats n'ont jamais été commis que par des fanatiques aveuglés.

Denis Diderot, *Encyclopédie*, Avertissement du 8e volume, 1758.

1. Quel est le rôle de l'*Encyclopédie* selon Diderot ?
2. À la fin de ce passage, à quelle conclusion arrive-t-il ?

LE CONTE PHILOSOPHIQUE

Il y avait une grande querelle dans Babylone qui durait depuis quinze cents années, et qui partageait l'empire en deux sectes opiniâtres : l'une prétendait qu'il ne fallait jamais entrer dans le temple de Mithra que du pied gauche ; l'autre avait cette coutume en abomination, et n'entrait jamais que du pied droit. On attendait le jour de la fête solennelle du feu sacré pour savoir quelle secte serait favorisée par Zadig. L'univers avait les yeux sur ses deux pieds, et toute la ville était en agitation et en suspens. Zadig entra dans le temple en sautant à pieds joints, et il prouva ensuite, par un discours éloquent, que le Dieu du ciel et de la terre, qui n'a acception de personne, ne fait pas plus de cas de la jambe gauche que de la jambe droite.

Voltaire, *Zadig*, chap. 7, 1747.

1. Quel est le thème de ce texte ?
2. De quel type d'argumentation s'agit-il et quelle est la tonalité du texte ?

LE ROMAN EPISTOLAIRE

Rica à Ibben

Le roi de France est le plus puissant prince de l'Europe. […] D'ailleurs ce roi est un grand magicien : il exerce son empire sur l'esprit même de ses sujets ; il les fait penser comme il veut. S'il n'a qu'un million d'écus dans son trésor, et qu'il en ait besoin de deux, il n'a qu'à leur persuader qu'un écu en vaut deux, et ils le croient. S'il a une guerre difficile à soutenir, et qu'il n'ait point d'argent, il n'a qu'à leur mettre dans la tête qu'un morceau de papier est de l'argent, et ils en sont aussitôt convaincus.

Montesquieu, *Lettres persanes*, Lettre 24, 1721.

1. De quel type d'argumentation s'agit-il ?
2. En quoi ce texte illustre-t-il l'un des thèmes des Lumières ?

LE THEATRE

FIGARO. – Parce que vous êtes un grand seigneur, vous vous croyez un grand génie ! noblesse, fortune, un rang, des places, tout cela rend si fier ! Qu'avez-vous fait pour tant de biens ? vous vous êtes donné la peine de naître, et rien de plus : du reste, homme assez ordinaire ! tandis que moi, morbleu, perdu dans la foule obscure, il m'a fallu déployer plus de science et de calculs pour subsister seulement, qu'on n'en a mis depuis cent ans à gouverner toutes les Espagnes.

Beaumarchais, *Le Mariage de Figaro*, V, 3, 1778.

- En quoi ce texte illustre-t-il l'un des combats des Lumières ?

Les mots de... La connaissance

- **Donnez la définition des mots suivants.**

RAISON	TOLÉRANCE	EXPÉRIENCE	INSTRUCTION
....	....	....	....
....	....	....	....
....	....	....	....
....	....	....	....
....	....	....	....

S'entraîner

Histoire de la langue — **La satire**

- Ce mot vient du latin *satira*, variante de *satura*, « macédoine de légumes, mets composé de plusieurs ingrédients ». Dans l'Antiquité latine (IIIe s. av. J.-C.-Ve s.), il s'agissait d'un ouvrage qui mélangeait prose et vers et qui critiquait les mœurs de l'époque. En littérature, le mot a désigné une pièce comique mêlant différents genres.
- À partir du XVIIe siècle, la satire est une œuvre ironique et mordante dans laquelle l'auteur tourne en dérision les défauts et les vices d'une personne, d'une société ou d'une institution. Le texte satirique est très présent chez les auteurs des Lumières.

Réfléchir à l'importance de la connaissance et de la raison

1 Ce qui caractérise le philosophe et le distingue du vulgaire[1], c'est qu'il n'admet rien sans preuve, qu'il n'acquiesce point à des notions trompeuses et qu'il pose exactement les limites du certain, du probable et du douteux. Cet ouvrage[2] produira sûrement avec le temps une révolution dans les esprits, et j'espère que les tyrans, les oppresseurs, les fanatiques et les intolérants n'y gagneront pas. Nous aurons servi l'humanité.

Denis Diderot, *Lettre à Sophie Volland*, 26 septembre 1762.

1. Ici, toute personne ordinaire. – 2. *L'Encyclopédie*.

Selon Diderot, quel est le rôle de la connaissance ?

....

....

Analyser l'appel à la tolérance

2 Qu'est-ce que la tolérance ? C'est l'apanage de l'humanité. Nous sommes tous pétris de faiblesses et d'erreurs ; pardonnons-nous réciproquement nos sottises, c'est la première loi de la nature. [...] Il est clair que tout particulier qui persécute un homme, son frère, parce qu'il n'est pas de son opinion, est un monstre : cela ne soutire pas de difficulté ; mais le gouvernement, mais les magistrats, mais les princes, comment en useront-ils envers ceux qui ont un autre culte que le leur ?

Voltaire, *Dictionnaire philosophique*, article « Tolérance », 1764.

Quel est l'argument principal de Voltaire ?

....

....

....

Analyser le combat en faveur de la justice et de l'égalité

3 En approchant de la ville, ils rencontrèrent un nègre étendu par terre, n'ayant plus que la moitié de son habit, c'est-à-dire d'un caleçon de toile bleue ; il manquait à ce pauvre homme la jambe gauche et la main droite. « Eh, mon Dieu ! lui dit Candide en hollandais, que fais-tu là, mon ami, dans l'état horrible où je te vois ? – J'attends mon maître, M. Vanderdendur, le fameux négociant, répondit le nègre. – Est-ce M. Vanderdendur, dit Candide, qui t'a traité ainsi ? – Oui, monsieur, dit le nègre, c'est l'usage. On nous donne un caleçon de toile pour tout vêtement deux fois l'année. Quand nous travaillons aux sucreries, et que la meule nous attrape le doigt, on nous coupe la main ; quand nous voulons nous enfuir, on nous coupe la jambe : je me suis trouvé dans les deux cas. C'est à ce prix que vous mangez du sucre en Europe.

Voltaire, *Candide ou l'Optimisme*, 1759.

a. **Que condamne Voltaire à travers le personnage de l'esclave ?**

....

b. **Analysez la phrase surlignée. Que révèle cette phrase ?**

....

....

....

4 Parce que les femmes ont le même droit que les hommes à l'instruction publique. Enfin, les femmes ont les mêmes droits que les hommes ; elles ont donc celui d'obtenir les mêmes facilités pour acquérir les lumières qui seules peuvent leur donner les moyens d'exercer réellement ces droits avec une même indépendance et dans une égale étendue. L'instruction doit être donnée en commun, et les femmes ne doivent pas être exclues de l'enseignement. [...]

Condorcet, *Premier mémoire sur l'instruction publique*, livre VI, 1791.

Que revendique Condorcet dans ce passage ?

....

....

5 **ÉGALITÉ NATURELLE (Droit nat.)** : est celle qui est entre tous les hommes par la constitution de leur nature seulement. Cette égalité est le principe et le fondement de la liberté.

L'égalité naturelle ou morale est donc fondée sur la constitution de la nature humaine commune à tous les hommes, qui naissent, croissent, subsistent et meurent de la même manière.

Puisque la nature humaine se trouve la même dans tous les hommes, il est clair que selon le droit naturel, chacun droit estimer et traiter les autres comme autan d'êtres qui lui sont naturellement égaux, c'est-à-dire qui sont des hommes aussi bien que lui.

Louis de Jaucourt, article « Égalité naturelle », *Encyclopédie*, 1766.

Que revendique Louis de Jaucourt ? En quoi cette revendication est-elle alors révolutionnaire ?

....

....

....

BAC ÉCRIT Analyser un texte des Lumières

Vers la contraction

1 Relisez les fiches 73 à 75 (p. 208 à 213). À chaque mouvement en couleur de ce texte correspond une idée principale. Résumez cette idée avec vos propres mots dans la colonne de droite.

Un maître, Iphicrate, et son valet Arlequin échouent sur l'île des esclaves, où les règles de la hiérarchie sociale s'inversent. Dans la deuxième scène, le gouverneur de l'île, Trivelin, expose aux personnages et aux spectateurs les lois qui régissent ce lieu atypique.

TRIVELIN. – […] Quand nos pères[1], irrités de la cruauté de leurs maîtres, quittèrent la Grèce et vinrent s'établir ici dans le ressentiment[2] des outrages qu'ils avaient reçus de leurs patrons, la première loi qu'ils y firent fut d'ôter la vie à tous les maîtres que le hasard ou le naufrage conduirait dans leur île, et conséquemment de rendre la liberté à tous les esclaves ; la vengeance avait dicté cette loi ; vingt ans après la raison l'abolit, et en dicta une plus douce. Nous ne nous vengeons plus de vous, nous vous corrigeons ; ce n'est plus votre vie que nous poursuivons, c'est la barbarie de vos cœurs que nous voulons détruire ; nous vous jetons dans l'esclavage pour vous rendre sensibles aux maux qu'on y éprouve ; nous vous humilions, afin que, nous trouvant superbes[3], vous vous reprochiez de l'avoir été. Votre esclavage, ou plutôt votre cours d'humanité, dure trois ans, au bout desquels on vous renvoie si vos maîtres sont contents de vos progrès ; et, si vous ne devenez pas meilleurs, nous vous retenons par charité pour les nouveaux malheureux que vous iriez faire encore ailleurs, et, par bonté pour vous, nous vous marions avec une de nos citoyennes. Ce sont là nos lois à cet égard, mettez à profit leur rigueur salutaire[4], remerciez le sort qui vous conduit ici ; il vous remet en nos mains durs, injustes et superbes ; vous voilà en mauvais état, nous entreprenons de vous guérir; vous êtes moins nos esclaves que nos malades, et nous ne prenons que trois ans pour vous rendre sains, c'est-à-dire humains, raisonnables et généreux pour toute votre vie.

Marivaux, *L'Île des esclaves*, Scène 2, 1725.

1. Nos ancêtres. – 2. Souvenir des maux que l'on a subis. – 3. Fiers. – 4. Qui apporte le bien.

1er mouvement : ……………………………………
……………………………………
……………………………………
……………………………………
……………………………………
……………………………………
……………………………………

2e mouvement : ……………………………………
……………………………………
……………………………………
……………………………………
……………………………………
……………………………………
……………………………………
……………………………………

3e mouvement : ……………………………………
……………………………………
……………………………………
……………………………………
……………………………………
……………………………………

a. Encadrez les termes-clés dans votre contraction de texte, expliquez en quoi Trivelin incarne l'esprit des Lumières. Aidez-vous des trois pages précédentes de cette fiche.

……………………………………………………………………………………
……………………………………………………………………………………
……………………………………………………………………………………
……………………………………………………………………………………
……………………………………………………………………………………
……………………………………………………………………………………
……………………………………………………………………………………
……………………………………………………………………………………
……………………………………………………………………………………
……………………………………………………………………………………

2 VERS LE BAC ORAL

Entraînez-vous à lire l'extrait en respectant la tonalité à la fois solennelle et humaine de la tirade.

6 Le romantisme

EXO Quiz

Dates clés

Vie politique

- **1804-1815** ▶ Premier Empire (Napoléon Bonaparte)
- **1815-1830** ▶ Restauration
- **1830** ▶ Trois Glorieuses (28, 29, 30 juillet) : révolte des Parisiens.
- **1848** ▶ Deuxième République : Louis-Napoléon Bonaparte (Napoléon III) est élu président.
- **1852-1870** ▶ Second Empire, exil de Victor Hugo.

Vie artistique et littéraire

- **1802** ▶ Chateaubriand, *René* : la génération littéraire désenchantée se reconnaît dans ce personnage.
- **1818-1819** ▶ La peinture de Géricault, *Le Radeau de la Méduse*, ouvre la voie au romantisme.
- **1820** ▶ *Méditations poétiques* de Lamartine.
- **1827** ▶ Hugo définit la théorie du drame romantique dans la préface de *Cromwell*.
- **1829-1848** ▶ *La Comédie humaine*, de Balzac
- **1830** ▶ *Le Rouge et le Noir*, de Stendhal. Le héros, Julien Sorel, porte les aspirations des Romantiques.
- **1830** ▶ *Hernani*, de Victor Hugo.
- **1834** ▶ *Lorenzaccio*, de Musset.

Pour commencer

5 minutes de vidéo sur Le romantisme

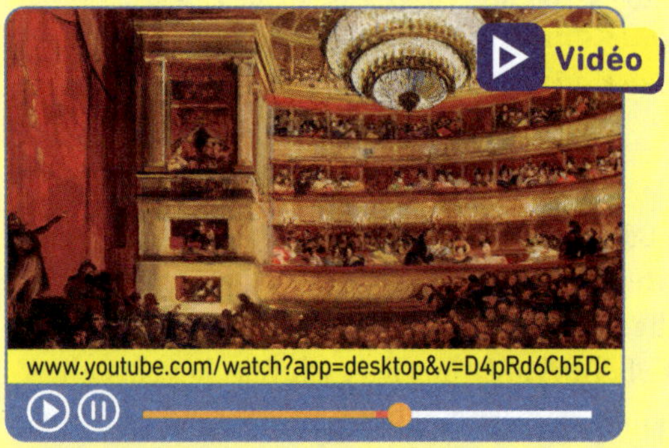

Albert Besnard (1849-1934), *La Première d'Hernani*, huile sur toile (1903), maison de Victor Hugo, Hauteville.

Questions

1. Quels sont les pays européens précurseurs du romantisme ?
2. Quelle œuvre est considérée comme le manifeste du romantisme ? Quels en sont les principes ?
3. Quels sont les thèmes principaux du romantisme ?

Retenir

Qu'est ce que le romantisme ?

1 Origine et évolution

Étymologie du mot : l'adjectif « romantique » vient du mot *roman* et signifie alors « qui relève du roman, de l'imagination ».

▶ Le romantisme est un mouvement européen qui nait au XIXe siècle, en Allemagne (**Goethe**) et en Angleterre (**Byron, Keats**). On distingue :
– **le romantisme engagé** : l'écrivain est un visionnaire qui doit guider le peuple vers une **société meilleure**, plus juste, plus mêlée. Il peut s'engager en **politique** (**Lamartine, Hugo**...).
– **le romantisme lyrique** : les écrivains et artistes expriment leurs **sentiments personnels** : mélancolie, amour, communion avec la nature ou le divin (**Lamartine, Musset, Vigny, Desbordes-Valmore**...).

2 Genres privilégiés et caractéristiques d'écriture

- ▶ La **poésie**, presque absente du XVIIIe siècle, s'exprime en majesté (**Marceline Desbordes-Valmore, Vigny, Lamartine**).
- ▶ Le **théâtre** ouvre les hostilités contre la dramaturgie classique (**Hugo, Musset**).
- ▶ Le **roman** exerce toute sa créativité dans l'invention des personnages, des intrigues et des points de vue (**Chateaubriand, Dumas, Stendhal**).

3 Principaux thèmes

- ▶ La **liberté totale du créateur** est revendiquée par les artistes.
- ▶ La **mélancolie**, la **nostalgie**, la **solitude** permettent de sublimer l'exaltation du « **moi** » et la **nature** devient le refuge mais aussi le confident de l'artiste.
- ▶ Le **désenchantement** éprouvé par toute une génération se traduit par un **mal-être existentiel**, « le mal du siècle ».
- ▶ Au **théâtre**, le dramaturge se libère des contraintes et remet en cause la règle de bienséance. Il présente souvent un héros maudit (Hernani, Lorenzaccio...).

Textes clés

LE ROMAN

Le héros, après avoir réalisé que son amante l'a trompé, perd confiance en l'amour et en la vie. Il sombre dans une vie de débauche pour tenter de noyer son désespoir.

Je sentis en m'éveillant le lendemain un si profond dégoût de moi-même, je me trouvai si avili, si dégradé à mes propres yeux, qu'une tentation horrible s'empara de moi au premier mouvement. Je m'élançai hors du lit, j'ordonnai à la créature de s'habiller et de partir le plus vite possible ; puis je m'assis, et comme je promenais des regards désolés sur les murs de la chambre, je les arrêtai machinalement vers l'angle où étaient suspendus mes pistolets.

Alfred de Musset, *La Confession d'un enfant du siècle*, 1836.

- Quels thèmes du romantisme relevez-vous dans ce texte ?

LE ROMAN

Cette vie, qui m'avait d'abord enchanté, ne tarda pas à me devenir insupportable. Je me fatiguai de la répétition des mêmes scènes et des mêmes idées. Je me mis à sonder mon cœur, à me demander ce que je désirais. Je ne le savais pas ; mais je crus tout à coup que les bois me seraient délicieux. Me voilà soudain résolu d'achever, dans un exil champêtre, une carrière à peine commencée, et dans laquelle j'avais déjà dévoré des siècles.

J'embrassai ce projet avec l'ardeur que je mets à tous mes desseins ; je partis précipitamment pour m'ensevelir dans une chaumière, comme j'étais parti autrefois pour faire le tour du monde. On m'accuse d'avoir des goûts inconstants, de ne pouvoir jouir longtemps de la même chimère, d'être la proie d'une imagination qui se hâte d'arriver au fond de mes plaisirs, comme si elle était accablée de leur durée : hélas ! je cherche seulement un bien inconnu, dont l'instinct me poursuit. Est-ce ma faute, si je trouve partout des bornes, si ce qui est fini n'a pour moi aucune valeur ?

F.-R. de Chateaubriand, *René*, 1802.

- En quoi ce texte illustre-t-il la pensée romantique ?

LE THÉÂTRE

HERNANI

Oh ! par pitié pour toi, fuis ! – Tu me crois peut-être
Un homme comme sont tous les autres, un être
Intelligent, qui court droit au but qu'il rêva.
Détrompe-toi. Je suis une force qui va !
Agent aveugle et sourd de mystères funèbres !
Une âme de malheur faite avec des ténèbres !
Où vais-je ? je ne sais. Mais je me sens poussé
D'un souffle impétueux, d'un destin insensé.
Je descends, je descends, et jamais ne m'arrête. […]
Oh ! fuis ! détourne-toi de mon chemin fatal,
Hélas ! sans le vouloir, je te ferais du mal !

Victor Hugo, *Hernani*, III, 4, 1830.

- Expliquez pour quelle raison le personnage d'Hernani présente des caractéristiques du héros romantique.

LA POÉSIE

Le ciel m'a confié ton cœur.
Quand tu seras dans la douleur,
Viens à moi sans inquiétude,
Je te suivrai sur le chemin ;
Mais je ne puis toucher ta main
Ami, je suis la solitude.

Alfred de Musset, *La Nuit de décembre*, 1835.

N'écris pas. Je suis triste, et je voudrais m'éteindre.
Les beaux étés sans toi, c'est la nuit sans flambeau.
J'ai refermé mes bras qui ne peuvent t'atteindre,
Et frapper à mon coeur, c'est frapper au tombeau.
N'écris pas !

Marceline Desbordes-Valmore, « Les séparés », 1860 (posthume).

- En quoi ces deux extraits s'inscrivent-ils dans le courant romantique ?

Les mots du... Mal du siècle

- **Donnez la définition des mots suivants.**

DÉSENCHANTEMENT	MÉLANCOLIE	NOSTALGIE	MAL-ÊTRE
....	....	....	....
....	....	....	....
....	....	....	....
....	....	....	....

Histoire de la langue **Lyrisme**

- Dans l'Antiquité, le mot latin *lyricus*, de *lyra* (= lyre) dérivé du grec *lyrikos*, se dit de poètes qui composaient des poèmes déclamés avec accompagnement de lyre. Le suffixe *-isme* (du latin *-ismus*, dérivé du grec *-ismos*) entre dans la composition de mots désignant un courant de pensée.
- Au XVIIIe siècle, le lyrisme est un genre poétique qui a pour objectif d'exprimer les sentiments intimes du poète. Il est caractérisé par l'expression exaltée des sentiments, des passions. Au XIXe siècle, il est présent dans le théâtre et la poésie romantique.

S'interroger sur le mal du siècle

1 Trois éléments partageaient donc la vie qui s'offrait alors aux jeunes gens : derrière eux un passé à jamais détruit, s'agitant encore sur ses ruines, avec tous les fossiles des siècles de l'absolutisme ; devant eux l'aurore d'un immense horizon, les premières clartés de l'avenir ; et entre ces deux mondes… quelque chose de semblable à l'Océan qui sépare le vieux continent de la jeune Amérique, je ne sais quoi de vague et de flottant, une mer houleuse et pleine de naufrages, traversée de temps en temps par quelque blanche voile lointaine ou par quelque navire soufflant une lourde vapeur ; le siècle présent, en un mot, qui sépare le passé de l'avenir, qui n'est ni l'un ni l'autre et qui ressemble à tous deux à la fois, et où l'on ne sait, à chaque pas qu'on fait, si l'on marche sur une semence ou sur un débris.
Voilà dans quel chaos il fallut choisir alors ; voilà ce qui se présentait à des enfants pleins de force et d'audace, fils de l'Empire et petits-fils de la Révolution.

Alfred de Musset, *La Confession d'un enfant du siècle*, 1836.

a. Comment Musset décrit-il la jeune génération de son époque ?

…………………………………………………………………………

…………………………………………………………………………

b. Pour quelle raison Musset utilise-t-il la métaphore de l'Océan ?

…………………………………………………………………………

…………………………………………………………………………

c. Surlignez le passage le plus révélateur de ce que Musset a appelé le « mal du siècle ».

Analyser le romantisme engagé

2 Le poète en des jours impies
Vient préparer des jours meilleurs.
Il est l'homme des utopies,
Les pieds ici, les yeux ailleurs.
C'est lui qui sur toutes les têtes,
En tout temps, pareil aux prophètes,
Dans sa main, où tout peut tenir,
Doit, qu'on l'insulte ou qu'on le loue,
Comme une torche qu'il secoue,
Faire flamboyer l'avenir !

Victor Hugo, « Fonction du poète », *Les Rayons et les Ombres*, 1840.

Selon Victor Hugo, quel est le rôle du poète ? Surlignez les passages qui justifient votre réponse.

…………………………………………………………………………

…………………………………………………………………………

Analyser le romantisme lyrique

3 Salut ! bois couronnés d'un reste de verdure !
Feuillages jaunissants sur les gazons épars !
Salut, derniers beaux jours ! Le deuil de la nature
Convient à la douleur et plaît à mes regards !

Je suis d'un pas rêveur le sentier solitaire,
J'aime à revoir encor, pour la dernière fois,
Ce soleil pâlissant, dont la faible lumière
Perce à peine à mes pieds l'obscurité des bois !

A. de Lamartine, *Méditations poétiques*, « L'Automne », 1820.

a. À qui s'adresse le poète ?

…………………………………………………………………………

b. En quoi ce poème relève-t-il du romantisme lyrique ?

…………………………………………………………………………

…………………………………………………………………………

Analyser le drame romantique

4 *La reine a appris la véritable identité de Ruy Blas, qui n'est pas un noble mais un simple valet, amoureux d'elle. Alors qu'elle refuse de lui pardonner, il absorbe du poison.*

LA REINE, *l'entourant de ses bras.*
Ruy Blas, je vous pardonne !
Mais qu'avez-vous fait là ? Parle, je te l'ordonne !
Ce n'est pas du poison, cette affreuse liqueur ?
Dis ?

RUY BLAS
Si ! C'est du poison. Mais j'ai la joie au cœur.
Tenant la reine embrassée et levant les yeux au ciel.
Permettez, ô mon Dieu, justice souveraine,
Que ce pauvre laquais bénisse cette reine,
Car elle a consolé mon cœur crucifié,
Vivant, par son amour, mourant, par sa pitié !

LA REINE
Du poison ! Dieu ! c'est moi qui l'ai tué ! – Je t'aime !
Si j'avais pardonné ?…

RUY BLAS, *défaillant*
J'aurais agi de même.
Sa voix s'éteint. La reine le soutient sans ses bras.
Je ne pouvais plus vivre. Adieu !

V. Hugo, *Ruy Blas*, V, 4, 1838.

a. À votre avis, quel élément de cette scène a pu surprendre les spectateurs ?

…………………………………………………………………………

b. En quoi cette scène de théâtre est-elle romantique ?

…………………………………………………………………………

…………………………………………………………………………

BAC ÉCRIT Analyser un texte romantique

1 Lisez le texte suivant et répondez aux questions.

Motif de l'enfermement et de la souffrance

Sentiment de plénitude et de bonheur

Tableau d'une nature sacralisée et grandiose

Fabrice Del Dongo, un jeune aristocrate italien, est emprisonné dans la citadelle de Parme, dont le gouverneur est le général Fabio Conti. Sa fille, Clélia, et le jeune prisonnier tombent amoureux.

Il courut aux fenêtres ; la vue qu'on avait de ces fenêtres grillées était sublime : [...] d'abord les yeux de Fabrice furent attirés vers une des fenêtres du second étage, où se trouvaient, dans de jolies cages, une grande quantité d'oiseaux de toute sorte. Fabrice s'amusait à les entendre chanter, et à les voir saluer les derniers rayons du crépuscule du soir, tandis que les geôliers[1] s'agitaient autour de lui. [...]

Il y avait lune ce jour-là, et au moment où Fabrice entrait dans sa prison, elle se levait majestueusement à l'horizon à droite, au-dessus de la chaîne des Alpes, vers Trévise. Il n'était que huit heures et demie du soir, et à l'autre extrémité de l'horizon, au couchant, un brillant crépuscule rouge orangé dessinait parfaitement les contours du mont Viso et des autres pics des Alpes qui remontent de Nice vers le Mont-Cenis et Turin ; sans songer autrement à son malheur, Fabrice fut ému et ravi par ce spectacle sublime. « C'est donc dans ce monde ravissant que vit Clélia Conti ! avec son âme pensive et sérieuse, elle doit jouir de cette vue plus qu'un autre ; on est ici comme dans des montagnes solitaires à cent lieues de Parme. » Ce ne fut qu'après avoir passé plus de deux heures à la fenêtre, admirant cet horizon qui parlait à son âme, et souvent aussi arrêtant sa vue sur le joli palais du gouverneur que Fabrice s'écria tout à coup : « Mais ceci est-il une prison ? Est-ce là ce que j'ai tant redouté ? » Au lieu d'apercevoir à chaque pas des désagréments et des motifs d'aigreur, notre héros se laissait charmer par les douceurs de la prison.

Stendhal, *La Chartreuse de Parme*, Partie II, 1839.

1. Les gardiens de la prison.

a. Observez les différents thèmes et champs sémantiques présents dans l'extrait. Comment s'entremêlent-ils de manière originale ?

b. Donnez un titre à chaque mouvement du texte (aidez-vous de la fiche 46, p. 152).

Du début à l. 5	....
L. 5 à 8	....
L. 8 à 10	....
L. 10 à la fin	....

c. En vous appuyant sur les deux questions précédentes, formulez une problématique qui met en avant un enjeu de l'extrait en lien avec le romantisme.

....

....

2 VERS LE BAC ORAL

Rédigez une ouverture que vous présenteriez en conclusion, en utilisant une ou plusieurs références de cette fiche.

7 Le réalisme et le naturalisme

EXO Quiz

Pour commencer

5 minutes pour tout savoir sur... le XIXe siècle

G. Courbet, *Un enterrement à Ornans*, 1849-1850, musée d'Orsay, Paris.

Questions

1. Quels sont les motifs ou les personnages traditionnels des tableaux de grande dimension, dits « nobles » ?
2. Reprenez quelques critiques formulées à propos du tableau de Gustave Courbet. Ces remarques vous étonnent-elles ? Pourquoi ?

Dates clés

Vie politique

- **1848** ▶ Révolution de février et proclamation de la **IIe République**.
- **1851** ▶ Coup d'État de **Louis Napoléon Bonaparte.**
- **1852** ▶ Instauration du Second Empire : les idéaux romantiques se brisent.
- **1853** ▶ Le baron Haussmann, préfet de la Seine, débute ses grands travaux de modernisation qui redessinent **un nouveau Paris**.
- **1870** ▶ Défaite de Sedan et **chute du Second Empire.**

Vie artistique et littéraire

- **1849** ▶ *Un enterrement à Ornans*, de Courbet.
- **1857** ▶ *Madame Bovary*, de Flaubert.
- **1865** ▶ *Germinie Lacerteux*, des Frères Goncourt.
- **1865** ▶ Les travaux du médecin Claude Bernard, père de la **médecine expérimentale**, marquent un tournant dans le rapport entre sciences et progrès technique.
- **1866** ▶ *Thérèse Raquin*, de Zola.
- **1871** ▶ Publication du premier volume des ***Rougon-Macquart***, *La Fortune des Rougon*, de Zola.
- **1880** ▶ *Les Soirées de Médan* révèle **Maupassant** comme maître de la nouvelle naturaliste.
- **1887** ▶ Certains membres du groupe naturaliste fustigent leur chef de file, Émile Zola, dans une lettre ouverte publiée dans *Le Figaro*. Ils l'accusent de se complaire dans une **littérature « ordurière »**. La rupture au sein du groupe naturaliste est consommée.

Retenir

1. Qu'est-ce que le réalisme ?

1 Origine et évolution

Étymologie du mot : du latin *realis*, dérivé de *res* (« la chose »), qui renvoie à la reproduction d'une chose sans idéal, en art.

- Mouvement qui se développe d'abord en **peinture** à partir de **1848** et touche ensuite la **littérature**, dans un même souci **de vérité**.
- Profondes **mutations sociales et urbaines** dont les réalistes et les naturalistes veulent rendre compte fidèlement dans leurs œuvres.

2 Genres privilégiés et caractéristiques d'écriture

- Mouvement particulièrement exploité par le genre romanesque : romans et nouvelles.
- Recherches documentaires qui servent aux **descriptions détaillées** et à l'emploi d'un **lexique riche**.
- Le personnage est au centre du récit : le **narrateur omniscient** décrit **la complexité** de la psychologie humaine.
- Nouveaux personnages de classes sociales inférieures ou de milieux « à part », selon Zola, c'est-à-dire hors normes sociales établies (prostituée, artiste, meurtrier).

3 Principaux thèmes

- **Anti-héroïsme** de personnages en prise avec une société moderne, mue par de nouvelles forces (argent, progrès technique) qui les précipitent dans une chute annoncée.
- La force des « appétits », des **désirs** (folie meurtrière, pulsion amoureuse, ambition…).
- L'**influence du milieu** héréditaire et historique sur différents milieux sociaux.
- La **nature humaine** est dépeinte dans tout ce qu'elle peut avoir de **cru** et de **laid**.

2. Qu'est-ce que le naturalisme ?

Ce mouvement littéraire **se nourrit du réalisme**. Les naturalistes développent **une nouvelle approche** :
– en appliquant la **méthode scientifique** au roman afin de classer, d'étudier les individus et les groupes (grandes fresques romanesques) ;
– en utilisant la **documentation** comme matière romanesque ;
– en ayant recours aux **symboles**, aux **personnifications** pour construire une **mythologie moderne** (ex. : la mine du Voreux dans *Germinal* se transforme en Minotaure des temps modernes).

Textes clés

L'HÉRITAGE BALZACIEN

Les romanciers réalistes reconnaissent Balzac comme modèle. Dans son Avant-propos *de 1842 à* La Comédie humaine, *série romanesque organisée comme un « tableau exact des mœurs », Balzac présente son projet.*

Le hasard est le plus grand romancier du monde : pour être fécond, il n'y a qu'à l'étudier. La Société française allait être l'historien, je ne devais être que le secrétaire. En dressant l'inventaire des vices et des vertus, en rassemblant les principaux faits des passions, en peignant les caractères, en choisissant les événements principaux de la Société, en composant des types par la réunion des traits de plusieurs caractères homogènes, peut-être pouvais-je arriver à écrire l'histoire oubliée par tant d'historiens, celle des mœurs.

Honoré de Balzac, Avant-Propos à *La Comédie humaine*, 1842.

1. Relevez les verbes qui renvoient au travail de l'écrivain. Que constatez-vous ?
2. En quoi le projet balzacien est-il ambitieux ?

LA DESCRIPTION

Le roman des frères Goncourt, Germinie Lacerteux, *marque un tournant : le personnage principal issu des plus basses classes sociales accède au rang d'héroïne. Germinie, fille-mère employée chez Madame de Varandeuil, fréquente les bals populaires.*

Dans l'enceinte de la danse, sous le feu aigu et les flammes dardées du gaz, étaient toutes sortes de femmes vêtues de lainages sombres, passés, flétris, des femmes en bonnet de tulle noir, des femmes en paletot noir […] pas un réveillon de blanc dans ces femmes sombres jusqu'au bout de leurs bottines ternes, et tout habillées des couleurs de la misère. Cette absence de linge mettait dans le bal un deuil de pauvreté ; elle donnait à toutes ces figures quelque chose de triste et de sale, d'éteint, de terreux […].

Edmond et Jules de Goncourt, *Germinie Lacerteux*, 1865.

- Pourquoi peut-on parler ici d'une véritable peinture de la misère ?

L'ÉCRAN RÉALISTE

Dans sa théorie des écrans, Émile Zola explique que « toute œuvre d'art est comme une fenêtre ouverte sur la création ». Il détaille les effets de l'écran classique ou romantique sur la représentation du réel. Il en vient à l'écran réaliste.

L'écran réaliste est un simple verre à vitre, très mince, très clair, et qui a la prétention d'être si parfaitement transparent que les images le traversent et se reproduisent ensuite dans toute leur réalité. Ainsi, point de changement dans les lignes ni dans les couleurs : une reproduction exacte, franche et naïve. L'écran réaliste nie sa propre existence. […] Si claire, si mince, si verre à vitre qu'il soit, il n'en a pas moins une couleur propre, une épaisseur quelconque […].

Émile Zola, *Lettre à A. Valabrègue*, 1864.

- Selon Zola, une parfaite reproduction du réel est-elle possible en littérature ? Pourquoi ?

LE SYMBOLIQUE

Jacques Lantier, personnage central de La Bête humaine, *est un mécanicien qui entretient une relation privilégiée avec sa locomotive, qu'il a surnommée la Lison.*

C'était une de ces machines d'express, à deux essieux couplés, d'une élégance fine et géante, avec ses grandes roues légères réunies par des bras d'acier, son poitrail large, ses reins allongés et puissants, toute cette logique et toute cette certitude qui font la beauté souveraine des êtres de métal, la précision dans la force. […] Et c'était vrai, il l'aimait d'amour, sa machine, depuis quatre ans qu'il la conduisait. […]

Il l'aimait donc en mâle reconnaissant, la Lison, qui partait et s'arrêtait vite, ainsi qu'une cavale vigoureuse et docile […].

Émile Zola, *La Bête humaine*, 1890.

1. Comment le progrès technique est-il présenté ?
2. Que pensez-vous du regard que le personnage porte sur la machine ?

Les mots de... La description

- **Donnez la définition des mots suivants.**

REPRÉSENTER	DÉCRIRE	FIGURER	IMAGINER
....	....	....	....
....	....	....	....
....	....	....	....

S'entraîner

Histoire de la langue **Le naturalisme**

- Ce terme renvoie d'abord aux **sciences naturelles** (biologie, botanique, zoologie…). Le naturaliste étudie donc les êtres vivants.
- Au XVIIIe siècle se développe une **philosophie naturaliste** qui sacralise la nature et encourage l'homme à l'observer avec respect.
- Émile Zola fait rentrer ce terme en littérature dans la préface de *Thérèse Raquin*, pour désigner une nouvelle **méthode scientifique appliquée au roman**.

Reconnaître l'illusion du réel et ses effets

1 *Emma Bovary souffre d'un mal-être profond. À la fin du roman, elle se suicide en avalant un poison violent, l'arsenic.*

Un grand frisson lui secouait les épaules, et elle devenait plus pâle que le drap où s'enfonçaient ses doigts crispés. Son pouls inégal était presque insensible maintenant. Des gouttes suintaient sur sa figure bleuâtre, […]. Ses dents claquaient, ses yeux agrandis regardaient vaguement autour d'elle […]. Peu à peu, ses gémissements furent plus forts. Un hurlement sourd lui échappa ; elle prétendit qu'elle allait mieux et qu'elle se lèverait tout à l'heure. Mais les convulsions la saisirent ; elle s'écria :
– Ah ! c'est atroce, mon Dieu !

Gustave Flaubert, *Madame Bovary*, 1857.

a. Surlignez les termes anatomiques ou médicaux qui décrivent les symptômes d'Emma.

b. Quels sont les sens sollicités dans ce passage ?

c. En vous appuyant sur vos deux réponses précédentes, expliquez les effets recherchés sur le lecteur face à la description de l'agonie.

Saisir les facettes du personnage naturaliste

2 *Voici l'incipit de la nouvelle intitulée « Le Gueux ».*

Il avait connu des jours meilleurs, malgré sa misère et son infirmité.
À l'âge de quinze ans, il avait eu les deux jambes écrasées par une voiture sur la grand'route de Varville. Depuis ce temps-là, il mendiait […].
Enfant trouvé dans un fossé par le curé de Billettes, la veille du jour des morts, et baptisé pour cette raison, Nicolas Toussaint, élevé par charité, demeuré étranger à toute instruction, […] , il ne savait rien faire autre chose que tendre la main.

Guy de Maupassant, *Contes et Nouvelles*, « Le Gueux », 1884.

a. Comment la construction de la dernière phrase met-elle en valeur l'acharnement du sort contre Nicolas ?

b. Surlignez la phrase qui laisse transparaître l'ironie du narrateur.

c. Reformulez explicitement ce qu'il veut dire de son personnage et de sa vision du monde.

3 **Document 1**

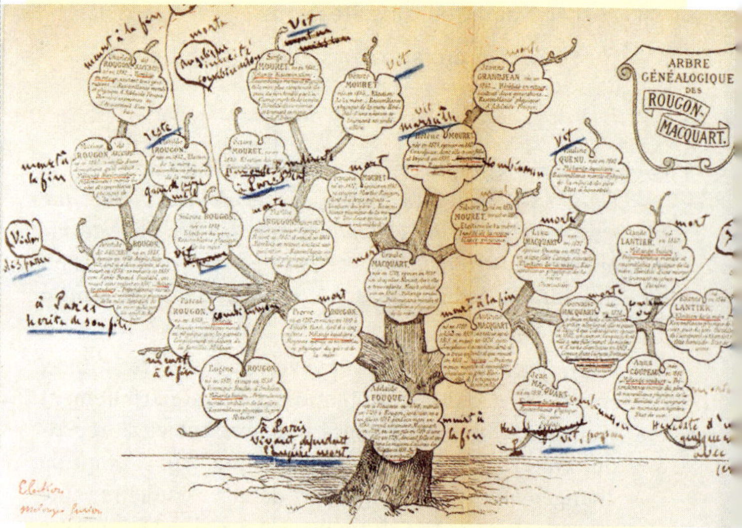

Arbre généalogique des Rougon-Macquart dessiné par Zola et édité en 1893

Document 2

Voici deux transcriptions issues de l'arbre généalogique ci-dessus.

Adélaïde FOUQUE[1], née à Plassans en 1768 […] ; devient folle et entre à la maison des aliénés des Tulettes en 1851. Névrose originelle.
Anna COUPEAU, née en 1852 […] Prépondérance morale du père et ressemblance physique de la mère. Hérédité de l'ivrognerie se tournant en hystérie. État de vice.

1. Ancêtre de la famille, à la racine de l'arbre.

Selon vous, pourquoi Zola utilise-t-il cet outil ?

BAC ÉCRIT Analyser un texte naturaliste

1 Lisez le texte suivant.

Dans le dernier volume des Rougon-Macquart, *le docteur Pascal, membre de la famille et savant passionné par l'influence de l'hérédité sur ses ascendants, explique à son nièce l'importance de son travail.*

D'abord, ce fut l'arbre généalogique des Rougon-Macquart qu'il lui montra. [...] Depuis plus de vingt années, il le tenait au courant, inscrivant les naissances et les morts, les mariages, les faits de famille importants, distribuant en notes brèves les cas, d'après sa théorie de l'hérédité. C'était une grande feuille de papier jaunie, aux plis coupés par l'usure, sur laquelle s'élevait, dessiné d'un trait fort, un arbre symbolique, [...] ; et chaque feuille portait un nom, contenait, d'une écriture fine, une biographie, un cas héréditaire.

Une joie de savant s'était emparée du docteur, devant cette œuvre de vingt années, où se trouvaient appliquées, si nettement et si complètement, les lois de l'hérédité, fixées par lui.

« Regarde donc, fillette ! Tu en sais assez long, tu as recopié assez de mes manuscrits pour comprendre... N'est-ce pas beau, un pareil ensemble, un document si définitif et si total, où il n'y a pas un trou ? on dirait une expérience de cabinet, un problème posé et résolu au tableau noir... Tu vois, en bas, voici le tronc, la souche commune, tante Dide. [...] Quelle fresque immense à peindre, quelle comédie et quelle tragédie humaines colossales à écrire, avec l'hérédité, qui est la Genèse même des familles, des sociétés et du monde ! »

Émile Zola, *Le Docteur Pascal*, chapitre V, 1893.

2 a. Complétez le plan détaillé de commentaire littéraire qui développe l'idée directrice suivante : « Le docteur Pascal, double du romancier ». Vous identifierez et interpréterez au moins deux procédés par sous-partie.

A. L'arbre généalogique : un document zolien mis en scène

B. L'étude scientifique révélatrice de la fatalité héréditaire

C. Le savant, créateur d'une œuvre

b. Écrivez une transition entre chaque sous-partie et une conclusion partielle en fin de partie.

3 VERS LE BAC ORAL

À partir des titres du plan détaillé de l'exercice 2, entraînez-vous à l'annonce de vos idées en soignant la clarté de vos formulations et la rigueur de l'argumentation.

8 Du symbolisme au surréalisme

EXO Quiz

Dates clés

Vie politique

- **1852-1870** ▶ Second Empire.
- **1870** ▶ IIIᵉ République.
- **1914-1918** ▶ Première Guerre mondiale.
- **1917** ▶ Révolution russe.
- **1929** ▶ Krach boursier aux États-Unis : crise économique mondiale.
- **1939-1945** ▶ Seconde Guerre mondiale.
- **1946** ▶ IVᵉ République.

Vie artistique et littéraire

- **1869** ▶ Lautréamont, *Les Chants de Maldoror*.
- **1874** ▶ Verlaine, *Romances sans paroles*.
- **1884** ▶ Huysmans, *À Rebours*.
- **1886** ▶ Rimbaud, *Illuminations*.
- **1886** ▶ Moréas, *Manifeste du symbolisme*.
- **1887** ▶ Mallarmé, *Poésies*.
- **1916** ▶ Tzara, mouvement Dada, précurseur du surréalisme.
- **1924** ▶ Breton, *Le Manifeste du surréalisme*.
- **1926** ▶ Éluard, *Capitale de la douleur*.
- **1928** ▶ Breton, *Nadja*.
- **1930** ▶ Desnos, *Corps et biens*.

Pour commencer

5 minutes de vidéo sur Le symbolisme

O. Redon, *Les Yeux clos*, 1890, musée d'Orsay, Paris.

Questions

1. Citez au moins deux artistes symbolistes.
2. Quels sont les thèmes de prédilection de ce mouvement ?
3. Contre quoi le symbolisme revendique-t-il de s'opposer ?

Retenir

1. Qu'est-ce que le symbolisme ?

1 Origine et évolution

- Le mot *symbole*, emprunté au grec, évoque l'action de retrouver la partie manquante d'un tout.
- Le symbolisme naît à la fin du XIXᵉ siècle. Il a pour objectif de **traduire notre monde** à travers des **signes** et des **sonorités** qui fonctionnent comme des **symboles**. La réalité est donnée à déchiffrer derrière un mystère, un rêve.

2 Genres privilégiés et caractéristiques d'écriture

- Les symbolistes utilisent des **images**, des **analogies** pour évoquer le monde, des **états d'âme**, des idées **abstraites**.
- En poésie, le **vers libre**, la musicalité de la langue sont privilégiés (**Rimbaud**, **Verlaine**, **Mallarmé**, **Valéry**).
- **Claudel** et **Maeterlinck** s'illustrent au théâtre, et **Huysmans** dans le roman.

3 Principaux thèmes

- Il s'agit de créer un **univers évocateur et suggestif**, qui établit des **correspondances** entre le **monde réel** et l'univers des **symboles**.

2. Qu'est-ce que le surréalisme ?

1 Origine et évolution

- Le surréalisme est influencé notamment par le mouvement Dada, créé par **Tzara** en 1916, et par la toute jeune psychanalyse. Son chef de file est André **Breton**.
- Ce mouvement s'intéresse à l'**inconscient** et à l'interprétation des **rêves**. Il utilise l'art comme un instrument de libération et de révolte.

2 Genres privilégiés et caractéristiques d'écriture

- Les surréalistes revendiquent une **grande liberté formelle**. Ils inventent l'**écriture automatique** et privilégient les **associations d'images surprenantes**, l'**absence de ponctuation**, les **calligrammes**…
- La poésie (**Éluard**, **Aragon**…) et le roman (**Desnos**, **Breton**, **Reverdy**) deviennent de vastes terrains d'expérimentation littéraire.

3 Principaux thèmes

- La logique rationnelle, qui asservit l'imaginaire et l'esprit créatif, est rejetée.
- Il s'agit de se libérer de la raison, de s'affranchir de la morale bourgeoise, de s'ouvrir à l'univers du rêve, de l'inconscient, de la folie et de l'amour fou.

Textes clés

LA POÉSIE SYMBOLISTE

De la musique avant toute chose,
Et pour cela préfère l'Impair
Plus vague et plus soluble dans l'air,
Sans rien en lui qui pèse ou qui pose.

Il faut aussi que tu n'ailles point
Choisir tes mots sans quelque méprise :
Rien de plus cher que la chanson grise
Où l'Indécis au Précis se joint.

Paul Verlaine, *Jadis et Naguère*, « Art poétique », 1884.

- Expliquez en quoi ces strophes, et en particulier le dernier vers, s'inscrivent dans le courant symboliste.

LE THÉÂTRE SYMBOLISTE

Mélisande vient d'avouer son amour pour Pelléas…

PELLÉAS

Oh ! comme tu dis cela !… Ta voix ! ta voix… Elle est plus fraîche et plus franche que l'eau !… On dirait de l'eau pure sur mes lèvres !… On dirait de l'eau pure sur mes mains… Donne-moi, donne-moi tes mains… Oh ! tes mains sont petites !… Je ne savais pas que tu étais si belle !… Je n'avais jamais rien vu d'aussi beau, avant toi… J'étais inquiet ; je cherchais partout dans la maison… je cherchais partout dans la campagne… Et je ne trouvais pas la beauté… Et maintenant je t'ai trouvée !… Je t'ai trouvée !… Je ne crois pas qu'il y ait sur la terre une femme plus belle !… Où es-tu ? – Je ne t'entends plus respirer…

Maurice Maeterlinck, *Pelléas et Mélisande*, 1892.

- Montrez en quoi cette scène relève du théâtre symboliste.

MANIFESTE DU SURRÉALISME

1. Je crois à la résolution future de ces deux états, en apparence si contradictoires, que sont le rêve et la réalité, en une sorte de réalité absolue, de surréalité, si l'on peut ainsi dire. C'est à sa conquête que je vais…

2. Faites-vous apporter de quoi écrire, après vous être établi en un lieu aussi favorable que possible à la concentration de votre esprit sur lui-même. Placez-vous dans l'état le plus passif, ou réceptif, que vous pourrez. Faites abstraction de votre génie, de vos talents et de ceux de tous les autres.

André Breton, *Manifeste du surréalisme*, © Fayard 1924.

1. Dans le premier extrait, comment André Breton définit-il le surréalisme ?
2. Quel est le sujet du second extrait ?

LA POÉSIE SURRÉALISTE

J'ai tant rêvé de toi que tu perds ta réalité.
Est-il encore temps d'atteindre ce corps vivant et de baiser
Sur cette bouche la naissance de la voix qui m'est chère ?
J'ai tant rêvé de toi
que mes bras habitués en étreignant ton ombre
à se croiser sur ma poitrine
Ne se plieraient pas au contour de ton corps, peut-être.
Et que, devant l'apparence réelle de ce qui me hante et me gouverne
Depuis des jours et des années
je deviendrais une ombre sans doute.

Robert Desnos, *Corps et Biens*, « J'ai tant rêvé de toi… », © Gallimard 1930.

1. Analysez les mots surlignés. Quelle relation le poète entretient-il avec la femme aimée ?
2. En quoi peut-on avancer que ce poème présente les caractéristiques du courant surréaliste ?

Les mots pour… suggérer

- **Donnez la définition des mots suivants.**

ONIRIQUE	SYMBOLE	MYSTÈRE	ANALOGIE
…………………………	…………………………	…………………………	…………………………
…………………………	…………………………	…………………………	…………………………
…………………………	…………………………	…………………………	…………………………

S'entraîner

Histoire de la langue — **Surréalisme**

- Composé de *sur-* et *réalisme*, le mot est attesté chez Apollinaire en 1918 dans *Les Mamelles de Tirésias*. Le préfixe *sur-* vient du latin *super* (« au-dessus de »). Le mot *réalisme* vient du bas latin *réalis*, lui-même dérivé de *res*, *rei*, « objet, chose matérielle ».
- En littérature, le réalisme est un courant qui apparaît vers 1830 et qui cherche à décrire le monde et les hommes tels qu'ils sont, de manière objective.
- Le surréalisme souhaite donc aller au-delà du réalisme et du réel, pour laisser place à l'imaginaire et au rêve.

Repérer les symboles

1 A noir, E blanc, I rouge, O bleu : voyelles,
Je dirai quelque jour vos naissances latentes :
A, noir corset velu des mouches éclatantes
Qui combinent autour des puanteurs cruelles,

Golfes d'ombre ; E, candeurs des vapeurs et des tentes,
Lances des glaciers fiers, rois blancs, frissons d'ombrelles ;
I, pourpres, sang craché, rire des lèvres belles
Dans la colère ou les ivresses pénitentes

Arthur Rimbaud, *Poésies*, « Voyelles », 1883.

a. **Quelle est l'originalité du premier vers ?**

b. **En quoi ce poème s'inscrit-il dans le courant symboliste ?**

2 Toute l'âme résumée
Quand lente nous l'expirons
Dans plusieurs ronds de fumée
Abolis en autres ronds

Atteste quelque cigare
Brûlant savamment pour peu
Que la cendre se sépare
De son clair baiser de feu

Ainsi le chœur des romances
À la lèvre vole-t-il
Exclus-en si tu commences

Le réel parce que vil
Le sens trop précis rature[1]
Ta vague littérature.

Stéphane Mallarmé, *Poésies*, « Hommage », 1870.

1. Détruit.

a. **Avec quel élément le poète compare-t-il l'âme ? Quelle impression ressort de cette comparaison ?**

b. **À quel verbe se rapporte le mot « réel » ? Comment le réel est-il appréhendé par le poète ?**

c. **Expliquez le passage en vert et montrez en quoi il s'apparente à la poétique symboliste.**

Analyser l'importance du rêve et de l'inconscient

3 Ma femme à la chevelure de feu de bois
Aux pensées d'éclairs de chaleur
A la taille de sablier
Ma femme à la taille de loutre entre les dents du tigre
Ma femme à la bouche de cocarde et de bouquet
d'étoiles de dernière grandeur
Aux dents d'empreintes de souris blanche sur la terre blanche

André Breton, « Union libre », © Gallimard, 1931.

a. **Observez la forme du poème. Que remarquez-vous ?**

b. **En quoi cet extrait s'inscrit-il dans le courant surréaliste ?**

4 La terre est bleue comme une orange
Jamais une erreur les mots ne mentent pas
Ils ne vous donnent plus à chanter
Au tour des baisers de s'entendre
Les fous et les amours
Elle sa bouche d'alliance
Tous les secrets tous les sourires
Et quels vêtements d'indulgence
À la croire toute nue

Les guêpes fleurissent vert
L'aube se passe autour du cou
Un collier de fenêtres
Des ailes couvrent les feuilles
Tu as toutes les joies solaires
Tout le soleil sur la terre
Sur les chemins de ta beauté.

Paul Éluard, *L'Amour la poésie*, © Gallimard, 1929.

a. **Analysez le premier vers. En quoi est-il étonnant ?**

b. **À votre avis, de qui parle le poète ? Quelle analogie fait-il ?**

BAC ÉCRIT Utiliser ses connaissances sur la modernité poétique

1 Lisez le texte suivant et répondez aux questions.

Voici un extrait du discours d'Apollinaire lors de la conférence de L'Esprit Nouveau, *en 1917, à Paris.*

Explorer la vérité, la chercher, aussi bien dans le domaine ethnique, par exemple, que dans celui de l'imagination, voilà les principaux caractères de cet esprit nouveau. Cette tendance du reste a toujours eu ses représentants audacieux qui l'ignoraient ; il y a longtemps qu'elle se forme, qu'elle est en marche.

Cependant, c'est la première fois qu'elle se présente consciente d'elle-même. C'est que, jusqu'à maintenant, le domaine littéraire était circonscrit[1] dans d'étroites limites. […]

Pour ce qui est de la Poésie, la versification rimée en était la loi unique, qui subissait des assauts[2] périodiques, mais que rien n'entamait.

Le vers libre donna un libre essor au lyrisme ; mais il n'était qu'une étape des explorations qu'on pouvait faire dans le domaine de la forme.

Les recherches dans la forme ont repris désormais une grande importance. Elle est légitime. […]

La surprise est le grand ressort nouveau. C'est par la surprise, par la place importante qu'il fait à la surprise que l'esprit nouveau se distingue de tous les mouvements artistiques et littéraires qui l'ont précédé.

Guillaume Apollinaire, *L'Esprit nouveau et les poètes*, 1918.

1. Enfermé. – **2.** Attaque vive.

a. Dans le tableau suivant, mettez en relation des courtes citations du texte et des textes poétiques étudiés et/ou des notions traitées dans cette fiche.

Citations de *L'Esprit Nouveau*	Textes étudiés / Notions abordées
« Explorer la vérité, la chercher […] dans le domaine […] de l'imagination »	....
....	Apparition du vers libre et libération progressive des formes poétiques

b. En quoi la phrase : « la surprise est le grand ressort nouveau » (l. 11) s'applique-t-elle bien à l'esprit surréaliste ? Appuyez-vous sur les références développées dans cette fiche.

....

....

....

....

....

....

2 VERS LE BAC ORAL

Après une présentation de l'œuvre *Alcools* d'Apollinaire, l'examinateur vous pose la question suivante : « En quoi le recueil *Alcools* s'inscrit-il dans une modernité poétique ? ». Formulez deux arguments en reliant les poèmes d'Apollinaire et des éléments de la fiche.

Argument 1 : ....

....

Argument 2 : ....

....

....

9 Le théâtre du XXe siècle

EXO Quiz

Dates clés

Vie politique

- **1914-1918** ▶ Première Guerre mondiale.
- **1939-1945** ▶ Seconde Guerre mondiale.
- **1945** ▶ Création de l'ONU (Organisation des Nations Unies) dans le but d'éviter un nouveau conflit mondial.
- **1954-1962** ▶ Guerre d'Algérie : conflit de décolonisation qui s'achève par l'indépendance de l'Algérie.
- **1957** ▶ Le traité de Rome fonde la communauté européenne.
- **1958** ▶ Début de la Ve République.

Vie artistique et littéraire

- **1907** ▶ Picasso, *Les Demoiselles d'Avignon* (cubisme).
- **1912** ▶ Apollinaire nomme « orphisme » les productions picturales de Kupka et Léger. Les principaux représentants en seront Sonia et Robert Delaunay.
- **1915** ▶ Malevitch, *Carré noir sur fond blanc*.
- **1938** ▶ Artaud, *Le Théâtre et son double*.
- **1950** ▶ Ionesco, *La Cantatrice chauve*.
- **1952** ▶ Beckett, *En attendant Godot* : énorme succès.
- **1960** ▶ Klein, *Monochrome IKB3*.
- **1962** ▶ Esslin, *Le Théâtre de l'absurde* ; Ionesco, *Notes et contre-notes*.

Pour commencer

5 minutes de vidéo sur Le théâtre de l'absurde

Rhinocéros, **d'E. Ionesco**, avec Ph. Demarle, théâtre de la Ville de Paris, Paris, 2013

Questions

1. Dans quel contexte historique le théâtre de l'absurde prend-il naissance ?
2. De quelle philosophie le théâtre de l'absurde s'inspire-t-il ?
3. Que rejettent les dramaturges de ce mouvement ?

Retenir

1. Qu'est-ce que le théâtre au XXe siècle ?

1 Un siècle de ruptures

- Au XXe siècle, le théâtre n'a plus pour seul enjeu de représenter le réel.
- La première partie du siècle est marquée par le **théâtre des avant-gardes**.
- Certains dramaturges proposent des théories en rupture avec ce qui précède : **Artaud** et son « théâtre de la cruauté » (1938) ; **Brecht** et la « distanciation » (1948) qui s'oppose à la conception d'Aristote de la *mimesis* (imitation).

2 Le théâtre et la guerre : un théâtre engagé

- Les dramaturges, traumatisés par la Seconde Guerre mondiale, proposent une réflexion philosophique sur la condition humaine et sur le langage. Tous mettent en avant le sentiment d'absurdité que l'Homme éprouve face au non-sens du monde et de l'existence.
- **Anouilh, Giraudoux**… réécrivent des **mythes antiques** à la lumière des événements récents.
- **Le théâtre politique** est marqué par l'existentialisme de Sartre et par la pensée de **Camus**.
- Dès le retour des camps, des auteurs témoignent de leur **expérience de la déportation** (**Delbo**).

3 Un « théâtre populaire »

- En parallèle au théâtre engagé naît, autour de **Jean Vilar**, une forme de **théâtre populaire**.
- À la fin du siècle, le **Nouveau Théâtre** (**Brook, Mnouchkine**) abandonne le texte au profit d'une création collective des acteurs, et des auteurs (**Lagarce, Koltès**), marqués par les « années SIDA », annoncent le **théâtre de l'intime** qui marquera le XXIe siècle.

2. Focus sur le théâtre de l'absurde

- **Le théâtre de l'absurde** (**Ionesco, Beckett, Adamov, Sarraute**) est le plus populaire parmi les mouvements d'après-guerre.
- Les **dialogues énigmatiques** et les situations étranges mettent en valeur l'angoisse de l'Homme face à un monde et à une humanité qu'il ne comprend plus.
- Des auteurs comme Valère **Novarina** perpétuent ce mouvement aujourd'hui.

Textes clés

LES REECRITURES MYTHOLOGIQUES

Eudydice, actrice modeste, et Orphée, violoniste des rues, tombent éperdument amoureux. Eurydice meurt dans un accident de voiture mais revient, vivante, une nuit, dans les bras d'Orphée. Il ne doit pas la regarder avant que le jour se lève…

ORPHÉE. – […] Maintenant, il faut que je te regarde.

EURYDICE *s'est jetée contre lui, elle le tient à bras-le-corps.* – Attends, attends, s'il te plaît. Ce qu'il faut, c'est sortir de la nuit. C'est bientôt le matin. Attends. Tout va redevenir simple. Ils vont nous apporter des cafés, des tartines…

ORPHÉE. – C'est trop long d'attendre le matin. C'est trop long d'attendre d'être vieux...

Jean Anouilh, *Eurydice*, III, © La Table ronde, 1941.

● Quels éléments du mythe d'origine Anouilh a-t-il conservés et lesquels a-t-il modifiés ?

LE THEATRE POLITIQUE

Deux hommes, Hoederer et Hugo, traitent de la philosophie politique à adopter pour construire un monde juste. Hoederer est le chef du parti prolétaire, un des partis opposés au dictateur fasciste qui dirige le pays imaginaire d'Illyrie.

HOEDERER. – […] Comme tu tiens à ta pureté, mon petit gars ! Comme tu as peur de te salir les mains. Eh bien, reste pur ! A quoi cela servira-t-il et pourquoi viens-tu parmi nous ? La pureté, c'est une idée de fakir et de moine. Vous autres, les intellectuels, les anarchistes bourgeois, vous en tirez prétexte pour ne rien faire. Ne rien faire, rester immobile, serrer les coudes contre le corps, porter des gants. Moi, j'ai les mains sales. Jusqu'aux coudes. Je les ai plongées dans la merde et dans le sang. Et puis après ? Est-ce que tu t'imagines qu'on peut gouverner innocemment ?

Jean-Paul Sartre, *Les Mains sales*, 5e tableau, © Gallimard, 1948.

● Comment comprenez-vous l'affirmation d'Hoederer, « La pureté, c'est une idée de fakir ou de moine » ? (l. 3-4)

LE THEATRE DE L'INTIME

Lui et Elle sont frère et sœur.

ELLE. – La mer est comme endormie. Il n'y a aucun vent. Il n'y a personne. La plage est lisse comme en hiver. *(temps)* Je vous y vois encore. *(temps)* Vous alliez au-devant des vagues et je criais de peur et vous n'entendiez pas et je pleurais.

Silence. Douleur.

LUI *(lenteur)*. – Je croyais tout savoir. Tout. […] Tout avoir prévu, de tout, de tout ce qui pourrait survenir entre vous et moi.

Marguerite Duras, *Agatha*, © Gallimard, 1981.

● En quoi ce passage exprime-t-il des émotions intimes ?

LE THEATRE DE L'ABSURDE

Un homme, H. 2, est torturé par une idée qui loge dans la tête de sa collaboratrice F., et dont il ne sait rien.

H. 2 : Vous savez, je ne sais pas ce qui m'arrive… c'est étrange… (*L'air surpris*) J'accepte. Oui. (*Ton furieux*) J'accepte. (*Ton accablé*) J'accepte. (*Ton calmé*) J'accepte. (*Ton ferme, décidé*) J'accepte. Qu'elle garde en elle son idée. Qu'elle la couve. Qu'elle la soigne. Qu'elle l'engraisse… ça m'est égal…

Nathalie Sarraute, *Elle est là*, © Gallimard, 1978.

● Ce court extrait vous paraît-il relever davantage du registre comique ou tragique ? Pourquoi ?

Les mots de... L'absurde

● Donnez la définition des mots suivants.

ABSURDE	DÉROUTANT	IRRATIONNEL	PARADOXAL
…………	…………	…………	…………
…………	…………	…………	…………
…………	…………	…………	…………
…………	…………	…………	…………
…………	…………	…………	…………

S'entraîner

Histoire de la langue **Absurde**

- Le mot latin *absurdus* partage une étymologie commune avec le mot *surdus*, qui a donné « sourd ». L'adjectif pouvait signifier alors « discordant, qui choque les oreilles ».
- Au XVIe siècle, le mot peut être employé en nom commun (un absurde) : « *Il n'est aucun absurde selon nous plus extreme que de maintenir que le feu n'eschauffe point.* » (Montaigne, II, 12)
- *Absurde* signifie aujourd'hui « qui n'a pas de sens, contraire au sens commun ».

Définir les nouveaux enjeux du théâtre au XXe siècle

1 Dans le théâtre brut, on tape sur un seau pour évoquer une bataille, on se sert de farine pour évoquer la pâleur d'un visage effrayé. L'arsenal est sans limites : l'aparté, la pancarte, [...] les chants, les danses, le rythme, le bruit, [...] les faux nez, les personnages traditionnels et les ventres rembourrés. [...] Avec ces ingrédients, le spectacle assume son rôle de libération sociale, car, par nature, le théâtre populaire est contre l'autoritarisme, le traditionalisme, la pompe et le faux-semblant.

Peter Brook, *L'Espace vide. Écrits sur le théâtre*, 1968, © Le Seuil, trad. C. Estienne et F. Fayolle, 1977.

a. Quels sont les moyens techniques qu'utilise le théâtre brut ? À quoi s'opposent-ils ?

....

....

....

....

....

....

....

b. Quel rôle Peter Brook assigne-t-il au théâtre ?

....

....

....

2 Veut-il produire l'effet de distanciation, le comédien devra accompagner ce qu'il doit montrer du *gestus* caractéristique de la démonstration. On devra naturellement abandonner la notion de quatrième mur, ce mur fictif qui sépare la scène de la salle et crée l'illusion que le processus représenté se déroule dans la réalité, hors de la présence du public. [...] les comédiens ont donc ici la possibilité de s'adresser directement au public.

Bertolt Brecht, *Nouvelle technique d'art dramatique*, in *Écrits sur le théâtre 2*, © L'arche, trad. J. Tailleur et É. Winkler, 1979.

a. Qu'est-ce que l'« effet de distanciation » selon Brecht ?

....

....

....

....

....

....

Reconnaître les différents types de théâtre du XXe siècle

3 **a. Dites à quel courant (réécriture des mythes, théâtre politique, de l'absurde, de l'intime) chacun des extraits suivants appartient. Justifiez votre réponse en surlignant les éléments du texte.**

b. Attribuez à chaque extrait son auteur et son titre : Eugène Ionesco, *Les Chaises* (1952) – Jean-Luc Lagarce, *Le Pays lointain* (1995) – Michèle Fabien, *Jocaste* (1981) – Albert Camus, *Les Justes* (1949).

4 **Extrait 1**

LE VIEUX. – Bois ton thé, Sémiramis.
Il n'y a pas de thé, évidemment.
LA VIEILLE. – Alors, imite le mois de février.

Mouvement : ....

Auteur / titre : ....

Extrait 2

DORA. – [...] Un homme est un homme. Le grand-duc a peut-être des yeux compatissants. Tu le verras se gratter l'oreille ou sourire joyeusement. [...] Et s'il te regarde à ce moment-là...
KALIAYEV. – Ce n'est pas lui que je tue. Je tue le despotisme.

Mouvement : ....

Auteur / titre : ....

Extrait 3

JOCASTE. – Crève-toi les yeux, Œdipe, au moment où tu allais enfin voir ta mère. Crève-toi les yeux ! [...] Tu trembles ? Moi aussi, mais cela ne fait rien.

Mouvement : ....

Auteur / titre : ....

Extrait 4

HÉLÈNE. – [...] toi et moi, nous sommes de la même famille et bien plus famille que famille où je suis née, bien plus famille qu'avec mes frères – j'ai deux frères – mes frères, et ma sœur, celle-là, plus jeune que moi, et mes parents que je ne vois plus [...].

Mouvement : ....

Auteur / titre : ....

BAC ÉCRIT Commenter un extrait de théâtre

1 Employez le bon vocabulaire.

a. Comment nomme-t-on une longue réplique (l. 1 à 4) ?

....

....

b. Comment nomme-t-on les éléments en vert ?

....

....

2 Analysez les thèmes.

a. Soulignez les passages évoquant l'amour de l'Employé pour Lili.

b. Surlignez les passages renvoyant au domaine administratif et à l'immobilier.

L'EMPLOYÉ. – Nous sommes faits l'un pour l'autre comme le ciel pour la terre et la terre pour le ciel. Vous êtes la femme et je suis l'homme, nous sommes le couple. J'ai toujours su que vous vouliez voir des enfants se multiplier sous votre regard. C'est aussi mon désir. L'offre est pareille à la demande quand l'amour est égal à l'amour. (*Pause.*) Si le cœur vous en dit, vous pourrez me suivre dans ma ville natale. Vous en aimerez le ciel inerte et sans nuages. Mais je puis aussi bien m'acclimater ici. Quand on possède un métier comme le mien, on n'est jamais pris de court. Je connais déjà l'adresse de l'Office de placement. C'est, parait-il, une adresse très difficile à obtenir, étant donné qu'elle change très fréquemment. C'est le premier pas qui coûte. Je ne suis inquiet, en ce qui vous concerne, que sur la question logement. Il semble que l'on ne trouve d'appartements qu'à des étages très élevés. Je crains que vous ne souffriez des trop fréquents séjours dans les ascenseurs, d'autant plus qu'à maintes reprises, j'ai remarqué leur façon un peu brutale d'interrompre aux étages leur ascension. Enfin, vous déciderez, je ne veux pas vous influencer.

LILI. – Auriez-vous l'heure ?

L'EMPLOYÉ. –Il y a une pendule juste en face.

LILI, *regardant l'horloge sans aiguilles*. Mon Dieu ! Déjà ! Est-ce possible ? Je suis complètement folle de bavarder ainsi. Je serai encore grondée. Évidemment, ça vous est égal. Grand égoïste !

Arthur Adamov, *La Parodie*, 1953, © Gallimard, 1981.

c. Rédigez un paragraphe dans lequel vous montrerez comment le croisement de ces trois champs lexicaux permet de proposer une parodie de l'amour.

....

....

....

....

....

....

....

3 En quoi les trois dernières répliques vous paraissent-elles absurdes dans le cadre d'une déclaration d'amour ? Trouvez au moins deux arguments différents.

....

....

....

....

....

....

4 VERS LE BAC ORAL

Transformez la question directe de Lily : « Auriez-vous l'heure ? » (l. 17) en question indirecte.

....

10 Le Nouveau roman et l'OuLiPo

EXO Quiz

Dates clés

Vie politique

- **1946-1958** ▶ IVe République.
- **1954-1962** ▶ Guerre d'Algérie.
- **1957** ▶ Traité de Rome (fondation de la CEE).
- **Depuis 1958** ▶ Ve République.
- **mai 1968** ▶ Manifestations et mouvement social à Paris.
- **1969** ▶ Premier homme sur la Lune.
- **1981** ▶ Abolition de la peine de mort en France.

Vie artistique et littéraire

- **1947** ▶ Queneau, *Exercices de style*.
- **1956** ▶ Sarraute, *L'Ère du soupçon*.
- **1957** ▶ Butor, *La Modification*.
- **1960** ▶ Dans *La Route des Flandres*, Simon déconstruit la narration et l'intrigue chronologique.
- **1963** ▶ Robbe-Grillet, *Pour un nouveau roman*.
- **1964** ▶ Butor, *Essais sur le roman*.
- **1969** ▶ Perec, *La Disparition*.
- **1978** ▶ Dans *La Vie mode d'emploi*, Perec décrit la vie d'un immeuble et de ses habitants sans suivre de chronologie.

Pour commencer

5 minutes de vidéo sur Le Nouveau roman

Nathalie Sarraute, en 1958.

Questions

1. Quand le Nouveau roman est-il né ?
2. Que souhaitent les partisans du Nouveau roman ?

Retenir

1. Qu'est ce que le Nouveau roman ?

1 Origine et évolution

- Le Nouveau roman est influencé par la pensée **existentialiste**.
- Ce courant littéraire questionne les agissements des hommes et rend compte d'une crise majeure au lendemain de la Seconde Guerre mondiale : les atrocités commises ont ébranlé la définition d'**une humanité qu'on ne reconnaît plus**.
- Certains romanciers (**Butor, Robbe-Grillet, Sarraute**) **réinterrogent** leur définition du roman. Ils déconstruisent les repères du lecteur et **détruisent** les conventions du genre.

2 Principaux thèmes

- Le roman traditionnel et la notion de héros sont **remis en cause** : le personnage, désormais difficile à saisir, échappe au lecteur.
- Les **objets** semblent plus importants que les personnages : leur minutieuse description en fait des symboles que personne ne parvient à révéler. L'objet devient objet de fascination.
- La **trame narrative** est pervertie, fondée sur l'**aléatoire**, la **répétition** : l'**errance** est au cœur du Nouveau roman.
- Le **traitement du temps** est particulier : à la fois figé et chaotique, réel ou rêvé, souvent fragmentaire, le déroulement joue avec les attentes du lecteur pour mieux le perdre.

2. Qu'est-ce que l'OuLiPo ?

- **OuLiPo** est l'acronyme d'**Ou**vroir de **Li**ttérature **Po**tentielle.
- C'est un groupe littéraire fondé en 1960 par le **mathématicien François Le Lionnais** et l'**écrivain Raymond Queneau**. L'activité principale consiste à élaborer des **contraintes formelles** considérées comme des **outils de la création littéraire**.
- Georges **Perec** rejoint le groupe en 1967. L'OuLiPo est **encore actif aujourd'hui** et se réunit une fois par mois.

Textes clés

ESSAIS SUR LE NOUVEAU ROMAN

Selon toute apparence, non seulement le romancier ne croit plus guère à ses personnages, mais le lecteur, de son côté, n'arrive plus à y croire. Aussi voit-on le personnage de roman, privé de ce double soutien, la foi en lui du romancier et du lecteur, qui le faisait tenir debout, solidement d'aplomb, portant sur ses larges épaules tout le poids de l'histoire, vaciller et se défaire.

Nathalie Sarraute, *L'Ère du soupçon*, © Gallimard, 1956.

● Quelle idée sur le personnage est avancée par Nathalie Sarraute ?

Loin de négliger [le lecteur], l'auteur aujourd'hui proclame l'absolu besoin qu'il a de son concours, un concours actif, conscient, créateur. Ce qu'il lui demande, ce n'est plus de recevoir tout fait un monde achevé, plein, clos sur lui-même, c'est au contraire de participer à une création, d'inventer à son tour l'œuvre – et le monde – et d'apprendre ainsi à inventer sa propre vie.

Alain Robbe-Grillet, *Pour un nouveau roman*, © Gallimard, 1963.

● Selon Robbe-Grillet, quel est le rôle du lecteur ?

LE ROMAN

Vous avez mis le pied gauche sur la rainure de cuivre, et de votre épaule droite vous essayez en vain de pousser un peu plus le panneau coulissant.

Vous vous introduisez par l'étroite ouverture en vous frottant contre ses bords, puis, votre valise couverte de granuleux cuir sombre couleur d'épaisse bouteille, votre valise assez petite d'homme habitué aux longs voyages, vous l'arrachez par sa poignée collante, avec vos doigts qui se sont échauffés, si peu lourde qu'elle soit, de l'avoir portée jusqu'ici, vous la soulevez et vous sentez vos muscles et vos tendons se dessiner non seulement dans vos phalanges, dans votre paume, votre poignet et votre bras, mais dans votre épaule aussi, dans toute la moitié du dos et dans vos vertèbres depuis votre cou jusqu'aux reins.

Michel Butor, *La Modification*, © Minuit, 1957.

● Quelle est l'originalité du personnage dans cet extrait ?

L'OULIPO

Un jour, il imagina tout un roman : il y aurait, dans un pays lointain, un garçon, un bambin au nom d'Aignan. Il aurait cinq ans. Il vivrait dans un palais où tout irait à l'abandon. Un jour, sa nounou lui disait :

– Jadis, tu avais ici vingt-cinq cousins. Alors nous vivions dans la paix. Mais, un à un, ils ont tous disparu, l'on n'a jamais su pourquoi. Aujourd'hui, tu dois partir à ton tour, sinon nous allons tous à la mort.

Georges Perec, *La Disparition*, © Gallimard, 1969.

● Observez tous les mots de ce texte. Que remarquez-vous ? En quoi cet extrait illustre-t-il le travail créatif de l'OuLiPo ?

LA POÉSIE

C'est mon po – C'est mon po – mon poème
Que je veux – que je veux – éditer
Ah je l'ai – ah je l'ai – ah je l'aime
Mon popo – mon popo – mon pommier

Oui mon po – oui mon po – mon poème
C'est à pro – à propos – d'un pommier
Car je l'ai – car je l'ai – car je l'aime
Mon popo – mon popo – mon pommier [...]

Raymond Queneau, « Encore l'art po », *Le Chien à la mandoline*, © Gallimard, 1965.

● En quoi ce poème est-il ludique et comique ?

Les mots du... Personnage du Nouveau roman

● **Donnez la définition des mots suivants.**

ERRANCE	CARICATURE	MONOLOGUE INTÉRIEUR	ANONYME
....	....	....	....
....	....	....	....
....	....	....	....
....	....	....	....

S'entraîner

Histoire de la langue **Déconstruction**

- Le mot est composé du préfixe *dé-* (du latin *dis-*, qui exprime une action contraire) et du mot *construction*, (du latin *constructio*, « action de bâtir »). Le mot signifie donc le fait de déconstruire.
- Dans l'histoire littéraire, le terme apparait dans les années 1950-60 avec l'arrivée du Nouveau roman. L'idée est de renouveler le genre romanesque en déconstruisant le rôle du personnage, l'intrigue, la trame narrative, le temps et le lieu.

Analyser le statut du personnage du Nouveau roman

1 **Dans l'extrait suivant, expliquez pourquoi la description des personnages est déroutante.**

Ces deux passages se situent tout au début du roman, il s'agit des premières lignes de l'incipit…

Lol V. Stein est née ici, à S. Thala, et elle y a vécu une grande partie de sa jeunesse. Son père était professeur à l'Université. Elle a un frère plus âgé qu'elle de neuf ans – je ne l'ai jamais vu – on dit qu'il vit à Paris. Ses parents sont morts.

Je n'ai rien entendu dire sur l'enfance de Lol V. Stein qui m'ait frappé, même par Tatiana Karl, sa meilleure amie durant leurs années de collège. […] C'est ce que je sais.

Marguerite Duras, *Le Ravissement de Lol V. Stein*, © Gallimard, 1964.

Comprendre l'omniprésence des objets

2 *Wallas, qui enquête sur une affaire de meurtre, s'arrête dans un fast-food où se trouvent des distributeurs de nourriture.*

Arrivé devant le dernier distributeur, Wallas ne s'est pas encore décidé. Son choix est d'ailleurs de faible importance, car les divers mets proposés ne diffèrent que par l'arrangement des articles sur l'assiette ; l'élément de base est le hareng mariné.

Dans la vitre de celui-ci Wallas aperçoit, l'un au dessus de l'autre, six exemplaires de la composition suivante : sur un lit de pain de mie, beurré de margarine, s'étale un large filet de hareng à la peau bleu argentée ; à droite cinq quartiers de tomate, à gauche trois rondelles d'œuf dur ; posés par dessus, en des points calculés, trois olives noires. Chaque plateau supporte en outre une fourchette et un couteau. Les disques de pain sont certainement fabriqués sur mesure.

Alain Robbe-Grillet, *Les Gommes*, © éd. de Minuit, 1953.

En quoi peut-on dire que ce passage s'inscrit dans l'approche du Nouveau roman ?

3 Sa table était un éternel capharnaüm, toujours encombrée de tout un matériel inutile, de tout un entassement d'objets hétéroclites, de tout un désordre dont il lui fallait sans cesse endiguer l'invasion, avant de pouvoir se mettre à travailler : lettres, verres, bouteilles, étiquettes, porte-plumes, assiettes, boîtes d'allumettes, tasses, tubes, ciseaux, carnets, médicaments, billets de banque, menue monnaie, compas, photographies. […]

Georges Perec, *La Vie mode d'emploi*, © Gallimard, 1978.

a. Sur quels éléments se focalise la description ?

b. En quoi ce passage s'inscrit dans le Nouveau roman ?

Analyser les contraintes de l'OuLiPo

4 **Dans *Exercices de style*, Queneau raconte la même histoire en variant les styles.**

1. Notations

Dans l'S, à une heure d'affluence. Un type dans les vingt-six ans, chapeau mou avec cordon remplaçant le ruban, cou trop long comme si on lui avait tiré dessus. Les gens descendent. Le type en question s'irrite contre un voisin. Il lui reproche de le bousculer chaque fois qu'il passe quelqu'un.

© Gallimard, 1947.

2. Précisions

À 12 h 17 dans un autobus de la ligne S, long de 10 mètres, large de 2,1, haut de 3,5, à 3 km 600 de son point de départ, alors qu'il était chargé de 48 personnes, un individu du sexe masculin, âgé de 27 ans 3 mois 8 jours, taille 1 m 72 et pesant 65 kg et portant sur la tête un chapeau haut de 17 centimètres dont la calotte était entourée d'un ruban long de 35 centimètres, interpelle un homme âgé de 48 ans 4 mois 3 jours, taille 1 m 68 et pesant 77 kg, au moyen de 14 mots dont l'énonciation dura 5 secondes et qui faisaient allusion à des déplacements involontaires de 15 à 20 millimètres.

© Gallimard, 1947.

5 **À la manière de Raymond Queneau, et en respectant la même histoire, écrivez deux courts textes avec les caractéristiques suivantes : « théâtre » et « couleur ».**

BAC ÉCRIT Analyser un extrait du nouveau roman

1 Lisez le texte suivant et répondez aux questions.

Le narrateur-personnage, Georges, est un jeune cavalier de l'armée française en 1940.

À un moment j'eus faim et je me rappelai ce bout de saucisson que je trimballais dans la poche de mon manteau […] puis la forêt cessa buta pour ainsi dire sur le vide du ciel s'ouvrit sur un étang et quand je m'allongeai pour boire les petites grenouilles plongèrent cela ne faisait pas plus de bruit que de grosses gouttes de pluie : près du bord à l'endroit où elles avaient sauté il restait dans l'eau un petit nuage de poussière de vase soulevée grise qui se dissolvait entre les joncs elles étaient vertes et guère plus grosses que le petit doigt la surface de l'eau était toute couverte de petites feuilles rondes et vert pâle de la dimension d'un confetti c'est pourquoi je ne m'aperçus qu'au bout d'un moment qu'elles reparaissaient j'en vis une puis deux puis trois crevant les confettis vert clair laissant juste dépasser le bout de leur tête avec leurs petits yeux gros comme des têtes d'épingle qui me regardaient il y avait un léger courant et j'en vis une dériver lentement se laissant entraîner entre les archipels de confettis agglutinés de la même couleur qu'elles […] de temps en temps un poisson sautait avec un plouf je ne réussis pas à en avoir un, seulement les cercles concentriques[1] allant s'élargissant autour de l'endroit où il avait mouché[2] à un moment des avions passèrent mais très haut dans le ciel j'en vis un ou plutôt quelque chose un point argenté suspendu immobile étincelant une fraction de seconde dans un trou de bleu entre les branches qui disparaissant…

Claude Simon, *La Route des Flandres*, © éd. de Minuit, 1960.

1. Cercles autour d'un même point. – **2.** Où il avait avalé un insecte.

Repérez et analysez différents procédés qui mettent en valeur les éléments suivants.

a. L'attention du personnage fixée sur des détails	....
b. Les pensées et impressions du personnage retranscrites comme un flux ininterrompu et décousu	....
c. La difficulté, pour le personnage et pour le lecteur, à comprendre le réel	....
d. L'ombre de la mort qui plane sur le récit	....

2 VERS LE BAC ORAL

Entraînez-vous à voix haute au développement d'une partie du commentaire.

11 Le théâtre contemporain

EXO Quiz

Dates clés

Vie politique

- **11 sept. 2001** ▶ Attentats contre le World Trade Center à New York.
- **11 nov. 2008** ▶ Faillite de la banque Lehman Brothers, provoquant une crise économique mondiale.
- **2010 2011** ▶ Printemps arabes.
- **7 janv. 2015** ▶ Attentats contre le journal *Charlie Hebdo* à Paris.
- **13 nov. 2015** ▶ Vague d'attentats à Paris.
- **14 juil. 2016** ▶ Attentats sur la Promenade des Anglais à Nice.
- **2019** ▶ Début de la pandémie mondiale de Covid 19.

Vie artistique et littéraire

- **2001** ▶ *4.48 Psychose*, de Sarah Kane (posthume, après le suicide de l'autrice).
- **2002** ▶ Gaudé, *Le Tigre bleu de l'Euphrate*.
- **2003** ▶ NDiaye, *Papa doit manger*.
- **2006** ▶ Reza, *Le Dieu du Carnage*.
- **2008** ▶ La rétrospective de l'artiste Jeff Koons, au château de Versailles, fait scandale.
- **2010** ▶ Zeller, *La Mère*.
- **2011** ▶ Pommerat, *Cendrillon*. Zeller, *Le Père*.
- **2013** ▶ L'auteur et metteur en scène Olivier Py devient directeur du Festival d'Avignon.
- **2018** ▶ Zeller, *Le Fils*.
- **2018** ▶ L'œuvre du street-artiste Banksy, *Girl with balloon*, adjugée à 1,185 million d'euros, s'autodétruit après sa vente aux enchères, doublant encore sa valeur.

Pour commencer

2 minutes de vidéo sur Le théâtre contemporain

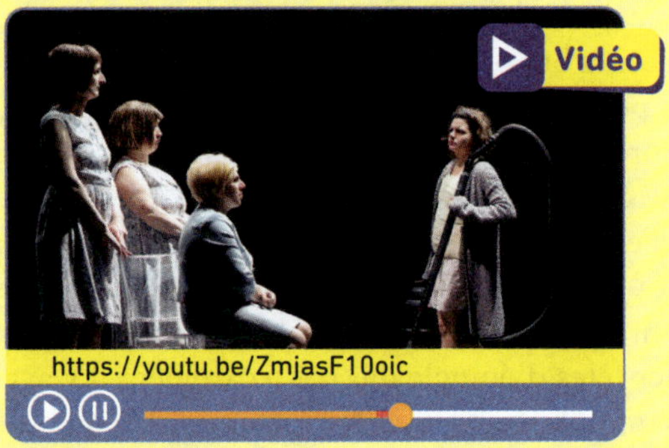

Cendrillon, de J. Pommerat, théâtre de Thionville, 2015.

Questions

1. Quel art ouvre cette bande-annonce d'une pièce de J. Pommerat ?
2. Quels éléments du conte d'origine sont conservés par le dramaturge ?
3. En quoi la pièce paraît-elle malgré tout contemporaine ?

Retenir

1. Qu'est-ce que le théâtre au XXIe siècle ?

1 Un théâtre nouveau

- Le théâtre contemporain s'affranchit des contraintes liées au genre, et les metteurs en scène introduisent de **nouvelles formes d'art** dans leurs pièces (danse, vidéo, musique, performance), enrichissant la représentation.
- Le **metteur en scène** est désormais considéré comme un créateur à part entière de la pièce, dont il propose une interprétation, voire une réécriture.

2 Un théâtre du social et de l'intime

- Les angoisses existentielles révélées au siècle précédent persistent : les crises économiques ou sanitaires se mêlent aux faits divers et aux histoires personnelles (**Koltès, Kane, NDiaye**…).
- La **complexité des rapports** entre les hommes donne lieu à des pièces qui dévoilent nos difficultés à nous comprendre, tant sur le plan personnel (**Reza, Zeller**) que sur le plan professionnel (**Vinaver**).
- Les difficultés liées au **langage** en particulier, dans la lignée de **Novarina** ou **Ionesco**, se laissent entendre sur scène : les personnages, en quête du mot juste, perdus dans des silences, ont du mal à se faire comprendre de ceux qui leur font face (**Lagarce**).

3 Les réécritures

- Certains auteurs s'emparent de l'Histoire pour imaginer des dialogues entre personnages réels (**Brisville, Gely**) ou prolongent la veine mythologique déjà entamée au siècle précédent (**Mouawad, Gaudé**).
- D'autres réécrivent les contes (**Pommerat, Grumberg**), dans des récits qui éclairent notre actualité et notre humanité.

2. Focus sur la comédie contemporaine

- **La comédie sociale**, dans la lignée de **Molière**, rencontre toujours un franc succès. Inlassablement, les auteurs mettent en scène nos défauts et nos vices, dans l'espoir de nous en corriger.
- Des pièces comme *Le Prénom* (**Delaporte** et **La Patellière**), les comédies de Yasmina **Reza** (« *Art* ») ou toutes les productions proposées par le duo **Jaoui** et **Bacri** (*Un air de famille, Cuisine et dépendances*…) provoquent le rire des spectateurs, tout en portant un regard pour le moins acerbe sur nos sociétés contemporaines.

Textes clés

LES PIÈCES HISTORIQUES

Cyril Gely imagine la rencontre entre le général von Choltitz, chargé par Hitler de détruire Paris, et Raoul Nordling, ambassadeur de Suède, qui le convainc d'y renoncer.

Nordling. – Mais qu'est-ce qu'une vie pour vous, monsieur Choltitz ? Dites-moi : qu'est-ce qu'une vie ? Vous vous sentez vraiment le courage de réduire à néant toutes celles qui sont là-dehors ? Et parmi toutes celles qui vont périr, combien y a-t-il d'enfants qui ont l'âge des vôtres ? Vous y avez réfléchi ?

Choltitz. – Taisez-vous maintenant ! Ça vous va bien d'entrer ici comme un voleur, et de me faire des leçons de morale ! Laissez-moi vous rappeler une chose, monsieur Nordling : il y a un an, entre juillet et août 43, vos amis ont déversé plus de dix mille tonnes d'explosifs sur Hambourg.

Cyril Gely, *Diplomatie*,
© Nathan, « Carrés classiques lycée », 2022.

● Quels éléments relèvent de l'Histoire de France ? Lesquels sont inventés par l'auteur ?

LE THÉÂTRE SOCIAL

Au début des années 1970, la crise économique n'en est qu'à ses débuts, mais elle retentit déjà, avec ses effets psychologiques et sociaux.

Fage. – Deux mois et demi après l'acquisition ils nous ont débarqué un de leurs jeunes John un garçon très sympathique il venait se renseigner sur le marché français et il me donnait des conseils il fallait supprimer les deux tiers des grossistes diminuer la marge des détaillants augmenter au contraire celle des chaînes de supermarchés je lui expliquais pourquoi le petit grossiste en France est encore indispensable pourquoi le détaillant traditionnel quinze jours après John était nommé directeur général des ventes moi je restais directeur des ventes [...]

Michel Vinaver, *La Demande d'emploi*, 11e séquence,
© Arche éditeur, 1971.

● Quelle remarque pouvez-vous formuler sur la manière dont le texte est écrit ? Quel effet cela produit-il ?

LE THÉÂTRE DU LANGAGE

Toute la pièce est construite à partir de la circulation des personnages ; ce ne sont pas des personnages avec des identités sociales ou psychologiques définies, mais ils se dévoilent en parlant sous nos yeux.

La femme aux chiffres. – L'endemain matin d'euce-jour d'ténèbres, on nous apporta la terre avec un miroir éteint enfoui dedans dans une casserole. Toute notre terre énorme si grosse, elle qui s'croyait rien qu'en mirmidilliards d'kilomètres cubes, se découvrait soudain équivaloir de tout son poids à un rien en sable. Seuls les chiffres dépourvus de tout auraient pu nous former de quelque chose ; mais on les empêchait d'être en nombre ; les alphabets non plus portaient plus de mots.

Valère Novarina, *Vous qui habitez le temps*, © POL, 1989.

● En quoi ce passage révèle-t-il un rapport étonnant au langage ?

LA COMÉDIE

Betty et Denis sont amants.

Betty. – Bon. Euh... Denis. On va arrêter cette... cette chose, là, cette espèce de relation merdeuse, à la petite semaine, on va arrêter de se voir et puis c'est tout. Hein ? On va arrêter tout ça. (*Un temps*) Ça ne changera pas grand-chose, mais ce sera clair, au moins.

Denis. – ... Cette relation « merdeuse », tu dis ?...

Betty. – C'est une image.

Denis. – Oui... C'est une image forte.

Betty. – Cette relation à la con, si tu préfères...

Denis. – Ben... oui, à la limite, je préfère...

Agnès Jaoui et Jean-Pierre Bacri, *Un air de famille*,
© L'avant-scène théâtre, 1994.

● Sur quels procédés repose le comique de cette scène ?

Les mots du... Comique

● **Donnez la définition des mots suivants.**

BURLESQUE	COCASSE	GROTESQUE	GRINÇANT
....	....	....	....
....	....	....	....
....	....	....	....

S'entraîner

Histoire de la langue — **Personnage**

- Le mot désigne un rôle tenu au théâtre ou dans la vie, et chacune des personnes qui figurent dans une œuvre.
- Le nom est formé à partir du mot latin *persona* qui désigne d'abord le masque de l'acteur puis, par extension, la personne qui porte ce masque.
- Ce mot vient lui-même de deux éléments : *per* signifiant « à travers » et *sonum* : le « son ».

Repérer les continuités et les renouvellements

1 Lisez les extraits suivants et répondez aux questions.

Extrait 1

Le dramaturge d'origine libanaise Mouawad réécrit le mythe d'Œdipe à la lumière de son actualité. Dans cette scène, Simon, aussi nommé Sarwane, découvre l'origine de sa filiation.

Chamseddine. – Non, ton frère n'a pas travaillé avec ton père. Ton frère est ton père. Il a changé son nom. Il a oublié Nihad. Il est devenu Abou Tarek. Il a cherché sa mère, l'a trouvé mais ne l'a pas reconnue. Elle a cherché son fils, l'a trouvée et ne l'a pas reconnu. […] Le ciel tombe, Sarwane. Tu comprends bien : il a torturé ta mère et ta mère, oui, fut torturée par son fils et le fils a violé sa mère. Le fils est le père de son frère, de sa sœur. Tu entends ma voix, Sarwane ? On dirait la voix des anciens.

Wajdi Mouawad, *Incendies*, © Actes Sud, 2003.

Extrait 2

Joël Pommerat propose une réécriture du conte Pinocchio. *Le Pantin vient de voir son nez s'allonger, suite à un nouveau mensonge, et cela est douloureux.*

La Fée. – Est-ce que tu n'en as pas marre de mentir comme ça ? […]

Le Pantin. – J'ai envie d'arrêter oui voilà,
J'ai envie de rentrer chez moi et de revoir mon père, il me manque […] voilà c'est tout, je le dis, je m'en fous, il y a pas de honte tant pis, je voudrais changer madame, j'aimerais faire ce qu'on me dit, je voudrais devenir autrement, c'est promis je le jure.

Joël Pommerat, *Pinocchio*, © Actes Sud, 2015.

a. Quels éléments relèvent du théâtre contemporain dans ce passage ?

Extrait 1. …

…

Extrait 2. …

…

…

b. Quels détails rattachent cet extrait au théâtre antique ou au récit d'origine ?

Extrait 1. …

…

…

…

…

Extrait 2. …

…

Analyser le théâtre de l'intime et du social

2 *Annette et Alain sont invités chez Véronique et Michel pour régler un conflit qui a opposé leurs deux enfants au parc. La discussion dégénère…*

Annette. – Pourquoi tu laisses traiter ton fils de bourreau ? On vient dans leur maison pour arranger les choses et on se fait insulter, et brutaliser, et imposer des cours de citoyenneté planétaire, notre fils a bien fait de cogner le vôtre, et vos droits de l'homme je me torche avec !

Michel. – Un petit coup de gnôle et hop le vrai visage apparaît. Où est passée la femme avenante, avec une douceur de traits…

Véronique. – Je te l'avais dit ! Je te l'avais dit !

Yasmina Reza, *Le Dieu du Carnage*, © Albin Michel, 2006.

En quoi cette scène de drame personnel donne-t-elle lieu à une critique de nos sociétés ?

…

…

…

…

…

Analyser le théâtre du langage

3 *Moi-Lui est un homme hospitalisé depuis des années au Fatebenefratelli (Faitesl'bienmesfrères) de Brescia ; il croit être un « Lui » important. L'Jean est son infirmer.*

L'Jean. –Bonjour docteur, Levoilà-là Levoilà-là, avance, allez viens. Réponds au docteur allons sois gentil réponds au docteur, ouais c'est bon c'est bon, t'es Lui t'es Lui, mais toi donne-z'y ta réponse au docteur allons réponds, sois gentil. Pour sûr que t'es Lui, pour sûr que si ! bien sûr, que voulez-vous qu'on y fasse, c'est comme ça c'est comme ça, hé, y faut l'une de ces patiences, vous l'savez bien vous-même, tousceux-là avec leurs techniques, parce que ceuxquici, comme vous l'savez bien vous-même, docteur, y z'ont leurs techniques de s'exprimer, et-alors. Mais sûr que je l'sais que t'es Lui bien sûr bien sûr, oui t'es Lui, vraiment Lui, comme on disait dans la chansonnette. Mais pour sûr que le docteur l'sait qui t'es, ordeld'lamadòn, tu crois que le docteur sait pas que t'es Lui ? pour sûr que lui le sait que t'es Lui.

Antonio Tarantino, *Passion selon Jean*, © Les Solitaires intempestifs, 2005.

Comment et à quels fins le dramaturge tord-il le langage ?

BAC ÉCRIT Commenter un extrait de théâtre

Sur la scène du Grand Théâtre, un très vieil acteur aux cheveux blancs très longs sort de l'obscurité. Il porte un costume de « théâtre ».

LE VIEIL ACTEUR
Mon bras, qu'avec respect toute l'Espagne admire,
L'IMMACULÉE (*off*)
Vous êtes-vous déjà trouvée sur une scène ?
LE VIEIL ACTEUR
Mon bras, qui tant de fois a sauvé cet empire,
L'IMMACULÉE (*off*)
Parce que là, l'huile de coude, il en faut !
LE VIEIL ACTEUR
Tant de fois affermi le trône de son roi,
L'IMMACULÉE (*off*)
L'huile de coude ne doit pas faire défaut !
LE VIEIL ACTEUR
Trahit donc ma querelle et ne fait rien pour moi ?
L'Immaculée et la Timide poussant un chariot d'ustensiles de nettoyage entrent sur scène.
L'IMMACULÉE
Vous en avez de l'huile ?
LA TIMIDE
Oui oui.
L'IMMACULÉE
À la bonne heure !
LE VIEIL ACTEUR
Que faites-vous ?
L'IMMACULÉE
Le ménage.
LE VIEIL ACTEUR
Ce n'est pas l'heure ! […]
L'IMMACULÉE
Ce sont ses premiers pas...
LE VIEIL ACTEUR
Mais **nous jouons** !
L'IMMACULÉE
Eh bien ! Nous, **nous ne jouons pas,**
Nous travaillons.
LE VIEIL ACTEUR
Jouer, madame, est mon métier.
L'IMMACULÉE
Jouez, monsieur ! Jouez ! Laissez-nous travailler ! […]
LE VIEIL ACTEUR
Nous jouons du Corneille !
L'IMMACULÉE
Ne baillez pas, vous ! Zou ! Ouvrez grand votre oreille ! […]
C'est ici notre lieu
D'action. **Nous travaillons ! Jouez !** [...]

Catherine Anne, *Comédies tragiques*, © Actes Sud, 2011.

1 **Au Grand Théâtre, les spectateurs attendent une représentation du *Cid* de Corneille, mais différents personnages surgissent. Ici, L'Immaculée et la Timide, en charge du ménage de la scène.**

a. Pourquoi le mot « théâtre » est-il entre guillemets ?

....

b. Quels autres termes dans cette didascalie renvoient au « rôle » joué par le comédien ?

....

....

c. Analysez les mots mis à la rime, en vert. Quelle remarque pouvez-vous formuler ?

....

....

....

....

....

d. Expliquez les expressions figées, en rose. Quel effet produisent-elles ?

....

....

....

....

....

....

e. Expliquez le comique des mots en gras.

....

....

....

....

....

....

2 **Rédigez un paragraphe dans lequel vous expliquerez à quelle « infamie » le comédien a finalement été confronté.**

3 VERS LE BAC ORAL

Entraînez-vous à lire ce passage.
– Ne lisez pas le nom des personnages en début de chaque réplique.
– Soyez attentif/ve au rythme des alexandrins. Vous devez prononcer les [e] sonores lorsqu'il y en a.
– Faites entendre les caractères différents des personnages. Ainsi, vous pourrez lire les répliques du Vieil Acteur avec une certaine emphase comique, et celles de l'Immaculée de manière plus familière.

12 Le roman aux XXe et XXIe siècles

EXO Quiz

Dates clés

Vie politique

- **1954-1962** ▶ Guerre d'Algérie.
- **1986** ▶ Catastrophe de Tchernobyl, en ex-URSS.
- **2002** ▶ Passage à l'euro pour 12 pays d'Europe.
- **2003** ▶ Début de la guerre d'Irak, suite aux attentats du 11 septembre.
- **2008** ▶ Barack Obama, premier président noir des États-Unis.
- **2018** ▶ Mouvement social des gilets jaunes, né en France.

Vie artistique et littéraire

- **1906-1922** ▶ Proust, *À la recherche du temps perdu.*
- **1932** ▶ Céline, *Voyage au bout de la nuit.*
- **1938** ▶ Sartre, *La Nausée.*
- **1942** ▶ Camus, *L'Étranger* et *Le Mythe de Sisyphe.*
- **1960** ▶ Simon, *La Route des Flandres.*
- **1980** ▶ Marguerite Yourcenar est la première femme élue à l'Académie française.
- **1983** ▶ Sarraute, *Enfance.* Ernaux, *La Place.*
- **2002** ▶ Gaudé, *La Mort du roi Tsongor.*
- **2009** ▶ NDiaye, *Trois femmes puissantes* (prix Goucourt).
- **2014** ▶ Louis, *En finir avec Eddy Bellegueule.*
- **2016** ▶ Appanah, *Tropique de la violence.*
- **2021** ▶ L'auteur sénégalais Mbougar Sarr remporte le prix Goncourt pour *La Plus Secrète Mémoire des hommes.*

Pour commencer

5 minutes de vidéo sur l'écriture contemporaine

Marguerite Duras, chez elle, rue Saint-Benoît, 1993, photographie de J. Niepce.

Questions

1. Quels auteurs apparaissant dans cette vidéo connaissez-vous ? Citez au moins 3 noms.
2. Quelles raisons avancent-ils pour justifier le fait d'écrire ? Sélectionnez deux ou trois réponses.
3. Vivent-ils tous l'expérience de l'écriture de manière positive ? Justifiez.

Retenir

1. Qu'est-ce que le roman aux XXe et XXIe siècles ?

1 Roman, philosophie et engagement

- Des romans faisant écho aux concepts de la **philosophie existentialiste** du XIXe siècle (**Kierkegaard**) émergent dans les années 1930, sous la plume de **Sartre**, de **Camus** et de **Vian**. On y retrouve les thèmes de la **solitude**, de **l'angoisse**, de la **difficulté** à communiquer et à trouver un sens à l'existence.
- Au XXIe siècle, l'engagement des auteurs porte une réflexion sur la **confrontation des cultures** et le rapport à l'**altérité** (**Faye, Ben Jelloun, Djebar**).

2 De l'autobiographie à l'autofiction

- S'éloignant du pacte de sincérité qu'exige l'autobiographie (**Sarraute, Gary**), les romanciers fondent un genre nouveau, l'autofiction, qui mêle souvenirs personnels et propos fictionnels, parfois avec cynisme (**Ernaux, Angot, Houellebecq, Delaume**).

3 Lyrisme et confusion des genres

- Certains auteurs reviennent aux sources du **lyrisme**. De **Yourcenar** à **Gaudé**, le roman retrouve un souffle stylistique proche des premières œuvres du genre.
- Souvent, dans la littérature moderne et contemporaine, la **fiction** se mêle à l'**enquête sociologique**, le récit à l'histoire, et le roman à la poésie, parfois au théâtre, rendant confuse l'ancienne distinction formelle entre les genres. Des auteurs comme **Proust, Yourcenar, Duras** ou **Gaudé** se trouvent à la croisée de ces thèmes et ces genres.

2. Focus sur le roman historique

- On voit renaître au début du XXIe siècle, dans la lignée de **Céline**, le roman historique qui **mêle l'Histoire à la fiction**.
- Si la période des **deux guerres mondiales** est toujours source d'inspiration pour les auteurs (*Au-revoir là-haut* de **Lemaître**, *Les Bienveillantes* de **Littell**), **toutes les époques** passionnent les lecteurs : Moyen Âge (*Les Piliers de la terre* de **Follett**), Renaissance (*Charly 9* de **Teulé**), Révolution française (*14 juillet* de **Vuillard**)...

Textes clés

LE ROMAN PHILOSOPHIQUE

Avec La Nausée, *Sartre propose un roman qui oscille entre la philosophie et l'autobiographie.*

Donc j'étais tout à l'heure au jardin public. La racine du marronnier s'enfonçait dans la terre, juste au-dessous de mon banc. Je ne me rappelais plus que c'était une racine. Les mots s'étaient évanouis et, avec eux, la signification des choses, leurs modes d'emploi, les faibles repères que les hommes ont tracés à leur surface. J'étais assis, un peu voûté, la tête basse, seul en face de cette masse noire et noueuse, entièrement brute et qui me faisait peur. Et puis j'ai eu cette illumination.

Ça m'a coupé le souffle. Jamais, avant ces derniers jours, je n'avais pressenti ce que voulait dire « exister ».

Jean-Paul Sartre, *La Nausée*, © Gallimard, 1938.

● En quoi ce passage annonce-t-il une réflexion philosophique ?

LE NOUVEAU LYRISME

Aujourd'hui, ce n'est pas le charme de la nuit qui m'occupe seul. [...] La Nuit nous fait connaître l'Unité : elle rassemble et confond les êtres que le jour délimite et sépare. La lumière, comme un soupçon de jalousie, s'insinue à travers les choses et nous les fait croire étrangères l'une à l'autre. Mais, lorsque la nuit est tombée, elles ne sont plus qu'une, comme les passagers sur une barque en péril.

Jean Grenier, *Inspirations méditerranéennes*, © Gallimard, 1940.

● Quels éléments relèvent du lyrisme dans ce passage ?

LE ROMAN HISTORIQUE

Éric Vuillard rédige des romans historiques qui donnent la parole à ceux que l'Histoire n'a pas gardés en mémoire.

La rue Saint-Antoine éventre la Bastille. On dirait qu'un immense bélier s'apprête à la forcer. De toutes parts, la ville abonde, ruisselle. On se cache des coups de feu ; il y a des gens derrière chaque porte de la rue des Remparts, sous tous les arbres de la grande allée de l'Arsenal, derrière chaque tas de bois de la rue des Marais. La Bastille est enveloppée par l'humanité. Mais ce ne sont pas les hordes débonnaires qui vont au champ de foire et s'en reviennent ; c'est une multitude armée de piques, de broches, de sabres rouillés, de haches, de vieux canifs, de mauvais fusils, de pilums et de tournevis. Les armes étincellent, dans un brouhaha extravagant, confusion de voix et de cris.

L'assaut commença de partout et de nulle part, il se fit aussi bien coup de fusil que de caillasse. Les cris jouèrent leur rôle. Les jurons jouèrent leur rôle. Ce fut une grande guerre de gestes et de mots. La foule mouvante, expressive, lançait des pierres et de vieux chapeaux.

Éric Vuillard, *14 juillet*, © Actes Sud, 2016.

● Quels indices renseignent le lecteur sur le lieu et l'époque où se situe l'action ?

L'AUTOFICTION

Il était à peu près midi lorsqu'il atteignit le village où vivait Houellebecq, mais il n'y avait personne dans les rues. [...] La maison de l'écrivain était située un peu en dehors du village ; ses indications avaient été exceptionnellement claires lorsqu'il avait réussi à le joindre au téléphone. [...] L'auteur des *Particules élémentaires* apparut [...].

Michel Houellebecq, *La Carte et le Territoire*, © Gallimard, 2010.

● Qui est le personnage principal dans ce passage ? Qui est l'auteur du texte ? Quelle remarque pouvez-vous faire ?

Les mots de... La description

● **Donnez la définition des mots suivants.**

PEINDRE	BROSSER	CAMPER	CARICATURER
....	....	....	....
....	....	....	....
....	....	....	....
....	....	....	....
....	....	....	....

S'entraîner

Histoire de la langue **Auteur**

- Le mot vient du nom latin *auctor*, lui-même issu du verbe *augere* : « augmenter la valeur, garantir la source ».
- Le mot ***autorité*** appartient à la même famille qu'*auteur* : l'auteur est celui qui fait autorité, car il garantit la valeur et l'origine de ce qu'il signe.

Distinguer autobiographie et autofiction

1 Lisez les extraits suivants et répondez à la question.

Extrait 1

C'est sur ce quai-là, au 18, que mes bons parents firent de bien tristes affaires pendant l'hiver 92, ça nous remet loin. C'était un magasin de « Modes, fleurs et plumes ». [...] La Seine a gelé cette année-là. Je suis né en mai. C'est moi le printemps.

Louis-Ferdinand Céline, *Mort à crédit*, © Gallimard, 1936.

Extrait 2

Elle attend. Alors il le lui demande : mais d'où venez-vous ? Elle lui dit qu'elle est la fille de l'institutrice de l'école de filles de Sadec. Il réfléchit et puis il dit qu'il a entendu parler de cette dame, sa mère, de son manque de chance avec cette concession qu'elle aurait achetée au Cambodge, c'est bien ça n'est-ce pas ? Oui c'est ça.

Marguerite Duras, *L'Amant*, © Gallimard, 1984.

Extrait 3

Régulièrement on m'interrogeait sur les origines du nom Grimbert, on s'inquiétait de son orthographe exacte, exhumant le « n » qu'un « m » était venu remplacer, débusquant le « g » qu'un « t » devait faire oublier, propos que je rapportais à la maison, écartés d'un geste par mon père.

Philippe Grimbert, *Un secret*, © Grasset, 2004.

Extrait 4

Peut-être que c'est comme ça que tout a commencé. Juste à cause de cette phrase de Silence Majuscule confiée au téléphone quelques semaines avant qu'elle cesse d'être vivante. Car elle avait un but, un objectif précis formulé très clairement : *Je veux être à mon tour Chloé Delaume.* Elle m'a vraiment dit ça. *Je veux être à mon tour.*

Chloé Delaume, *Une femme avec personne dedans*, © Le Seuil, 2014.

Peut-on affirmer avec certitude de quel genre, entre l'autobiographie et l'autofiction, chacun de ces extraits relève ? Pourquoi est-il, selon vous, difficile de répondre ?

....

....

....

....

....

....

....

....

....

....

....

Repérer le nouveau lyrisme

2 Lisez les extraits suivants et répondez aux questions.

Extrait 1

À l'usine
L'attaque est directe
C'est comme s'il n'y avait pas de transition avec le monde de la nuit
Tu re-rentres dans un rêve
Ou un cauchemar
La lumière des néons
Les gestes automatiques
Les pensées qui vagabondent
Dans un demi-sommeil de réveil
Tirer tracter trier porter soulever peser ranger
Comme lorsque l'on s'endort
Ne même pas chercher à savoir pourquoi ces gestes et ces pensées s'entremêlent
À la ligne

J. Ponthus, *À la ligne : Feuillets d'usine*, © La Table ronde, 2019.

Extrait 2

J'ai le sentiment que quelque chose gronde et m'appelle, quelque chose que je ne vois pas encore mais qui pousse. La foule continue d'aller et venir mais, dans le creux de ce qui est apparent, je sens les rues vivre. Cela bruisse et gonfle. Tout continue en surface mais j'ai la sensation étrange de me décoller de la vie et du jour. Comme si je m'éloignais des hommes et de leur agitation. [...] L'après-midi s'achève mais quelque chose commence. Tous les bruits de la ville s'estompent autour de moi.

Laurent Gaudé, *Paris, mille vies*, © Actes Sud, 2020.

a. En quoi le lyrisme singulier de ces deux auteurs s'inscrit-il dans notre monde contemporain ?

....

....

....

....

b. Quelles différences faites-vous entre le souffle lyrique de Ponthus et celui de Gaudé ?

....

....

....

....

....

....

BAC ÉCRIT Analysez un extrait de roman historique

1 Complétez la légende des couleurs correspondant chacune à un procédé littéraire.

Indicateurs spatiaux

……………………………………

……………………………………

Personnalités :

……………………………………

……………………………………

……………………………………

……………………………………

……………………………………

……………………………………

……………………………………

……………………………………

En 1789, quand la Révolution française éclate, Axel von Kemp a vingt ans et se morfond dans son château près de Berlin. Botaniste et grand prospecteur minier des gisements de Saxe, cet ami de Goethe rêve de liberté et de grands voyages exotiques. Il finit par s'embarquer vers des contrées extraordinaires. Ce passage se situe dans les premières pages du roman.

Tant pis s'il est né dans une province racornie, Axel ne sera pas le seul vert rameau d'Europe à vouloir malgré tout se dresser dans la lumière, car ils sont quelques-uns, de très haute extrace[1], à voir le jour cette même année où Bougainville a levé l'ancre pour aller observer au ciel de Pondichéry les frasques de Vénus. Parmi ceux qui se sont présentés en 1769 dans les starting-blocks, sur un coup de tête ou par réelle admiration pour la Vie, notez Chateaubriand, Bonaparte, Cuvier, déjà de mauvaise humeur et prêts à en découdre, tous aussi bosseurs, tous aussi sérieux, avec les plis verticaux autour de la bouche des hommes qui ne sourient pas beaucoup, tous trois dingues de Louisiane […].

Comme François-René, Axel ira aux Amériques sur un bateau chargé de malles et de cantines en se promettant de ne jamais rentrer, comme Cuvier il transportera partout ses ustensiles et ses bocaux, du Muséum d'Histoire méditant les fossiles à la loupe, depuis la gerboise[2] de Montmartre jusqu'aux mammouths de Sibérie, rêvant de rapporter du long tunnel de la jungle équatoriale un herbier de six mille espèces, dont près de quatre mille jamais décrites, portant encore dans leurs fibres l'odeur poisseuse de l'Orénoque[3].

Régine Detambel, *Le Chaste Monde*, © Actes Sud, 2015.

1. Origine sociale, extraction. – **2.** Petit rongeur. – **3.** Grand fleuve d'Amérique du Sud.

2 Effectuez des recherches rapides sur Chateaubriand, Bonaparte, Cuvier et sur le voyage de Bougainville, et interprétez la phrase « Parmi ceux qui se sont présentés en 1769 dans les starting-blocks […] notez Chateaubriand, Bonaparte, Cuvier » (l. 5 à 7). Quelle information cette phrase donne-t-elle sur Axel ?

3 Relevez au moins deux procédés comiques, en justifiant votre réponse.

……………………………………………………………………………………

……………………………………………………………………………………

……………………………………………………………………………………

……………………………………………………………………………………

……………………………………………………………………………………

……………………………………………………………………………………

……………………………………………………………………………………

……………………………………………………………………………………

4 VERS LE BAC ORAL

Analysez les négations syntaxiques dans le premier paragraphe.

……………………………………………………………………………………

……………………………………………………………………………………

……………………………………………………………………………………

13 La poésie moderne et contemporaine

EXO Quiz

Dates clés

Vie politique

1945 ▶ Début d'une période de forte croissance économique et de profondes mutations sociales.

1958 ▶ Vᵉ République.

1960 ▶ De nombreuses colonies d'Afrique noire accèdent à l'indépendance.

1962 ▶ Indépendance de l'Algérie.

1968 ▶ En mai, la jeunesse se révolte. La crise affecte tout le pays : huit semaines de violence et de grèves.

1975 ▶ Fin progressive de la période des Trente Glorieuses, marquée par le premier choc pétrolier et la montée du chômage.

1981 ▶ François Mitterrand, premier président socialiste de la République.

Vie artistique et littéraire

1942 ▶ *Le Parti pris des choses*, de Ponge.

1945 ▶ *Chants d'ombre*, de Senghor.

1947 ▶ Ouverture du musée d'Art moderne à Paris, transféré en 1977 au centre Georges-Pompidou.

1955 ▶ Poésie et chanson française se rapprochent encore (Brassens, Aznavour, Nougaro...).

1957 ▶ *L'Infini turbulent*, de Michaux : recueil où se mêlent poèmes et dessins.

1967 ▶ *Airs* de Jaccottet.

1993 ▶ Le slam, mouvement poétique venu des États-Unis, s'implante en Europe.

2002 ▶ *Chute de pluie fine*, de Maulpoix.

Pour commencer

5 minutes de vidéo sur La poésie contemporaine

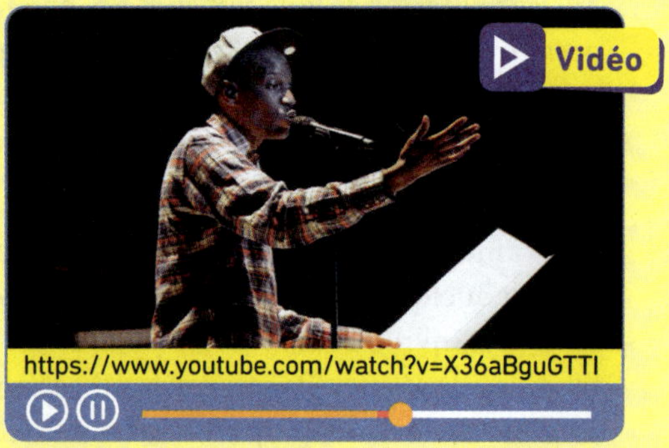

Abd al Malik, Aix-en-Provence, mars 2003

Questions

1. François Busnel, le journaliste présentateur de l'émission, cite les nombreuses sources d'inspiration du poète Abd al Malik. Que constatez-vous ?
2. Selon Abd al Malik, quel est l'outil indispensable pour comprendre le monde ?

Retenir

1. Qu'est-ce que la poésie moderne ?

1 Origine et évolution

- L'essoufflement du surréalisme dans l'entre-deux guerres et la Seconde Guerre mondiale redéfinissent le genre poétique : une **nouvelle modernité** naît à partir des années **1940**.
- Émancipée et **libérée des contraintes formelles**, la poésie s'épanouit dans des **formes diverses** et se met au service de nouveaux concepts comme celui de la **« négritude »** (**Senghor**, **Césaire**, **Glissant**) ou s'intéresse au **quotidien**.
- Empreinte d'**originalité**, elle cherche à **donner du sens au monde**.

2 Genres privilégiés et caractéristiques d'écriture

- Vers **libres**, **poème en prose**, **verset**, **haïku** (poème court japonais), avec ou sans rimes : chaque production poétique est **unique**.
- Elle tisse de forts liens avec la **peinture**, le **dessin** ou la **musique** (Adb al Malik, Grand Corps Malade...)
- **Expérimentation** et **jeux** sur les mots : humour et effets de surprise.

3 Principaux thèmes

- **Le langage** : le poème devient un **laboratoire** où l'on cherche à explorer les possibles linguistiques.
- **Interrogation sur le sens de la poésie**.
- **Un monde énigmatique** : dans un lyrisme renouvelé, les poètes interrogent les choses (**Ponge**), la nature ou la ville afin de rendre compte de la fugacité et de la beauté de l'existence (**Char**, **Michaux**).

2. Qu'est-ce que la poésie contemporaine ?

- Souvent méconnue du grand public, la production poétique au XXIᵉ siècle (**Jaccottet**, **Maulpoix**) est riche et souvent portée par des festivals, des rencontres de poésie, des salons... Elle continue de s'intéresser aux **ressources du langage** et à chanter les plaisirs et les angoisses de la **modernité urbaine**.
- Elle se popularise à travers des genres musicaux lyriques ou engagés, comme le slam (**Grand Corps Malade**) ou les chansons à texte (**Abd al Malik**).

Textes clés

UNE POÉSIE RÉSISTANTE

Femme, pose sur mon front tes mains balsamiques, tes mains douces plus que fourrure.
Là-haut les palmes balancées qui bruissent dans la haute brise nocturne
À peine. Pas même la chanson de nourrice.
Qu'il nous berce, le silence rythmé.
Écoutons son chant, écoutons battre notre sang sombre, écoutons
Battre le pouls profond de l'Afrique dans la brume des villages perdus

Léopold Sedar Senghor, *Chants d'ombre*, « Nuit de Siné », 1945, © Le Seuil.

1. Relevez les métaphores qui mettent en valeur la beauté de la femme africaine et de l'Afrique noire.
2. Pourquoi est-il important pour Senghor de prôner ses qualités, en 1945, date de parution du recueil ?

LA QUÊTE DU SENS

Dans son recueil Fureur et Mystère, *René Char reprend l'aphorisme, apprécié des moralistes classiques. Il s'agit d'une formule brève qui livre une réflexion universelle. Il la transforme en poème minimal.*

I

Je chante la chaleur à visage de nouveau-né, la chaleur désespérée.

IV

Dans la boucle de l'hirondelle un orage s'informe, un jardin se construit.

XXVI

La poésie est de toutes les eaux claires celle qui s'attarde le moins aux reflets de ses ponts.
Poésie, la vie future à l'intérieur de l'homme requalifié.

René Char, *Fureur et Mystère*, 1948, © Gallimard.

1. Pouvez-vous facilement vous représenter les images de l'aphorisme I et IV ? Pourquoi ?
2. Quelle fonction revêt la poésie, selon René Char ?

LA PLACE DE L'OBJET

À mi-chemin de la cage au cachot la langue française a cageot, simple caissette à claire-voie vouée au transport de ces fruits qui de la moindre suffocation font à coup sûr une maladie.

Agencé de façon qu'au terme de son usage il puisse être brisé sans effort, il ne sert que deux fois. Ainsi dure-t-il moins encore que les denrées fondantes ou nuageuses qu'il enferme.

À tous les coins de rues qui aboutissent aux halles, il luit alors de l'éclat sans vanité du bois blanc. Tout neuf encore, et légèrement ahuri d'être dans une pose maladroite à la voirie jeté sans retour, cet objet est en somme des plus sympathiques, – sur le sort duquel il convient toutefois de ne s'appesantir longuement.

Francis Ponge, *Le Parti pris des choses*, « Le cageot », © Gallimard, 1942.

- En quoi le choix du thème est-il original ?

LE SLAM : UNE POÉSIE MODERNE

Le slam naît dans un club de jazz à Chicago à la fin des années 1980. Grand Corps Malade devient en France une figure populaire du slam.

On a trempé notre plume et est-ce vraiment une hérésie[1]
De se dire qu'on assume et qu'on écrit de la poésie
Il existe paraît-il, un instant dans l'écriture
Qui oublie la page blanche et efface les ratures
Un véritable état second, une espèce de transe
Qui apparaît mystérieusement et s'envole en silence

Grand Corps Malade, « Toucher l'instant », © album Midi 20, 2006.

1. Idée qui choque les opinions communément admises

1. D'après vous, de qui parle le slameur quand il utilise le pronom *on* ?
2. Expliquez la rime *hérésie / poésie*.

Les mots de... La liberté poétique

- Donnez la définition des mots suivants.

INNOVER	S'ÉMANCIPER	CRÉATIVITÉ	PIONNIER
....	....	....	....
....	....	....	....
....	....	....	....

S'entraîner

Histoire de la langue — **La modernité**

- Dès le XVe siècle, l'adjectif *moderne* (du latin *modernus*) se réfère à ce qui est ancré dans son époque.
- Progressivement, le terme qualifie les hommes et permet de différencier ceux qui cherchent à rompre avec les traditions et ceux qui s'inscrivent dans une continuité avec les modèles. L'histoire littéraire est marquée, en 1687, par la querelle des Anciens et des Modernes.
- La modernité renvoie à la volonté d'être de son temps, de révéler le génie de son époque, sans céder aux modes.

Distinguer tradition et modernité

1

C'est le poème en moi qui écrit mon poème,
le mot par le mot engendré.
Il est mon occupant ; je ne sais pas s'il m'aime.
Mon locataire veut gérer

mon espace vital et, de plus, il me gronde :
peut-être suis-je dans mon tort.
Il l'absoudra[1] un jour ; en ses couches profondes,
je lui prépare un meilleur sort.

Nous formerons un couple heureux ; mon allégresse
aura raison de ses soucis.
Il a horreur des trémolos[2] ; il ne me laisse
aucun emploi : ni le récit,

ni le déroulement, ni l'air ni la musique
car il prétend tout décider ;
Mon cerveau se rétracte et ma pauvre logique
vaut moins, dit-il, qu'un coup de dé.

Je suis pour mon poème un squelette inutile,
qui ferait mieux dans un linceul
Il est adulte, il peut devenir la presqu'île,
l'oiseau, l'azur et le tilleul.

Alain Bosquet, *Un jour après la vie*, © Gallimard, 1984.

1. Pardonner. – 2. Tremblement de la voix dû à une émotion intense.

a. **Montrez que la forme poétique et les mètres choisis par le poète relèvent d'une certaine tradition.**

....

....

b. **Surlignez les éléments de personnification du poème. Quelle tonalité se développe autour de cette image ?**

....

....

c. **Que veut nous dire le poète sur la relation qu'il entretient avec son art ?**

....

Comprendre le rapport entre poème et chanson

2 *Ce poème sera interprété par les chanteurs Yves Montand puis Serge Reggiani, en 1966.*

Rappelle-toi Barbara
Il pleuvait sans cesse sur Brest ce jour-là
Et tu marchais souriante
Épanouie ravie ruisselante
Sous la pluie
Rappelle-toi Barbara
Il pleuvait sans cesse sur Brest
Et je t'ai croisé rue de Siam [...]
Mais ce n'est plus pareil et tout est abîmé
C'est une pluie de deuil terrible et désolée
Ce n'est même plus l'orage
De fer d'acier de sang
Tout simplement des nuages
Qui crèvent comme des chiens
Des chiens qui disparaissent
Au fil de l'eau sur Brest
Et vont pourrir au loin
Au loin très loin de Brest
Dont il ne reste rien[1].

Jacques Prévert, *Paroles*, « Barbara », © Gallimard, 1946.

1. La ville de Brest a subi 165 bombardements entre 1940 et 1944.

a. **Surlignez les mots ou expressions montrant que Prévert cherche à écrire une poésie ancrée dans une tradition orale populaire.**

b. **Expliquez en quoi les passages en vert marquent une évolution dans la métaphore de la pluie.**

....

....

....

....

....

c. **Quel ressort poétique utilisé par Prévert donne à son texte une dimension musicale et rythmique ?**

3 *Gainsbourg a marqué l'histoire de la chanson française par ses textes à la fois poétiques et provocateurs. Voici le premier couplet de sa chanson « Je suis venu te dire que je m'en vais ».*

Je suis venu te dire que je m'en vais
Et les larmes n'y pourront rien changer
Comme dit si bien Verlaine au vent mauvais
Je suis venu te dire que je m'en vais
Tu t'souviens des jours anciens et tu pleures
Tu suffoques, tu blêmis à présent qu'a sonné l'heure
Des adieux à jamais (ouais)
Je suis au regret
De te dire que je m'en vais
Oui je t'aimais, oui, mais

Serge Gainsbourg, « Je suis venu te dire que je m'en vais », album *Vu de l'extérieur*, © Philips, 1973.

a. **Pourquoi le chanteur évoque-t-il le poète Verlaine ?**

....

....

....

b. **Encadrez les éléments de langage courant ou familier qui ponctuent l'extrait.**

BAC ÉCRIT Analyser un poème contemporain

1 Lisez le texte suivant puis complétez avec vos analyses et interprétations personnelles cette première partie de commentaire littéraire.

L'Amérique n'existe pas

Dans la nuit de cinq heures du matin, sous les ailes du 747, Rio a des allures de star : poussière de strass et de paillettes, piquetées dans les soies violettes et les satins noirs des pains de sucre. Le Brésil brasille[1] sous de très légers draps de brume. Illusion programmée du voyageur : vue d'avion, la misère des favelas[2] fait collection de diamants. Elle étincelle : Rio joue du stéréotype. […]

Au sol, c'est l'hiver. Privée de ses sunlights, la star sud-américaine sombre dans une mélancolie sans fond.

La ville n'est plus qu'un asphyxiant nuage de gaz d'échappement. Les passants portent des vêtements pauvres.

Leur visage brun vire au gris. […]

Je visite d'un œil triste la capitale des plaisirs et de la folie. J'y cherche en vain la silhouette de la fille d'Ipanema[3], et croise plus de vies brisées que de danseuses de samba.

Jean-Michel Maulpoix, *Chutes de pluie fine*, © Mercure de France 2002.

1. Brille dans l'ombre. – **2.** Bidonvilles brésiliens. – **3.** Référence à une chanson de bossa nova intitulée *La Fille d'Ipanema*.

I. Une vision à la fois désenchantée et poétique du réel

A. Une poésie de la ville moderne

....

....

B. Rio : une représentation fantasmée propice à la rêverie

....

....

....

....

C. La désillusion du réel

....

....

....

....

....

....

....

2 VERS LE BAC ORAL

Reliez ce texte au parcours associé que vous avez étudié.

Objet d'étude : La poésie du XIXe siècle au XXIe siècle

a. Parcours : « Les mémoires d'une âme » : ....

b. Parcours : « Alchimie poétique : la boue et l'or » : ....

....

c. Parcours « modernité poétique ? » : ....

....

ÉTUDE DE LA LANGUE

Paroles d'écrivains

« Les maux de grammaire se soignent par la grammaire, les fautes d'orthographe par l'exercice de l'orthographe, la peur de lire par la lecture, celle de ne pas comprendre par l'immersion dans le texte, et l'habitude de ne pas réfléchir par le calme renfort d'une raison strictement limitée à l'objet qui nous occupe, ici, maintenant, dans cette classe, pendant cette heure de cours, tant que nous y sommes. [...]

Peur de la grammaire ? Faisons de la grammaire. Pas d'appétit pour la littérature ? Lisons ! Car, aussi étrange que cela puisse vous paraître, ô nos élèves, vous êtes pétris des matières que nous vous enseignons. Vous êtes la matière même de toutes nos matières, [...] tous autant que vous êtes, tissés de grammaire, remplis de discours, même les plus silencieux ou les moins armés en vocabulaire, hantés par vos représentations du monde, pleins de littérature en somme, chacun d'entre vous, je vous prie de me croire. »

Daniel Pennac, *Chagrin d'école*, © Gallimard, 2007.

« Si on s'y attache, la grammaire révèle le sens caché de l'histoire, dissimule le désordre et l'abandon, relie les éléments, rapproche les contraires, la grammaire est un formidable moyen d'organiser le monde comme on voudrait qu'il soit. »

Delphine de Vigan (née en 1966)

« Je regarde la grammaire comme la première partie de l'art de penser. »

Condillac (1714-1780)

Entraînez-vous sur...

MON LABO DE FRANÇAIS

Étude de la langue

Laurence Folie, *Deux silhouettes bleues devant les lettres de l'alphabet multicolore*, illustration, 2009.

14 Les accords dans le groupe nominal

Entraînez-vous sur… MON LABO DE FRANÇAIS Étude de la langue

Retenir

- Le **déterminant** s'accorde en **genre** et en **nombre** avec le **nom** auquel il se rapporte.
Les élèves devront prendre **leurs** livres pendant **cette** matinée d'études.

- **L'adjectif** s'accorde en **genre** et en **nombre** avec le **nom**, le **pronom** ou le **groupe nominal** qu'il qualifie.
Ma cousine est **charmante**, mais mes cousins sont un peu **arrogants**. Je les trouve trop **sûrs** d'eux.

- Quand un adjectif qualifie :
– un nom masculin et un nom féminin, il s'accorde au **masculin pluriel** : une fille et un garçon **attentifs** et **studieux**
– plusieurs noms juxtaposés ou coordonnés avec *et*, il s'accorde au **pluriel** : J'ai acheté un fromage et un dessert **italiens.**

1 Accord des déterminants : particularités

• **Dét. démonstratif** *ce*	se change en ***cet*** devant une voyelle ou un *h* non aspiré	**Cet** étudiant, **cet** homme **Ce** hérisson, **ce** héros
• **Dét. indéfinis** *aucun, chaque, nul*	toujours au singulier	**Aucun** problème – **chaque** semaine
• **Dét. indéfinis** *tout, autre, même*	s'accorde avec le nom.	**Tous** les enfants – les **mêmes** livres – les **autres** filles
• **Dét. numéraux** *mille, cent* et *vingt*	– *Mille* est invariable. – *Cent* et *vingt* s'accordent quand ils sont multipliés par un nombre, sans être suivis d'un autre nombre.	Deux **mille** euros Quatre-**vingt**-dix élèves Quatre-**vingts** jours

S'entraîner

1 Complétez les phrases avec *ce*, *cette* ou *cet*.

1. J'ai souvent évoqué .... lune enchantée,
.... silence et .... langueur,
Et .... confidence horrible chuchotée
Au confessionnal du cœur. (**Baudelaire**)

2. C'est sur .... chemin, c'est à .... heure que je prenais conscience de mon prix. (**Colette**)

3. Il dit de .... esclave : « Il faut le punir », et on le fouette ; et de .... autre : « Il faut l'affranchir », et on l'affranchit. (**La Bruyère**)

4. Je cherchais la cause de .... bonhomie au milieu de Paris, je remarquai que la rue n'aboutissait à rien, et ne devait pas être très passante. (**Balzac**)

2 Barrez les formes incorrectes.

1. Nous allons à la piscine **chaques samedis / chaque samedi** matin.
2. Elle n'a lu **aucun roman / aucuns romans** du XVIe siècle.
3. Il a étudié toutes ses fiches, il connaissait **chaque fiche / chaques fiches** par cœur.
4. Vous devrez apprendre **chaque vers / chaques vers** de cette poésie.
5. Je n'ai **nulle / nul** envie d'étudier aujourd'hui !

3 Dans les phrases suivantes, entourez la forme correcte.

1. Son appartement vaut environ **cinq cent / cinq cents** mille euros.
2. Sa colocation est de **six cents / six cent** quarante euros par mois.
3. Aujourd'hui, mon grand-père a **quatre-vingts-cinq / quatre-vingt-cinq** ans.
4. Ma grand-mère a au moins **quatre cent / quatre cents** livres dans sa bibliothèque.
5. Ce bâtiment a été construit en **deux mille / deux milles** douze.

4 Accordez les adjectifs entre parenthèses.

1. Sophie ? Quelle élève **(gentil)** .... et **(sérieux)** .... !
2. Que tes **(nouveau)** .... boucles d'oreilles sont **(beau)** .... !
3. Tes chaussettes et tes collants sont **(neuf)** .... ?
4. Sa chemise et son pantalon sont très bien **(assorti)** ....
5. De belles bâtisses ont été construites sur la colline et **(aucun)** .... maison n'est semblable.
6. Léon et Valentine sont de (bon) .... élèves mais de (mauvais) .... perdants.

Retenir

2 Accord des adjectifs : particularités

Il existe **des cas particuliers** d'accord pour l'adjectif.

- ***Beau, fou, nouveau*** et ***vieux*** s'écrivent ***bel, fol, nouvel*** et ***vieil*** devant un nom masculin qui commence par une voyelle ou un *h* aspiré : un **fol** amour, un **vieil** homme, le **nouvel** an

• Avec les conjonctions de coordination ***ou*** et ***ni***	l'adjectif s'accorde avec le ou les noms qu'il qualifie.	Nous aimerions goûter aux bulots **ou** aux moules **marinières**. ➔ Seules les moules sont marinières. Ce restaurant ne propose **ni** cidre **ni** fromage normands. ➔ Le cidre et le fromage sont normands.
• Quand **plusieurs adjectifs** qualifient un **même nom au pluriel**	ils restent au **singulier** si chacun des adjectifs se rapporte respectivement à ce même nom.	Les législations **danoise** et **norvégienne** ➔ Il y a une seule législation danoise et une seule législation norvégienne.
• Un **adjectif employé comme adverbe**	reste invariable.	Ils sont **fort** aimables. Ces smartphones coûtent **cher**.

- **L'adjectif de couleur :**

Employé **seul** :	**accord** avec le nom (sauf *orange* et *marron*)	Une valise **noire** / Une robe **bleue** / Des chemises **blanches**
Peut être un **nom utilisé comme adjectif** :	**pas d'accord** (sauf *mauve*, *rose*, *pourpre* et *fauve*)	Des enveloppes **marron** / Des chemises **crème** Des rideaux **mauves**
S'il est suivi d'un adjectif ou d'un nom :	**pas d'accord**	Une jupe **vert foncé** / Des chaussures **vert pomme** / Des cheveux **noir de jais**

- Parfois, l'accord de l'adjectif se fait avec le nom le plus proche quand ils sont **synonymes** :

Il y a un environnement, une ambiance quelque peu **surprenante**.

- ***Demi*** et ***possible***

Demi	• Placé avant le nom : **pas d'accord** • Placé après le nom et précédé de *et* : **accord**	J'ai mis une **demi**-heure pour venir. Vous avez une heure **et demie** pour faire ce devoir.
Possible	• Lorsqu'il est précédé d'un nom introduit par *des* : **accord possible**. • Après *le plus*, *le moins*, *le meilleur* : **pas d'accord**	Ils ont vécu dans le meilleur des mondes **possibles**. – Zoé fait les pires erreurs **possibles**.

S'entraîner

5 Accordez les adjectifs entre parenthèses.

1. Elle riait, et il admirait son **(étroit)** .... figure, rose, mate et **(allongé)** .... comme une dragée **(fin)** .... (**Colette**)

2. La gloire est pour un **(vieux)** .... homme ce que sont les diamants pour une **(vieux)** .... femme ; ils la parent, et ne peuvent l'embellir. (**Chateaubriand**)

3. Cela me fait honte de vous ouïr parler de la sorte, et vous devriez un peu vous faire apprendre le **(beau)** .... air des choses. (**La Bruyère**)

4. Cependant, devant qu'il fût nuit,
Il arriva .... **(nouveau)** encombre :
Un loup parut ; tout le troupeau s'enfuit. (**La Fontaine**)

6 Accordez les adjectifs entre parenthèses.

1. Ces assiettes de Provence **(vert olive)** .... sont magnifiques.

2. Ils devenaient **(mauve)** .... comme sa robe, **(vert)** .... comme la soie du fauteuil. (**Colette**)

3. Je m'habillai avec soin, me fis couper les cheveux, nouai une très belle cravate en soie **(bleu marine)** .... brodée de mousquetaires d'argent. (**Gary**)

4. Fantômes **(vermeil)** ....
Défilent sans trêves. (**Verlaine**)

5. Les joues de Marseau deviennent **(pourpre)** ...., mais il répond sans colère, et le regard presque suppliant. (**Renard**)

6. Regarde ces montures **(bleu clair)** .... et celles qui sont **(vert foncé)** ...., elles sont magnifiques !

7. Le père Rouault, un chapeau de soie **(neuf)** .... sur la tête et les parements de son habit **(noir)** .... lui couvrant les mains jusqu'aux ongles, donnait le bras à Mme Bovary mère. (**Flaubert**)

7 **Les adjectifs en gras sont mal orthographiés. Accordez-les correctement en tenant compte des mots soulignés.**

1. Pour le diner, mon frère a préparé des légumes et des escalopes **milanais**.

....

....

2. Les langues russe et **japonais** sont des langues difficile à apprendre.

....

....

3. Les constitutions **français** et **anglais** ne se ressemblent pas.

....

....

4. Pendant les vacances de Noël, mes amis adorent préparer une raclette ou une fondue **bourguignon**.

....

....

5. Mon voisin est une personne **original** et excentrique, il porte toujours une veste **bleu** à pois **rouge**.

....

....

6. Les médecines **traditionnel** et **oriental** sont pratiquées depuis longtemps en Asie.

....

....

8 **Dans ces extraits des *Mémoires d'outre-tombe* de Chateaubriand, surlignez uniquement les adjectifs qui ont un emploi adverbial.**

1. Il confessa que s'il ne s'était pas livré à la Cour, c'est qu'elle n'avait pas voulu l'acheter assez cher.

2. Le vrai bonheur coûte peu ; s'il est cher, il n'est pas d'une bonne espèce.

3. On payait cher ces railleries.

4. Il y a quatre châteaux, fort grand nombre de beaux étangs.

5. Je le remercie du précieux, bon et cher présent qu'il m'a fait en ta personne et d'avoir conservé ma vie sans tache.

6. Lucile lisait fort mal ; je lisais encore plus mal.

9 **Dans les phrases suivantes, accordez les adjectifs.**

1. Ce comportement, cette attitude est **(impoli)** ....

2. La durée du spectacle est de deux heures et **(demi)** ....

3. Ces chaussettes **(rose bonbon)** .... sont très **(original)** ....

4. Les lumières **(scintillant)** .... de Noël laissaient paraitre un ensemble de couleurs **(jaune doré)** .... et **(argenté)** ....

5. Pour réussir l'examen, vous devrez faire le plus d'efforts **(possible)** .... et le moins d'erreurs **(possible)** ....

6. Mon frère a six ans et **(demi)** ....

7. La mairie se trouvant à une **(demi)** ....-lieue de la ferme, on s'y rendit à pied, et l'on revint de même, une fois la cérémonie faite à l'église. (**Flaubert**)

10 **Lisez ces extraits de *Sido*, de Colette.**

a. Accordez les adjectifs entre parenthèses.

1. À trois heures et **(demi)** ...., tout dormait dans un bleu originel, humide et confus, et quand je descendais le chemin de sable, le brouillard retenu par son poids baignait d'abord mes jambes, puis mon petit torse bien fait, atteignait mes lèvres, mes oreilles et mes narines plus **(sensible)** .... que tout le reste de mon corps…

2. Elle contemplait ses deux garçons, les **(demi)** .... -frères, et les trouvait **(beau)** .... L'aîné surtout, le châtain aux yeux pers, dix-sept ans, une bouche empourprée qui ne souriait qu'à nous et à quelques jolies filles. Mais le brun, à treize ans, n'était pas mal non plus, sous ses cheveux mal taillés qui descendaient jusqu'à ses yeux bleu-de-plomb, **(pareil)** .... à ceux de notre père…

Deux sauvages aux pieds **(léger)** ...., **(osseux)** ...., sans chair **(superflu)** ...., **(frugal)** .... comme leurs parents, et qui préféraient aux viandes le pain bis, le fromage dur, la salade, l'œuf frais, la tarte aux poireaux ou à la citrouille.

(Sobre) .... et vertueux, – de vrais sauvages…

Colette, *Sido*, © Fayard et Hachette Littérature, 1930.

b. Pour quelle raison le mot en vert n'est-il pas accordé avec *yeux* ?

....

11 Accordez si nécessaire les adjectifs en gras.

Saisi, je relevai mon regard vers la dame qui chantait… Elle avait sûrement grandi depuis un instant. Les yeux **large**..... **ouvert**..... et **aveugle**....., elle contemplait quelque chose d'invisible vers quoi tout son corps s'élançait, hors de son armure de satin **blanc**....... Le bleu de ses yeux avait noirci et sa chevelure, **teint**...... ou non, la coiffait d'une flamme **fixe**....., toute **droit**...... Sa grande bouche généreuse s'ouvrait, et j'en voyais s'envoler les notes **brûlant**....., les unes **pareill**...... à des bulles d'or, les autres comme de **rond**..... roses **pur**......

Colette, *Les Vrilles de la vigne*, © Fayard, 1908.

12 a. Soulignez les groupes nominaux désignant la personne aimée.

Ma petite folle bien-aimée me donnait à dîner, et par la fenêtre ouverte de la salle à manger je contemplais les mouvantes architectures que Dieu fait avec les vapeurs, les merveilleuses constructions de l'impalpable. Et je me disais, à travers ma contemplation : « – Toutes ces fantasmagories sont presque aussi belles que les yeux de ma belle bien-aimée, la petite folle monstrueuse aux yeux verts. »

Et tout à coup je reçus un violent coup de poing dans le dos, et j'entendis une voix rauque et charmante, une voix hystérique et comme enrouée par l'eau-de-vie, la voix de ma chère petite bien-aimée, qui disait : « – Allez-vous bientôt manger votre soupe, s.... b.... de marchand de nuages ? »

Ch. Baudelaire, « La soupe et les nuages », *Le Spleen de Paris*, 1869.

b. Dans quel groupe nominal « bien-aimée » est-il un adjectif ? À quel nom se rapporte-t-il ? Quel autre groupe nominal fait écho à ce nom ?

....

....

....

....

c. En quoi la chute du poème est-elle préparée par ce jeu sur noms et adjectifs ?

....

....

....

13 Justifiez l'orthographe des adjectifs en gras, en précisant leur genre et leur nombre.

Elle se promettait quelque robe de flanelle **voyante**, de cotonnade à ramages ou de popeline **écarlate**. Parfois même, elle choisissait dans les vitrines, parmi les coupons **plissés** et avantagés par la main des commis, une soie tendre, **bleu ciel** ou **vert pomme**, qu'elle rêvait de porter avec des rubans **roses**.

Émile Zola, *Le Ventre de Paris*, 1873.

Voyante : ....

Ecarlate : ....

Plissés : ....

Bleu ciel, vert pomme : ....

....

Roses : ....

14 VERS LA QUESTION DE GRAMMAIRE BAC ORAL

Au galop de quatre chevaux, elle était emportée depuis huit jours vers un pays nouveau, d'où ils ne reviendraient plus. Ils allaient, ils allaient, les bras enlacés, sans parler. Souvent, du haut d'une montagne, ils apercevaient tout à coup quelque cité splendide avec des dômes, des ponts, des navires, des forêts de citronniers et des cathédrales de marbre blanc, dont les clochers aigus portaient des nids de cigogne. […] Et puis ils arrivaient, un soir, dans un village de pêcheurs, où des filets bruns séchaient au vent, le long de la falaise et des cabanes. C'est là qu'ils s'arrêteraient pour vivre ; ils habiteraient une maison basse, à toit plat, *ombragée* d'un palmier, au fond d'un golfe, au bord de la mer. Ils se promèneraient en gondole, ils se balanceraient en hamac ; et leur existence serait facile et large comme leurs vêtements de soie, toute chaude et étoilée comme les nuits douces qu'ils contempleraient. Cependant, sur l'immensité de cet avenir qu'elle se faisait apparaître, rien de particulier ne surgissait ; les jours, tous magnifiques, se ressemblaient comme des flots ; et cela se balançait à l'horizon, *infini*, *harmonieux*, *bleuâtre* et couvert de soleil. Mais l'enfant se mettait à tousser dans son berceau, ou bien Bovary ronflait plus **fort**, et Emma ne s'endormait que le matin, quand l'aube blanchissait les carreaux et que déjà le petit Justin, sur la place, ouvrait les auvents de la pharmacie.

Gustave Flaubert, *Madame Bovary*, 1857.

a. Surlignez les adjectifs.

b. Soulignez le(s) mot(s) qu'ils qualifient.

c. Analysez l'emploi de l'adjectif en gras.

....

d. À quels GN se rapportent les adjectifs en italique ?

....

....

15 Les accords entre le sujet et le verbe

Entraînez-vous sur... MON LABO DE FRANÇAIS Étude de la langue

Retenir

Un verbe s'accorde avec son sujet en **personne**, en **nombre** et parfois en **genre**.

• Quand un des sujets est au masculin, le verbe s'accorde au **masculin pluriel**.	Mohamed et Sophie sont allés visiter un appartement.
• Le sujet peut être inversé, donc, placé **après le verbe**.	Pourquoi part-**elle** si tôt ?
• Il peut également être séparé du verbe par un pronom.	**Il** nous appelle tous les jours. **Je** les avais vus.

1 L'accord du verbe avec son sujet : cas particuliers

• Les sujets sont à différentes personnes.	– La 1re personne (« moi » ou « nous ») l'emporte.	Toi et moi **étudions** régulièrement.
	– La 2e personne « vous » l'emporte sur la 3e.	Sophie et toi **aimez** la littérature.
• Avec le pronom relatif ***qui***	accord avec antécédent de ce pronom	C'est moi qui **vais** lui parler.
• Avec *peu*, *beaucoup*, *trop*, *la plupart*, *plusieurs*.	**accord** au **pluriel**	Peu de gens **connaissent** Marina Tsvétaïeva. – La plupart des gens **réfléchissent** à leurs vacances.

2 L'accord du participe passé : généralités

• Participe passé employé avec auxiliaire ***être***	**accord** avec le **sujet**	Elle est **partie** tôt hier matin.
• Participe passé employé seul	**accord** avec le nom ou le pronom auquel il se rapporte.	**Habillée** comme une reine, elle alla au bal qui était organisé.
• Participe passé employé avec auxiliaire ***avoir***	**accord** avec le **COD** (nom ou pronom) si celui-ci est placé **avant le verbe**.	Les livres qu'il a **achetés** sont bien. Je les ai tous **lus**.

S'entraîner

1 Dans les phrases suivantes, surlignez les sujets des verbes.

1. Comment peuvent-ils avoir oublié son anniversaire ?
2. Loin devant nous se dessinait la montagne qu'on allait escalader.
3. Où se trouve le lycée de Cathy ?
4. Comment cet homme, si calme habituellement, a-t-il pu réagir avec une telle impulsivité ?
5. De belles maisons ont été construites sur la colline et aucune n'est semblable à l'autre.
6. Pendant la pause, les élèves de 2de et de 1re que je connaissais bien, sont venus me soutenir.
7. Ces livres, nous vous les avons prêtés.

2 a. Identifiez les sujets.
b. Entourez la forme verbale correcte.

1. Parle au directeur, toi qui **a / as** le courage ! – **2.** Ma sœur et moi **ont / avons** décidé de partir en Bretagne. – **3.** Sonia et Martin **va / vont** faire une classe préparatoire. – **4.** Pour moi, qui **n'est / ne suis** pas experte, je dirais que c'est la bonne réponse. – **5.** Est-ce que Jade et toi **sont allés / êtes allés** en excursion avec la classe ? – **6.** Toi qui **es / est** toujours le meilleur en maths, tu devrais l'aider. – **7.** Moi, qui **est / suis** toujours en retard, je devrai être à l'heure à l'oral du Bac.

3 Le participe passé en gras est écrit correctement. Vrai ou faux ? Écrivez la forme correcte, si besoin.

	Vrai	Faux
1. Les feuilles qu'il a **apporté** en classe sont abîmées.	☐	☐
2. **Émue**, elle sortit du théâtre avant les autres.	☐	☐
3. Ces deux feutres, je te les ai **rendu** hier.	☐	☐
4. Pourquoi tu ne l'as pas **vu** ? Elle se réjouissait de te rencontrer.	☐	☐
5. Ces livres, les as-tu **lu** ?	☐	☐
6. Une écharpe et un gant ont été **trouvés** dans la cour.	☐	☐

4 Réécrivez ces phrases au passé composé. Accordez les participes passés.

1. Les leçons que nous lisons sont passionnantes.

....

2. Ces exercices, vous les faites pour lundi.

....

3. Michel et Jeanne partent au lycée à 7 h 45.

....

4. Les notes que le professeur rend aux élèves sont d'un niveau trop faible.

....

....

5. La scène du film que je préfère est celle du restaurant.

....

5 **Lisez les phrases et entourez les formes correctes.**

1. La maison **qu'habitaient / qu'habitait** alors mes parents est **situé / située** dans une rue sombre et étroite de Saint-Malo, **appelé / appelée** la rue des Juifs : cette maison est aujourd'hui transformée en auberge. (**Chateaubriand**)

2. Cette société, que j'ai **remarquée / remarquée** la première dans ma vie, est aussi la première qui ait **disparu / disparue** à mes yeux. (**Chateaubriand**)

3. **Étant venue / Étant venu** m'ouvrir, je lui demandai pourquoi elle avait **tardée / tardé** si longtemps. Elle me répondit d'un air embarrassé qu'elle ne m'avait point entendu frapper. (**Abbé Prévost**)

6 **a. Conjuguez les verbes entre parenthèses au passé-composé.**

Mon mari **(revenir)** .... à ce moment-là. Mais il **(ne pas paraître)** .... s'en apercevoir. Il **(lever)** .... un genou et il **(poser)** .... la valise dessus. Elle était gondolée par la pluie, aussi vieille sans doute, que ses vêtements. Il devait la trimbaler depuis pas mal de temps déjà. Il l'**(ouvrir)** .... Une dizaine d'enveloppes y trainaient, toutes pareilles à celle qu'il tenait à la main. Et mêlé à elles, il y avait un morceau de pain. Il n'y avait rien d'autre dans la valise que le pain et les enveloppes. Il **(ramasser)** .... toutes les enveloppes une à une et il me les **(tendre)** ....
« Je te les donne.
– Je les **(prendre)** .... et je les **(mettre)** .... dans mon manchon. Elles étaient glacées. […]
Il **(tirer)** .... de sa poche une liasse de mille francs et il l'**(jeter)** .... dans la valise ouverte. Comme la valise était petite, les billets **(tomber)** .... sur le pain et ils l'**(recouvrir)** .... à moitié. Il y en avait beaucoup. Il les **(regarder)** .... pendant un petit moment puis il les **(ramasser)** .... un à un. »

Marguerite Duras, *Le Marin de Gibraltar*, © Gallimard 1952.

b. À quels noms font référence les pronoms en gras « l' » et « les » ? Surlignez-les.

....

....

7 La politesse entre parents et enfants m'**est demeurée** longtemps un mystère. J'ai mis aussi des années à « comprendre » l'extrême gentillesse que des personnes bien éduquées manifestent dans leur simple bonjour. […] Le déchiffrement de ces détails s'impose à moi maintenant, avec d'autant plus de nécessité que je les ai **refoulés**, sûre de leur insignifiance.

Annie Ernaux, *La Place*, © Gallimard, 1983.

a. Le narrateur est-il un homme ou une femme ? Justifiez votre réponse en surlignant le mot du texte qui le justifie.

....

....

b. Quel est le sujet du verbe en gras ? Pour quelle raison le participe passé est-il accordé au féminin ?

....

....

....

c. Analysez le participe passé en gras. Pour quelle raison est-il au pluriel ?

....

....

....

8 **Lisez le texte et barrez les formes incorrectes.**

J'ai **retrouvé / retrouvée** dans l'eau Marie Gardona [...] Je l'ai **aidé / aidée** à monter sur une bouée et, dans ce mouvement, j'ai effleuré ses seins. J'étais encore dans l'eau quand elle était déjà à plat ventre sur la bouée. Elle s'est **retourné / retournée** vers moi. [...] Il faisait bon et, comme en plaisantant, j'ai laissé aller ma tête en arrière et je l'ai **posé / posée** sur son ventre. [...] Nous sommes **resté / restées / restés** longtemps sur la bouée, à moitié **endormi / endormis**. Quand le soleil est devenu trop fort, elle a **plongé / plongée** et je l'ai **suivi / suivie**. Je l'ai **rattrapé / rattrapée**, j'ai passé ma main autour de sa taille et nous avons **nagés / nagé** ensemble. Elle riait toujours. Sur le quai, pendant que nous nous séchions, elle m'a dit : « Je suis plus brune que vous. » Je lui ai **demandée / demandé** si elle voulait venir au cinéma, le soir. Elle a encore **rie / ri** et m'a dit qu'elle avait envie de voir un film avec Fernandel. Quand nous nous sommes **rhabillés / rhabillé**, elle a eu l'air très surprise de me voir avec une cravate noire et elle m'a **demandée / demandé** si j'étais en deuil.

Albert Camus, *L'Étranger*, © Gallimard, 1957.

Retenir

3 L'accord du participe passé des verbes pronominaux

• Avec un verbe **exclusivement** pronominal, c'est-à-dire qui n'existe qu'à la forme pronominale (*s'envoler, s'enfuir, se souvenir, s'évader, se méfier…*).	**Accord avec le sujet**	Les oiseaux se sont **envolés**, ils se sont **enfuis**.
• Avec un verbe pronominal dont le **pronom réfléchi** est **COD**.		Les élèves se sont **vus** pendant le weekend. (voir qqn)
• Avec un verbe pronominal dont le **pronom réfléchi** est **COI**.	**Pas d'accord**	Des amis se sont **parlé** longuement. (parler **à** qqn)

4 L'accord du participe passé : cas particuliers

• Avec le pronom ***en***.	**Pas d'accord**	Des chemises, il en a **mis** toute sa vie.
• Avec les verbes ***se faire*** et ***se laisser*** suivis de l'infinitif.		Ils se sont laissé faire. Mes filles se sont fait couper les cheveux.
• Avec les verbes de **perceptions** (***entendre, voir, sentir, regarder***…) suivis d'un infinitif.	– Quand le COD fait l'action du verbe à l'infinitif : **accord avec ce COD**	Les lycéens que j'ai **vus** sortir de l'école sont en Seconde. = Ce sont les lycéens qui sortent.
	– Quand le COD ne fait pas l'action du verbe à l'infinitif : **pas d'accord**	La pièce que j'ai **vu** jouer est de Racine. = Ce n'est pas la pièce qui joue, mais les comédiens.

S'entraîner

9 a. Lisez le texte et accordez les participes passés quand c'est nécessaire.

b. Expliquez l'accord des participes passés des groupes de mots en gras.

Monsieur Hamil voulut monter la voir quand il a appris.... que Madame Rosa était malade, mais avec ses quatre-vingt-cinq ans sans ascenseur, c'était hors la loi. **Ils s'étaient bien connu**...... trente ans auparavant quand Monsieur Hamil vendait ses tapis et Madame Rosa vendait le sien et c'était injuste de les voir maintenant séparés par un ascenseur. […]

J'ai même pris.... la photo de Madame Rosa quand elle avait quinze ans et **Monsieur Hamil l'a admiré**..... à travers les lunettes spéciales qu'il avait pour voir plus que les autres. […]

– Vous voyez comme elle était belle, Madame Rosa, avant les événements. Vous devriez vous marier. Bon, je sais, mais vous pourrez toujours regarder la photographie pour vous rappeler d'elle.

– **Je l'aurais peut-être épousé**..... il y a cinquante ans, si je la connaissais, mon petit Mohammed.

– **Vous vous seriez dégoûté**...... l'un de l'autre, en cinquante ans. Maintenant, vous pourrez même plus bien vous voir et pour vous dégoûter l'un de l'autre, vous n'aurez plus le temps.

Romain Gary, *La Vie devant soi*, © Gallimard, 1975.

…………………………………………

…………………………………………

…………………………………………

…………………………………………

…………………………………………

…………………………………………

…………………………………………

…………………………………………

…………………………………………

…………………………………………

10 Accordez les participes passés entre parenthèses. Surlignez le COD quand il fait l'action du verbe à l'infinitif (en gras).

1. Un instant, Jeanlin était resté suffoqué, Bébert ayant appris par un galibot que Mme Rasseneur les avait **(vu)** .... **voler** Pologne. (Zola)

2. – Et Cécile ? demanda-t-il, elle ne se lève donc pas, aujourd'hui ?

– Je n'y comprends rien, répondit sa femme. Il me semblait l'avoir **(entendu)** .... **remuer**. (Zola)

3. Je ne vois rien, sinon qu'elle nous a **(regarder)** .... **partir** pour notre leçon d'anglais, mademoiselle Lanthenay et moi avec une colère presque douloureuse, à peine dissimulée. (Colette)

4. Elle le croyait avec cette fille, comme le bruit en courait depuis quinze jours ; et, quand il lui jura que non, elle hocha la tête, elle rappela le soir où elle les avait **(vu)** .... **se baiser** à pleine bouche. (**Zola**)

5. En quittant la veille au soir M. et madame Bovary, Léon, de loin, les avait suivis dans la rue ; puis les ayant **(vu)** .... **s'arrêter** à la Croix rouge, il avait tourné les talons et passé toute la nuit à méditer un plan. (**Flaubert**)

11 **Dites si les participes passés des phrases suivantes sont correctement (C) ou incorrectement (i) orthographiés. Réécrivez les phrases incorrectes en les corrigeant.**

1. La veste qu'il s'est acheté cet hiver est splendide.

....

2. Les amoureux se sont plus au premier regard.

....

3. Ils se sont souri pendant tout le déjeuner.

....

4. La conversation est terminée, nous nous sommes dits l'essentiel.

....

....

5. Les boxeurs se sont défié du regard avant de s'affronter sur le ring.

....

....

6. Les collègues de mon frère s'étaient souvenus de la date de son anniversaire.

....

7. Les dirigeants se sont succédés à la tête de l'entreprise de génération en génération.

....

....

12 **Réécrivez ce texte en conjuguant les verbes en italique au plus-que-parfait.**

Or la jalousie *fait* mal, elle *enfle* et *dégénère* en sarcasmes : un peu comme une plaie qui *s'infecte* et *suppure*.
Matti et Maya étaient à mille lieues d'y penser. Ils se prenaient pour de simples conspirateurs. Ils ne se *donnaient* jamais la main et n'*échangeaient* pas de petits sourires en se regardant dans les yeux. Et puis, bien sûr, ils ne *s'embrassaient* jamais. [...] Ils ne se *confiaient* jamais leurs pensées.

Amos Oz, *Soudain dans la forêt profonde*, © Gallimard, 2006.

....

....

....

....

....

....

....

....

....

13 Ils se lèvent en riant pour passer à table. Paul assoit Emma à côté de lui. Louise se précipite dans la cuisine et elle est accueillie par des bravos en entrant dans le salon, son plat à la main. « Elle rougit », s'amuse Paul, d'une voix trop aiguë. Pendant quelques minutes, Louise est au centre de toute l'attention.

Leïla Slimani, *Chanson douce*, © Gallimard, 2016.

Transposez ce texte au passé composé et faites les accords nécessaires.

....

....

....

....

....

....

14 VERS LA QUESTION DE LANGUE — BAC ORAL

Il a mis sur mon lit quatre de ses lettres et son portrait ; mon frère est entré dans ce moment. Estouteville avait le visage si plein de larmes, qu'il a été contraint de sortir pour ne se pas laisser voir ; il m'a dit qu'il reviendrait ce soir requérir ce qu'il me laissait, et moi je chassai mon frère, sur le prétexte de me trouver mal, par l'impatience de voir ces lettres que l'on m'avait **laissées**, et espérant d'y trouver quelque chose qui ne me persuaderait pas tout ce qu'Estouteville venait de me dire. Mais hélas ! que n'y ai-je point trouvé ? Quelle tendresse ! Quels serments ! Quelles assurances de l'épouser ! Quelles lettres ! Jamais elle ne m'en a écrit de semblables.

Madame de Lafayette, *La Princesse de Clèves*, 1678.

a. **Expliquez l'accord du participe passé en gras.**

....

....

....

b. **Quel est le COD du verbe souligné ? Pourquoi le participe passé n'est-il pas accordé avec son complément ?**

....

....

....

....

16 Les valeurs temporelles

Entraînez-vous sur...

MON LABO DE FRANÇAIS Étude de la langue

Retenir

- Les temps verbaux situent un fait dans le temps et par rapport aux autres faits.
- Un même temps verbal peut renvoyer à des zones du temps différentes, c'est-à-dire connaître des emplois divers. C'est ce qu'on appelle les **valeurs des temps**.

1 Le présent

On distingue **sept valeurs** du présent.

Présent d'énonciation (ou d'actualité)	Le fait se déroule au moment où l'on parle.	Je te parle. 
Présent d'habitude	Le fait se répète dans la période de l'énonciation.	Il prend le bus tous les matins. 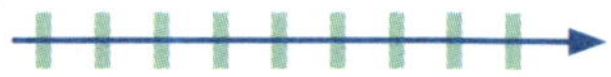
Présent de vérité générale	Le fait est atemporel, toujours vrai (proverbe, vérité scientifique).	L'eau bout à 100 °C. 
Présent de narration	Dans un récit au passé, il dramatise le fait raconté, le rend plus proche et donc plus fort aux yeux du lecteur.	Il rêvait quand, tout à coup, il se réveille en sursaut. 
Présent historique	Le fait est passé, à un moment précis (date).	Il naît le 16 janvier 1966. 
Présent à valeur de passé proche	Le fait est présenté comme s'étant produit dans un passé proche du moment de l'énonciation. Il est souvent exprimé par « venir de » + infinitif.	Trop tard ! Le train part à l'instant. = Il vient de partir. 
Présent à valeur de futur proche	Le fait est présenté comme devant se produire juste après le moment de l'énonciation. Il est souvent exprimé par « aller » + infinitif.	Je vais te lire une histoire, bientôt. 

S'entraîner

1 Précisez la valeur du présent dans ces phrases.

1. Arthur Rimbaud écrit ses premiers poèmes à quinze ans.

Présent ....

2. Depuis quelques jours, je lis *La Princesse de Clèves*.

Présent ....

3. Je te fais un résumé ce soir.

Présent ....

4. Les classiques ont la capacité de parler aux lecteurs de toutes les époques.

Présent ....

5. J'apprends souvent par cœur les citations les plus belles.

Présent ....

6. Gargantua montrait toutes les qualités d'éducation d'un jeune noble quand, soudain, il lâche un pet formidable.

Présent ....

7. Joël Pommerat vient de signer une nouvelle mise en scène à l'Opéra-Comique.

Présent ....

2 Dans les extraits suivants des *Caractères* de La Bruyère (1688), soulignez les verbes au présent et classez-les selon leur valeur.

1. Si je compare ensemble les deux conditions des hommes les plus opposées, je veux dire les grands avec le peuple, ce dernier me paraît content du nécessaire, et les autres sont inquiets et pauvres avec le superflu. […] Le peuple n'a guère d'esprit, et les grands n'ont point d'âme.

Livre IX, 25 (V).

2. Si l'on feint quelquefois de ne se pas souvenir de certains noms que l'on croit obscurs, et si l'on affecte de les corrompre en les prononçant, c'est par la bonne opinion qu'on a du sien.

Livre V, 70 (IV).

Présent d'énonciation : ....

Présent d'habitude : ....

Présent de vérité générale : ....

3 Transformez ces phrases de façon à employer la valeur demandée. Ajoutez des compléments circonstanciels de temps pour expliciter cette valeur : *maintenant, souvent, toujours, bientôt…*

1. À cette époque, vous preniez le thé au salon en charmante compagnie.

Présent d'habitude :

…………………………………………………………

…………………………………………………………

2. Alors qu'il lui déclarait sa flamme de la manière la plus courtoise, elle laissa échapper quelques larmes.

Présent de narration :

…………………………………………………………

…………………………………………………………

3. Par ma plume, je crierai bientôt toute ma colère contre les injustices qui nous sont faites !

Présent d'énonciation :

…………………………………………………………

…………………………………………………………

4. Voyez cette chambre d'amis : c'est là que nous vous installons pour la nuit.

Présent à valeur de futur proche :

…………………………………………………………

…………………………………………………………

Retenir 2 L'imparfait et le passé simple

• Dans un récit au passé, imparfait et passé simple sont complémentaires.

L'imparfait exprime :	Le passé simple exprime :
• **l'arrière-plan** de l'action : c'est la situation initiale de l'histoire : Il **était** une fois… • **la description au passé** : elle donne des détails pour visualiser un élément (portrait, décor…). • **la répétition ou habitude dans le passé** : Il **faisait** sa ronde tous les soirs à la même heure.	• **une action passée de premier plan limitée dans le temps** : c'est le temps de l'élément perturbateur : Tout à coup, elle **apparut**… • **une succession d'actions limitées dans le temps** : c'est le temps des péripéties. Il **prit** son élan, **sauta** par-dessus la rivière, **continua** sa course et **disparut** dans les collines.

S'entraîner

4 Soulignez les verbes à l'imparfait dans ces phrases extraites de *Gargantua* de Rabelais (1534) et donnez leur valeur. Justifiez en vous appuyant sur les indices textuels.

1. Pendant le repas, on continuait la leçon du dîner autant qu'il semblait bon ; le reste du temps se passait en bons propos érudits et utiles. (Chap. XXIII)

…………………………………………………………

…………………………………………………………

2. Mais pendant que les prêtres s'amusaient à confesser, les petits moinillons coururent là où était Frère Jean. (Chap. XXVII)

…………………………………………………………

…………………………………………………………

…………………………………………………………

3. Sans cesse il se vautrait dans les ordures, se noircissait le nez, se barbouillait le visage. Il rompait ses souliers, bayait souvent aux mouches, et courait volontiers après les papillons, dont son père était roi. Il pissait sur ses souliers, chiait dans sa chemise, morvait dans sa soupe, et pataugeait partout. (Chap. XI)

…………………………………………………………

…………………………………………………………

4. Le bâtiment était cent fois plus magnifique que le château de Bonnivet ; car il y avait neuf cent trente-deux chambres, chacune munie d'une arrière-chambre, d'un cabinet, d'une garde-robe, d'une chapelle, et débouchant sur une grande salle. Entre chaque tour, au milieu du corps de logis, il y avait un escalier en vis brisée dont les marches étaient en marbre serpentin. (Chap. LIII)

…………………………………………………………

…………………………………………………………

5 Il était une fois un Roi et une Reine qui étaient si fâchés de n'avoir point d'enfants, si fâchés qu'on ne saurait dire. Ils allèrent à toutes les eaux du monde, vœux, pèlerinages, menues dévotions : tout fut mis en œuvre, et rien n'y faisait.

Enfin pourtant la Reine devint grosse, et accoucha d'une fille : on fit un beau Baptême ; on donna pour Marraines à la petite Princesse toutes les fées qu'on pût trouver dans le Pays (il s'en trouva sept), afin que chacune d'elles lui faisant un don, comme c'était la coutume des Fées en ce temps-là, la Princesse eût par ce moyen toutes les perfections imaginables.

Charles Perrault, *La Belle au bois dormant*, 1697.

a. Soulignez les imparfaits d'arrière-plan.

b. Entourez les passés simples du premier plan dans le premier paragraphe.

c. Surlignez les passés simples exprimant une suite d'actions.

Retenir

3 Le futur simple et le conditionnel

- Parmi les temps du **discours**, le **futur** simple s'emploie généralement pour des faits situés dans l'avenir, par rapport au présent.

Pour l'instant, je **lis** ces nouvelles. Cet été, je **lirai** ce roman.

Présent → Futur simple

- Parmi les temps du **récit**, le **conditionnel présent** s'emploie généralement pour des faits situés eux aussi dans l'avenir, mais par rapport à d'autres temps du passé. C'est donc le temps du « futur dans le passé ».

À ce moment-là, elle **savait/sut** qu'elle le **retrouverait** plus tard.

Imparfait ou passé simple → Conditionnel présent (= Futur dans le passé) — Présent

S'entraîner

6 Pour chacune des phrases suivantes, indiquez le temps et la valeur du verbe en gras.

1. Ce jour-là, le juge avertit qu'il **annoncerait** son verdict rapidement.

....

2. Maintenant, le juge avertit qu'il **annoncera** son verdict rapidement.

....

3. Je te promets que je **viendrai**.

....

4. J'avais promis que je **viendrais**.

....

7 Lisez les trois premières strophes du poème suivant puis répondez aux questions.

Je te frapperai sans colère
Et sans haine, comme un boucher,
Comme Moïse le rocher !
Et je ferai de ta paupière,

Pour abreuver mon Saharah,
Jaillir les eaux de la souffrance.
Mon désir gonflé d'espérance
Sur tes pleurs salés nagera

Comme un vaisseau qui prend le large,
Et dans mon cœur qu'ils soûleront
Tes chers sanglots retentiront
Comme un tambour qui bat la charge !

Ch. Baudelaire, « L'Héautontimorouménos »,
Les Fleurs du Mal, 1857.

a. Dans cet extrait, soulignez les verbes au futur simple.

b. Réécrivez ces verbes au conditionnel présent pour exprimer le futur dans le passé (« Le lendemain »).

....

....

8 Transformez les phrases suivantes en employant le futur à la place du conditionnel, ou l'inverse.

1. L'organisation était réglée : le dîner serait servi tôt, une réunion politique suivrait. ....

....

2. Nous finissons de ranger ce cagibi et, demain, nous nous occuperons du grenier. ....

....

9 Lisez les phrases suivantes, tirées de *M. de Pourceaugnac* de Molière (1670).

a. Conjuguez les verbes entre parenthèses au temps qui convient : futur simple ou conditionnel.

1. Pour sa figure, je ne veux point vous en parler, vous **(voir)** .... de quel air la Nature l'a dessinée. [...] mais pour son Esprit, je vous avertis par avance [...] qu'il est Homme enfin à donner dans tous les panneaux qu'on lui **(présenter)** .... (I,2)

2. Je l' **(aller)** .... visiter dans deux ou trois jours ; mais s'il mourait avant ce temps-là, ne manquez pas de m'en donner avis. (I, 6)

3. Il n'importe, il me faut un malade, et je **(prendre)** .... qui je **(pouvoir)** .... (II,2)

4. J'ai auparavant à vous avertir de n'être point surpris de leur manière de parler ; ils ont contracté du barreau certaine habitude de déclamation, qui fait que l'on dirait qu'ils chantent, et vous **(prendre)** .... pour musique tout ce qu'ils vous **(dire)** .... (II, 10)

b. Attention, un des deux verbes soulignés n'est conjugué ni au futur simple, ni au conditionnel présent. Lequel est-ce ?

....

Retenir

4 Les temps composés

- Chaque temps composé exprime **l'antériorité** par rapport au temps simple correspondant (celui qui donne son temps à l'auxiliaire) :

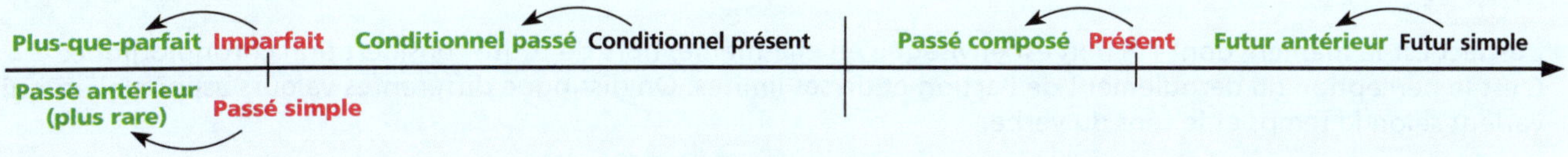

Le passé composé	Le futur antérieur	Le plus-que-parfait et le passé antérieur
Exprime ce qui se passe **avant** le temps **présent**. Il est le temps du passé qui établit un pont avec le présent. Il **a plu** hier, mais aujourd'hui il fait beau.	Marque **l'antériorité** par rapport au **futur** simple. Quand tu **auras rangé** ta chambre, tu y verras plus clair !	Marquent le **passé d'un récit déjà au passé.** Il pleuvait mais, par chance, elle **avait pris** son parapluie. Dès qu'il **eut fini** de chanter, il sortit de scène.

S'entraîner

10 a. Complétez ces phrases du *Père Goriot*, de Balzac (1835), en conjuguant les verbes au temps qui convient, de façon à exprimer l'antériorité par rapport au temps de l'action principale.

b. Justifiez le temps que vous avez employé en précisant par rapport à quel(s) verbe(s) il marque l'antériorité.

1. Quand les deux fossoyeurs **(jeter)** .... quelques pelletées de terre sur la bière pour la cacher, ils se relevèrent, et l'un d'eux, s'adressant à Rastignac, lui demanda leur pourboire.

....

....

2. Ses yeux s'attachèrent presque avidement entre la colonne de la place Vendôme et le dôme des Invalides, là où vivait ce beau monde dans lequel il **(vouloir)** .... pénétrer.

....

....

3. Elle **(croire)** .... que de Marsey la ferait arriver à son but, et elle **(se faire)** .... l'esclave de de Marsey, elle assomme de Marsey. De Marsey se soucie fort peu d'elle.

....

....

11 a. Conjuguez les verbes entre parenthèses au temps qui convient. Pour cela, vérifiez quelle action est antérieure à l'autre. Attention, deux actions simultanées sont au même temps.

b. Sur les axes du temps, indiquez l'ordre des actions en reportant les numéros qui leur correspondent.

1. Une fois que le jeune homme **(descendre)**❶ .... de son arbre, il ne **(vouloir)**❷ .... pas remonter chercher le paquet qui y **était resté**❸ coincé.

2. La voyante **affirma**❶ que, dès qu'elle **(toucher)**❷ .... sa boule de cristal, elle **(savoir)**❸ .... quoi conseiller à son client.

3. Vous **(pouvoir)**❶ .... planter ces arbres en confiance lorsque les feuilles **seront tombées**❷ et que l'équinoxe d'automne **(passer)**❸ ....

4. J'**ignore**❶ quelles décisions **(prendre, *voix passive*)**❷ .... par les actionnaires le mois dernier.

12 VERS LA QUESTION DE GRAMMAIRE BAC ORAL

Se croyant veuve, Béline propose à la servante Toinette de l'aider à dépouiller en douce son mari de ses richesses. Pour cela, elle élabore un plan d'action.

BÉLINE. – Puisque tu m'assures que sa mort n'est sue de personne, saisissons-nous de l'argent, et de tout ce qu'il y a de meilleur ; portons-le dans son lit, et quand j'aurai tout mis à couvert, nous ferons en sorte que quelque autre l'y trouve mort, et ainsi on ne se doutera point de ce que nous aurons fait. Il faut d'abord que je lui prenne ses clefs qui sont dans cette poche.

Molière, *Le Malade imaginaire* (1673), III, 10.

Justifiez l'emploi des temps pour les différentes étapes de ce projet.

17 Les valeurs aspectuelles

Entraînez-vous sur... MON LABO DE FRANÇAIS Étude de la langue

Retenir

- L'**aspect** est la manière dont l'action est envisagée en elle-même, hors de toute considération chronologique. C'est la perception du déroulement de l'action et de ses limites. On distingue différentes valeurs aspectuelles, qui varient selon le temps et le sens du verbe.

1 Les valeurs liées au temps verbal

- Selon le **temps** du verbe, l'aspect peut être :

Inaccompli	Accompli
C'est l'aspect des **temps simples.** L'action est en cours. Tu réfléchis.	C'est l'aspect des **temps composés**. L'action est achevée. Tu as compris.

Borné	Non borné
Au passé simple, l'action est présentée comme **bornée**, c'est-à-dire globale, circonscrite dans le temps, ou vue de l'extérieur. Le sultan **régna** trois ans.	À l'imparfait, l'action est **non bornée**, c'est-à-dire perçue de l'intérieur, en cours de déroulement : cela donne l'impression de durée. Le sultan **écoutait** la conteuse.

2 Les valeurs liées au sens du verbe

- Selon le **sens** du verbe, l'aspect peut être :

Perfectif	Imperfectif	Itératif
Le sens du verbe intègre les **limites de l'action**. Il est incompatible avec un complément de durée (« longtemps ») : l'action, une fois achevée, ne peut pas être prolongée. Mourir, tomber, entrer, trouver…	Le sens du verbe ne contient **aucune limite** : l'action peut être prolongée : marcher, chanter, aimer, travailler…	La **répétition** est indiquée par des compléments circonstanciels (à nouveau, encore, tous les jours,…), parfois par le sens du verbe (répéter…), ou par le préfixe « re- » (relire…).

Inchoatif	Progressif	Terminatif
Action saisie à son **commencement** : commencer à, se mettre à (+ infinitif), s'endormir, rougir, moderniser…	Action **en cours** : être en train de (+ infinitif) / aller (+ participe présent)	Action saisie juste avant sa fin : finir, cesser, achever, terminer de (+ infinitif)

S'entraîner

Distinguer accompli ou inaccompli

1 Pour chacune des phrases suivantes :

a. Indiquez si les verbes ont un aspect accompli (A) ou inaccompli (I).

b. Conjuguez les verbes au temps simple ou composé qui correspond, de façon à changer l'aspect.

	A	I
1. Nous faisons ce travail.	☐	☐
2. Ils avaient trié les dossiers.	☐	☐
3. Les poules auront pondu leurs œufs.	☐	☐
4. Le signal retentirait à l'heure prévue.	☐	☐
5. Les feuilles sont tombées en automne.	☐	☐

2 Soulignez les verbes dans ces phrases tirées de *Cendrillon* de J. Pommerat (2011) et dites s'ils ont un aspect accompli ou inaccompli. Justifiez.

1. Ma petite fille, quand je ne serai plus là, il ne faudra jamais que tu cesses de penser à moi.

Aspect : ……………………………………………

2. On vous l'a dit, ce n'est pas sûr que la très jeune fille ait compris parfaitement bien les paroles de sa mère.

Aspect : ....

....

....

3. Cette histoire n'aurait pas été la même si la très jeune fille avait entendu parfaitement ce que sa mère lui avait dit.

Aspect : ....

....

4. À partir de ce jour, la très jeune fille devint très angoissée. Sa tête était remplie de pensées de sa mère. Elle en débordait. C'était comme si elle grossissait et même enflait.

Aspect : ....

....

Distinguer action bornée et non bornée

3 **Pour chacun des verbes en gras, cochez la bonne case.**

	Action Bornée	Action Non bornée
1. Shéhérazade **dormait** profondément.	☐	☐
2. Shéhérazade **dormit** quelques heures puis elle s'assit sur un coussin et but un thé à la menthe.	☐	☐
3. Pendant qu'elle **buvait**, le sultan **l'observait** en silence.	☐	☐
4. Pendant mille et une nuits, la fille du vizir **tint** le sultan en haleine : elle **inventa** des histoires palpitantes.	☐	☐

4 **Dans ces phrases tirées des chapitres 43 et 44 de *Gargantua* de Rabelais (1534), surlignez les verbes qui ont un aspect non borné. Encadrez les verbes qui ont un aspect borné.**

1. Alors d'un coup il lui trancha la tête : il fendit le crâne au-dessus des rochers.

2. En entendant ces paroles, les ennemis se retournèrent et, voyant que ce n'était que le Moine qui provoquait cet incident, le chargèrent de coups [...] ; mais il n'en sentait presque rien, surtout quand ils le frappaient sur son froc, tant il avait la peau dure.

3. En les voyant ainsi partir en désordre, le Moine supposa qu'ils allaient à la poursuite de Gargantua et de ses gens, et il s'attristait grandement de ne pouvoir les secourir.

Distinguer perfectif et imperfectif

5 **a. De quel aspect sont porteurs les verbes en rose ?**

....

b. Et ceux en jaune ? ....

c. Soulignez les verbes dont l'aspect est perfectif. Encadrez ceux dont l'aspect est imperfectif.

Sortir – observer – danser – reconnaître – vivre – réfléchir – retrouver – atteindre – respirer – s'asseoir – attendre – visionner – tricoter – lâcher – cuisiner – se réveiller – tenir – sursauter – ouvrir

Distinguer inchoatif, progressif, terminatif et itératif

6 **a. Dans les phrases suivantes, soulignez les verbes.**

b. Reportez le numéro de chaque phrase au bon endroit sur la flèche, qui représente la façon d'envisager l'action entre ses deux limites.

1. Cet incident l'a fragilisé. – **2.** Tu achèves de me convaincre. – **3.** Il se lance dans une diatribe contre les usines. – **4.** Vous êtes en train de vous moquer de moi... – **5.** Cessez de nous importuner ! – **6.** La fièvre va diminuant. – **7.** Elle jaunit à vue d'œil.

Aspects : **inchoatif** **progressif** **terminatif**

⟶

....

7 **a. Lisez ces citations tirées de *Un monde à portée de main* de Maylis de Kerangal (2018).**

b. Indiquez les numéros des verbes dont l'aspect est itératif :

....

c. Surlignez les indices de l'aspect itératif.

1. Paula **sonde**[1] les yeux peints de la statuette, **contemple**[2] le nez modelé dans le bois, la bouche close, les mains ouvertes [...] et bientôt, à force de **regarder**[3], elle n'est plus si certaine que tout soit immobile derrière la vitre.

2. Ces chantiers modestes **s'enchaînent**[4], ils assurent à Paula une continuité de travail enviable par les temps qui courent.

3. la fillette [...] allumait son karaoké dès son retour de l'école et **sautillait**[5] dans le salon sans discontinuer, un enfer.

4. Kate, blanche de colère, ramassant la liasse, puis la lui **refourguant**[6] au creux de la main, exigeant qu'elle [...] la lui **redonne**[7] gentiment [...] ce que la cliente **avait refusé**[8] de faire [...] **sortant**[9] son téléphone pour appeler son mari, **répétant**[10] en boucle vous êtes complètement folle.

8 **VERS LA QUESTION DE GRAMMAIRE** BAC ORAL

Quels aspects identifiez-vous dans les verbes de ces vers du poème « Les oiseaux », dans *Les Contemplations* de Victor Hugo ?

a. « Je **rêvais** dans un grand cimetière désert ; »

Aspects : ....**du temps simple**

........................**de l'imparfait**

........................**du verbe**

b. « Ils **allaient et venaient**, chantant, volant, sautant »

Aspect : ....

c. « Ils **vont pillant** la joie en l'univers immense »

Aspect : ....

18 Les valeurs modales

Entraînez-vous sur... MON LABO DE FRANÇAIS Étude de la langue

Retenir

- Les **valeurs modales** correspondent à l'attitude du locuteur vis-à-vis de son énoncé.

1 Les modes verbaux

Modes personnels			Modes non personnels
Indicatif	**Impératif**	**Subjonctif**	**Infinitif, participe et gérondif**
Mode de l'actualisation de l'action, de la certitude de sa réalisation. C'est le seul à situer l'action dans le temps. Je travaille.	Mode de l'injonction : il exprime ordre, défense ou conseil. Applique-toi !	Mode qui donne une image du temps en devenir : l'action est incertaine, éventuelle (ordre, souhait, supposition, regret, ...) Pourvu que tu y parviennes ! Quel dommage que tu ne saches pas !	Modes qui indiquent que l'action est virtuelle : on l'envisage sans qu'elle soit réalisée. Il faut se concentrer en écrivant.

S'entraîner

1 Parmi les verbes en gras dans ces phrases, surlignez ceux qui sont à un mode de la certitude, de l'actualisation, et encadrez ceux qui sont encore en puissance, à un stade virtuel.

a. Ce tableau **sera** du plus bel effet, une fois **accroché** au mur.
b. **Prendre** le temps d'**écouter** la nature, c'**est** là le secret du bien-être.
c. En **dormant**, le corps **renforce** son système immunitaire.

2

Don Diègue

Ne réplique point, je connais ton amour,
Mais qui peut vivre infâme est indigne du jour ;
Plus l'offenseur est cher, et plus grande est l'offense.
Enfin tu sais l'affront, et tu tiens la vengeance
Je ne te dis plus rien. Venge-moi, venge-toi ;
Montre-toi digne fils d'un père tel que moi.
Accablé des malheurs où le destin me range,
Je vais les déplorer. Va, cours, vole, et nous venge.

P. Corneille, *Le Cid*, I, 5, 1637.

a. Quel mode verbal exprime ici les ordres de Don Diègue à son fils ? Surlignez les verbes à ce mode.

....

b. Quel autre mode verbal peut exprimer l'ordre ?

....

c. Réécrivez les verbes surlignés en employant cet autre mode. Vous commencerez par « Je refuse », « J'ordonne », « J'exige » ou « Je veux ».

....
....
....
....

3 *Le docteur Kersten profite de ses massages thérapeutiques sur Himmler, le chef de la SS et des polices allemandes, pour essayer de le faire renoncer à des déportations, en lui faisant voir qu'il a déjà trop à faire.*

Vous souvient-il qu'il y a quelques jours vous m'avez demandé de redoubler de soins ? Outre toutes vos obligations habituelles et qui, déjà, sont écrasantes, Hitler, vous m'en avez informé vous-même, vous a chargé d'une mission capable, à elle seule, de dévorer un homme : vous devez, et cela avant le début de l'été, porter le nombre des Waffen S.S. à un million alors qu'ils sont à peine cent mille aujourd'hui. C'est-à-dire, en trois mois, choisir, habiller, armer, encadrer, entraîner neuf cent mille soldats. Avez-vous oublié cela ?

– Comment le pourrais-je ! s'écria Himmler. C'est le premier de mes devoirs.

Joseph Kessel, *Les Mains du miracle*, © Gallimard, 1960.

a. Soulignez les verbes au mode indicatif.

b. En plus de l'indicatif, quel mode verbal est employé ? Surlignez les verbes concernés.

....

c. Justifiez la valeur de ce mode pour les verbes surlignés.

....
....
....
....
....
....
....
....
....
....

Retenir

2 Les temps employés avec des valeurs modales

- Certains temps sortent parfois de leur emploi temporel pour exprimer une **valeur modale** :

Le présent	• Ordre ou défense (comme l'impératif présent) Tu te **tais** et tu ne **discutes** pas.
Le futur simple	• Futur catégorique : – Ordre : Vous **fermerez** la porte en sortant. – Défense : Tu ne **tueras** point. – Conseil ou prescription : Tu **pourras** t'excuser. – Vous **prendrez** ce sirop. • Supposition (rare) : Ce **sera** sans doute une farce.
Le futur antérieur	• Supposition Il **aura été retardé** par la pluie.

S'entraîner

4 À quel temps sont les verbes en gras dans ce texte ? Ces temps sont-ils employés avec une valeur temporelle ou modale ?

« Eh bien, non… je te **sauverai** malgré toi, coquine ! et de peur que tu ne rompes ta corde, je vais t'enfermer dans l'étable, et tu y **resteras** toujours. »

A. Daudet, *La Chèvre de M. Seguin*, 1866.

……………………………………………………………………………

……………………………………………………………………………

……………………………………………………………………………

……………………………………………………………………………

……………………………………………………………………………

5 Exprimez l'ordre ou la défense en transformant ces phrases à l'impératif au temps demandé.

1. Ramassez vos déchets et jetez-les à la poubelle.

– Présent simple : ……………………………………………………

……………………………………………………………………………

– Futur catégorique : …………………………………………………

……………………………………………………………………………

2. Ne lisez pas la fin du texte ou bien ne la dévoilez pas aux autres.

– Présent simple : ……………………………………………………

……………………………………………………………………………

– Futur catégorique : …………………………………………………

……………………………………………………………………………

6 Inventez des phrases au futur catégorique pour exprimer les nuances indiquées.

1. Ordre :

……………………………………………………………………………

2. Défense :

……………………………………………………………………………

3. Prescription :

……………………………………………………………………………

4. Conseil :

……………………………………………………………………………

7 Réécrivez ces phrases pour exprimer la supposition en employant le futur antérieur ou le futur simple.

1. Vous avez sûrement égaré vos clefs sur le chemin du retour.

……………………………………………………………………………

2. On peut imaginer que ce soit un philtre d'amour.

……………………………………………………………………………

3. Les bonnets ont probablement été échangés par mégarde.

……………………………………………………………………………

8 À quel temps sont les verbes en gras ? Sont-ils employés avec une valeur temporelle ou une valeur modale ? Précisez cette valeur.

1. Vous **construirez** des statues géantes à l'entrée de mon palais !

……………………………………………………………………………

……………………………………………………………………………

2. Lorsque vous **viendrez**, vous **constaterez** l'avancée des travaux.

……………………………………………………………………………

……………………………………………………………………………

3. Elle **aura contracté** le virus lors de cette soirée.

……………………………………………………………………………

……………………………………………………………………………

4. Je ne **mange** pas le fenouil, le veux-tu ?

……………………………………………………………………………

……………………………………………………………………………

5. Tu ne **parles** pas la bouche pleine !

……………………………………………………………………………

……………………………………………………………………………

Retenir

Temps	Valeurs modales exprimées
L'imparfait	• Dans une proposition subordonnée d'hypothèse introduite par « si », associé au conditionnel dans la principale : – Potentiel (un fait possible) : Si tu **acceptais**, je serais heureuse ! – Irréel du présent (un fait impossible) : Si j'**avais** des billes, je jouerais avec vous.
Le plus-que-parfait	• Irréel du passé (un fait impossible et révolu) : Si tu **avais accepté**, j'aurais été heureuse !

S'entraîner

9 **Précisez la valeur modale de l'imparfait et du plus-que-parfait dans les phrases suivantes.**

1. Nous irions plus vite si nous **avions** une voiture…

…………………………………………………………

2. Vous auriez entendu si vous **aviez parlé** moins fort.

…………………………………………………………

3. Si tu l'**allumais**, ta lampe nous éblouirait trop.

…………………………………………………………

4. Si la Bête **était devenue** un prince, tu me l'aurais dit !

…………………………………………………………

5. Elle serait ravie si tu lui **rendais** visite.

…………………………………………………………

10 **Conjuguez le verbe au temps qui convient : imparfait ou plus-que-parfait, pour retrouver les vers de Jean de La Fontaine. Indiquez la valeur modale de l'hypothèse.**

1. Si j'**(oser)** ………… ajouter au mot de l'interprète,
J'inspirerais ici l'amour de la retraite. (« Le Songe d'un habitant du Mogol »)

…………………………………………………………

2. Comment l'aurais-je fait si je **(ne pas naître)** …………
………… ? (« Le Loup et l'Agneau »)

…………………………………………………………

3. Si Peau d'âne m'**(conter, voix passive)** …………………,
J'y prendrais un plaisir extrême (« Le Pouvoir des Fables »)

…………………………………………………………

11 **Transformez ces phrases de façon à avoir une subordonnée d'hypothèse par « si ». Indiquez alors la valeur modale de l'hypothèse et le temps employé.**

1. En prenant le chemin des écoliers, on n'aurait pas fait le contrôle.

…………………………………………………………

…………………………………………………………

2. Tu me rendrais service en faisant la vaisselle.

…………………………………………………………

…………………………………………………………

3. En l'écoutant attentivement, elle devinerait son secret.

…………………………………………………………

…………………………………………………………

12 **En imaginant les pensées du personnage féminin de ce tableau, complétez chacune des propositions principales suivantes par des subordonnées d'hypothèse introduites par « si ». Choisissez le temps verbal qui convient : imparfait ou plus-que-parfait. Précisez la valeur d'hypothèse dans chaque phrase.**

Edward Hopper, *Cape Cod morning*, 1950, huile sur toile, Washington, Smithsonian Institute.

1. Je m'impatienterais moins si ……………………

…………………………………………………………

…………………………………………………………

2. Le chemin qui mène à la maison aurait été dégagé si ………

…………………………………………………………

…………………………………………………………

3. J'aurais moins mal au dos si ……………………

…………………………………………………………

…………………………………………………………

4. Mon fils m'aurait certainement appelée s'il……………………

…………………………………………………………

…………………………………………………………

5. La récolte pourrait encore être sauvée s'il ……………………

…………………………………………………………

…………………………………………………………

Retenir

3 Le conditionnel

On distingue le conditionnel présent et le conditionnel passé. Le conditionnel peut exprimer :
- le doute : Le suspect **serait** finalement innocent.
- le potentiel : Si tu le voulais, tu **pourrais** atteindre ton objectif.
- l'irréel du présent : S'il faisait beau, je **ferais** maintenant un pique-nique.
- l'irréel du passé : S'il avait fait beau, j'**aurais fait** un pique-nique.
- un fait imaginaire : Nous **serions** des pirates.
- la politesse : Je **voudrais** un café, s'il vous plaît.

S'entraîner

13 Surlignez les verbes au conditionnel et dites quelle est leur valeur dans les phrases suivantes.

1. Pourrais-je m'asseoir à cette place, je vous prie ?

2. Cet incident regrettable se serait produit la veille des vacances.

3. Nous partirions en week-end, rien que toi et moi.

4. Tu m'avais promis que tu viendrais me chercher.

5. J'explorerais le centre de la Terre si je n'étais pas claustrophobe.

6. Avec un peu de volonté, elle pourrait obtenir de bien meilleurs résultats.

14 Même exercice avec ces phrases tirées de *La Peau de chagrin* d'Honoré de Balzac (1831).

1. Quand vous entrez dans une maison de jeu, la loi commence par vous dépouiller de votre chapeau. […] Serait-ce pour vous obliger à garder un maintien respectueux devant ceux qui vont gagner votre argent ?

2. Pourquoi n'avouerais-je pas une innocente supercherie, reprit-il après avoir regardé le vieillard inquiet. En attendant la nuit, afin de pouvoir me noyer sans esclandre, je suis venu voir vos richesses. Qui ne pardonnerait ce dernier plaisir à un homme de science et de poésie !

3. Ne pouviez-vous pas me demander une rente viagère de mille écus plutôt qu'un souhait homicide ? Votre visite ne m'aurait rien coûté.

4. Si vous aviez cinquante mille livres de rente, vous ne penseriez guère au peuple.

5. Le vieillard hocha la tête et dit gravement : « Je ne saurais vous répondre. »

6. Si j'avais eu la prétention de formuler proprement ces deux idées, je t'aurais dit que l'homme se corrompt par l'exercice de la raison et se purifie par l'ignorance.

7. L'opinion ? Mais c'est la plus vicieuse de toutes les prostituées ! À vous entendre, hommes de morale et de politique, il faudrait sans cesse préférer vos lois à la nature, l'opinion à la conscience.

15 VERS LA QUESTION DE GRAMMAIRE BAC ORAL

Marie, qui voudrait votre beau nom tourner,
Il trouverait Aimer : aimez-moi donc Marie,
Faites cela vers moi dont votre nom vous prie,
Votre amour ne se peut en meilleur lieu donner

P. de Ronsard, *Continuation des Amours*, VII, 1555.

a. Surlignez le verbe au conditionnel présent et réécrivez le premier vers en le transformant en une subordonnée d'hypothèse introduite par « si » de sens équivalent.

b. Quelle valeur de l'hypothèse identifiez-vous ici ?

c. Quel mode est employé ici pour exprimer l'ordre ? Relevez les deux verbes concernés.

d. Réécrivez ces deux verbes en employant deux autres modes ou temps verbaux qui peuvent également exprimer l'ordre.

e. À quel mode sont les verbes en vert ? Quelle est leur valeur ? Justifiez.

19 La concordance des temps

Entraînez-vous sur... MON LABO DE FRANÇAIS Étude de la langue

Retenir

- Dans un texte, un verbe s'inscrit dans le temps, par rapport à d'autres verbes et dans une énonciation. Les temps doivent donc **s'accorder** les uns aux autres.

1 Les deux systèmes des temps

Le système du passé = temps du récit	Le système du présent = temps du discours
Plus-que-parfait — Imparfait — Conditionnel → Passé simple Elle **avait rempli** la cruche au puits le matin même. Elle **prit** cette cruche qui **se trouvait** à ses pieds. Il **faudrait** la remplir à nouveau le lendemain.	Passé composé — Présent — Futur simple → Je **lis** une leçon de grammaire. Juste avant, j'**ai** longtemps **cherché** mes lunettes et, la prochaine fois, je les **rangerai** dans la poche de mon sac.
Ce système est employé dans la plupart des **textes narratifs** : contes, romans, apologues, nouvelles.	Ce système est employé dans les **dialogues de théâtre**, en **poésie**, dans les **discours** et à **l'oral**.

- Au **discours indirect**, le locuteur **prend en charge le discours** qu'il rapporte. Si le verbe de parole est au **passé** (temps du récit), les temps du discours passent donc aux **temps du récit**.

  Elle affirma : « Je me sens bien ici ! » → Elle **affirma** qu'elle **se sentait** bien là.

2 Les temps dans le système hypothétique

- On distingue **quatre valeurs d'hypothèse**, selon les temps employés :

	Lorsque la subordonnée par *si* est...	La principale est au...	Exemples
L'éventuel	au présent	au présent ou futur	Si tu **veux**, nous **jouons / jouerons** aux cartes.
Le potentiel	à l'imparfait	au conditionnel présent	Si tu **voulais** (demain), nous **jouerions** aux cartes.
L'irréel du présent	à l'imparfait	au conditionnel présent	Si tu **voulais** (maintenant, mais ce n'est pas le cas), nous **jouerions** aux cartes.
L'irréel du passé	au plus-que-parfait	au conditionnel passé	Si tu avais **voulu** (hier), **nous aurions** joué aux cartes.

S'entraîner

1 Conjuguez les verbes indiqués au temps qui convient. Parmi les temps du discours, les verbes en orange sont au temps de l'histoire, celui en vert marque l'antériorité et celui en rose marque la postériorité.

DORANTE. – Non, Madame, vous ne **risquer** .... rien ; vous **pouvoir** .... plaider en toute sûreté. J'**consulter** .... même .... plusieurs personnes, l'affaire **être** .... excellente ; et si vous n'**avoir** .... que le motif dont vous **parler** .... pour épouser Monsieur le Comte, rien ne vous **obliger** .... à ce mariage.

ARAMINTE. – Je l'**affliger** .... beaucoup, et j'**avoir** .... de la peine à m'y résoudre.

Marivaux, *Les Fausses Confidences*, Acte II, scène 1, 1737.

2 Il me dit que je ne devais pas me livrer trop au chagrin, et qu'il se sentait disposé à me rendre service, en faveur de ma naissance et de ma jeunesse. Je me hasardai à lui recommander Manon, et à lui faire l'éloge de sa douceur et de son bon naturel. Il me répondit, en riant, qu'il ne l'avait point encore vue, mais qu'on la représentait comme une dangereuse personne.

Abbé Prévost, *Manon Lescaut*, 1731.

a. Cet extrait est-il écrit aux temps du récit ou du discours ? Justifiez.

....

....

....

....

....

....

b. **C'est un passage de discours indirect. Transformez la première et la dernière phrase en discours direct : faites les modifications nécessaires (temps verbaux et pronoms personnels).**

Il me dit : ....

....

....

Il me répondit, en riant : ....

....

3 **Lisez le début du poème « Le pont Mirabeau ».**

Sous le pont Mirabeau coule la Seine
Et nos amours
Faut-il qu'il m'en souvienne
La joie venait toujours après la peine

Vienne la nuit sonne l'heure
Les jours s'en vont je demeure [...]

G. Apollinaire, *Alcools*, 1913.

a. **Quel est le temps dominant et quelle est sa valeur ?**

....

....

b. **Quel autre temps verbal de l'indicatif est employé ? Justifiez son emploi.**

....

....

....

4 Accrochant la décoration au cou de son chien, il a mimé un salut militaire et pivoté pour se placer dans l'axe du défilé. Les premières troupes arrivaient à cet instant à la hauteur de la tribune. Le susnommé Morlac a marché à leur tête, précédé de son chien ridiculement décoré.

J.-Ch. Rufin, *Le Collier rouge*, 2014.

a. **Quel temps est employé par dérogation, pour rendre le récit plus simple ? Surlignez-le.**

....

b. **Quel temps du récit remplace-t-il ?**

....

5 Mes vers fuiraient, doux et frêles,
Vers votre jardin si beau,
Si mes vers avaient des ailes,
Des ailes comme l'oiseau.

V. Hugo, *Les Contemplations*, Livre II, poème II, 1856.

Quelle valeur d'hypothèse reconnaissez-vous dans cette strophe ? Justifiez en vous appuyant sur les temps employés.

....

....

6 **Dans ces phrases tirées des *Vrilles de la vigne* de Colette (1908), conjuguez le verbe au temps qui convient. Précisez ensuite la valeur d'hypothèse qui correspond à chaque phrase.**

1. Si je **(préciser)** ...., avoua-t-il avec une modestie charmante, je vais bafouiller.

Valeur ....

....

2. (*Elle est le nom d'un chien.*) Aboyer, Elle ! [...] Si Elle devait parler en quatre-pattes, elle **(miauler)** ....

Valeur ....

3. À ton âge, si je/j'**(mettre)** .... de la poudre et du rouge à lèvres, et de la gomme aux cils, que m'aurait dit ma mère ?

Valeur ....

7 **VERS LA QUESTION DE LANGUE** BAC ÉCRIT

Dans la chambre de Mendoza où je te veillais, tu t'endormais enfin d'un sommeil essoufflé. Et je pensais : Si on lui parlait de son courage, Guillaumet hausserait les épaules. Mais on le trahirait aussi en célébrant sa modestie. Il se situe bien au-delà de cette qualité médiocre. S'il hausse les épaules, c'est par sagesse. Il sait qu'une fois pris dans l'événement, les hommes ne s'en effraient plus. Seul l'inconnu épouvante les hommes. Mais, pour quiconque l'affronte, il n'est déjà plus l'inconnu. [...] Le courage de Guillaumet, avant tout, est un effet de sa droiture.

A. de Saint-Exupéry, *Terre des hommes*, © Gallimard, 1939.

a. **Surlignez dans cet extrait le passage de récit.**

b. **Justifiez le passage des temps du récit aux temps du discours.**

....

....

....

c. **Soulignez les trois hypothèses. Quelle valeur identifiez-vous pour chacune ?**

....

....

....

d. **Pour la deuxième hypothèse, transformez la phrase de façon à employer une subordonnée d'hypothèse introduite par *si*.**

....

....

20 Juxtaposition, coordination, subordination

Entraînez-vous sur… MON LABO DE FRANÇAIS Étude de la langue

Retenir

- Une **proposition** est une partie de phrase organisée autour d'un verbe conjugué. On la délimite par des crochets : **[ ]**.
- Une **phrase simple** contient **un seul verbe conjugué**, donc **une seule proposition**.
- Une **phrase complexe** compte **autant de propositions que de verbes conjugués**.

1 Les différents types de propositions : indépendantes, principales ou subordonnées

- Une proposition **indépendante** ne dépend d'aucune autre proposition ou n'en régit aucune. Elle pourrait constituer une phrase simple.
- Une proposition **subordonnée** commence généralement par un **mot subordonnant**.
- C'est par ce mot subordonnant qu'elle se raccroche à la proposition **principale** dont elle dépend.

[Le sommeil les **prenait**] : [ils **avaient passé** la nuit à discuter] [parce qu' ils **voulaient** trouver une solution].

Prop. indépendante — prop. principale — prop. subordonnée

2 Les liens entre les propositions

La juxtaposition	La coordination	La subordination
Indépendante 1 ↗ Indépendante 2 **Ponctuation** (deux points, virgule, point-virgule) J'ai faim, je mange.	Indépendante 1 ↗ Indépendante 2 **Conjonction de coordination** (*mais, ou, et, donc, or, ni, car*) ou adverbe de liaison (*enfin, puis, cependant, alors…*) J'ai faim **donc** je mange.	Proposition principale ↗ Proposition subordonnée **Mot subordonnant :** – **conjonction de subordination** (*que, comme, puisque, quand, si, parce que, afin que…*) – pronom relatif (*qui, que, quoi, dont, où, auquel…*) – mot interrogatif (*quand, où, pourquoi, comment…*) Je mange **parce que** j'ai faim.

S'entraîner

Repérer des phrases simples et complexes

1 Dites si les phrases suivantes, tirées de *Fables* de La Fontaine, sont simples ou complexes. Soulignez les verbes conjugués et délimitez les propositions par des crochets.

a. Sur la branche d'un arbre était en sentinelle
Un vieux Coq adroit et matois.

« Le Coq et le Renard ».

= phrase ……………………………………………………………

b. Cependant il advint qu'au sortir des forêts
Ce Lion fut pris dans des rets,
Dont ses rugissements ne le purent défaire.

« Le Lion et le Rat ».

= phrase ……………………………………………………………

Repérer les différents types de propositions

2 Dans l'extrait suivant, soulignez les propositions indépendantes en bleu, les principales en rouge et les subordonnées en vert. Entourez le mot subordonnant et surlignez les liens entre les propositions.

Tous les hommes, par les postes différents, par les titres et par les successions, se regardent comme héritiers les uns des autres, et cultivent par cet intérêt, pendant tout le cours de leur vie, un désir secret et enveloppé de la mort d'autrui : le plus heureux dans chaque condition est celui qui a plus de choses à perdre par sa mort, et à laisser à son successeur.

J. de La Bruyère, *Les Caractères*, VI (1688).

3 **Angélique.** – Le Ciel ne l'a pas voulu, vous devez comme moi vous soumettre à ce qu'il veut, et il faut vous résoudre de me quitter pour toujours. Oui, mon Père, puisque j'ai été assez infortunée pour ne pas faire ce que vous vouliez de moi pendant votre vie, du moins ai-je dessein de le réparer après votre mort ; je veux exécuter votre dernière volonté, et je vais me retirer dans un couvent pour y pleurer votre mort pendant tout le reste de ma vie.

Molière, *Le Malade imaginaire*, III, 12 (1673).

a. Repérez les propositions par des crochets sur le texte. Combien en comptez-vous dans la première phrase ?

....

b. Combien en comptez-vous dans la seconde phrase ?

....

c. Surlignez :

– en jaune la ponctuation qui unit les propositions juxtaposées,

– en bleu les conjonctions de coordination,

– en vert les mots subordonnants.

Retenir

3 La relation entre principale et subordonnée

- Une proposition **principale** peut régir **plusieurs subordonnées,** qui sont alors **coordonnées.**

[Nous aimerions] [que tu te montres serviable] **et** [que tu les aides].

- Attention, quand plusieurs subordonnées coordonnées sont introduites par la même conjonction de subordination, celle-ci est remplacée par « que » afin d'éviter la répétition.

Quand il pleut **et que** l'orage éclate, mon chat se réfugie sous le canapé.

- Une **subordonnée** peut :
  - dépendre d'une autre subordonnée : [J'espère] [que tu pourras visiter la maison] [où j'ai grandi].
  - être sujet d'un verbe : [Qu'il ait remporté la victoire] [ne m'étonne pas].

- Attention, une subordonnée peut être enchâssée au sein de la principale, qu'elle coupe alors en deux.

[Cet homme, [**parce qu'il portait un imperméable beige**], fut pris pour un espion].

S'entraîner

4 Transformez ces phrases en phrases complexes de façon à supprimer la répétition.

1. Ce piano est merveilleusement accordé. Tu t'entraînes sur ce piano pour ton concert.

....

....

2. Comme les épisodes caniculaires se multiplient et comme l'écosystème est perturbé, il faut prendre au sérieux le réchauffement climatique.

....

....

....

3. Elles imaginaient que les princes les feraient danser toute la nuit et elles imaginaient qu'elles feraient ensuite un beau mariage.

....

....

5 Je ne restai pas pour entendre le récit de mon père, car j'étais justement avec lui après la messe quand nous avions rencontré M. Legrandin, et je descendis à la cuisine demander le menu du dîner qui tous les jours me distrayait comme les nouvelles qu'on lit dans un journal et m'excitait à la façon d'un programme de fête.

Marcel Proust, *Du côté de chez Swann* (1913).

a. Dans cette phrase, soulignez les verbes conjugués et délimitez les propositions par des crochets. Soulignez les propositions indépendantes en bleu, les principales en rouge et les subordonnées en vert. Entourez les mots subordonnants ou surlignez les liens entres les propositions.

b. De quelle proposition principale dépend la subordonnée commençant par « qui » ? Quel mot de la principale complète-t-elle ?

....

....

....

c. Mêmes questions pour la subordonnée commençant par « qu' ».

....

....

....

d. Observez la dernière proposition : quel mot subordonnant est sous-entendu au début ? Quel mot complète-t-elle ? Quelle est la proposition principale qui la régit ?

....

....

....

....

....

Retenir

4 Les différentes propositions subordonnées

Nature des propositions	Relative	Conjonctive		Interrogative indirecte
		Complétive (ou conjonctive par « que »)	**Circonstancielle**	
Introduite par	Un pronom relatif	La conjonction de subordination « que »	Une conjonction de subordination (ou locution conjonctive)	Un mot interrogatif (pronom ou déterminant)
Fonction	Complète son antécédent dans la principale. Supprimable Parfois déplaçable	Le plus souvent COD d'un verbe de parole ou de pensée. Non supprimable Non déplaçable	Complément circonstanciel (de temps, cause, but, conséquence, condition…). Supprimable et déplaçable.	COD d'un verbe d'ignorance ou de question. (Elle est donc une complétive aussi.)
	Je devine la solution à **laquelle tu penses**.	Nous espérons **que vous comprendrez**.	Soraya fait du sport **quand elle a le temps**.	Noé se demande **quand Soraya fait du sport**.

S'entraîner

6 Après ces paroles, M. de Clèves quitta sa femme sans attendre sa réponse. Elle trouva beaucoup de raison dans tout ce qu'il lui dit, et la colère où elle était contre M. de Nemours lui fit croire qu'elle trouverait aussi beaucoup de facilité à l'exécuter ; mais il lui parut difficile de se trouver à toutes les cérémonies du mariage et d'y paraître avec un visage tranquille et un esprit libre ; **néanmoins, comme elle devait porter la robe de Mme la dauphine et que c'était une chose où elle avait été préférée à plusieurs autres princesses, il n'y avait pas moyen d'y renoncer sans faire beaucoup de bruit et sans en faire chercher des raisons.**

Mme de La Fayette, *La Princesse de Clèves* (1678).

a. **Combien de phrases cet extrait compte-t-il ? Sont-elles simples ou complexes ? Quel lien faites-vous avec le propos ?**

b. **Donnez la nature et la fonction des propositions surlignées. Précisez la nature du mot subordonnant, le cas échéant.**

En vert :

En orange :

En rose :

c. **Même exercice pour les propositions en gras. Précisez quel mot remplace « que » et pourquoi.**

d. **Entourez, dans la seconde phrase, les termes qui coordonnent les différentes parties de la phrase. Que traduisent-ils ?**

7 **Corrigez les erreurs dans les interrogatives suivantes.**

a. **indirecte :** Elle se demande dans quelle direction va-t-il ?

b. **directe : Je l'interrogeai :** Combien de lapins avez-vous.

Retenir

5 Les propositions subordonnées infinitives et participiales

- Ces propositions ne sont pas introduites par un mot subordonnant et ne comportent pas de verbe conjugué.

	La proposition subordonnée infinitive	La proposition subordonnée participiale
Est une subordonnée	Complétive	Circonstancielle
A pour fonction	COD du verbe de la principale (verbe de perception ou *laisser* et *faire*).	Complément circonstanciel (de temps, cause, condition) du verbe de la principale.
Contient	un verbe à l'infinitif, dont le sujet est distinct du sujet du verbe de la principale. Je laisse **dormir les enfants**. Nous **les** regardons **danser**.	un verbe au participe passé ou présent dont le sujet est distinct de celui du verbe de la principale. **Une fois les feuilles balayées**, ils profitèrent du jardin. **L'orage grondant**, ils se mirent à l'abri.

S'entraîner

8 Transformez les propositions subordonnées infinitives en gras en conjonctives par « que » de même sens, et l'inverse.

1. La grosse vague **fit chavirer les marins.**

....

....

2. Le musicien a entendu **le rossignol chanter**.

....

....

3. Robinson voyait **que les orties envahissaient son terrain.**

....

....

9 a. Pour chaque phrase tirée de *Gargantua* de Rabelais, indiquez si elle comporte une subordonnée infinitive ou participiale.

b. Soulignez-en le verbe (infinitif ou participe). Justifiez votre réponse en précisant les sujets des formes verbales.

1. « Aussi, il envoya sur l'heure le Basque, son laquais, chercher en toute hâte Gargantua, et lui écrivit ce qui suit. »

Subordonnée : ....

....

2. « Puis, le tapis de jeux étendu, on étalait force cartes, force dés, et toutes sortes de damiers. »

Subordonnée : ....

....

3. « Cela fait, il était habillé, peigné, coiffé, adorné et parfumé »

Subordonnée : ....

....

10 VERS LA QUESTION DE GRAMMAIRE BAC ORAL

Mon verre est plein d'un vin trembleur comme une flamme
Écoutez la chanson lente d'un batelier
Qui raconte avoir vu sous la lune sept femmes
Tordre leurs cheveux verts et longs jusqu'à leurs pieds

G. Apollinaire, *Alcools*, « Nuit rhénane » (1913).

a. Malgré l'absence de ponctuation, précisez le lien entre les propositions de cette strophe.

....

....

....

....

....

....

....

....

b. Comment la syntaxe correspond-elle à l'entrée dans la rêverie ?

....

....

....

....

....

....

....

....

....

....

....

....

21 Les propositions subordonnées complétives

Entraînez-vous sur… MON LABO DE FRANÇAIS Étude de la langue

Retenir

Une proposition subordonnée complétive est une subordonnée qui est équivalente d'un groupe nominal. Elle est généralement COD du verbe de la principale, mais peut avoir d'autres fonctions.

1 Les complétives COD

- Les complétives les plus fréquentes sont introduites par la conjonction de subordination « que » : on les appelle également **subordonnées conjonctives par « que »**. Elles complètent directement un verbe de pensée ou de parole (déclaration, jugement, sentiment, souhait), elles ont donc la fonction COD de ce verbe.

  Il espère que **tu as raison**. Vous prétendez que **c'est exact**.

- On les trouve particulièrement dans les discours rapportés, en complément d'un **verbe de parole**, au **discours indirect**.

  Je dis que **tu es beau**.

S'entraîner

1 a. Dans les phrases suivantes, surlignez les subordonnées, encadrez le mot subordonnant et soulignez le(s) mot(s) qu'elles complètent.

1. Le public réclame la musique que tu viens de composer.
2. J'apprécierais que tu me la fasses écouter avant les autres.
3. Je m'installe ici pendant que tu vas la chercher.

Laquelle est une complétive ?……………………

2 **Trivelin**, *à Arlequin*. – Souvenez-vous en prenant son nom, mon cher ami, qu'on vous le donne bien moins pour réjouir votre vanité, que pour le corriger de son orgueil. […]

Trivelin, *à Arlequin*. – […] Traitez-le de misérable et nous aussi, tout vous est permis à présent : mais ce moment-ci passé, n'oubliez pas que vous êtes Arlequin, que voici Iphicrate, et que vous êtes auprès de lui ce qu'il était auprès de vous : ce sont là nos lois, et ma charge dans la République est de les faire observer en ce canton-ci.

Arlequin. – Ah, la belle charge !

Marivaux, *L'Île des esclaves*, scène 2, 1725.

a. Surlignez les subordonnées complétives conjonctives par « que ».

b. Encadrez la conjonction de subordination « que » et soulignez le verbe qui est complété.

3 Transformez ces phrases de discours direct en discours indirect avec des verbes de parole variés, dont vous inventez les sujets. Soulignez le verbe de parole dans la principale, encadrez la conjonction « que » et surlignez la complétive.

a. « Cendrillon fera la vaisselle ! »

b. « Un café, s'il vous plaît. »

c. « Un jour, il m'est arrivé une aventure incroyable… »

d. « Oh non, mes clefs semblent perdues ! »

e. « Ce n'est pas moi qui ai mangé la dernière glace. »

4 Lisez ces citations tirées de *Gargantua* de Rabelais (chapitre LII) et indiquez la fonction des complétives en précisant quel verbe elles complètent.

a. « On décida qu'il n'y aurait là ni horloge ni cadran solaire. »

b. « On décida qu'on n'accepterait là que des femmes belles, bien formées et bien nées ; et les hommes beaux, bien formés et bien nés. »

c. « Gargantua disait que la plus sûre perte de temps qu'il connût était de compter les heures. »

d. « Mais le Moine lui répondit d'un ton péremptoire qu'il ne voulait pas se charger de Moines ni les gouverner »

Retenir

2 Indicatif ou subjonctif dans les complétives COD ?

- Le choix dépend le plus souvent du **sens du verbe complété** :

1. Les verbes de **déclaration**, d'**opinion**, de **perception** (*déclarer, penser, croire, espérer, décider...*) à la forme affirmative sont suivis du mode :	2. Les verbes de **souhait**, de **doute**, d'**ordre**, de **sentiment** (*craindre, souhaiter, se réjouir, vouloir, permettre...*) sont suivis du mode :
indicatif (le mode de la certitude)	**subjonctif (le mode de la virtualité)**
Je crois/sens que l'été **est** déjà terminé.	Je m'étonne/regrette que l'été **soit** déjà terminé.

- À la forme **négative** ou **interrogative**, certains verbes normalement construits avec l'indicatif admettent le subjonctif :

Je ne crois pas qu'il **pourra/puisse**. – Crois-tu qu'il **pourra/puisse** ?

- Pour certains verbes (*dire, écrire*), le mode change selon le sens :

Je lui dis / écris que tout **va** bien. – Je lui dis / écris qu'il me **réponde** vite.
= Je l'informe indicatif = Je lui ordonne subjonctif

S'entraîner

5 Complétez les phrases suivantes en choisissant le mode qui convient : indicatif ou subjonctif. Indiquez quand les deux modes sont possibles.

1. Vous espérez que ....
2. Vous désespérez que ....
3. Tu me dis que ....
4. Elles pensent que ....
5. Elles ne pensent pas que ....
6. Je ne permets pas que ....

6 Lisez ces phrases tirées de *L'Avare*, de Molière (I, 3). Soulignez les complétives, encadrez la conjonction de subordination « que » qui les introduit. Indiquez le mode employé dans ces complétives et justifiez-le.

1. Je pense, sauf correction, qu'il a le diable au corps.

....

2. Comment diantre voulez-vous qu'on fasse pour vous voler ?

....

3. Je tremble qu'il n'ait soupçonné quelque chose de mon argent.

....

....

7 Lorsque tout l'Empire vous accusait et vous rendait responsable de ses calamités, moi seule, dans un temps de trouble et d'orage, j'ai eu la force de prendre votre défense. Je n'ai jamais pu me persuader qu'une princesse, élevée au sein des grandeurs, eût tous les vices de la bassesse. Oui, Madame, lorsque j'ai vu le glaive levé sur vous, j'ai jeté mes observations entre ce glaive et la victime ; mais aujourd'hui que je vois qu'on observe de près la foule de mutins soudoyée, et qu'elle est retenue par la crainte des lois, je vous dirai, Madame, ce que je ne vous aurais pas dit alors.

Ah ! Madame, songez que vous êtes mère et épouse ; employez tout votre crédit pour le retour des princes. [...] Il n'appartient qu'à celle que le hasard a élevée à une place éminente, de donner du poids à l'essor des droits de la femme, et d'en accélérer les succès. Si vous étiez moins instruite, Madame, je pourrais craindre que vos intérêts particuliers ne l'emportassent sur ceux de votre sexe. Vous aimez la gloire : songez, Madame, que les plus grands crimes s'immortalisent comme les plus grandes vertus.

Olympe de Gouges, *Déclaration des droits de la femme et de la citoyenne*, « À la Reine » (1791).

a. Sur le texte, soulignez les subordonnées complétives COD. Surlignez le verbe qu'elles complètent et encadrez la conjonction « que » qui les introduit.

b. Justifiez pour chacune l'emploi du mode indicatif ou subjonctif.

....

....

....

....

....

....

....

....

....

Retenir

3 Autres fonctions des complétives par « que »

Les complétives peuvent occuper d'autres fonctions que COD du verbe de la principale :

Fonctions	Exemples
Sujet réel après une tournure impersonnelle (« il » ne renvoie à rien et ne sert qu'à conjuguer le verbe)	Il arrive, il se peut, il semble, il faut que, il paraît que… Il est bon, il est clair, il est vrai, il est impensable, il est possible, il est probable que… (Il est) dommage que… C'est que (**valeur explicative**), il y a que, voilà que…
Sujet (en tête de phrase)	**Que cela se reproduise** serait surprenant !
COI introduit par « à ce que », « de ce que »	Je veillerai **à ce que tu travailles bien**. Il se plaint **de ce qu'il n'est pas inscrit**.
Complément de nom ou d'adjectif	L'idée, la crainte, l'espoir, la preuve, le fait que/de ce que … Heureux, fier, confus, admiratif que/de ce que …
Détachées dans une structure d'emphase, annoncées ou reprises par un pronom neutre (*cela* ou *le*) ou par un GN (*cet événement, cette chose*)	• En tête de phrase : **Qu'il faille en arriver là,** c'était une mauvaise nouvelle. • Postposées : Tu l'admets maintenant, **que j'ai raison** ?

S'entraîner

8 Soulignez les complétives dans les phrases suivantes, encadrez la conjonction qui les introduit, puis indiquez leur fonction grammaticale.

1. Il est impensable que vous n'en ayez pas entendu parler !

....

2. Je suis fière que tu ailles aider les plus démunis.

....

3. Que tu te sois mise au sport me semble une excellente initiative. ....

4. Nous veillerons à ce que vous débutiez sous les meilleurs auspices. ....

5. Que tu le veuilles ou non, cela m'importe peu.

....

....

6. Que tu aies donné ton accord est primordial.

....

7. Il y a que je suis en colère !

....

8. Dommage que tu ne puisses pas nous rejoindre. ....

....

9 Même exercice avec ces phrases tirées de *Manon Lescaut*, de l'abbé Prévost (1731).

1. Étant bien certain que je me serais arrêté à Paris, il y avait passé six semaines à me chercher inutilement.

....

2. Que les résolutions humaines soient sujettes à changer, c'est ce qui ne m'a jamais causé d'étonnement.

....

....

3. Il est impossible que, dans l'espace de dix ans, il n'arrive point de changement dans ma famille ; mon père est âgé, il peut mourir.

....

....

10 Transformez ces phrases en phrases de même sens, dans lesquelles la complétive aura la fonction grammaticale demandée.

1. Il faut que tu viennes. → Complétive sujet : ....

....

2. Nous espérons qu'elle va vite se rétablir.

→ Complétive compl. du nom : ....

....

3. Il est probable que cela se passe ainsi. → Complétive COD :

....

4. Elle se réjouit que cette histoire se termine bien.

→ Complétive compl. de l'adj. : ....

....

5. Les animateurs s'assurent que tous les enfants participent au jeu. → Complétive COI : ....

....

6. Le trapéziste ne peut admettre que ses collègues travaillent avec un filet. → Complétive sujet réel d'une tournure impersonnelle : ....

....

Retenir

4 Les complétives interrogatives et exclamatives indirectes

Les constructions interrogatives

Appelées « interrogatives indirectes », ces complétives COD renvoient à **un savoir en suspens, qu'on ignore, recherche, néglige ou garde pour soi.**

Je sais [que] **tu es là**. – Je ne sais pas [où] **tu es**.
conjonctive par « que » interrogative indirecte

On distingue :

Les interrogatives totales	Les interrogatives partielles
Toujours introduites par la conjonction de subordination *si*. On y répond par *oui* ou par *non*.	Introduites par des **mots interrogatifs** variés, qui attendent une réponse **ouverte**.
Je ne sais plus [si] **j'ai fermé la porte en sortant**.	J'ai oublié [combien] **tu voulais de baguettes**.

Les constructions exclamatives

Plus rare, la subordonnée exclamative indirecte, COD du verbe de la principale, est introduite par un **mot exclamatif**. C'est le sens qui la distingue de l'interrogative par *si*, *quel*, ou *combien*.

Vois [comme] **ce paysage est luxuriant** ! – Tu imagines [si] **je lui fais peur** !

S'entraîner

11 Dites si les phrases suivantes comportent une complétive conjonctive par *que* (C) ou une interrogative indirecte (II).

	C	II
1. Ils ont appris que tu étais caché dans le grenier.	☐	☐
2. Ils ont appris par quelle astuce tu avais échappé aux ennemis.	☐	☐
3. Ces éléments prouvèrent combien l'assassin en voulait à sa victime.	☐	☐
4. Ces éléments prouvèrent que l'assassin avait un mobile.	☐	☐

12 Transformez les interrogatives directes en subordonnées interrogatives indirectes, et inversement.

1. Nous ignorons si le musée sera ouvert au public lundi prochain.

....

2. Ils demandèrent au guide : « Où pourrons-nous trouver de plus amples informations ? »

....

....

3. La reine d'Angleterre ne savait pas quand le thé lui serait servi.

....

13 Complétez ces verbes par deux complétives interrogatives indirectes de votre invention. Vous pouvez utiliser l'un de ces mots interrogatifs : *si, combien, pourquoi, comment, où, quand, quel(le)(s)*...

1. Les scientifiques ont étudié ....

.... et ....

2. La secrétaire ne se souvenait pas ....

.... ni ....

3. Le grand chef a dit ....

et ....

14 Précisez si ces complétives sont une conjonctive par *que* (C), une interrogative indirecte totale (IIT), partielle (IIP), ou une exclamative (E).

1. Tu vois combien je suis courageux ! ..... – **2.** Tu ignores à quel point j'ai peur. ...... – **3.** Tu ignores même si j'ai peur ! .... – **4.** J'apprécie que tu m'encourages. ...... – **5.** Il se demande s'il peut le croire. ...... – **6.** Nous voulions que tu le saches. ...... – **7.** Souviens-toi à quel point je t'aime ! .....

15 VERS LA QUESTION DE GRAMMAIRE BAC ORAL

LA MÈRE. – En même temps, qui est-ce qui m'a mis une idée pareille en tête, dans la tête ? Je le savais. Mais je suis ainsi, jamais je n'aurais pu imaginer qu'ils ne se connaissent, que vous ne vous connaissiez pas, que la femme de mon autre fils ne connaisse pas mon fils, cela, je ne l'aurais pas imaginé, cru pensable. Vous vivez d'une drôle de manière.

Jean-Luc Lagarce, *Juste la fin du monde* (Partie 1, scène 1)

a. Surlignez et analysez les complétives.

....

....

b. Justifiez leur mode.

....

....

c. Quelle figure de style identifiez-vous autour de ces complétives et quel effet sert-elle dans ce passage ?

....

....

....

....

22 Les propositions subordonnées relatives

Entraînez-vous sur… MON LABO DE FRANÇAIS Étude de la langue

RETENIR

- Une proposition subordonnée relative est **introduite par un pronom relatif**. Elle **complète un antécédent**, qui est généralement un nom ou un pronom d'une autre proposition.

- Le **pronom relatif** :
– peut avoir une forme simple (*qui, que, quoi, dont, où*) ou composée (*lequel, laquelle, duquel, auquel, d'où…*) ;
– reprend le **genre et le nombre de l'antécédent** ;
– a une **fonction dans la subordonnée** : sujet, attribut, COD, COI, complément circonstanciel, complément du nom…

- Dans la proposition relative, le pronom :

Qui	est toujours	**sujet** : L'homme [**qui** arrive] est mon père. **Qui** : sujet d' « arrive ».
Que	est toujours	**COD** : L'homme [**que** j'attends] est mon père. **Que** : COD d'« attends »
Où	est toujours	**complément circonstanciel** : – de **lieu** : C'est le restaurant [**où** nous déjeunerons]. **Où** : CC de lieu de « nous déjeunerons » – de **temps** : C'est à la minute [**où** le réveil sonne] que tu dois te lever. **Où** : CC de temps de « le réveil sonne ».
Dont	est toujours	– **COI** : L'homme [**dont** nous parlons] est mon père. **Dont** : COI de « parlons » – **complément du nom** : L'homme [**dont** la voiture est rouge] est mon père. **Dont** : compl. du nom « voiture ».

- Le **verbe** de la proposition subordonnée relative est conjugué à un **mode personnel**.

Proposition La femme [**Proposition subordonnée relative** **que je regarde**] principale traverse la rue.

Antécédent : La femme — Pronom relatif, mis pour l'antécédent « femme », COD du verbe « regarde ».

1 Les différents types de subordonnées relatives

Une proposition subordonnée relative peut être :

complétive
- Elle précise l'antécédent en le **qualifiant**.
- L'information n'est **pas nécessaire** au fonctionnement de la phrase : la subordonnée est donc **supprimable**.

L'employé **auquel Paul s'est adressé** m'a renseigné.
→ L'employé m'a renseigné.

Phrase correcte

déterminative
- Elle **identifie** l'antécédent parmi l'ensemble qu'il désigne.
- L'information est **nécessaire** au fonctionnement de la phrase. Sans cette information, la phrase serait incorrecte : la subordonnée n'est donc **pas supprimable**.

J'ai offert à ma sœur celui **[dont nous avions parlé]**.
→ *J'ai offert à ma sœur celui.

Phrase incorrecte

explicative
- Elle apporte des **précisions, des explications** sur l'antécédent.
- L'information n'est pas nécessaire au fonctionnement de la phrase : la subordonnée est **supprimable**, parfois déplaçable, et souvent placée entre virgules.

La vieille dame, **qui portait un manteau noir**, s'avança vers eux.
→ La vieille dame s'avança vers eux.

Phrase correcte

S'ENTRAÎNER

1 **Pour chacune des phrases suivantes :**

a. **Délimitez la proposition subordonnée relative par des crochets.**

b. **Surlignez le pronom relatif et soulignez son antécédent.**

c. **Identifiez le type de chaque proposition relative.**

1. À cause de cette brûlure que je ne pouvais plus supporter, j'ai fait un mouvement en avant. (**Camus**)

Type : ………………………………………………………………

2. Et des amours desquelles nous parlons,
Quand serons morts, n'en sera plus nouvelle. (**Ronsard**)

Type : ………………………………………………………………

> **3.** Qu'est devenu ce cœur qui me jurait toujours
> De faire à Néron même envier nos amours ? (**Racine**)

Type : ....

> **4.** Mais, voyant de ses yeux tous les brillants baisser,
> Au monde, qui la quitte, elle veut renoncer. (**Molière**)

Type : ....

2 Parmi les phrases suivantes, surlignez les pronoms relatifs et soulignez leur antécédent.

1. La danseuse que l'opéra a engagée a travaillé à Moscou. – **2.** Je te dis que je ne le vois pas. – **3.** Il ne prend que des légumes. – **4.** Il a lu le livre que tu lui as recommandé. – **5.** Je vois que tu as raison. – **6.** Que fais-tu ? – **7.** Les options dépendent de l'établissement où sera inscrit l'élève. – **8.** Où vas-tu ?

3 Réécrivez, en mettant leurs antécédents au pluriel, les phrases de l'exercice 2 qui comportent des pronoms relatifs. Encadrez le pronom, et soulignez l'antécédent. Donnez la fonction de chacun. Mettez la relative entre crochets.

1. ....

....

Fonction de l'antécédent : ....

Genre et nombre de l'antécédent : ....

Fonction du pronom relatif : ....

2. ....

Fonction de l'antécédent : ....

Genre et nombre de l'antécédent : ....

Fonction du pronom relatif : ....

3. ....

....

Fonction de l'antécédent : ....

Genre et nombre de l'antécédent : ....

Fonction du pronom relatif : ....

4 Complétez les phrases suivantes avec le pronom relatif qui convient, et mettez les relatives entre crochets.

1. C'est moi .... vous regardez ainsi ?

2. Voici la stagiaire .... je monte ce projet.

3. Je ne connais pas le technicien .... mon frère travaille.

> **4.** Et l'aspect de ces lieux .... vous la retenez
> N'a rien .... mes regards doivent être étonnés. (**Racine**)

5 Complétez ces phrases avec le pronom relatif qui convient.

1. Le garçon .... il joue s'appelle Idriss. – **2.** La fille .... je pense n'est pas parmi elles. – **3.** Le rendez-vous .... je me rends est important.– **4.** La fille .... j'ai épousé la sœur est avocate. – **5.** Ce n'est pas le meuble .... je pense. – **6.** Ce n'est pas la personne .... je pense.

6 a. Surlignez le pronom relatif, soulignez son antécédent et délimitez la subordonnée relative par des crochets.
b. Donnez la fonction de l'antécédent, celle du pronom relatif et le type de la subordonnée.

> **1.** Et tu connais la caresse
> Qui fait revivre les morts. » (**Baudelaire**)

Fonction de l'antécédent : ....

Fonction du pronom : ....

Type de la relative : ....

> **2.** Mon cœur, que jamais ne visite l'Extase,
> Est un théâtre où l'on attend l'Etre aux ailes de gaze.
> (d'après **Baudelaire**)

Fonction des antécédents : ....

....

Fonction des pronoms : ....

Type de la relative : ....

> **3.** Le plus âne des trois n'est pas celui qu'on pense.
> (**La Fontaine**)

Fonction de l'antécédent : ....

....

Fonction du pronom : ....

Type de la relative : ....

7 Composez une phrase complexe, dont la proposition subordonnée relative reprendra l'information de la première phrase.

1. Il connaît leur voisine. Les locataires .... lui ont rendu service.

2. J'apprends à lire à des enfants. .... viennent d'Inde.

3. Il se charge d'inscrire les enfants de son frère à l'école. Son frère, ..., ne vit pas en France.

4. Nous évoquions son dernier album l'autre soir. Je découvre ce groupe .... l'autre soir.

5. J'ai vécu à un endroit. Je vais te montrer l'endroit ....

RETENIR

2 La place de la subordonnée relative

- Le plus souvent, le pronom relatif et la proposition relative **suivent directement** l'antécédent.
- Cependant, le pronom relatif peut être **séparé de son antécédent**, notamment par :

– un **complément du nom** : La voiture **du voisin**, qui est garée dans la rue, est en panne.
– des **adjectifs** : Le parfum **aérien, léger et entêtant à la fois**, qui régnait dans la pièce, prouvait la présence récente de la dame en noir.
– une **autre proposition relative coordonnée,** ayant le même antécédent : Mon chat, qui dort toute la journée **et dont le calme est rassurant**, a parfois des moments de folie surprenants.
– une **autre proposition incise** : L'inculpé qui, **a annoncé le journaliste**, est arrivé au tribunal, a clamé son innocence.

- Plusieurs noms ou pronoms peuvent parfois être l'antécédent d'un même pronom relatif.

S'ENTRAÎNER

8 Surlignez les pronoms relatifs, soulignez leur antécédent. Lorsqu'ils sont éloignés, justifiez la raison de leur éloignement.

1. Bienheureuse la cloche au gosier vigoureux,
Qui malgré la vieillesse, alerte et bien portante,
Jette fidèlement son cri religieux,
Ainsi qu'un vieux soldat qui veille sous la tente.
(**Baudelaire**)

Justification : ....

....

2. Connais-tu le Remords aux traits empoisonnés,
À qui notre cœur sert de cible ? (**Baudelaire**)

Justification : ....

....

3. Sans les romans qu'elle avait lus, et qui, par moments, faisaient bizarrement reparaître la mijaurée sous l'ogresse, jamais l'idée ne fut venue à personne de dire d'elle : "c'est une femme". (**Hugo**)

Justification : ....

....

4. Je perçois une question qu'il me pose, et dont je ne suis pas certain de saisir le sens. (**Bouvier**)

Justification : ....

....

5. Un loup survient à jeun qui cherchait aventure,
Et que la faim en ces lieux attirait. (**La Fontaine**)

Justification : ....

....

9 Surlignez les antécédents possibles des pronoms relatifs en gras.

1. Nous avons lu un livre sur ce sujet **que** nous apprécions.

2. Vous feriez [...] / Germer mille sonnets dans le cœur des poètes,
Que vos grand yeux rendraient plus soumis que vos noirs. (**Baudelaire**)

3. Que veut-il ? est-ce haine, est-ce amour **qui** l'inspire ? (**Racine**)

10 Surlignez le pronom relatif, soulignez l'antécédent, et délimitez les propositions relatives par des crochets. L'une des phrases est incorrecte : laquelle et pourquoi ?

1. Regardez les cheveux de la fille qui danse !
2. Regardez les cheveux de la fille qui dansent !
3. Le petit garçon prenait un goûter qui me paraissait copieux.
4. Le petit garçon qui me paraissait copieux prenait un goûter.

La phrase incorrecte est la phrase ....

....

....

11 Réécrivez les phrases suivantes en séparant la relative de son antécédent par un mot ou un groupe de mots qui auront la fonction indiquée entre parenthèses. Attention, il faut parfois modifier la ponctuation.

1. L'homme à qui je proposais mon aide me répondit sèchement. (**CC manière**)

....

....

....

2. L'enfant à qui il fait faire ses devoirs le mardi soir est en CP. (**2e relative**)

....

....

....

3. Le meurtre avait eu lieu précisément à l'endroit où le témoin avait entendu des cris, la veille. (**incise**)

....

....

....

RETENIR

3 Cas particuliers

- *Quiconque* n'a pas d'antécédent : Il raconte son histoire à **quiconque** veut l'entendre.
- Dans certaines tournures (proverbes), *qui* n'a pas d'antécédent : **Qui** vivra verra. **Qui** dort dîne.
- La proposition subordonnée relative est alors sujet de la principale. Elle peut également être :

– **COD** du verbe de la principale : Ce chien suivrait [**quiconque le caresserait**].
– **COI** du verbe de la principale : Il s'adresse [**à qui parle sa langue**].
– **COS** du verbe de la principale : Il racontait son histoire [**à qui voulait l'entendre**].

S'ENTRAÎNER

12 **a. Dans les phrases suivantes, surlignez le pronom relatif et délimitez la proposition subordonnée relative par des crochets.**
b. Réécrivez en rétablissant l'antécédent possible.

1. Qui vole un œuf, vole un bœuf. ....

....

2. Qui veut voyager loin ménage sa monture. ....

....

3. Quiconque sera paresseuse ou babillarde sera punie (**Littré**)
4. Quiconque a beaucoup vu peut avoir beaucoup retenu. (**La Fontaine**)

13 **Surlignez les pronoms relatifs des phrases suivantes, et délimitez les propositions relatives de crochets. Donnez la fonction de chaque relative.**

1. Qui ne dit mot consent.

....

2. Qui ne risque rien n'a rien.

....

3. Il briserait comme une paille quiconque résisterait. (**Hugo**)

....

4. Comprend qui peut ! (**Lapointe**)

....

5. Si lugubre que fût l'appartement, il semblait un paradis à qui revenait du lycée. (d'après **Gide**)

....

6. Je trouble qui je veux. (**Valéry**)

....

14 **a. Surlignez le pronom relatif et soulignez l'antécédent des phrases suivantes, puis encadrez les propositions relatives.**

b. Transformez ces phrases pour en faire des phrases comprenant une relative sans antécédent. Vous encadrerez la proposition par des crochets et en surlignerez le pronom relatif.

1. J'appelle celui que je veux !

....

2. Tout vient à point à celui qui sait attendre.

....

....

15 **a. Surlignez les pronoms relatifs.**
b. Soulignez leur antécédent.
c. Délimitez les propositions par des crochets.
d. Précisez ce qui explique l'éloignement entre antécédent et relative.

Le tronc des chênes craquait. Dans le sous-bois sec et nu comme un parquet d'église, inondé de cette lumière blanche sans éclat mais qui aveuglait par sa pulvérulence, la marche du cheval faisait tourner lentement de longs rayons noirs. La route qui serpentait à coups de reins de plus en plus raides pour se hisser à travers de vieux rochers couverts de lichens blancs frappait parfois de la tête du côté du soleil. Alors, dans le ciel de craie s'ouvrait une sorte de gouffre d'une phosphorescence inouïe d'où soufflait une haleine de four et de fièvre, visqueuse, dont on voyait trembler le gluant et le gras. »

Jean Giono, *Le Hussard sur le toit*, © Gallimard.

16 **VERS LA QUESTION DE GRAMMAIIRE** BAC ORAL

a. Dans le texte suivant, surlignez les pronoms relatifs.
b. Soulignez leur antécédent.
c. Délimitez les propositions relatives par des crochets.

Un jour, il a une illumination. Tous, tous les voyageurs qui ont défilé chez lui, les menteurs, les bavards, les vantards, les hâbleurs, et même les plus taciturnes, tous ont employé un mot immense qui donne toute sa grandeur à leurs récits. Ceux qui en disent trop comme ceux qui n'en disent pas assez, les fanfarons, les peureux, les chasseurs, les *outlaws*, les trafiquants, les colons, les trappeurs, tous, tous, tous, tous parlent de l'Ouest, ne parlent en somme que de l'Ouest.
L'Ouest. Mot mystérieux. Qu'est-ce que l'Ouest ?
Il y a des récits d'Indiens qui parlent d'un pays enchanté, de villes d'or, de femmes qui n'ont qu'un sein. Même les trappeurs qui descendent du nord avec leur chargement de fourrures ont entendu parler sous leur haute latitude, de ces pays merveilleux de l'ouest, où, disent-ils, les fruits sont d'or et d'argent.

Blaise Cendrars, *L'Or*, © Denoël.

1. En anglais, hors-la-loi.

23 Les propositions conjonctives circonstancielles (1)

Entraînez-vous sur...
MON LABO DE FRANÇAIS Étude de la langue

Retenir

- Les circonstances (le temps, le lieu, la cause, la conséquence, le but, la condition, la comparaison, l'opposition, la concession...) organisent, précisent et enrichissent l'action.
- Elles peuvent être exprimées par des **propositions subordonnées conjonctives**. Le **sens** de la circonstance est indiqué par la **conjonction de subordination** qui les introduit et le **mode** du verbe (l'indicatif si la réalisation de l'action est certaine, le subjonctif, si elle est incertaine).

Sens	Comparaison	Cause	Conséquence (résultat d'un fait)	
Conj. de subordination	Comme, ainsi que, de même que...	Parce que, comme, puisque, étant donné que...	De façon que, de sorte que, si bien que, si/tant + adj ou adv... que...	Assez/trop + adj ou adv... pour que...
Mode de la sub.	Indicatif	Indicatif	Indicatif	Subjonctif

Sens	But (résultat attendu)	Opposition/Concession		Condition		
Conj. de sub.	Pour que, afin que, de manière que, de peur que...	Bien que, quoique, sans que...	Alors que, si ce n'est que...	Si, même si, selon que...	À condition que, à moins que, pourvu que, soit que... soit que...	Au cas où, dans la mesure où...
Mode de la sub.	Subjonctif	Subjonctif	Indicatif	Indicatif	Subjonctif	Conditionnel

- Certaines constructions, appelées **corrélatives**, établissent un rapport d'intensité et contiennent deux éléments : l'un dans la principale (*si*, *aussi*, *tant* + adjectif ou adverbe) et l'autre (*que*) dans la subordonnée.
- La fonction de ces propositions est complément circonstanciel de la principale.
- Ces propositions sont généralement **déplaçables** et **supprimables**.
  [Si vous voulez participer], il faut vous inscrire avant le 15 novembre prochain.
  → Il faut vous inscrire avant le 15 novembre prochain, **[si vous voulez participer]**.
- Une subordonnée conjonctive circonstancielle peut être **juxtaposée** ou **coordonnée** à une autre proposition. Quand elle est coordonnée, c'est généralement la conjonction *que* qui est employée.
  [**Comme** tu étais en retard] et [**que** je ne pouvais plus attendre], je suis partie sans toi.

S'entraîner

Repérer le sens

1 **Dans les phrases suivantes, surlignez la conjonction de subordination et indiquez la circonstance exprimée.**

1. Il est déçu parce que son projet n'a pas été accepté.

....

2. Il a tellement travaillé qu'il a rattrapé son retard.

....

3. Cet enfant chante à tue-tête pour qu'on le remarque.

....

4. Je m'en occuperai si tu m'aides. ....

5. Il a su lire sans qu'on lui apprenne.

....

6. Même si ton idée est farfelue, je la respecte.

....

Repérer la subordonnée

2 **a. Dans les phrases suivantes, surlignez la conjonction de subordination.**
b. Délimitez de crochets la proposition conjonctive circonstancielle qu'elle introduit.
c. Soulignez le sujet de la proposition subordonnée, et indiquez le mode de son verbe.

1. Si nous ne commençons qu'en janvier, cela retardera tout le projet. → ....

2. Préviens-moi, pour que je descende t'aider ! → ....

3. Je ne t'envoie pas l'adresse, puisque tu es déjà venu plusieurs fois. → ....

4. Quel que soit le résultat, je me rangerai à l'avis de la majorité. → ....

5. J'ai fait comme j'ai pu ! → ....

6. Zoé s'énerve parce qu'elle est en retard. → ....

3 a. Dans la phrase suivante, délimitez la proposition subordonnée par des crochets, surlignez le mot subordonnant, puis soulignez le sujet et le verbe.

Olivia est très autonome, bien qu'elle soit plus jeune que les autres élèves.

b. Réécrivez cette phrase en changeant l'ordre syntaxique, faites les modifications nécessaires.

....

....

Distinguer les circonstances

4 Après avoir délimité les subordonnées avec des crochets, surlignez les conjonctions et précisez la circonstance.

1. Il accepte de se déplacer, à condition qu'on lui rembourse les frais de transport. → ....
2. Il est parti tellement rapidement que je n'ai pas eu le temps de lui parler. → ....
3. Il a couru aussi vite qu'il a pu. → ....
4. Si tu préfères ne pas participer, il faut prévenir les organisateurs ! → ....

5 Même exercice. Précisez le mode du verbe de la subordonnée et justifiez son emploi.

1. Elle a fait comme elle a voulu. → ....
....
2. Paul aide Sacha afin qu'il finisse son travail dans les temps.
→ ....
....
3. En admettant que Jérôme réponde à notre invitation, il manquera malgré tout deux personnes. → ....
....
4. Nathan est absent parce qu'il est malade. → ....
....
5. Si un comédien est absent, le metteur en scène joue son rôle à sa place. → ....
....

6 Soulignez les subordonnées conjonctives circonstancielles et donnez leur fonction.

L'auteur raconte ici son premier chagrin d'amour.

Elle avait huit ans et elle s'appelait Valentine. Je pourrais la décrire longuement et à perte de souffle, et si j'avais une voix, je ne cesserais de chanter sa beauté et sa douceur. [...] Je ne puis décrire l'émoi qui s'empara de moi : tout ce que je sais, c'est que mes jambes devinrent molles et que mon cœur se mit à sauter avec une telle violence que ma vue se troubla. [...] Je restai là, les yeux levés vers le soleil, jusqu'à ce que mon visage ruisselât de larmes, mais la cruelle, pendant tout ce temps-là continua à jouer avec sa balle, sans paraître le moins du monde intéressée.

Romain Gary, *La Promesse de l'aube*, © Gallimard, 1960.

....

....

....

7 Surlignez les conjonctions de subordination, délimitez les propositions conjonctives circonstancielles, donnez leur sens, le mode de leur verbe et précisez leur syntaxe.

Nous demandons à être éclairées, à posséder des emplois, non pour usurper l'autorité des hommes, mais pour en être plus estimées ; pour que nous ayons des moyens de vivre à l'abri de l'infortune, que l'indigence ne force pas les plus faibles d'entre nous, que le luxe éblouit et que l'exemple entraîne, de se réunir à la foule des malheureuses qui surchargent les rues. [...] Et si l'un mourait sans enfants, le survivant hériterait de droit, à moins que le mourant n'ait disposé de la moitié du bien commun en faveur de qui il jugerait à propos.

O. de Gouges, *Déclaration des droits de la femme et de la citoyenne.*

....

....

....

....

....

....

8 VERS LA QUESTION DE GRAMMAIIRE BAC ORAL

Pour qu'un État monarchique pût être bien gouverné, il faudrait que sa grandeur ou son étendue fût mesurée[1] aux facultés de celui qui gouverne. [...] **Pour peu qu**'un État soit grand, le Prince est presque toujours trop petit. **Quand**, **au contraire**, il arrive que l'État est trop petit pour son chef, ce qui est très rare, il est encore mal gouverné, **parce que** le chef, suivant toujours la grandeur de ses vues, oublie les intérêts des peuples.

J.-J. Rousseau, *Du contrat social*, 1762.

1. Proportionnelle.

a. Quels liens logiques expriment les mots en gras ?

....

b. Pourquoi les liens logiques sont-ils aussi nombreux ?

....

....

....

....

24 Les propositions conjonctives circonstancielles (2)

Entraînez-vous sur...
MON LABO DE FRANÇAIS Étude de la langue

Retenir

- La **circonstance** d'une action est souvent exprimée par une **proposition subordonnée conjonctive**.
- La **fonction** de cette proposition est **complément circonstanciel** de la principale.
- Le **mot subordonnant** indique le **sens** de la circonstance : cause, but, conséquence, condition, comparaison, opposition, concession…
- Le **mode** de la proposition subordonnée conjonctive circonstancielle indique son **degré de certitude**.

1 La cause, la conséquence et le but

Lien logique	Sens et conjonctions de subordination	Mode du verbe de la subordonnée
La cause	• Exprime la **raison** d'un fait : la cause précède donc l'action de la principale. *Puisque, parce que, comme, attendu que, sous prétexte que, vu que…* **[Puisque le témoin est malade]**, l'audition est reportée. • La réalisation de l'action exprimée par les deux propositions est **certaine**.	Indicatif
	• Si la **cause** est **niée** : Je prenais la même rue tous les jours, **[non qu'elle me plaise particulièrement]**, mais [**parce que** c'était le plus court chemin]	Subjonctif
La conséquence	• Exprime le **résultat** d'un fait : elle suit donc l'action de la principale. *De manière que, de façon que, au point que, si bien que, de telle manière que, de telle façon que…* Il écrit **[de telle manière que personne ne peut le lire]**. • La réalisation de l'action exprimée par les deux propositions est **certaine**. • Très souvent, cette proposition subordonnée est en **corrélation** avec une **quantité** exprimée dans la principale, au moyen des structures suivantes : *tel* + verbe ; *si/tellement/tant/* + verbe ; *si* + adjectif ou adverbe de quantité + *que* ; *assez/suffisamment* + verbe ; adjectif + *pour que* Il dort **si peu [qu'il est toujours épuisé]** ! Son implication est **telle [qu'il ne peut pas échouer à l'examen]**.	Indicatif
	• Si la **conséquence** n'a pas lieu : Il est trop tard **[pour que je puisse lui témoigner ma reconnaissance]**.	Subjonctif
Le but	• Exprime le **résultat attendu** : le but suit donc l'action de la principale. *Afin que, pour que, que, dans l'espoir que.* Descends, **[que je ne t'assomme]** ! (Molière) **[Dans l'espoir qu'il ne pleuve pas]**, je mets mes chaussures d'été. • Seule l'action de la principale est certaine, la réalisation de l'action de la subordonnée n'est que **probable**.	Subjonctif

S'entraîner

1 Surlignez les mots subordonnants, délimitez la subordonnée conjonctive par des crochets, et indiquez la circonstance qu'elle apporte à la phrase.

1. Il faisait froid au point que nos trois pulls ne suffisaient pas.

....

2. Je le préviens, pour qu'il sache à quoi s'en tenir. ....

3. Je n'ai aucune indulgence envers lui, vu qu'il ne fait aucun effort ! ....

4. Je t'appelle dans l'espoir que tu me donnes ton avis. ....

5. La porte n'était pas fermée à clé, si bien que j'ai pu entrer facilement. ....

6. Comme l'été a été très sec, les légumes sont hors de prix !

....

2 Surlignez les mots subordonnants, délimitez la subordonnée conjonctive par des crochets, indiquez le mode de la conjonctive et la circonstance qu'elle apporte à la phrase.

1. Il était tellement fatigué qu'il s'est endormi dans la voiture.

....

2. L'entraîneur donne ses conseils, afin que l'athlète améliore ses performances.

....

3. Dans l'espoir que l'équipe gagne, je la soutiens de toutes mes forces.

....

3 Complétez les phrases, puis surlignez les mots subordonnants, et délimitez chaque proposition circonstancielle avec des crochets. Indiquez leur sens.

1. Je suis content, je n'ai pas besoin de t'aider, puisque..........

....

Sens : ....

2. Comme..........

.........., je préfère lui demander son avis.

Sens : ....

3. Nous sommes en retard parce que nous ....

....

Sens : ....

4. Je lui porte son sac afin qu'..........

Sens : ....

5. Je parle très lentement afin que ....

....

Sens : ....

6. Il travaille tant qu'..........

Sens : ....

4 Transformez chaque couple de phrases simples en une phrase complexe, en subordonnant la première à la deuxième, selon le lien logique indiqué. Surlignez les mots subordonnants et délimitez la conjonctive par des crochets.

1. Il pleut. Nous ne pouvons pas sortir. **(cause)**

....

....

2. Il pleut. Nous ne pouvons pas sortir. **(conséquence)**

....

....

....

3. Je te prête ma voiture. Tu pourras aller plus vite. **(but)**

....

....

5 Dites si les phrases suivantes contiennent une subordonnée exprimant la conséquence (C) ou le but (B). Surlignez les mots subordonnants et indiquez le mode qu'il appelle dans la subordonnée.

1. Il se présente de telle manière que personne ne le choisit.

....

2. Il se présente de telle manière que personne ne le choisisse.

....

3. Ces élèves ont si bien travaillé qu'ils ont pu terminer avant la fin de l'épreuve.

....

4. Téléphone-moi, que je t'aide.

....

5. Cet acteur est maquillé de manière que personne ne le reconnaisse.

....

6. Il s'enlaidit de manière que personne ne le reconnaît.

....

6 a. Surlignez les mots subordonnants et délimitez par des crochets les propositions circonstancielles qu'ils introduisent.

b. Donnez le sens de chacune d'elles et soulignez les propositions sur lesquelles elles portent.

1. La chétive pécore s'enfla si bien qu'elle creva.

J. de La Fontaine, « La Grenouille qui se veut faire aussi grosse que le Bœuf », *Fables*.

....

....

2. Il coûte si peu aux grands à ne donner que des paroles, et leur condition les dispense si fort de tenir les belles promesses qu'ils vous ont faites, que c'est modestie à eux de ne promettre pas encore plus largement.

J. de La Bruyère, *Caractères*.

....

....

....

7 Surlignez les mots subordonnants, puis donnez le sens de chaque proposition circonstancielle.

1. C'est trop tard maintenant pour que je vous revienne.

Barbara, *Madame*, 1967.

....

2. Il s'est installé à Lyon pour que ses petits-enfants l'y rejoignent facilement en TGV pour les vacances.

....

3. Étant donné que votre dossier n'a pas été renvoyé dans le délai imparti, il n'est pas recevable.

....

Retenir

2 La condition

- On peut exprimer la condition par :

1. Les subordonnées introduites par *si* Elles peuvent exprimer : • **l'éventuel** (quand la condition est remplie, la principale se réalise) : **si + présent de l'indicatif** → principale au **présent** ou au **futur simple de l'indicatif** ;	**[Si tu vas à la montagne cet hiver]**, tu pourras skier sur toutes les pistes.
• **le potentiel** (la condition peut se réaliser) : ***si* + imparfait de l'indicatif** → principale au **conditionnel présent** ;	**[Si tu travaillais davantage]**, tu obtiendrais de meilleurs résultats.
• **l'irréel du présent** (l'événement ne peut pas se réaliser) : ***si* + imparfait de l'indicatif** → principale au **conditionnel présent** ;	**[Si tu m'avais prévenue plus tôt]**, je ne serais pas partie sans toi.
2. Les autres subordonnées • Les subordonnées au **subjonctif** introduites par *que, à condition que, à moins que, si tant est que, à supposer que, pour peu que, soit que... soit que...* • Les subordonnées au **conditionnel** ou à **l'indicatif**, introduites par *au cas où, dans l'hypothèse où, dans la mesure où, quand bien même, selon que...* • Les subordonnées **uniquement à l'indicatif** introduites par *même si, excepté si, comme si...*	Je m'inscrirai à ce concours **[à condition que tu t'inscrives également]**. Prépare-toi, **[au cas où Elsa viendrait te chercher]**. **[Même si tu venais]**, nous ne sortirons pas ce soir.

S'entraîner

8 Surlignez les mots subordonnants, délimitez les subordonnées conjonctives par des crochets, et indiquez leur mode.

1. Du coup, j'ai décidé de ne pas l'inviter, à moins qu'il ne m'appelle pour s'excuser.

Mode : ....

2. Je le prends à l'essai, pourvu qu'il soit motivé.

Mode : ....

3. Je vous prêterai de l'argent à condition que vous me signiez une reconnaissance de dettes.

Mode : ....

9 Complétez les phrases suivantes, en conjuguant les verbes entre parenthèses comme il convient.

1. S'il fait beau demain, nous **(aller)** .... à la plage.

2. S'il faisait beau demain, nous **(aller)** .... à la plage.

3. Selon que la voiture sera réparée demain matin, ou demain en fin de journée, nous **(partir)** .... demain ou après-demain.

4. À supposer que l'équipe **(gagner)** .... cette dernière manche, nous serons qualifiés pour la finale.

5. Il est d'accord pour vous aider, à condition que vous lui **(permettre)** .... de prendre en main les opérations et que vous lui en **(confier)** .... la direction.

10 a. Surlignez les mots subordonnants.

b. Complétez les phrases en conjuguant les verbes entre parenthèses, pour former des subordonnées conjonctives exprimant la condition.

1. Dans l'hypothèse où vous **ne pas (avoir)** .... votre bac, je vous orienterai vers une autre formation.

2. Pour peu qu'ils ne **(lire)** .... pas leurs mails avant demain, nous n'aurons pas leurs réponses à temps.

3. En admettant que les élèves **(finir)** .... tôt, nous n'aurons pas eu le temps de partir avant midi.

4. Je te raccompagne en voiture, à condition que tu me **(dire)** .... quel itinéraire prendre.

11 Réécrivez les phrases suivantes en modifiant l'ordre des propositions Principale – Subordonnée.

1. J'envoie tout de suite ce mail, au cas où il consulterait sa messagerie avant de partir !

....

....

....

2. Au cas où votre locataire libérerait l'appartement, prévenez-moi.

....

....

....

Retenir

3 La comparaison

- L'action de la principale et celle de la subordonnée se réalisent.
- La proposition subordonnée de comparaison peut :

• **être introduite par *comme, ainsi que, de même que…***	On fait **[comme on a dit].**
• **utiliser une structure corrélative alliant :** – dans la **principale** : [adjectif/nom] ou [adverbe/verbe ou adjectif ou nom] : *meilleur, ainsi, plus, moins, autant, aussi…* – dans la **subordonnée** : [que] • Dans ce cas, la proposition circonstancielle n'est **ni supprimable ni déplaçable.**	Il est **meilleur** en informatique **[que ne l'était son père, à son âge]** ! Elle est **aussi** fatiguée **[qu'elle l'était il y a quinze jours]** !

4 L'opposition et la concession

Lien logique	Sens et conjonctions de subordination	Mode du verbe de la subordonnée
L'opposition	• Exprime deux faits qui s'opposent : l'action de la principale se réalise tandis que celle de la subordonnée a lieu. *Tandis que, que… ou que…, alors que, au lieu que…* Il travaille dans le salon **[tandis que son fils joue dans sa chambre].**	Indicatif
La concession	• Exprime deux faits qui se contredisent. *Bien que, quoique, quand bien même, sans que, tout… que, quelque… que, si… que, qui que, quoi que, quel que, quelque* + GN/adj + *que…* Nous t'aimerons toujours, **[quoi que tu fasses]** ! **[Quoique le repas soit équilibré],** il était immangeable. **[Quelque furieux qu'il soit],** il a tout de même obéi ! **[Bien que nous soyons frileux],** nous irons faire cette promenade dans la neige. Il retournera au lycée demain, **[quand bien même je devrais l'y conduire en pyjama] !**	Subjonctif Conditionnel

S'entraîner

12 Surlignez les mots subordonnants, et délimitez les subordonnées de comparaison par des crochets.

1. Il s'investit ainsi que le faisait son frère.
2. J'aimais le basket comme mon père aimait le tennis.
3. De même qu'on condamnait la corrida, on s'inquiétait des souffrances infligées aux animaux dans les abattoirs.
4. Il est moins fier que ne l'était son frère, au même âge !
5. Ce vase affreux est aussi inutile qu'il est encombrant.
6. Cet enfant est plus intelligent qu'il n'en a l'air !

13 Lisez le texte suivant.

J'ai étudié son caractère et j'y ai trouvé des contradictions qu'il m'est impossible de résoudre : par exemple, il a un ministre qui n'a que dix-huit ans, et une maîtresse qui en a quatre-vingts ; il aime sa religion, et il ne peut souffrir ceux qui disent qu'il la faut observer à la rigueur ; quoiqu'il fuie le tumulte des villes, et qu'il se communique peu, il n'est occupé depuis le matin jusqu'au soir qu'à faire parler de lui ; il aime les trophées et les victoires, mais il craint autant de voir un bon général à la tête de ses troupes qu'il aurait sujet de le craindre à la tête d'une armée ennemie. Il n'est, je crois, jamais arrivé qu'à lui d'être en même temps comblé de plus de richesses qu'un prince n'en saurait espérer, et accablé d'une pauvreté qu'un particulier ne pourrait soutenir.

Montesquieu, *Lettres persanes*, 1721.

Dites la circonstance qu'expriment les propositions :

a. en vert : ....

b. en orange : ....

14 a. Conjuguez les verbes en gras au temps qui convient.
b. Donnez le mode.
c. Surlignez les mots subordonnants et délimitez les subordonnées de comparaison par des crochets.

1. Tu es le bienvenu, qui que tu **être** .... → ....
2. Quelle que **être** .... la météo, j'embarquerai lundi ! → ....
3. Bien que ma mémoire **être** .... fidèle, elle me trompait parfois. → ....
4. Quelque peu entraînés que vous **paraître** ...., vous avez obtenu un bon score au classement. → ....
5. Il a répondu sans que nous l' **solliciter** .... → ....

15 **Identifiez les mots subordonnants et les propositions conjonctives. Précisez le mode et la circonstance.**

1. Mais qu'il soit mort ici ou qu'il mourût là-bas
Auriez-vous versé moins de larmes ?

Barbara, *Madame*, 1967.

....

2. Que je vive cent ans ou bien quelques décades
Je ne supporte pas de voir le temps passer.

Anne Sylvestre, *Écrire pour ne pas mourir*, 1985.

....

3. Selon que vous serez puissants ou misérables,
Les jugements de cour vous rendront blancs ou noirs.

J. de La Fontaine, « Les Animaux malades de la peste », *Fables*.

....

16 **Délimitez les subordonnées conjonctives des phrases suivantes, et précisez la circonstance exprimée : temps ou opposition ?**

1. Seulement il est resté endormi, lui, tandis que vous êtes réveillé, vous. (**Dumas père**)

....

2. La marraine avait pris un assez fort ascendant sur Ninon, qui avait grand besoin de conseils, alors que la vieille dame en fournissait à foison. (**R. Boylesve**)

....

3. Au début de juin, alors que je me trouvais encore à Pau, il m'arriva un jour d'ouvrir ma bible au hasard et d'y lire ces mots. (**J. Green**)

....

17 **Identifiez, dans ces extraits des *Caractères*, de La Bruyère, les propositions conjonctives circonstancielles. Donnez, pour chaque phrase, les deux faits qui s'opposent.**

1. L'on est petit à la cour, et quelque vanité que l'on ait, on s'y trouve tel.

....

2. Quelques profonds que soient les grands de la cour, et quelque art qu'ils aient pour paraître ce qu'ils ne sont pas et pour ne point paraître ce qu'ils sont, ils ne peuvent cacher leur malignité, leur extrême pente à rire aux dépens d'autrui, et à jeter un ridicule souvent où il n'y en peut avoir.

....

....

....

18 **Après avoir surligné les mots subordonnants, délimitez les circonstancielles et donnez leur sens. Soulignez la proposition sur laquelle chacune porte.**

Qu'on m'écoute en passant d'une oreille distraite
Ou qu'on ait l'impression de trop me ressembler
Je voudrais que ces mots qui me sont une fête
On n'se dépêche pas d'aller les oublier
Que vous soyez critique ou plein de bienveillance
Je ne recherche pas toujours ce qui vous plaît
Quand je soigne mes mots c'est à moi que je pense
Je veux me regarder sans honte et sans regrets.

Anne Sylvestre, *Écrire pour ne pas mourir*, 1985.

....

....

....

19 **Transformez les deux phrases simples en une phrase complexe, avec une subordonnée d'opposition ou de concession. Délimitez cette subordonnée par des crochets.**

1. Il vient. On ne l'appelle pas.

....

2. Cet enfant ne sait pas parler sans être insolent. Il paraît docile.

....

....

3. Il était adorable. Il suscitait de l'agacement.

....

4. Le spectacle est attendrissant. Le comédien est convainquant. Aucun d'entre nous n'était ému.

....

....

Analyser toutes les circonstances

20 **a.** **Délimitez par des crochets les subordonnées conjonctives de ces deux extraits des *Caractères*.**

b. **Surlignez les conjonctifs.**

c. **Les *si* expriment-ils la conséquence ou la condition ?**

1. Il n'y a si vil praticien, qui, [...] l'esprit occupé d'une plus noire chicane, ne se préfère au laboureur, qui jouit du ciel, qui cultive la terre, qui sème à propos, et qui fait de riches moissons ; et s'il entend quelquefois parler des premiers hommes ou des patriarches, de leur vie champêtre ou de leur économie, il s'étonne qu'on ait pu vivre en de tels temps [...].

....

2. L'on dit du jeu qu'il égale les conditions ; mais elles se trouvent quelquefois si étrangement disproportionnées, et il y a entre telle et telle condition un abîme d'intervalle si immense et si profond, que les yeux souffrent de voir de telles extrémités se rapprocher.

....

21 a. Soulignez tous les compléments circonstanciels.

b. Mettez les subordonnées conjonctives circonstancielles entre crochets et précisez leur sens. Les *comme* expriment-ils le temps, la cause ou la comparaison ?

1. Comme il disait ces mots,
Du bout de l'horizon accourt avec furie
Le plus terrible des enfants
Que le Nord eut porté jusque-là dans ses flancs.

J. de La Fontaine, « Le Chêne et le Roseau », *Fables*, I, 50.

2. Comme nous vivions toujours ensemble, je n'avais point à recevoir de lettres d'elle. (**Gide**)

3. Pierre regardait son père et sa mère, mais comme on parla d'autre chose, il se remit à boire. (**Maupassant**)

4. Il n'y a plus de vérité du tout, puisque vous arrangez les faits comme il vous plaît. (**Gide**)

22 Surlignez les mots subordonnants et délimitez les propositions circonstancielles. Certaines ne sont ni supprimables, ni déplaçables. Pourquoi ?

1. Mon grand-père m'a dit que, parfois, dans le Sahara, il faisait si chaud qu'on pouvait faire cuire des œufs sur le sable.

2. Vu que tu as déjà assaisonné, je n'ajoute pas de sel.

3. Ce personnage est parfois aussi méchant qu'il est avare.

23 a. Surlignez le mot subordonnant, délimitez la subordonnée par des crochets et donnez son sens.

b. Soulignez la proposition sur laquelle elle porte.

1. Quoique je sois armé, sûr de mon coup, comme un homme qui jadis a chassé le tigre, et fait sa partie sur un tillac quand il fallait vaincre ou mourir, je me méfie de cet élégant coquin. » (**Balzac**)

2. Un loup, donc, étant de frairie, se pressa, dit-on, tellement, qu'il en pensa perdre la vie. » (**La Fontaine**)

3. La province est l'endroit d'où la cour, comme dans son point de vue, paraît une chose admirable : si l'on s'en approche, ses agréments diminuent, comme diminuent ceux d'une perspective que l'on voit de trop près.

D'après **La Bruyère**.

24 a. Dans les extraits suivants, délimitez les propositions subordonnées conjonctives circonstancielles par des crochets et surlignez le mot subordonnant.

b. Donnez la circonstance de chaque proposition.

c. Soulignez la proposition sur laquelle elle porte.

1. **Cléante.** – Hé ! Comment vous dérober ?

Harpagon. – Que sais-je ? Où pouvez-vous donc prendre de quoi entretenir l'état que vous portez ?

Cléante. – Moi, mon père ? C'est que je joue ; et comme je suis fort heureux, je mets sur moi tout l'argent que je gagne.

Harpagon. – C'est fort mal fait. Si vous êtes heureux au jeu, vous en devriez profiter, et mettre à l'honnête intérêt l'argent que vous gagnez afin de le trouver un jour. Je voudrais bien savoir, sans parler du reste, à quoi servent tous ces rubans dont vous voilà lardé, depuis les pieds jusqu'à la tête, et si une demi-douzaine d'aiguillettes ne suffit pas pour attacher un haut-de-chausses Il est bien nécessaire d'employer de l'argent à des perruques, lorsque l'on peut porter des cheveux à son cru, qui ne coûtent rien.

Molière, *L'Avare*, I, 5 (1669).

2. Si elle ne travaille pas, elle se ronge d'ennui dans la solitude de son logement. Si elle travaille à plein temps, elle doit, par-dessus le marché, assumer seule les tâches ménagères, le soin des enfants. » [...] De plus, les femmes ont tendance à s'identifier à leur mari, même si elles ne jouissent qu'indirectement de privilèges de leur classe. [...] Elles... nous devons prendre conscience de ce qui nous unit, nous devons acquérir une conscience de femme. Notre combativité sera d'autant plus grande que nous croirons à notre vocation propre.

« La Femme en morceaux », *Partisans*, 1970.

25 L'interrogation partielle et totale

Entraînez-vous sur... MON LABO DE FRANÇAIS Étude de la langue

Retenir

- **La phrase interrogative** pose une question. Elle se termine par un **point d'interrogation.**
- **L'interrogation totale** porte sur **l'ensemble** de la phrase et appelle une réponse :
  – par ***oui*** ou par ***non*** : – Aimez-vous Proust ? → – **Oui** / – **Non**.
  – par ***si*** quand la question est négative : – Vous n'aimez pas Proust ? → – **Si**.
- **L'interrogation partielle** porte sur **une partie** de la phrase : sur l'identité (*qui ?, que ?*), le lieu (*où ?*), la cause (*pourquoi...?*), la manière (*comment ... ?*), le but... **Où** habite-t-il ? – **Pourquoi** es-tu triste?

1 Les niveaux de langue

La forme de la phrase interrogative dépend du niveau de langue :

Soutenu	**Il faut inverser le sujet** (c'est-à-dire le placer avant le verbe). – Quand le sujet est un nom commun ou propre, il faut ajouter un **pronom personnel de reprise**. – Entre un verbe se terminant par **« e »** ou **« a »** et les **pronoms personnels de 3e personne du singulier**, il faut insérer un « t » euphonique.	Part**ez-vous** ? – Est-**ce** possible ? Zoé viendra-t-**elle** à Paris ? Chante-**t**-il ? – Va-**t**-elle écrire un nouveau roman ?
Courant	L'interrogation se construit avec ***est-ce que***.	**Est-ce que** tu viens ?
Familier	L'interrogation se marque à l'oral par une **intonation** de la voix.	Tu viens ? Tu vas où ? Où tu vas ?

S'entraîner

1 Les interrogations suivantes sont-elles partielles (P) ou totales (T) ? Cochez la réponse correcte.

	P	T
1. Vous n'êtes pas au courant de l'arrivée du nouveau professeur ?	☐	☐
2. Pourrais-tu me dire ce qui te rend si heureux ?	☐	☐
3. Quelle est la capitale de l'Australie ?	☐	☐
4. Dans quelle université ta sœur aimerait-elle étudier ?	☐	☐
5. Préfères-tu boire un thé ou un café ?	☐	☐
6. Tu es vraiment sorti samedi soir sans prévenir tes parents ?	☐	☐
7. À quelle heure le cours de français commence-t-il ?	☐	☐

2 Barrez les phrases interrogatives qui ne sont pas totales.

1. Le professeur de français est-il encore absent ?
2. Ne préfères-tu pas étudier plutôt que d'être sur les réseaux sociaux toute la journée ?
3. Quand est-ce que vous envisager de partir en vacances ?
4. Tu as reçu des nouvelles de Salim ?
5. Qui veut lire ?
6. À quelle heure le cours de français commence-t-il ?

3 Pour chaque phrase interrogative, indiquez le niveau de langue.

1. Où est-ce qu'il habite ? **Niveau de langue :** .... –

2. Y a-t-il un élève de Seconde B inscrit pour la sortie culturelle ?

Niveau de langue : .... –

3. Pourquoi tu es en colère ? **Niveau de langue :** .... –

4. Quand est-ce que vous comprendrez que la situation est préoccupante ? **Niveau de langue :** .... –

5. Vous faites quoi dans la vie ? **Niveau de langue :** ....

4 Dans cet extrait, surlignez les interrogations. Précisez leur niveau de langue.

ESTRAGON. – Qu'est-ce que tu as ?
VLADIMIR. – Je n'ai rien.
ESTRAGON. – Moi je m'en vais.
VLADIMIR. – Moi aussi.
Silence.
ESTRAGON. – Il y avait longtemps que je dormais ?
VLADIMIR. – Je ne sais pas.
Silence.
ESTRAGON. – Où irons-nous ?
VLADIMIR. – Pas loin.

Samuel Beckett, *En attendant Godot*, © Éd. de minuit,1952.

....

5 Ces phrases interrogatives comportent des erreurs. Corrigez-les et justifiez votre choix.

1. Est-ce que les romans au programme vous plaisent-ils ?

....

....

....

....

....

2. Notre professeur attend-t-il depuis longtemps ?

....

....

....

Retenir

2 Les autres types de l'interrogation

L'interrogation rhétorique	**Elle n'attend pas de réponse**, tant celle-ci paraît évidente.	Ne pensez-vous pas que votre attitude est un peu cavalière ? – Qui oserait me défier ?
L'interrogation elliptique	Elle ne comporte pas de verbe. Elle peut aussi se réduire à un mot interrogatif.	– **Toi ici ?** – Quelqu'un est venu. – **Qui ?**
L'interrogation atténuée	Elle s'apparente à un **ordre** ou à une **proposition**.	Voulez-vous faire silence ? Et si on allait au théâtre ?

S'entraîner

6 Surlignez les phrases interrogatives elliptiques.

BÉRÉNICE
Que dites-vous ? Ah ciel ! Quel adieu ? Quel langage ?
Prince, vous vous troublez, et changez de visage ?
ANTIOCHUS
Madame, il faut partir.
BÉRÉNICE
Quoi ? ne puis-je savoir
Quel sujet...
ANTIOCHUS
Il fallait partir sans la revoir.
BÉRÉNICE
Que craignez-vous ? Parlez, c'est trop longtemps se taire.
Seigneur, de ce départ quel est donc le mystère ?

Jean Racine, *Bérénice*, 1670.

7 Analysez les phrases interrogatives en gras.

DUBOIS. *À Marton, à part.* – Prenez la lettre. Non, non, Mademoiselle, ne lui enseignez rien : qu'il galope.
ARLEQUIN. – **Veux-tu te taire ?**
MARTON. *Négligemment.* – Ne l'interrompez donc point, Dubois. Eh bien ! **Veux-tu me donner ta lettre ?** Je vais envoyer dans ce quartier-là, et on la rendra à son adresse.

Marivaux, *Les Fausses confidences*, 1737.

8 Surlignez les phrases interrogatives. Comment appelle-t-on ces interrogations et quelle en est leur particularité ?

Que prétendez-vous donc ? Pensez-vous que ma voix
Ait fait un empereur pour m'en imposer trois ?
Néron n'est plus enfant. N'est-il pas temps qu'il règne ?
Jusqu'à quand voulez-vous que l'empereur vous craigne ?
Ne saurait-il rien voir, qu'il n'emprunte vos yeux ?

Jean Racine, *Britannicus*, I, 2, 1669.

9 VERS LA QUESTION DE LANGUE BAC ORAL

MADAME ARGANTE. *Femme brusque et vaine.* – Eh bien, Marton, ma fille a un nouvel intendant que son procureur lui a donné, m'a-t-elle dit : j'en suis fâchée ; cela n'est point obligeant pour Monsieur le Comte, qui lui en avait retenu un. Du moins devait-elle attendre, et les voir tous deux. D'où vient préférer celui-ci ? Quelle espèce d'homme est-ce ?
MARTON. – C'est Monsieur, Madame.
MADAME ARGANTE. – Hé ! C'est Monsieur ! Je ne m'en serais pas doutée ; il est bien jeune.
MARTON. – À trente ans, on est en âge d'être intendant de maison, Madame.
MADAME ARGANTE. – C'est selon. Êtes-vous arrêté, Monsieur ?
DORANTE. – Oui, Madame.
MADAME ARGANTE. - Et de chez qui sortez-vous ?
DORANTE. – De chez moi, Madame : je n'ai encore été chez personne.
MADAME ARGANTE. – De chez vous ! Vous allez donc faire ici votre apprentissage ?
MARTON. – Point du tout. Monsieur entend les affaires ; il est fils d'un père extrêmement habile.
MADAME ARGANTE. *À Marton, à part.* – Je n'ai pas grande opinion de cet homme-là. **Est-ce là la figure d'un intendant ?** Il n'en a non plus l'air...

Marivaux, *Les Fausses Confidences*, III, 3, 1737.

a. Surlignez les phrases interrogatives.
b. Entourez les phrases interrogatives partielles.
c. Soulignez une interrogation de niveau de langue familier.
d. De quel type est l'interrogative en gras ?

26 L'interrogation directe et indirecte

Entraînez-vous sur…

MON LABO DE FRANÇAIS Étude de la langue

Retenir

1 L'interrogation directe

- L'interrogation est posée dans une **proposition indépendante** qui se termine par un **point d'interrogation.**
- L'interrogation directe peut être **totale** (elle porte sur l'ensemble de la phrase) ou **partielle** (elle porte sur une partie de la phrase). → Fiche 25, p. 106

2 L'interrogation indirecte

- L'interrogation est posée dans une **phrase déclarative** composée d'une **proposition principale** et d'une **proposition subordonnée interrogative indirecte**, le plus souvent COD du verbe de la principale. Elle se termine par un **point**.
- Le verbe de la principale est généralement un verbe :
  – de parole (*dire, (se) demander, vouloir savoir*…) ;
  – exprimant l'incertitude ou l'ignorance (*ignorer, se demander*…).
- La phrase interrogative indirecte ne se termine **jamais par un point d'interrogation** et il n'y a **pas d'inversion** du sujet, **ni d'emploi d'*est-ce que* ou *est-ce qui*.**
- L'interrogation **totale** indirecte est introduite par la conjonction ***si*** : je me demande **si** mon ami viendra à la fête.
- L'interrogation **partielle** indirecte est introduite par un **mot interrogatif** :
  – un pronom interrogatif (*qui, que, quoi, lequel*…) : je me demande **qui** arrive si tôt.
  – un déterminant interrogatif (*quel*…) : j'ignore **quel** est son nom.
  – un adverbe interrogatif (*quand, où, pourquoi, comment*…) : je me demande **quand** il viendra.

S'entraîner

1 Indiquez si les interrogations suivantes sont directes (D) ou indirectes (I).

1. Sais-tu quand il sera admis dans son école d'ingénieur ? ....
2. Il veut savoir pourquoi tu ne lui parles plus. ....
3. Elle demande comment tu t'appelles. ....
4. Je ne sais pas ce qui lui convient le mieux. ....
5. Comment est-ce possible ? ....

2 Parmi les phrases suivantes, barrez celles qui ne sont pas des interrogations indirectes.

1. Elle doit intégrer cette école si elle est passionnée de musique.
2. Tu ne sais pas si tes parents vont déménager l'année prochaine.
3. Elle veut savoir quand ils comptent se rendre en Suède.
4. Je ne peux pas te dire pourquoi elle pleure.
5. Donne-lui ce que tu peux, cela lui sera utile.
6. Sophie m'a demandé ce qu'il fallait apporter à la fête.

3 Récrivez correctement ces interrogatives indirectes.

1. Je ne sais pas pourquoi est-ce qu'il part.

....

2. Je me demande où est-ce qu'il va.

....

3. Dites-moi quand reviendrez-vous.

....

4. Il a compris qu'est-ce que tu lui as dit.

....

4 Voici deux extraits de *Paradis noirs* de Pierre Jourde. Le narrateur aperçoit une silhouette sur le quai d'une gare. Est-ce celle de François, l'ami d'enfance rencontré à Clermont-Ferrand et disparu depuis vingt ans ?

1. Je ne sais pas d'où vient ce train, où il va conduire le corps assis là, qui attend le départ, ignorant de sa destination. Il y a un panneau, là-bas. Il indique Clermont-Ferrand.

2. Exactement comme Laure, il regarde dans ma direction, mais je ne sais pas si ce regard me voit. Je me demande si lui aussi est revenu de l'oubli, pour exiger de moi la mémoire. Je me demande s'il est mort, lui aussi. Je me demande si je ne souhaite pas qu'il le soit, pour que l'enfance disparaisse avec lui, et que je n'aie pas à m'en souvenir.

Pierre Jourde, *Paradis Noirs*, © Gallimard, 2009.

a. Surlignez les interrogatives indirectes.

b. Dans le premier extrait, quel type de verbe est utilisé pour introduire la phrase interrogative ?

....

....

c. Dans le second extrait, par quel mot sont introduites les interrogations indirectes ? De quel type d'interrogations s'agit-il ?

....

....

....

5 **Lisez ces extraits du *Malade Imaginaire* de Molière et répondez aux questions.**

a. Soulignez les phrases interrogatives et précisez si elles sont directes (D) ou indirectes (I).

b. Analysez leur formation : sont-elles totales (T) ou partielles (P) ? Par quel mot interrogatif sont-elles introduites ?

1. DORILAS. – Puis-je espérer qu'un jour tu me rendras heureux ? (Prologue, 1)

....

2. ARGAN. – Monsieur, combien est-ce qu'il faut mettre de grains de sel dans un œuf ? (II, 6)

....

3. TOINETTE. – Je voudrais bien leur demander quel mal vous avez, pour vous faire tant de remèdes. (I, 2)

....

4. BELINE. – Je vous trouve aujourd'hui bien raisonnante, et je voudrais bien savoir ce que vous voulez dire par là. (II, 6)

....

6 Le bramin[1] me dit un jour : « Je voudrais n'être jamais né. » Je lui demandai pourquoi. Il me répondit : « J'étudie depuis quarante ans, ce sont quarante années de perdues ; j'enseigne les autres, et j'ignore tout ; cet état porte dans mon âme tant d'humiliation et de dégoût que la vie m'est insupportable ; je suis né, je vis dans le temps, et je ne sais pas ce que c'est que le temps ; je me trouve dans un point entre deux éternités, comme disent nos sages, et je n'ai nulle idée de l'éternité ; je suis composé de matière ; je pense, je n'ai jamais pu m'instruire de ce qui produit la pensée ; j'ignore si mon entendement est en moi une simple faculté, comme celle de marcher, de digérer, et si je pense avec ma tête comme je prends avec mes mains. Non seulement le principe de ma pensée m'est inconnu, mais le principe de mes mouvements m'est également caché : je ne sais pourquoi j'existe [...].

Voltaire, *Histoire d'un bon bramin*, 1761.

1. Ce mot, qui vient du terme « brahmane », désigne un membre de la caste des prêtres en Inde, caractérisé par sa sagesse.

a. Soulignez les cinq phrases interrogatives indirectes et précisez si elles sont totales ou partielles.

....

b. Surlignez le mot interrogatif qui les introduit.

7 *Vladimir et Estragon attendent Godot, qui n'arrive pas...*

VLADIMIR. – Quand j'y pense... depuis le temps... je me demande... ce que tu serais devenu... sans moi... [...] (*Estragon s'acharne sur sa chaussure.*) Qu'est-ce que tu fais ?

ESTRAGON. – Je me déchausse. Ça ne t'est jamais arrivé, à toi ?

VLADIMIR. – Depuis le temps que je te dis qu'il faut les enlever tous les jours. Tu ferais mieux de m'écouter.

ESTRAGON (*faiblement*). – Aide-moi !

VLADIMIR. – Tu as mal ?

ESTRAGON. – Mal ! Il me demande si j'ai mal !

Samuel Beckett, *En attendant Godot*, © éd. de Minuit, 1948.

a. Surlignez les interrogatives directes et soulignez les interrogatives indirectes.

b. Transformez la première interrogative directe en interrogative indirecte.

....

c. Quel effet les deux dernières interrogatives (directes et indirectes) ont-elles sur le spectateur ?

....

....

....

....

8 **VERS LA QUESTION DE LANGUE** BAC ORAL

Dans ce passage, Marie demande à Meursault s'il veut l'épouser.

Le soir, Marie est venue me chercher et m'a demandé si je voulais me marier avec elle. J'ai dit que cela m'était égal et que nous pourrions le faire si elle le voulait. Elle a voulu savoir alors si je l'aimais. J'ai répondu comme je l'avais déjà fait une fois, que cela ne signifiait rien mais que sans doute je ne l'aimais pas. « Pourquoi m'épouser alors ? » a-t-elle dit. [...] Elle s'est tue un moment et elle m'a regardé en silence. Puis elle a parlé. Elle voulait simplement savoir si j'aurais accepté la même proposition venant d'une autre femme, à qui je serais attaché de la même façon. J'ai dit : « Naturellement. » Elle s'est demandé alors si elle m'aimait et moi, je ne pouvais rien savoir sur ce point.

Albert Camus, *L'Étranger*, © Gallimard, 1942.

a. Quelles sont les phrases interrogatives majoritaires dans cet extrait ? Surlignez-les.

....

b. Selon vous, qu'apportent ces phrases au caractère du personnage et à la tonalité du passage ?

....

....

....

....

....

27 La négation

Retenir

1 Place et forme de la négation

Chacun des trois types de phrases (déclaratif, injonctif, interrogatif) peut être soit à la forme **affirmative**, soit à la forme **négative**.

Cas général	Les conjonctions de coordination *ni… ni…*	L'adverbe *non*
• **La négation est le plus souvent marquée par deux adverbes** (*ne… pas / plus / point…*) qui se placent de part et d'autre : – du verbe : Il **ne** faut **pas**. – de l'auxiliaire : Elle **n'**est **pas** venue. – du verbe et de son complément conjoint : Il **ne** le veut **pas**. • **Attention** : sauf dans la langue classique, ces deux adverbes se placent **avant** le **verbe à l'infinitif**. Je lui ordonne de **ne pas** crier. Je vous prie de **n'**entrer **point**.	Elles sont employées pour coordonner deux ou plusieurs constituants sur lesquels porte la négation. Je n'aime **ni** celui-ci, **ni** celui-là.	• Il fait porter la négation sur tout élément qu'il précède. **Non** loin de là – **non** que ce soit sa faute… • Placé **en début de phrase**, il peut annoncer et renforcer une phrase négative. **Non**, je **ne** veux **pas**. • **Employé seul**, comme **« mot-phrase »**, il exprime la négation d'une phrase entière : « Voulez-vous m'épouser ? – **Non.** » • On le trouve aussi en fonction de COD. Elle a dit **non**.

2 La portée de la négation

La négation totale	La négation partielle	La négation restrictive ou exceptive *ne… que…*
Elle porte **sur toute la phrase**. Elle se construit, à l'écrit, avec les adverbes ***ne… pas***, ***point***, ***nullement***, ***aucunement***.	Elle porte **sur une partie de la phrase**. Elle se construit avec l'adverbe de négation « ne » et un pronom indéfini, un déterminant ou un autre adverbe. (voir tableau ci-dessous)	Le « ***que*** » introduit le seul élément qui **échappe à la négation**. Cette locution adverbiale est l'équivalent de « seulement, uniquement ». Harpagon **n'**aime **que** son or.

La négation porte sur…	Mots négatifs	Mots affirmatifs correspondants
un pronom	Ne… personne	Quelqu'un – Certains – Tous
	Ne… rien	Quelque chose
	Nul ne…	Certains
un déterminant	Ne… aucun / nul (+ nom sg.)	Certains – Tous les (+ nom pl.)…
un adverbe	Ne… guère	Beaucoup
	Ne… plus	Encore – Toujours
	Ne… jamais	Toujours

Tout le monde emprunte **toujours** ce trajet.
→ **Personne** n'emprunte **jamais** ce trajet.

S'entraîner

1 Mettez ces phrases à la forme négative.

1. Il neige……………………………………………………
2. Courez ! ……………………………………………………
3. Venez-vous ? ……………………………………………………

Repérer la forme et la place de la négation

2 a. Surlignez les adverbes de la négation dans ces répliques tirées du *Malade Imaginaire* de Molière (1673) et soulignez les verbes qui subissent cette négation.

b. Justifiez leur place.

1. Toinette. – Monsieur Purgon ? ce nom ne m'est point connu, et n'est point écrit sur mes Tablettes dans le rang des grands et fameux Médecins qui y sont.

2. **Toinette.** – […] ne faites-vous point un petit sommeil après le repas ?

3. **Argan.** *(à Toinette qui lui a conseillé de se crever un œil)* – Je suis votre serviteur, j'aime beaucoup mieux ne voir pas si clair de l'un, et n'en avoir point de manque.

Analyser *ni... ni...* et *non*

3 **Mettez ces phrases à la forme négative de façon à retrouver celles de Jules Verne décrivant Phileas Fogg dans *Le Tour du monde en quatre-vingts jours* (1872).**

1. Il était à la fois industriel, négociant, marchand et agriculteur.

2. On l'avait déjà vu à la Bourse, à la Banque et dans tous les comptoirs de la Cité.

3. Les bassins et les docks de Londres avaient déjà reçu un navire ayant pour armateur Phileas Fogg.

4 **Dans ces répliques tirées des *Fausses Confidences* de Marivaux (1737), reformulez le mot-phrase « non ».**

1. **Marton.** – […] Avez-vous remarqué le portrait ?
Le garçon. – Non ; je n'ai pas pris garde à qui il ressemble. (II,7)

2. **Marton.** – Eh bien, Madame, voilà bien du bruit ! c'est mon portrait.
Le Comte. – Votre portrait ?
Marton. – Oui, le mien. Eh ! pourquoi **non**, s'il vous plaît ? (II,9)

3. **Dubois.** – Vous êtes bien assuré qu'Arlequin ne connaît pas ce quartier-là ?
Dorante. – Il m'a dit que **non**. (III,1)

Distinguer les différents types de négation

5 **a.** **Surlignez les marques de la négation totale et soulignez celles de la négation partielle.**

> « Pauvre gosse ! Vous ne voulez rien me dire ?
> – Oh ! Dieu si. Ce n'est pas compliqué, allez. Il ne m'aime plus. »
> Il… Son amant ! Je n'y avais pas songé.
>
> Colette, *Les Vrilles de la vigne* (1908) © Hachette.

b. **Réécrivez ce passage à la forme affirmative.**

6 **a.** **Réécrivez ces phrases à la forme négative.**

b. **Précisez si vous avez employé une négation totale (T) ou partielle (P).**

1. Certains pourraient croire que tu as menti.

2. Je suis complètement séduite par cette proposition.

3. La raison du plus fort est toujours la meilleure.

4. Cette journaliste a lu beaucoup de livres sur le sujet.

5. Aurais-tu oublié quelque chose ?

6. Tous les indices prouvent sa culpabilité.

7. Pensez-vous que cette hypothèse soit plausible ?

7 **Surlignez et identifiez les marques de la négation dans ces quatrains de Victor Hugo.**

1.
Moi qui ne cherche dans ce monde
Que la seule réalité,
Moi qui laisse fuir comme l'onde
Tout ce qui n'est que vanité […]

Les Contemplations, Livre II, 1856.

2.
À quoi bon vos étincelles,
Bleus saphirs, sans les yeux doux ?
Les diamants, sans les belles,
Ne sont plus que des cailloux ;

Retenir

3 « Ne » employé seul

- **Le « ne »** (dit **explétif**) appartient au niveau de langue **soutenu** et n'apparaît qu'en proposition **subordonnée**. Dans le niveau de langue courant, il est facultatif.
- On l'emploie notamment après certains verbes comme *douter que, craindre que, empêcher que, éviter que* ou après les locutions conjonctives *à moins que, de peur que, avant que*…
  Je crains qu'elle **ne** veuille parler. (= Sa parole est redoutée.)
- Dans la **langue classique** ou **soutenue**, *ne* exprime parfois à lui seul la négation :
  Je **ne** le puis savoir au juste. (Molière, *Le Malade Imaginaire*, III,9)
- Il est de nos jours, souvent **omis à l'oral** :
  J'ai rien fait ! C'est pas moi !

S'entraîner

Distinguer les emplois de *ne*

8 Surlignez et identifiez les marques de la négation dans ce quatrain de Victor Hugo.

Conserve en ton cœur, sans rien craindre,
Dusses-tu pleurer et souffrir,
La flamme qui ne peut s'éteindre
Et la fleur qui ne peut mourir !

Les Contemplations, Livre II, 1856.

9 Formez des phrases de votre invention en employant le « ne » explétif.

1. Il faudrait éviter ……

2. Revenez vite à la maison avant qu'……

3. Ne faites rien à moins qu'……

4. Je doute que……

10 Dites si l'adverbe *ne* est une négation à lui seul ou un « ne » explétif dans ces citations tirées des *Fables* de La Fontaine.

1. Cependant il avint qu'au sortir des forêts
Ce Lion fut pris dans des rets,
Dont ses rugissements **ne** le purent défaire.

« Le Lion et le Rat »

Négation ☐ **Explétif** ☐

2. On se voit d'un autre œil qu'on **ne** voit son prochain.

« La Besace »

Négation ☐ **Explétif** ☐

3. Les jardins parlent peu, si ce **n**'est dans mon livre

« L'Ours et l'Amateur des jardins »

Négation ☐ **Explétif** ☐

4. Tu nous étourdis tous : que **ne** te tiens-tu coi ?

« Le Cochon, la Chèvre et le Mouton »

Négation ☐ **Explétif** ☐

11 a. Parmi les phrases suivantes, surlignez celles qui ont un niveau de langue familier. Encadrez celles qui ont un niveau de langue soutenu.

b. Réécrivez les phrases négatives en ajoutant la marque de négation qui manque, le cas échéant.

1. C'est pas facile. J'y arrive pas !

2. Attrape le ballon avant qu'il ne s'envole.

3. Ils ne sauraient me surprendre.

4. Tire la bonde pour éviter que l'eau ne déborde.

5. Il fallait pas. C'était pas la peine.

6. Merci ! Vous ne pouviez mieux choisir !

12 La plus grande a huit ans.
On dit, mais je ne me rends pas compte,
Je ne suis pas la mieux placée,
tout le monde dit ça, […]
je ne sais pas,
on dit et je ne vais pas les contredire, qu'elle ressemble à Antoine

Jean-Luc Lagarce, *Juste la fin du monde* (Première partie, scène 2), © Les Solitaires intempestifs, 1990.

a. Surlignez les marques de négation.

b. Réécrivez cet extrait avec une négation d'un niveau de langue familier.

c. Réécrivez cet extrait avec une négation d'un niveau de langue soutenu.

Retenir

4 La négation sémantique

On peut exprimer la négation par le sens des mots ou des préfixes.

Préfixes négatifs	Antonymes	La préposition *sans*
• De nombreux **préfixes** expriment la négation : ***in-*** (et ses variantes ***im-***, ***il-***, ***ir-***), ***dé(s)-***, ***dys-/dis-***, ***a-***, ***mé-***, ***mal-***, ***anti*** … : **dis**paraître, **a**mnésique, **anti**-vaccin, **mal**éfique… • L'adverbe *non* peut aussi jouer le rôle d'un préfixe négatif : **non**-violent, un **non**-lieu.	Un **mot de sens contraire** peut porter un sens négatif. • **Verbes :** ignorer (= ne pas savoir), détester (= ne pas aimer), nier (= dire que ne pas), interdire (= ne pas autoriser)… • **Adjectifs :** triste (/ joyeux), erroné (/ correct)… • **Adverbes :** méchamment (/ gentiment), confusément (/ clairement)… • **Noms :** démon (/ ange), conformisme (/ originalité)…	• Suivie d'un groupe nominal ou d'un infinitif, elle marque l'absence ou l'exclusion. Il est venu **sans tambour**, ni trompette. Elle exprime des émotions **sans parler**.

S'entraîner

13 *Mis aux arrêts à la suite d'un duel, l'auteur vante les mérites du voyage inédit autour de sa chambre.*

– Suivez-moi, vous tous qu'une mortification de l'amour, une négligence de l'amitié, retiennent dans votre appartement, loin de la petitesse et de la perfidie des hommes. Que tous les malheureux, les malades et les ennuyés de l'univers me suivent ! – Que tous les paresseux se lèvent en *masse* ! – Et vous qui roulez dans votre esprit des projets sinistres de réforme ou de retraite pour quelque infidélité ; vous qui, dans un boudoir, renoncez au monde pour la vie ; aimables anachorètes d'une soirée, venez aussi : quittez, croyez-moi, ces noires idées ; vous perdez un instant pour le plaisir sans en gagner un pour la sagesse.

Xavier de Maistre, *Voyage autour de ma chambre*, chapitre II, 1794.

a. Soulignez les termes porteurs d'un sens négatif.

b. Parmi ces termes, surlignez les deux mots formés avec un préfixe négatif et donnez leur antonyme.

....

c. Réécrivez ce texte, de « vous qui, dans un boudoir » (l. 8) jusqu'à la fin, en inversant le sens du propos. Pour cela, employez les antonymes des termes soulignés, et faites les modifications nécessaires pour la cohérence du sens.

....

....

....

....

....

14 Employez les moyens sémantiques indiqués pour mettre ces phrases à la forme négative :

1. Avec cette bouteille d'eau, vous serez bien hydratés dans le désert.

Préposition + préfixe négatif : ....

....

....

2. J'accepte les propositions réalisables pour mon film.

Antonyme du verbe + préfixe négatif : ....

....

3. Le chevalier loyal approche fièrement en faisant beaucoup de bruit.

Antonyme de l'adjectif + antonyme de l'adverbe + préposition

....

....

15 VERS LA QUESTION DE GRAMMAIRE BAC ORAL

Ce Philéas Fogg était-il riche ? Incontestablement. Mais comment il avait fait fortune, c'est ce que les mieux informés ne pouvaient dire, et Mr Fogg était le dernier auquel il convînt de s'adresser pour l'apprendre. En tout cas, il n'était prodigue de rien, mais non avare, car partout où il manquait un appoint pour une chose noble, utile ou généreuse, il l'apportait silencieusement et même anonymement.

Jules Verne, *Le Tour du monde en quatre-vingt jours* (chapitre I), 1872.

a. Quelles sont les marques sémantiques de la négation ?

....

....

....

....

b. Quelles sont les marques syntaxiques de la négation ?

....

....

....

....

....

....

OUTILS D'ANALYSE LITTÉRAIRE

Paroles d'écrivains

« Concrètement, l'explication commençait en isolant dans les premières lignes une formule, aussitôt confrontée à une autre dans les dernières lignes. On mesurait alors tous les facteurs d'écart entre les deux, et l'explication, perdant toute nécessité scolaire, allait consister à rechercher comment en 30 lignes on pouvait passer de la première à la seconde. On le montrait en effet, en se plongeant dans les entrailles du texte, y découvrant mille secrets inaperçus à la première lecture. Aucun souci de paraphrase ne nous taraudait plus, car mêlée au sens premier des phrases, c'est toute une histoire qui se déroulait au fil du texte [...]. Le texte racontait une histoire qui doublait l'histoire de son sujet traité, l'histoire de sa propre création : il y avait en cours de route des changements de direction, des phénomènes de mutation, d'apparents retours en arrière, de brusques bonds en avant. Et à la fin, on aurait pu « raconter » le texte – on le faisait en effet –, non en redisant ses thèmes ou ses anecdotes, mais en déroulant les mécanismes de langage qui passaient par l'esprit et la plume de l'écrivain pour tracer cette page. »

Luc Fraisse, « L'explication de texte : une abolition des frontières entre critique immanente et critique historique », *L'Histoire littéraire à l'aube du XXI*e *siècle*, © PUF, 2005.

« La littérature est une forme de plaisir poussée à son raffinement le plus extrême par des écrivains que le rapport habituel au langage ne satisfait plus. »

Alice Zeniter (née en 1986)

« Il faut être un peu fou pour écrire. Comment expliquer autrement qu'un homme veuille se faire un nom avec les mots de tout le monde ? »

Jacques Ferron (1921-1985)

Vos ressources numériques

MON LABO DE FRANÇAIS

Cartes mentales animées

Luigi Colombo Fillia, *Idole mécanique*, XXe siècle, huile sur toile, Galerie nationale d'art moderne et contemporain, Rome.

28 Les différentes formes poétiques

- La poésie est traditionnellement présentée comme un genre **formel** et **codifié**.
- Dès l'Antiquité apparaissent des **règles de composition**. Elles seront reprises à différentes époques par des poètes qui assureront ainsi la pérennité des formes **fixes**.
- Au côté de cette tradition poétique se développent des **formes libres**, choisies par des poètes qui souhaitent se détacher des contraintes, exprimer une **créativité plus personnelle** ou s'opposer à des codes.

Retenir

1 Les formes fixes

Elles se définissent par des éléments formels, comme la **longueur des vers** et des **strophes**, les **jeux rimiques** (rimes **suivies, croisées, embrassées)**. On distingue notamment :

Antiquité	Moyen âge	XVIe siècle
• **L'ode** : forme lyrique constituée de strophes de même longueur. – Écrite en **octosyllabes**, en **décasyllabes** ou en **alexandrins**.	• **Le rondeau** tire son nom de sa structure circulaire : – 3 strophes : un quintil, un tercet, un quintil. – Le 1er vers repris comme **refrain** à la fin du tercet et du 2e quintil. – **2 rimes.** – Fin XVe s. : le « rondeau nouveau » : même structure à laquelle s'ajoute un « **rentrement** » à la fin de la 2e et de la 3e strophes : c'est la reprise du 1er mot ou du 1er hémistiche du 1er vers. • **La ballade** se compose de 3 strophes (huitains ou dizains) suivies d'une demi-strophe appelée « envoi ». – Chaque strophe terminée par la reprise du dernier vers de la première strophe (refrain). – Généralement écrite en **octosyllabes**.	• **Le sonnet** est une forme italienne, dont le nom signifie « petite chanson ». – 4 strophes : 2 quatrains, 2 tercets. – Écrit en **décasyllabes** puis en **alexandrins (Ronsard)**. – Disposition variable des rimes : → **Sonnet italien** : schéma en ABBA/ABBA/CCD/EED → **Sonnet français** : schéma en ABBA/ABBA/CCD/EDE – Dernier vers (appelé **chute** ou **pointe**) : effet de surprise synthèse des thèmes du poème.

2 Les formes libres

Elles ne répondent à **aucun modèle** codifié, ni à **aucune contrainte**.

XIXe siècle	XXe siècle
• **Le poème en prose** : inventé par Aloysius Bertrand dans *Gaspard de la nuit*. – Texte en prose, – Longueur variable, – Ni versifié, ni rimé.	• **Le calligramme** : Apollinaire développe et donne son nom à cette forme qui existe depuis l'Antiquité. La disposition des lettres et des mots forme un dessin en rapport avec le sujet du poème.

S'entraîner

Identifier les formes fixes

1 Je ne veux point fouiller au sein de la nature,
Je ne veux point chercher l'esprit de l'univers,
Je ne veux point sonder les abîmes couverts[1],
Ni dessiner du ciel la belle architecture.

Je ne peins mes tableaux de si riche peinture,
Et si hauts arguments[2] ne recherche à mes vers,
Mais suivant de ce lieu les accidents[3] divers
Soit de bien, soit de mal, j'écris à l'aventure.

Je me plains à mes vers, si j'ai quelque regret,
Je me ris avec eux, je leur dis mon secret,
Comme étant de mon cœur les plus sûrs secrétaires.

Aussi ne veux-je tant les peigner et friser,
Et de plus braves noms ne les veux déguiser,
Que de papiers journaux, ou bien de commentaires.

Joachim du Bellay, *Les Regrets*, 1558.

1. Que l'œil ne peut sonder. – 2. Sujets d'une œuvre poétique.– 3. Évènements.

a. Identifiez la forme poétique en repérant les caractéristiques principales.

b. Expliquez en quoi le dernier vers constitue une pointe.

2
Fut-il jamais douceur de cœur pareille
À voir Manon dans mes bras sommeiller ?
Son front coquet parfume l'oreiller ;
Dans son beau sein j'entends son cœur qui veille.
Un songe passe, et s'en vient l'égayer.

Ainsi s'endort une fleur d'églantier,
Dans son calice enfermant une abeille.
Moi je la berce ; un plus charmant métier
Fut-il jamais ?

Mais le jour vient, et l'Aurore vermeille
Effeuille au vent son bouquet printanier.
Le peigne en main et la perle à l'oreille,
À son miroir Manon court m'oublier.
Hélas ! l'amour sans lendemain ni veille
Fut-il jamais ?

Alfred de Musset, *Poésies nouvelles*, 1836-1852.

a. Quel type de rondeau est choisi par Musset ? Relevez les éléments formels qui le prouvent.

b. Comment le poète utilise-t-il la contrainte du rentrement pour donner une tonalité particulière à son poème ?

3 Voici la première et la dernière strophe d'une ode écrite par Victor Hugo, intitulée « À mes odes ».

Mes odes, c'est l'instant de déployer vos ailes.
Cherchez d'un même essor les voûtes immortelles ;
Le moment est propice… Allons !
La foudre en grondant vous éclaire,
Et la tempête populaire
Se livre au vol des aquilons[1]. […]

Le poète, inspiré lorsque la terre ignore,
Ressemble à ces grands monts que la nouvelle aurore
Dore avant tous à son réveil,
Et qui, longtemps vainqueurs de l'ombre,
Gardent jusque dans la nuit sombre
Le dernier rayon du soleil.

Victor Hugo, *Odes et ballades*, 1823.

1. Vent fort et violent.

a. Comment le poète crée-t-il un véritable élan lyrique, caractéristique de l'ode ?

b. Selon Victor Hugo, quels sont les pouvoirs de la poésie lyrique ?

4 VERS LE COMMENTAIRE BAC ÉCRIT

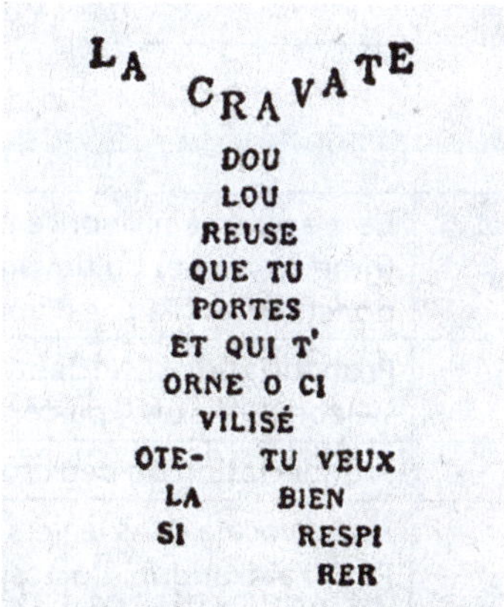

Guillaume Apollinaire, *Calligrames*, 1918.

a. En quoi ce poème-image nous perturbe-t-il dans nos habitudes de lecteur ?

b. Surlignez le mot qui renvoie à l'inconfort ressenti par l'homme moderne qui porte une cravate. Que remarquez-vous et que concluez-vous sur le rapport entre l'objet « cravate » et le mot « cravate » ?

29 La versification

▶ Dans un texte versifié, on parle de **vers** et non de lignes. Le mot « vers » vient du latin *versus*, qui signifie « le sillon, la ligne d'écriture ».

▶ Le texte versifié se distingue du texte en prose par un **retour à la ligne** à la fin de chaque vers. On parle de **strophe** et non de paragraphe.

Retenir

1 Les principaux types de vers

- Le **nom** d'un vers dépend du **nombre de syllabes sonores** qui le constituent : cette mesure s'appelle le **mètre**.
- Une **syllabe** est formée d'un **son vocalique** (/o/, /ou/) accompagné éventuellement de consonnes (/po/, /sou/…)
  Poésie : po-é-sie (= 3 syllabes).
- Voici les principaux mètres :

Octosyllabe (8 syllabes sonores)	Décasyllabe (10 syllabes sonores)	Alexandrin (12 syllabes sonores)
Mètre très employé au Moyen Âge et souvent utilisé dans les comédies du XVIIe siècle et certaines fables. Oh ! que j'aime la solitude ! (Ronsard)	Utilisé notamment dans la poésie épique et dans les premiers sonnets. La faim fait rêver les grands loups moroses. (Hugo)	Traditionnellement utilisé dans les tragédies classiques et les sonnets. Je le vis, je rougis, je pâlis à sa vue. (Racine)

2 Principaux procédés de métrique

Le « e » muet	Ce « e » ne se prononce pas s'il est placé en **fin de vers** (rime féminine) ou **devant une voyelle**. Théoriquement, la ponctuation n'a pas d'impact, mais cette règle peut varier.	Que/ pen/ses/-tu ? = 4 syllabes
La diérèse	Prononciation dissociant les deux sons vocaliques d'une syllabe (dont un *i*, parfois un *u*).	Pa/ssi/on
La synérèse	Prononciation de deux sons vocaliques en une seule syllabe.	Pass/ion
La césure	Pause vocale dans le vers. Pour l'alexandrin, l'octosyllabe et l'hexasyllabe, elle se situe au milieu du vers. Il s'agit alors d'un **hémistiche**.	Nous partîmes cinq cents,/et par un prompt renfort (Corneille)
L'enjambement	Report sur le vers suivant ou précédent d'un ou plusieurs mots nécessaires au sens du vers.	L'empereur se tourna vers Dieu ; l'**homme de gloire** (rejet) Trembla (contre-rejet), Napoléon comprit qu'il expiait… (Hugo)
Le rejet	Mise en valeur d'un élément à la fin du vers.	
Le contre-rejet	Mise en valeur d'un élément au début du vers.	

3 Les rimes et les strophes

- Les **rimes** sont généralement régulières.
- Elles peuvent être :
  – **plates** ou suivies (AABB), **croisées** ou alternées (ABAB) ou bien **embrassées** (ABBA).
  – **pauvres** (un seul son en commun), **suffisantes** (deux sons en commun) ou **riches** (plus de deux sons en commun)
  flot / repos — glacé / hérissé — formidable / redoutable
  Une rime est **féminine** quand elle se termine par un « e » muet, masculine quand ce n'est pas le cas.
  Gloire / mémoire = rime féminine – sort / mort = rime masculine
- Le nom des **strophes** dépend du nombre de vers qui les constituent. Les plus fréquentes sont les suivantes :
  2 vers : **distique** ; 3 vers : **tercet** ; 4 vers : **quatrain** ; 5 vers : **quintil** ; 6 vers : **sizain**

S'entraîner

Analyser le mètre

1 **1.** « Il se fit dans Paris un silence de neige. » (Aragon)

Nom du vers : ……………………………………………………

2. « La circulation des sèves inouïes » (Rimbaud)

Nom du vers : ……………………………………………………

3. « J'ai rêvé la nuit verte aux neiges éblouies » (Rimbaud)

Nom du vers : ……………………………………………………

4. « Je suis fidèle comme un dogue » (Apollinaire)

Nom du vers : ……………………………………………………

b. Soulignez les « e » muets qui comptent, barrez ceux qui ne comptent pas.

c. Comptez les syllabes et nommez chacun des vers en veillant à respecter le nombre des « e » muets.

d. Quel vers contient une diérèse ?

……………………………………………………

Identifier les vers et les rimes

2 **Lisez les strophes suivantes. Analysez pour chacune d'entre elles le type de rimes et la métrique.**

Le vierge, le vivace et le bel aujourd'hui
Va-t-il nous déchirer avec un coup d'aile ivre
Ce lac dur oublié que hante sous le givre
Le transparent glacier des vols qui n'ont pas fui

Stéphane Mallarmé, *Poésies*, 1870-1898.

……………………………………………………

……………………………………………………

……………………………………………………

Que me veux-tu, chère fleurette,
Aimable et charmant souvenir ?
Demi-morte et demi-coquette,
Jusqu'à moi qui te fait venir ?

Alfred de Musset, « Tristesse », *Poésies nouvelles*, 1830.

……………………………………………………

……………………………………………………

……………………………………………………

3 **Entraînez-vous à lire les strophes suivantes puis répondez aux questions.**

1. Chaque fleur s'évapore ainsi qu'un encensoir ;
Le violon frémit comme un cœur qu'on afflige ;
Valse mélancolique et langoureux vertige !
Le ciel est triste et beau comme un grand reposoir.

Charles Baudelaire, « Harmonie du soir », *Les Fleurs du mal*, 1857.

2. C'est un trou de verdure où chante une rivière,
Accrochant follement aux herbes des haillons
D'argent ; où le soleil, de la montagne fière,
Luit : c'est un petit val qui mousse de rayons.

Arthur Rimbaud, « Le dormeur du val », 1888.

3. Regrettant mon amour et votre fier dédain.
Vivez, si m'en croyez, n'attendez à demain :
Cueillez dès aujourd'hui les roses de la vie

Pierre de Ronsard, « Quand vous serez vieille… », *Sonnets pour Hélène*, 1578.

a. Dans la première strophe, indiquez la césure à l'aide d'une barre oblique (/).

b. Lisez les trois strophes. Soulignez deux exemples de synérèse.

c. Encadrez un exemple de diérèse et justifiez votre réponse.

……………………………………………………

……………………………………………………

4 Je fais souvent ce rêve étrange et pénétrant
D'une femme inconnue, et que j'aime, et qui m'aime,
Et qui n'est, chaque fois, ni tout à fait la même
Ni tout à fait une autre, et m'aime et me comprend.

Car elle me comprend, et mon cœur transparent
Pour elle seule, hélas ! cesse d'être un problème
Pour elle seule, et les moiteurs de mon front blême,
Elle seule les sait rafraîchir, en pleurant.

Est-elle brune, blonde ou rousse ? Je l'ignore.
Son nom ? Je me souviens qu'il est doux et sonore,
Comme ceux des aimés que la vie exila.

Son regard est pareil au regard des statues,
Et, pour sa voix, lointaine, et calme, et grave, elle a
L'inflexion des voix chères qui se sont tues.

Paul Verlaine, « Mon rêve familier », *Poèmes saturniens*, 1866.

a. Donnez un exemple de diérèse. ……………………………

b. Dans la deuxième strophe, les « e » en gras doivent-ils être prononcés ?

……………………………………………………

c. Dans la quatrième strophe, les « e » en gras doivent-ils être prononcés ?

……………………………………………………

……………………………………………………

d. Analysez le vers 14. Que cela apporte-t-il au dernier vers de ce poème ?

……………………………………………………

……………………………………………………

……………………………………………………

5 **VERS LA QUESTION DE LANGUE** BAC ORAL

Entraînez-vous à la lecture à haute voix du poème de Verlaine (texte 4 de l'exercice 3).

30 Effets sonores, effets visuels

Carte mentale animée

- Les **effets** sonores et visuels d'un texte poétique sont tous **porteurs de sens.**
- Le **rythme**, la **musicalité** ou la **forme** même du poème portent ainsi des idées, des sensations, des sentiments.

Retenir

1 Les effets sonores

Ils sont notamment assurés par :

Le rythme

Dans la poésie versifiée, le mètre est déjà porteur de rythme, puisqu'il impose une légère pause en fin de vers, et une autre à la césure.

La césure de l'alexandrin et de l'octosyllabe est placée à **l'hémistiche**, c'est-à-dire au milieu du vers.

Pour le décasyllabe, elle se situe après la **quatrième** ou la **sixième** syllabe sonore.

→ fiche 29, p. 118

La musicalité

Le poète peut avoir recours à différents procédés :

- **Enjambement** : il permet de briser le rythme du vers en plaçant des mots indissociables à cheval sur deux vers. → fiche 29, p. 118
- **Vers libres** : ils permettent de jouer avec le rythme du poème, ils sont de mètres irréguliers.
- **Ponctuation** ou absence de ponctuation
- **Allitération** (répétition d'un son consonantique) et **assonance** (répétition d'un son vocalique) qui miment le sens ou l'idée du texte.

Tout en faisant trotter ses petites bottines (Rimbaud) : allitération en [t]
Je fais souvent ce rêve étrange et pénétrant (Verlaine) : assonances en [ã] et [e]

2 Les effets visuels

Le calligramme

- Il s'agit d'un poème formant une **dessin**. Si on en trouve des traces au XIXe siècle, il faut attendre 1918 et la publication d'un recueil d'**Apollinaire** intitulé *Calligrammes* pour que cette forme se popularise.

Les vers libres

- La poésie en vers libre utilise des mètres différents dans un même texte.

Ce procédé permet de mettre en valeur certains vers (**Cendrars**).

→ fiche 29, p. 118

S'entraîner

Repérer un effet visuel

1

Démons et merveilles
Vents et marées
Au loin déjà la mer s'est retirée
Et toi
Comme une algue doucement caressée par le vent
Dans les sables du lit tu remues en rêvant
Démons et merveilles
Vents et marées
Au loin déjà la mer s'est retirée
Mais dans tes yeux entrouverts
Deux petites vagues sont restées
Démons et merveilles
Vents et marées
Deux petites vagues pour me noyer.

Jacques Prévert, *Paroles*, « Sables mouvants », © Gallimard, 1945.

a. Quel vers se distingue des autres ?

....

b. À votre avis, quel effet cela produit-il ?

....

....

....

Analyser les effets sonores

2 **Dans les vers suivants, repérez les allitérations et les assonances, soulignez-les et notez l'effet sonore qu'elles produisent.**

1. Tamtam sculpté, tamtam tendu qui gronde sous les doigts du vainqueur
Ta voix grave de contralto est le chant spirituel de l'Aimée
(Léopold Sédar Senghor)

Allitération en : ……………………………………………………………

……………………………………………………………………………

2. Pour qui sont ces serpents qui sifflent sur vos têtes ?
À qui destinez-vous l'appareil qui vous suit ? (Racine)

Allitération en : ……………………………………………………………

……………………………………………………………………………

3. Tout m'afflige et me nuit et conspire à me nuire (Racine)

Assonance en : ……………………………………………………………

……………………………………………………………………………

4. Il pleure dans mon cœur
Comme il pleut sur la ville ;
Quelle est cette langueur
Qui pénètre mon cœur ? (Verlaine)

Allitération en : ……………………………………………………………

……………………………………………………………………………

3 *Le poète est à bord d'un train. Il traverse la région industrielle de Charleroi, en Belgique.*

Dans l'herbe noire
Les Kobolds[1] vont.
Le vent profond
Pleure, on veut croire.

Quoi donc se sent ?
L'avoine siffle.
Un buisson gifle
L'œil au passant.

Paul Verlaine, *Romances sans paroles*, « Charleroi », 1972.

1. Génies des mythologies germaniques, liés aux sous-sols et au travail des métaux.

a. Remarquez-vous une allitération ? Laquelle ?

……………………………………………………………………………

b. Quel effet cela produit-il ?

……………………………………………………………………………

4 mon peuple quand
hors des jours étrangers
germeras-tu une tête tienne sur tes épaules renouées
et ta parole
le congé dépêché aux traîtres
aux maîtres
le pain restitué la terre lavée
la terre donnée
quand
quand donc cesseras-tu d'être le jouet sombre
au carnaval des autres
ou dans les champs d'autrui
l'épouvantail désuet
demain
à quand demain mon peuple
la déroute mercenaire

Aimé Césaire, *Ferrements et autres poèmes*,
© Seuil, 1960, 2021.

Que pouvez dire des rimes, de la métrique et de la ponctuation ? Qu'en déduisez-vous ?

……………………………………………………………………………

……………………………………………………………………………

……………………………………………………………………………

……………………………………………………………………………

5 Horloge ! dieu sinistre, effrayant, impassible,
Dont le doigt nous menace et nous dit : « Souviens-toi !
Les vibrantes Douleurs dans ton cœur plein d'effroi
Se planteront bientôt comme dans une cible ;

Le Plaisir vaporeux fuira vers l'horizon
Ainsi qu'une sylphide au fond de la coulisse ;
Chaque instant te dévore un morceau du délice
À chaque homme accordé pour toute sa saison.

Trois mille six cents fois par heure, la Seconde
Chuchote : Souviens-toi ! – Rapide, avec sa voix
D'insecte, Maintenant dit : Je suis Autrefois,
Et j'ai pompé ta vie avec ma trompe immonde !

Charles Baudelaire, « L'Horloge », *Les Fleurs du Mal*, 1857.

a. Indiquez les césures à l'aide d'une barre oblique (/).

b. Soulignez les rimes riches et encadrez les rimes suffisantes.

c. Surlignez deux enjambements. Quel effet produisent-ils ?

……………………………………………………………………………

……………………………………………………………………………

……………………………………………………………………………

……………………………………………………………………………

6 VERS LA QUESTION DE GRAMMAIRE BAC ORAL

Relevez les sujets des strophes de l'exercice 5.

……………………………………………………………………………

……………………………………………………………………………

……………………………………………………………………………

……………………………………………………………………………

……………………………………………………………………………

……………………………………………………………………………

……………………………………………………………………………

……………………………………………………………………………

……………………………………………………………………………

31 Analyser un texte poétique

Carte mentale animée

▶ L'étymologie grecque du mot *poésie* (du verbe *faire*, *créer* en grec) rappelle à quel point ce genre littéraire est lié à **un acte de création par l'écriture et par le travail sur les formes**.

▶ Il existe donc un lien particulier entre **écriture et sens** qu'il s'agit d'analyser, afin de mettre en valeur **l'intention du poète et les effets recherchés chez le lecteur**.

Texte Paul Verlaine, « Colloque sentimental », 1869

Dans le vieux parc solitaire et glacé
Deux formes ont tout à l'heure passé.

Leurs yeux sont morts et leurs lèvres sont molles,
Et l'on entend à peine leurs paroles.

Dans le vieux parc solitaire et glacé
Deux spectres ont évoqué le passé.

– Te souvient-il de notre extase ancienne ?
– Pourquoi voulez-vous donc qu'il m'en souvienne ?

– Ton cœur bat-il toujours à mon seul nom ?
Toujours vois-tu mon âme en rêve ? – Non.

Ah ! les beaux jours de bonheur indicible
Où nous joignions nos bouches ! – C'est possible.

– Qu'il était bleu, le ciel, et grand, l'espoir !
– L'espoir a fui, vaincu, vers le ciel noir.

Tels ils marchaient dans les avoines folles,
Et la nuit seule entendit leurs paroles.

Paul Verlaine, « Colloque sentimental », *Les Fêtes galantes*, 1869.

Questions

1. Quels éléments participent à l'atmosphère étrange et inquiétante du poème ?
2. Relevez les marques du dialogue. Que pensez-vous de cet échange entre les deux personnages ? Relevez à la fin du poème un vers qui justifie votre propos.
3. Identifiez le type de strophe utilisé par Verlaine. Comment interprétez-vous ce choix au regard de vos deux réponses ?
4. Quel est le mètre régulier du poème ? Comment le poète utilise-t-il le rythme des vers 9 et 10 pour créer une opposition entre les deux personnages ?

Retenir

• Pour analyser un texte poétique, suivez les trois étapes suivantes.

1. Observer et situer le texte

• Intéressez-vous :
– à la **date de parution** du recueil et au **mouvement** dans lequel s'inscrit l'œuvre, pour **situer** l'extrait dans l'histoire du genre poétique ;
– au **titre** de l'œuvre et du **poème** qui sont liés aux grandes thématiques ;
– aux **réseaux lexicaux** qui se complètent, s'opposent et font ainsi apparaître les premières pistes d'analyse.

2. Analyser les choix formels et les procédés textuels

• Identifiez la **forme** poétique, le **mètre**, les **rimes** : le poème s'inscrit-il dans une tradition poétique ou cherche-t-il à s'émanciper des normes ? (→ fiche 28, p. 116)

• Analysez la **musicalité** (les allitérations, les assonances, les rimes, les rimes internes…) : en découle-t-il une impression d'harmonie, de violence, de langueur…

• Étudiez le **rapport entre la phrase et le vers** : nombre de phrases par rapport au nombre de vers, enjambement, rejet, contre-rejet (→ fiche 29, p. 118). Cette relation entre la syntaxe et la versification entraîne des rythmes différents et permet de mettre en valeur des mots et des idées.

• Repérez et analysez les **figures de style**, particulièrement appréciées des poètes pour leur puissance évocatrice (→ fiches 51 à 53, p. 162 à 166).

3. Identifier les registres

• En vous appuyant sur ces éléments :
– cernez les **effets** recherchés sur le lecteur (émouvoir, surprendre, faire réfléchir…) et identifiez la ou les **tonalité(s)** du poème (→ fiches 47 à 50, p. 154 à 161) ;
– analysez les **intentions** du poète, (critiquer, exprimer des sentiments, des émotions, raconter un épisode marquant, peindre un paysage…).

S'entraîner

Analyser les choix formels

1 Laisse-moi respirer longtemps, longtemps, l'odeur de tes cheveux, y plonger tout mon visage, comme un homme altéré dans l'eau d'une source, et les agiter avec ma main comme un mouchoir odorant, pour secouer des souvenirs dans l'air.

Si tu pouvais savoir tout ce que je vois ! tout ce que je sens ! tout ce que j'entends dans tes cheveux ! Mon âme voyage sur le parfum comme l'âme des autres hommes sur la musique.

Ch. Baudelaire, « Un hémisphère dans une chevelure », *Le Spleen de Paris*, 1869.

a. **Quelle est la forme de ce poème ? Justifiez votre réponse.**

....

....

b. **Qu'est-ce qu'un « hémisphère » et quel est le rapport avec la chevelure féminine ? Surlignez les termes qui renvoient à cette thématique. En quoi s'agit-il d'un motif traditionnel en poésie ?**

....

....

....

....

....

....

c. **Relevez dans le deuxième paragraphe deux effets sonores qui traduisent la plénitude du poète.**

....

....

d. **En conclusion, pourquoi, selon vous, Baudelaire a-t-il choisi cette forme poétique ?**

....

....

....

Identifier et analyser les effets sonores et rythmiques

2 Regrettera qui veut le bon vieux temps,
Et l'âge d'or, et le règne d'Astrée,
Et les beaux jours de Saturne et de Rhée[1],
Et le jardin de nos premiers parents[2] ;
Moi, je rends grâce à la Nature sage
Qui, pour mon bien, m'a fait naître en cet âge
Tant décrié par nos pauvres docteurs[3] :
Ce temps profane est tout fait pour mes mœurs.
J'aime le luxe, et même la mollesse,
Tous les plaisirs, les arts de toute espèce,
La propreté, le goût, les ornements :
Tout honnête homme a de tels sentiments.

Voltaire, « Le Mondain », 1736.

1. Références au mythe antique de l'Âge d'or, où les hommes vivaient en harmonie avec les dieux. – 2. Le jardin d'Éden où vivaient Adam et Ève. – 3. Les religieux rigoristes.

a. **Reformulez en une phrase la thèse de Voltaire.**

....

....

b. **Quel est le mètre utilisé par le poète ?**

....

c. **Identifiez la figure de style utilisée en tête de vers 2, 3 et 4. Quel rythme donne-t-elle à ces vers ? Qu'est-ce que le poète souhaite mettre en valeur ?**

....

....

d. **Au vers suivant, comment Voltaire utilise-t-il le rythme du vers pour montrer l'originalité de sa position ?**

....

....

e. **Identifiez et analysez une allitération des vers 9 à 11.**

....

3 VERS LE COMMENTAIRE — BAC ÉCRIT

Après la présentation d'une œuvre poétique à l'oral du Bac, l'examinateur vous pose la question suivante : « Les contraintes formelles sont-elles selon vous un frein à la créativité du poète ? »
Cherchez deux arguments qui soutiennent la thèse et la thèse adverse.

Thèse : ....

Argument 1 : ....

....

....

Argument 2 : ....

....

....

Thèse adverse : ....

....

Argument 1 : ....

....

....

....

Argument 2 : ....

....

32 Aborder un texte poétique

Carte mentale animée

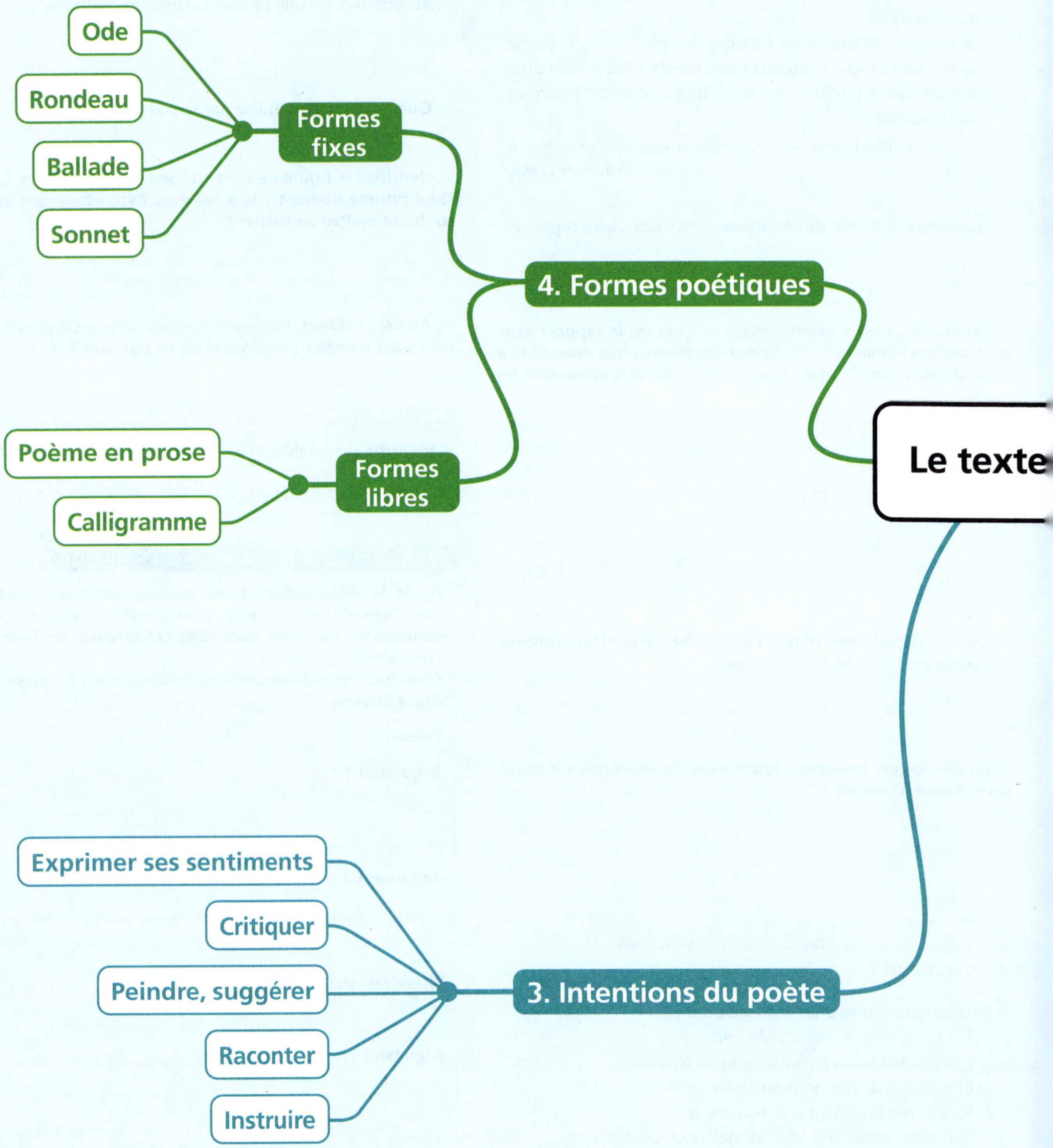

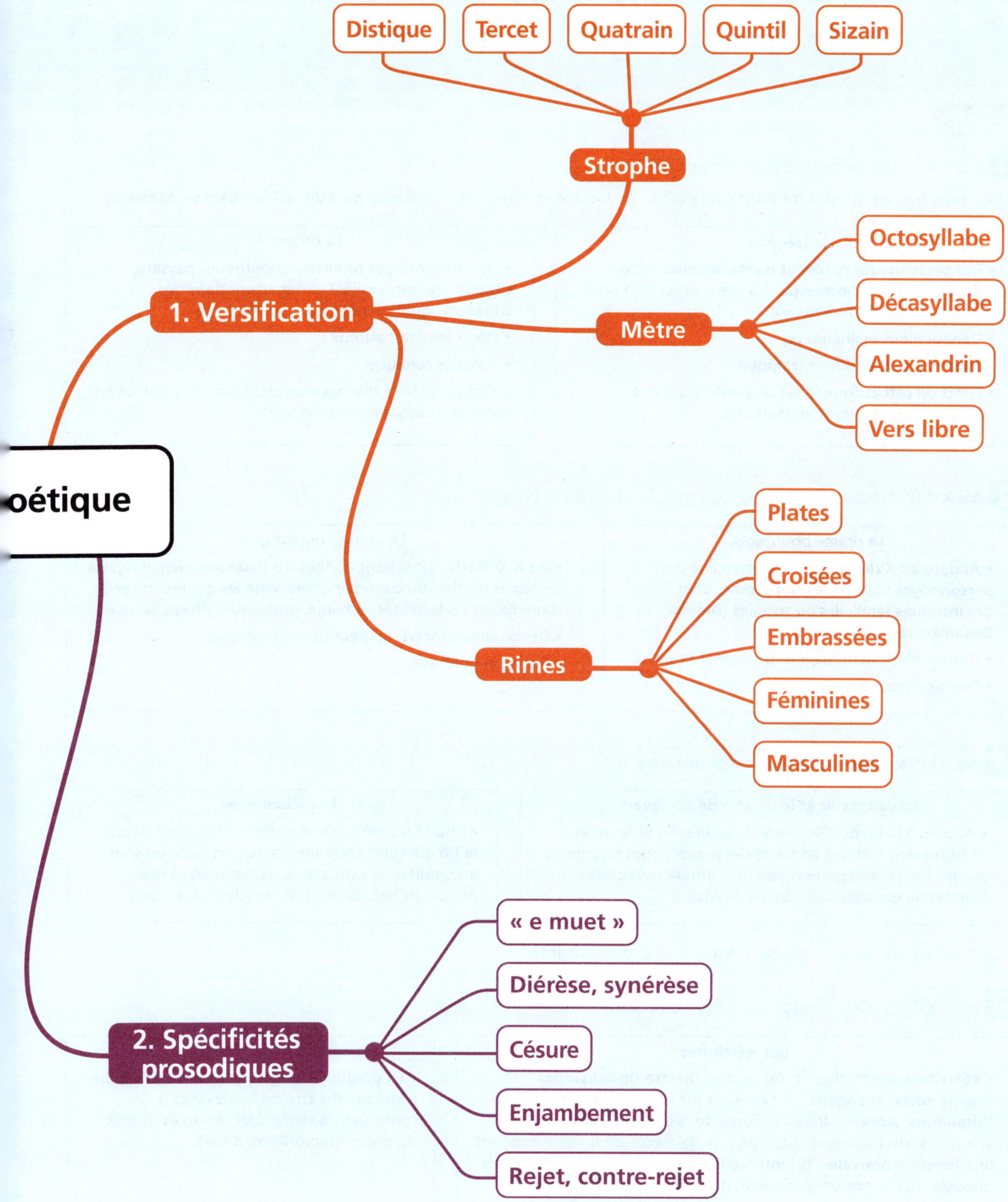
oétique
1. Versification
Strophe
Distique
Tercet
Quatrain
Quintil
Sizain
Mètre
Octosyllabe
Décasyllabe
Alexandrin
Vers libre
Rimes
Plates
Croisées
Embrassées
Féminines
Masculines
2. Spécificités prosodiques
« e muet »
Diérèse, synérèse
Césure
Enjambement
Rejet, contre-rejet

33 Les différents genres théâtraux

▶ Les différentes genres théâtraux ont tous évolué au fil des siècles et continuent d'être représentés aujourd'hui.

Retenir

1 Au XVIIe siècle : comédie et tragédie

- Ces deux genres, hérités de l'Antiquité (Ve s. av. J.-C.), ont connu leur âge d'or au XVIIe siècle (**Racine, Molière**).

La tragédie

- Des **personnages nobles et mythologiques** luttent **contre la fatalité** imposée par les dieux et sont en proie à un dilemme (amour/devoir).
- Dénouement **malheureux**.
- Tonalités **pathétique** et **tragique**.
- Fonction **cathartique** (effet de purification des passions exercée sur les spectateurs).

La comédie

- Des **personnages communs** (bourgeois, paysans, citadins contemporains) se débattent dans des **situations quotidiennes** qui portent à **rire**.
- Dénouement **heureux**.
- Tonalité **comique**.
- Fonction : faire rire des vices des hommes pour les en corriger (*castigat ridendo mores*).

2 Au XVIIIe siècle : du drame bourgeois au drame romantique

Le drame bourgeois

- Apparu au **XVIIIe siècle**, il met en scène des **personnages issus de la bourgeoisie**, dans des **intrigues familiales ou sociales** (**Diderot, Beaumarchais**).
- Dénouement **heureux**, fait triompher la vertu.
- Fonction **morale**.

Le drame romantique

- Au **XIXe siècle**, s'inspirant du théâtre **shakespearien**, il **rejette** les **règles** du théâtre classique et **mélange les genres** (tragédie, comédie) et les **tonalités** (sublime, grotesque) (**Hugo, Musset**).
- Dénouement **incertain** (heureux ou tragique).
- Fonction **politique**.

3 Au XIXe siècle : le théâtre « populaire »

Le vaudeville et le théâtre de boulevard

- Apparu à la fin du XIXe siècle, le vaudeville et le théâtre de boulevard mettent en scène des personnages bourgeois ou citadins contemporains dans des situations cocasses, truffées de quiproquos (**Labiche, Feydeau**).

Le mélodrame

- Inspiré du mélodrame antique, il désigne depuis la fin du XVIIIe siècle un drame populaire où sont accumulées des situations pathétiques et des péripéties imprévues (Guilbert de Pixérécourt).

- La fonction de ces trois genres est avant tout divertissante.

4 Aux XXe et XXIe siècles : un genre protéiforme

Les réécritures

- **Réécriture** des mythes et des contes, théâtre de l'**absurde**, théâtre **social** et **engagé**… se croisent sur la scène contemporaine (**Giraudoux, Anouilh, Ionesco, Sarraute, Novarina, Pommerat**). Les arts se mêlent (danse, chant, vidéo…) ; le metteur en scène acquiert **une fonction nouvelle** : orienter le texte dans une direction parfois opposée aux intentions premières de son auteur (**Py**).

L'héritage classique

- En parallèle, les genres **anciens** (tragédie, comédie, théâtre de boulevard…) continuent à rencontrer le **succès** auprès du public (**Jaoui/Bacri, Kane**).

S'entraîner

Identifier le genre d'une pièce

1 a. **À quel genre appartiennent les extraits suivants : tragédie, comédie, drame romantique, ou théâtre de l'absurde ?**

b. **Surlignez les éléments qui vous ont permis de répondre et expliquez en quoi ils éclairent la distinction de genre.**

1. *Ce passage correspond au début de la scène d'exposition.*

CLOV. (*regard fixe, voix blanche*) – Fini, c'est fini, ça va finir, ça va peut-être finir. (*Un temps.*) Les grains s'ajoutent aux grains, un à un, et un jour, soudain, c'est un tas, un petit tas, l'impossible tas. (*Un temps.*) On ne peut plus me punir. (*Un temps.*) Je m'en vais dans ma cuisine, trois mètres sur trois mètres sur trois mètres, attendre qu'il me siffle. (*Un temps.*) [...] Je regarderai le mur, en attendant qu'il me siffle.

S. Beckett, *Fin de partie*, © Éd. de Minuit, 1957.

Genre : ....

....

....

....

....

2. *Phèdre, l'épouse de Thésée, avoue ici à sa confidente son amour pour son beau-fils Hippolyte, le fils de Thésée.*

Je sentis tout mon corps et transir et brûler :
Je reconnus Vénus et ses feux redoutables,
D'un sang qu'elle poursuit tourments inévitables !
Par des vœux assidus je crus les détourner :
Je lui bâtis un temple, et pris soin de l'orner ; [...]
D'un incurable amour remèdes impuissants !
En vain sur les autels ma main brûlait l'encens !

J. Racine, *Phèdre*, I, 3, 1677.

Genre : ....

....

....

....

....

3. *Ruy Blas revoie son ami Don Salluste, qui vit caché.*

RUY BLAS

Si l'on vous reconnaît, au palais, en plein jour ?

DON SALLUSTE

Ah bah ! des gens heureux, qui sont des gens de cour,
Iraient perdre leur temps, ce temps qui sitôt passe,
À se ressouvenir d'un visage en disgrâce !
D'ailleurs, regarde-t-on le profil d'un valet ? [...]
Est-il vrai que, brûlant d'un zèle hyperbolique,
Ici, pour les beaux yeux de la caisse publique,
Vous exilez ce cher Priego, l'un des grands ? [...]

RUY BLAS

Monsieur De Priego, comme noble du roi,
A grand tort d'aggraver les charges de l'Espagne. [...]
La guerre éclatera...

V. Hugo, *Ruy Blas*, III, 5, 1838.

Genre : ....

....

....

....

....

....

....

Distinguer les fonctions des genres

2 LE CHŒUR. – Et voilà. Maintenant, le ressort est bandé. Cela n'a plus qu'à se dérouler tout seul [...] on n'a plus qu'à laisser faire. [...]. C'est propre, la tragédie. C'est reposant, c'est sûr... Dans le drame, [...] cela devient épouvantable de mourir, comme un accident. On aurait peut-être pu se sauver [...]. Dans la tragédie, on est tranquille. [...] Et puis, surtout, c'est reposant, la tragédie, parce qu'on sait qu'il n'y a plus d'espoir, le sale espoir ; qu'on est pris, qu'on est enfin pris comme un rat, avec tout le ciel sur son dos, et qu'on n'a plus qu'à crier, — [...] Dans le drame, on se débat parce qu'on espère en sortir. C'est ignoble, c'est utilitaire. Là, c'est gratuit.

J. Anouilh, *Antigone*, © La Table Ronde, 1946.

Quelles différences cet extrait fait-il entre la tragédie et le drame ?

....

....

....

....

....

....

3 VERS LE COMMENTAIRE BAC ÉCRIT

Quelles peuvent être les fonctions d'une pièce de théâtre ? Trouvez trois arguments en prenant appui sur la pièce que vous étudiez en classe, et sur des pièces étudiées durant votre scolarité.

....

....

....

....

....

....

34 Les formes de parole théâtrale

Retenir

- La **double énonciation** est une spécificité théâtrale : les personnages échangent des paroles qui visent deux destinataires : un autre personnage et le public lui-même.
- Au théâtre, il existe **deux formes de langage**.

1 Le langage verbal

Réplique	Prise de parole d'un personnage.
Tirade	Longue réplique au cours d'une scène.
Monologue	Réplique d'un personnage seul en scène.
Stichomythie	Série de brèves répliques.
Aparté	Réplique adressée à un personnage, au public ou à soi-même à l'insu des autres personnages.

2 Le langage non verbal

Didascalies (indications scéniques du dramaturge)		**Sont…**	**Pour…**
	externes	en italique, entre ou dans les répliques	le metteur en scène (décors, lumières, bruitages, accessoires).
			les comédiens (posture, mimique, gestuelle, ton…).
			parfois dans le théâtre moderne, le lecteur (texte et représentation sont alors deux faces d'une même œuvre).
	internes	sous-entendues par le texte lui-même	les comédiens (posture, mimique, gestuelle, ton…).

S'entraîner

Identifier les types de répliques

1 a. Quelle forme de parole est illustrée dans chacun des textes suivants ? Quelle tonalité domine ?

b. Quel effet ce type de répliques produit-il sur le spectateur ?

1. *Dans le noir.*
LILY. – C'est fini.
Tout est fini.
Il n'y a plus rien.
Tout est vide ici.
Un excès de vide.
Je ne ressens rien.

É. de La Chenelière, *Lumières, lumières, lumières*, © éd. Théâtrales, 2015.

Forme de parole : ……………………………………

Effet : ……………………………………

……………………………………

……………………………………

Tonalité : ……………………………………

2. MARIANNE. – Qu'est-ce après tout qu'une femme ? L'occupation d'un moment, une coupe fragile qui renferme une goutte de rosée, qu'on porte à ses lèvres et qu'on jette par-dessus son épaule. Une femme ! c'est une partie de plaisir ! Ne pourrait-on pas dire, quand on en rencontre une : voilà une belle nuit qui passe ? Et ne serait-ce pas un grand écolier[1] en de telles matières que celui qui baisserait les yeux devant elle, qui se dirait tout bas : « voilà peut-être le bonheur d'une vie entière », et qui la laisserait passer ? (*Elle sort.*)

A. de Musset, *Les Caprices de Marianne*, II, 1, 1833.

1. Naïf.

Forme de parole : ……………………………………

Effet : ……………………………………

……………………………………

……………………………………

Tonalité : ……………………………………

Comprendre la double énonciation

2 Qu'apprend le spectateur sur les rapports entre les personnages ? Surlignez les passages qui vous ont permis de répondre.

1. SUZANNE. – C'est Catherine.
Elle est Catherine.
Catherine, c'est Louis.
Voilà Louis.

Catherine. […]

La Mère. – Ne me dis pas ça, ce que je viens d'entendre, c'est vrai, j'oubliais, ne me dites pas ça, ils ne se connaissent pas. […]

Antoine. – Comment veux-tu ? Tu sais très bien.

La Mère. – […] Je le savais. Mais je suis ainsi, jamais je n'aurais pu imaginer qu'ils ne se connaissent, que vous ne vous connaissez pas, que la femme de mon autre fils ne connaisse pas mon fils, cela, je ne l'aurais pas imaginé, cru pensable.

J.-L. Lagarce, *Juste la fin du monde*, I, 1,
© Les Solitaires intempestifs, 1990.

....

....

Étudier le rôle des didascalies

3 *Une chambre à coucher. La nuit. Une lampe sur une table.*

Doña Josefa, *seule.*

Elle ferme les rideaux cramoisis de la fenêtre et met en ordre quelques fauteuils. On frappe à une petite porte dérobée à droite. Elle écoute. On frappe un second coup.

Serait-ce déjà lui ?

Un nouveau coup.

C'est bien à l'escalier

Dérobé.

Un quatrième coup.

Vite, ouvrons.

Elle ouvre la petite porte masquée. Entre don Carlos, le manteau sur le visage et le chapeau sur les yeux.

Bonjour, beau cavalier.

Elle l'introduit. Il écarte son manteau, et laisse voir un riche costume de velours et de soie à la mode castillane de 1519. Elle le regarde sous le nez et recule.

Quoi ! Seigneur Hernani, ce n'est pas vous ! [...]

V. Hugo, *Hernani*, I, 1, 1831.

a. Surlignez les répliques : tout ce qui n'est pas surligné correspond à des didascalies externes. Quelles remarques pouvez-vous faire sur l'importance des didascalies dans ce passage ?

....

....

....

b. Quels différents types d'indications ces didascalies apportent-elles ? À qui sont-elles destinées ?

....

....

....

4 **Œnone**

Madame, au nom des pleurs que pour vous j'ai versés,
Par vos faibles genoux que je tiens embrassés,
Délivrez mon esprit de ce funeste doute.

Phèdre

Tu le veux ? lève-toi.

Œnone

Parlez : je vous écoute.

J. Racine, *Phèdre*, I, 3, 1677.

a. Surlignez les passages qui indiquent les mouvements faits par les personnages.

b. Comment se nomme ce type d'indications ?

....

5 VERS LE COMMENTAIRE — BAC ÉCRIT

Blanche-Neige. – Cela fait une éternité que je marche à travers les courbes et lacets de la forêt, et qu'est-ce que je ne trouve pas ? Des nains ! On dit qu'ils nous ressemblent dans leur bonhommie mais pas dans leurs traits. Vous, Monsieur, en revanche, vous avez l'air de quelqu'un qui me ressemble dans les traits mais qui est plutôt un méchant bonhomme. Peut-être à cause de la responsabilité que vous endossez. C'est certainement beaucoup de travail de décimer ce qui existe et d'ajuster ce qui est juste. Moi, je suis plutôt compétente en matière de légèreté. Longtemps, j'ai remporté beaucoup de succès grâce à mon apparence, mais, cherchant ensuite ardemment un plus grand succès, je suis tombée dans le trou de ma belle-mère qui m'a saisie par le côté où je ne m'y attendais pas et m'a empoisonnée peu après avec un fruit. Telle ne fut pas prise, celle qui croyait prendre une autre. Depuis, je suis une chercheuse de vérité, et en affaire de langue également. Apparemment tout cela intéresse énormément la foule, car mon histoire existe depuis des siècles !

E. Jelinek, « Blanche-Neige » in *Drames de Princesses*,
© L'Arche, trad. M. Jourdan et M. Sobottke, 2006.

a. De quel type de réplique s'agit-il ?

....

b. À qui Blanche-Neige s'adresse-t-elle ? Qui peut-il être ? Reprenez ce que vous savez du conte d'origine et analysez les éléments surlignés en vert pour répondre.

....

....

....

....

....

c. Quels sont les éléments du conte d'origine qui sont repris ici ? Surlignez-les.

d. Quels indices prouvent que la dramaturge pose un regard moqueur sur ces contes de princesses ?

35 Analyser la structure d'une pièce de théâtre

Retenir

1 De l'exposition au dénouement

Exposition	Nœud	Dénouement
Première scène, qui plonge le spectateur dans l'action et donne le ton. Parfois prise en charge par un narrateur externe qui explique le contexte, elle peut présenter le nœud de l'intrigue ou annoncer le dénouement.	Moment où les problèmes liés à l'intrigue, le conflit et le dilemme sont à leur comble.	**Scène finale**, heureuse ou malheureuse, qui clôt la pièce.

2 Des scènes récurrentes

Aveu	Conflit	Dilemme
Scène dans laquelle un personnage **avoue son amour**, généralement impossible, ou une faute à l'être aimé ou à un confident.	Scène qui **oppose deux personnages**, sur le plan verbal, moral ou physique.	Caractéristique de la tragédie, il **confronte** le personnage **à un choix impossible** entre l'amour et l'honneur, duquel il ne peut que sortir perdant.

3 Des actions qui font de l'effet

Coup de théâtre	*« Deus ex machina »*	Quiproquo
Retournement soudain de situation, souvent dû à l'apparition ou aux révélations d'un personnage.	• À l'origine, intervention d'un dieu ou d'un être **surnaturel** descendu sur la scène au moyen d'une machine. • Par extension, événement ou intervention d'un personnage **peu vraisemblable** qui apporte un dénouement **inespéré** à une situation sans issue ou tragique.	**Malentendu** entre deux personnages, qui crée un effet comique ou tragique.

S'entraîner

Savoir situer un extrait dans une pièce

1 **a. Pour chacun des extraits suivants, dites s'il s'agit d'une scène d'exposition ou de dénouement.**

b. Surlignez les éléments qui vous permettent de répondre.

1. **Fortinbras.** – Que quatre capitaines portent Hamlet, comme un combattant, sur l'estrade ; car, probablement, s'il eût été mis à l'épreuve, c'eût été un grand roi ! et que, sur son passage, la musique militaire et les salves guerrières retentissent hautement en son honneur ! Enlevez les corps : un tel spectacle ne sied qu'au champ de bataille ; ici, il fait mal. Allez ! dites aux soldats de faire feu. (*Marche funèbre. Ils sortent en portant les cadavres ; après quoi, on entend une décharge d'artillerie.*)

W. Shakespeare, *Hamlet*, V, 2 (1609).

Scène : ....

2. **L'homme.** – Nous allons vous raconter une histoire. Mais auparavant, nous allons nous interroger un instant sur le fait même de raconter une histoire, sur l'importance qu'on accorde à un récit, et sur les frontières qui séparent la réalité de la fiction.

A. Michalik, *Le Porteur d'histoire*, © Les Cygnes, 2011.

Scène : ....

Reconnaître des scènes récurrentes

2 **Pour chacun des extraits suivants, dites s'il s'agit d'une scène d'aveu, de conflit ou de dilemme. Justifiez.**

1.

Le Baron
En un mot comme en cent, je veux être le maître.
La Baronne
Et moi, je veux qu'ici tout se fasse à mon gré.
Le Baron
Le pouvoir d'un mari doit être révéré.
La Baronne
Le pouvoir d'une femme est plus considérable,
Lorsque la femme en tout est la plus raisonnable.

N. Destouches, *Le Médisant*, 1753.

Scène : ....

2. **Bérenger.** –Je ne suis pas beau, je ne suis pas beau. (*Il décroche les tableaux, les jette par terre avec fureur, il va vers la glace.*) Ce sont eux qui sont beaux. J'ai eu tort ! Oh ! Comme je voudrais être comme eux. […] Comme j'ai mauvaise conscience, j'aurais dû les suivre à temps. Trop tard maintenant ! Hélas, je suis un monstre, je suis un monstre. Hélas, jamais je ne deviendrai rhinocéros, jamais, jamais ! […] Eh bien tant pis ! Je me défendrai contre tout le monde !

E. Ionesco, *Rhinocéros*, © Gallimard, 1959.

Scène : ....

3. **Cyrano**, *changeant de ton et gravement.*

J'aime.

Le Bret

Et peut-on savoir ? Tu ne m'as jamais dit ?...

Cyrano

Qui j'aime ?... Réfléchis, voyons. Il m'interdit
Le rêve d'être aimé même par une laide,
Ce nez qui d'un quart d'heure en tous lieux me précède ;
Alors, moi, j'aime qui ?... Mais cela va de soi !
J'aime – mais c'est forcé ! – la plus belle qui soit !

E. Rostand, *Cyrano de Bergerac*, I, 15, 1897.

Scène : ....

Reconnaître des actions fortes

3 **Pour chacun des extraits suivants, dites s'il s'agit d'un coup de théâtre, d'un « deus ex machina » ou d'un quiproquo, en précisant sur quel élément particulier porte l'action.**

1. *Valère est amoureux d'Élise, la fille d'Harpagon. Mais celui-ci est obsédé par la cassette [le coffret] qui renferme son argent.*

Harpagon. – Hé ! dis-moi donc un peu : tu n'y as point touché ?

Valère. – Moi, y toucher ! Ah ! vous lui faites tort, aussi bien qu'à moi ; et c'est d'une ardeur toute pure et respectueuse que j'ai brûlé pour elle.

Harpagon (*à part*). – Brûlé pour ma cassette !

Valère. – J'aimerais mieux mourir que de lui avoir fait paraître aucune pensée offensante : elle est trop sage et trop honnête pour cela.

Harpagon (*à part*). – Ma cassette trop honnête !

Molière, *L'Avare*, V, 3, 1668.

Action : ....

....

2. **Raymonde** (*sortant comme une folle de la chambre du fond droit où la tournette l'a transportée*). – Qu'est-ce qui s'est passé ?... Où suis-je ? Oh ! mon Dieu ! (*Appelant.*) Tournel ! Tournel ! (*A part.*) Ah ! Non ! assez ! assez de cet hôtel ! filons ! filons !

Elle se précipite dans l'escalier. À peine a-t-elle disparu que Rugby fait irruption hors de sa chambre.

Rugby. – Alloh ! boy ! (*Ne trouvant personne à qui parler.*) Nobody here ! (*Il est arrivé à la cage de l'escalier, appelant en se penchant par-dessus la rampe.*) Boy ! Boy !

Raymonde (*surgissant dans l'escalier dont elle a regrimpé les marches quatre à quatre*). – Ciel ! mon mari !... Mon mari dans l'escalier ! *Voyant la porte de Rugby ouverte, elle se précipite dans la chambre.*

G. Feydeau, *La Puce à l'oreille*, 7, 1831.

Action : ....

3. **Jason**

Ta tête répondra de tant de barbaries.

Médée,

en l'air dans un char tiré par deux dragons.

Que sert de t'emporter à ces vaines furies ?
Épargne, cher époux, des efforts que tu perds ;
Vois les chemins de l'air qui me sont tous ouverts ;
C'est par là que je fuis, et que je t'abandonne
Pour courir à l'exil que ton change m'ordonne.

P. Corneille, *Médée*, V, 6, 1635.

Action : ....

4 **VERS LE COMMENTAIRE** BAC ÉCRIT

Papa. – C'est moi, enfant. Je suis Papa et je suis revenu.

Mina. – Mais, maintenant, partez, partez ! Chut. Je serai punie. […]

Papa. – Laquelle de mes deux filles es-tu ? L'aînée ? C'est impossible à dire. Eh bien ?

Mina. – Je suis Mina. […] Ma sœur Ami a dix ans. Maman a beaucoup de talent pour coiffer, alors est-il juste qu'elle ne soit qu'une shampouineuse parmi les autres ? Non, elle nous apprend à penser que c'est mal fondé et injurieux.

Papa. – Papa est revenu mais Papa ne savait pas, Mina, que les enfants changent aussi vite. Papa croyait que les enfants attendraient son retour avant d'avoir l'air de parfaits inconnus. Comme tu dois être contente ! Car c'est moi, enfin revenu, ma petite. Allons, laisse-moi entrer. Enlève cette chaîne. J'entrerai, sais-tu. Oui, j'entrerai, puisque je suis ton père.

M. NDiaye, *Papa doit manger*, © Minuit, 2003.

a. **Précisez à quoi correspondent les passages :**

en bleu : ....

en vert : ....

....

souligné : ....

b. **En vous appuyant sur les fiches 33 et 34, faites toutes les remarques possibles sur cet extrait (situation supposée dans l'œuvre, indications apportées au spectateur, type d'échanges, présence de didascalies…).**

36 Analyser un texte théâtral

Carte mentale animée

▶ Analysez d'abord le **paratexte** (date d'écriture, auteur, titre de la pièce…) et tirez-en les premières pistes de lecture.

▶ Après avoir lu la scène, déterminez :
- le **genre** de la pièce (comédie, tragédie, drame romantique, pièce absurde…) ; → fiche 33, p. 126
- la **situation** du passage dans la pièce (exposition, nœud, dénouement) ; → fiche 35, p. 130
- le **type d'action** (aveu, conflit…). → fiche 35, p. 130

Texte Delaporte et la Patellière, *Le Prénom*, 2010

Vincent et Anna vont avoir un enfant qu'ils veulent appeler Henri, comme le père et le grand-père de Vincent. Mais lors d'un dîner entre amis, Vincent fait croire, sans qu'Anna le sache, qu'ils souhaitent appeler leur enfant Adolf, comme Hitler.

VINCENT. – Nos amis n'ont que moyennement apprécié le prénom de notre fils. […]

PIERRE. – Désolée Anna. Mais moi il m'a plus déplu que surpris.

ANNA. – C'est moi qui suis désolée, on pensait que la référence vous plairait.

PIERRE, *s'étouffe*. – La référence ?! Eh bien, c'est la référence qui nous a déplu Anna. C'est justement la référence. […] Mais tu te rends compte de qui on parle ? De ce qu'il a fait !

ANNA, *de plus en plus confuse*. – Ce qu'il a fait ? Mais je ne sais pas... Je ne l'ai jamais rencontré !

PIERRE. – « Je ne l'ai jamais rencontré ! »... Mais elle s'écoute quand elle parle !? […]

ANNA. – Mais de quoi je me mêle ? Et tu es qui pour me parler sur ce ton ? […]

VINCENT. – Ma chérie, ce n'est pas ce qu'il voulait dire...

ANNA. – Il est prof de français, il sait très bien ce qu'il dit.

PIERRE. – Effectivement, moi j'ai le sens des mots et de leur portée !

ANNA. – Je t'emmerde. J'appelle mon fils comme je veux.

PIERRE. – Justement, non.

ANNA. – Je suis désolée, je n'ai pas de cours de prénom à recevoir de quelqu'un qui appelle ses enfants Apollin et Myrtille !

Vincent, sentant le dérapage, s'interpose.

VINCENT. – STOP ! C'ÉTAIT UNE **BLAGUE** ! UNE BLAGUE ! (*Tout le monde se tourne vers lui.*) On se calme ! Tout ça est un malentendu… Anna, je leur ai fait croire que nous voulions appeler notre fils Adolf. C'était idiot, drôle mais idiot. Mais quand même très drôle. La colère de Pierre vient de là. (*À Pierre*) Nous allons appeler notre fils Henri, comme papa et grand-père. Quand Anna parlait de référence, c'est à Papa qu'elle pensait. OK ?

M. Delaporte, A. de la Patellière, *Le Prénom*, © L'Avant-scène théâtre, 2010.

Questions

1. À quel genre cette pièce appartient-elle ?
2. À quels types de scène ce passage correspond-il ? Vous pouvez en relever deux qui se succèdent.
3. Selon vous, où ce passage se situe-t-il dans la pièce ? Justifiez votre réponse.
4. Quelle indication donnent les mots écrits en capitales l. 18 ?

Retenir

Étudier une scène de théâtre, c'est analyser :

Le genre de la pièce : ici, la comédie	– le comique de **mots** (ici registre de langue familier, voire vulgaire). – le comique de **situation** (quiproquo, insultes). – le comique de **caractère** (Vincent qui est content de sa « blague »).
Le type d'action	– **le quiproquo** joue ici sur la « référence » : Anna sait que le prénom choisi, Henri, fait référence au père et grand-père de Vincent, mais Pierre pense qu'elle fait référence à Adolf Hitler. – **le conflit** (Anna se dispute avec Pierre) créé par le quiproquo amène à avouer des choses (Anna n'aime pas les prénoms des enfants de Pierre).
Les formes de la parole	– L'**enchaînement** de répliques crée un effet de **rapidité** qui peut caractériser les moments de **tensions** au théâtre. – Les **didascalies** insistent sur la confusion et sur l'incompréhension des personnages, mettant en valeur le **quiproquo**.
La situation du passage	Cette scène, qui révèle la « blague » de Vincent, correspond au point culminant (acmé) de la tension dans la pièce. Elle se situe au milieu de l'œuvre.

S'entraîner

Observer le paratexte

1 À partir du paratexte suivant, proposez vos premières interprétations de lecture.

Jean Racine, *Andromaque*, Acte I, scène 1, 1668.

Saisir la fonction dramatique de l'extrait

2 Lisez les extraits suivants et essayez de les situer dans la pièce.

1.

POLLUX
Que je sens à la fois de surprise et de joie !
Se peut-il qu'en ces lieux enfin je vous revoie,
Que Pollux dans Corinthe ait rencontré Jason ?
JASON
Vous n'y pouviez venir en meilleure saison ;
Et pour vous rendre encor l'âme plus étonnée,
Préparez-vous à voir mon second hyménée[1].
POLLUX
Quoi ! Médée est donc morte, ami ?
JASON
Non, elle vit ;
Mais un objet plus beau la chasse de mon lit.

P. Corneille, *Médée*, 1635.

1. Mariage.

2.

NÉRON
Narcisse, c'en est fait, Néron est amoureux.
NARCISSE
Vous ?
NÉRON
Depuis un moment mais pour toute ma vie
J'aime, que dis-je, aimer ? J'idolâtre Junie !

J. Racine, *Britannicus*, 1670.

3. **Le Chœur**, *s'avance*. – Et voilà. Sans la petite Antigone, c'est vrai, ils auraient tous été bien tranquilles. Mais maintenant, c'est fini. Ils sont tout de même tranquilles. Tous ceux qui avaient à mourir sont morts. Ceux qui croyaient une chose, et puis ceux qui croyaient le contraire même ceux qui ne croyaient rien et qui se sont trouvés pris dans l'histoire sans y rien comprendre. Morts pareils, tous, bien raides, bien inutiles, bien pourris.

J. Anouilh, *Antigone*, © La Table ronde, 1942.

3 VERS LE COMMENTAIRE BAC ÉCRIT

Sganarelle et Martine paraissent sur le théâtre en se querellant.

SGANARELLE. – Non, je te dis que je n'en veux rien faire, et que c'est à moi de parler et d'être le maître.

MARTINE. – Et je te dis, moi, que je veux que tu vives à ma fantaisie, et que je ne me suis point mariée avec toi pour souffrir tes fredaines !

SGANARELLE. – Oh ! la grande fatigue que d'avoir une femme ! et qu'Aristote a bien raison, quand il dit qu'une femme est pire qu'un démon ! [...]

MARTINE. – Peste du fou fieffé !

SGANARELLE. – Peste de la carogne !

MARTINE. – Que maudits soient l'heure et le jour où je m'avisai d'aller dire oui !

SGANARELLE. – Que maudit soit le bec cornu de notaire qui me fit signer ma ruine !

Molière, *Le Médecin malgré lui*, I, 1, 1666.

a. Quels sont les liens entre les personnages ? Surlignez les éléments qui vous aident à répondre.

b. À quel type de scène avons-nous affaire ?

c. Quelle forme de parole est majoritaire ici ? Justifiez-la.

37 Aborder un texte théâtral

Carte mentale animée

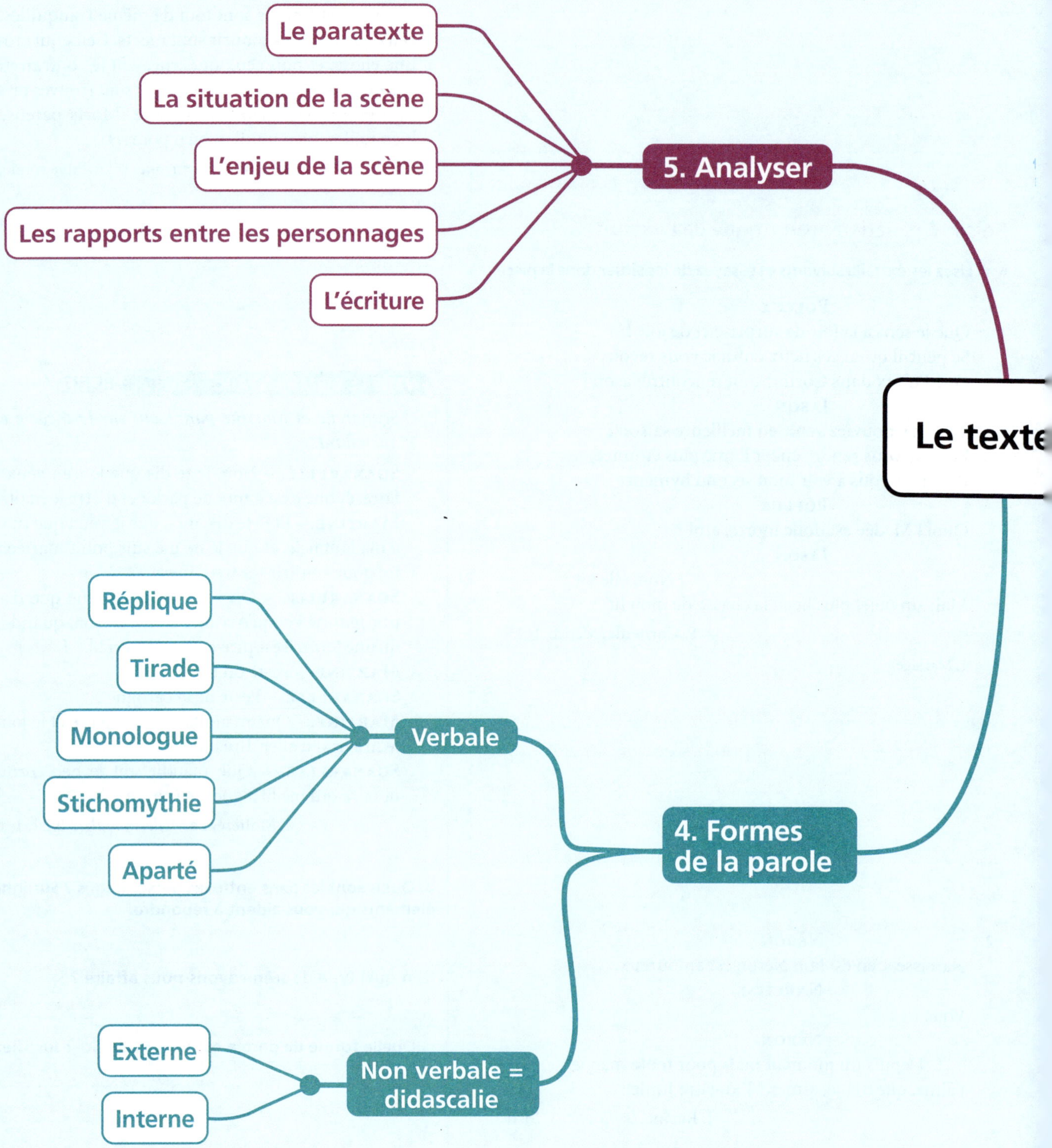

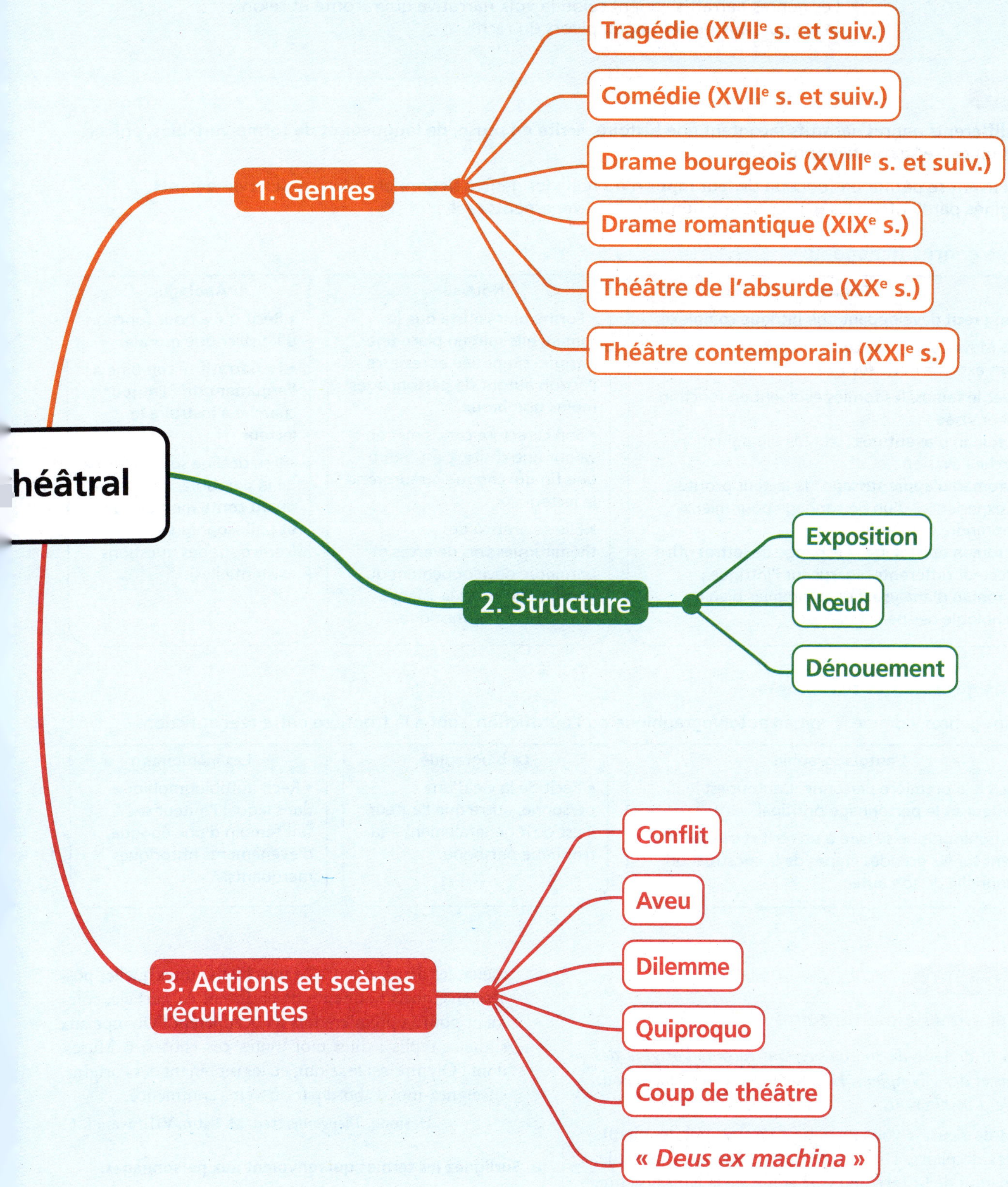
héâtral
1. Genres
Tragédie (XVIIe s. et suiv.)
Comédie (XVIIe s. et suiv.)
Drame bourgeois (XVIIIe s. et suiv.)
Drame romantique (XIXe s.)
Théâtre de l'absurde (XXe s.)
Théâtre contemporain (XXIe s.)
2. Structure
Exposition
Nœud
Dénouement
3. Actions et scènes récurrentes
Conflit
Aveu
Dilemme
Quiproquo
Coup de théâtre
« Deus ex machina »

38 Les différents genres du récit

▶ Le récit est considéré comme **le genre originel**, première expression de la pensée humaine et de la création littéraire. Sous forme orale ou écrite, l'homme raconte, dans le but de **distraire**, d'**éduquer**, de **témoigner**.

▶ Les genres narratifs varient selon la voix narrative qui raconte et selon le rapport aux personnages, pivots du récit.

Retenir

- Les différents genres narratifs racontent une **histoire, écrite en prose, de longueur et de forme variables,** ancrée **dans un cadre spatio-temporel défini.**
- Ils peuvent se définir en fonction de **leur rapport au réel** : les genres **fictionnels** relatent des événements **imaginés** par l'auteur, les genres **non-fictionnels**, des événements **réels.**

1 Les genres fictionnels

Roman	Nouvelle	Apologue
• **Long récit** développant une **intrigue complexe.** • Au Moyen-Âge, il se construit autour du héros, de ses exploits et de ses valeurs. • Avec le temps, les formes évoluent en fonction de leur **visée** : – **le roman d'aventures** : stimule l'imagination, cherche l'évasion ; – **le roman d'apprentissage** : le lecteur profite des expériences d'un personnage pour mieux comprendre le monde ; – **le roman épistolaire** : l'échange de lettres offre au lecteur différents regards sur l'intrigue ; – **le roman d'analyse** met au premier plan la psychologie des personnages.	• **Forme plus courte que le roman,** elle met en place une intrigue simplifiée et resserre l'action autour de **personnages moins nombreux.** • Son caractère concis met en valeur **une chute,** c'est-à-dire une fin qui choque ou surprend le lecteur. • Elle se prête à des **thématiques très diverses** et permet le développement du genre policier, de la science-fiction ou du fantastique.	• Récit qui a pour **fonction d'illustrer une morale.** • Le **narratif** se combine à **l'argumentatif** : l'auteur cherche à **instruire le lecteur.** • Il se décline sous la forme de **la parabole**, de **la fable** ou **du conte merveilleux et philosophique** (centré sur des questions existentielles).

2 Les genres non-fictionnels

Certains genres, comme le **roman autobiographique** ou l'**autofiction**, sont à la frontière entre réel et fiction.

L'autobiographie	La biographie	Les mémoires
• Récit à la première personne. L'auteur est le narrateur **et** le personnage principal. • L'autobiographe se livre à un récit **rétrospectif** et revient sur les grandes étapes de la construction personnelle de son auteur.	• Récit de la vie d'une personne, autre que l'auteur. Il est écrit généralement à la troisième personne.	• Récit autobiographique dans lequel l'auteur se fait témoin d'une époque, d'évènements historiques marquants.

S'entraîner

Réfléchir aux origines du genre

1 *Dans le* Prélude *de son œuvre, qui raconte l'origine des Titans et des Olympiens, Hésiode invoque les Muses pour qu'elles l'inspirent.*

Filles de Zeus, je vous invoque. Donnez-moi des chants dignes de plaire. Dites cette race divine et immortelle, qui naquit de la Terre, du Ciel étoilé, de la Nuit obscure, […] ; dites comment furent avant tout le reste et la terre, et les fleuves, et l'immense mer […], et les enfants de ces dieux, les dieux auteurs de tous biens ; dites quelles possessions, quels honneurs ils obtinrent en partage, comment pour la première fois ils occupèrent l'Olympe aux sinueux replis ; dites-moi toutes ces choses, ô Muses, dont l'Olympe est le séjour, et, les reprenant dès l'origine, enseignez-moi d'abord par où tout a commencé.

Hésiode, *Théogonie*, trad. M. Patin, VIIIe avant J.-C.

a. **Surlignez les termes qui renvoient aux personnages.**

b. **Encadrez ceux qui renvoient au cadre.**

c. **Soulignez ceux qui renvoient à l'action principale du récit que le poète-conteur s'apprête à livrer.**

d. **À partir de ce relevé, quelle définition pouvez-vous donner d'une narration ?**

....

....

....

....

Distinguer les différents genres

2 **Identifiez les genres narratifs des extraits suivants en surlignant et en expliquant les indices qui vous ont permis de répondre.**

1. L'être que j'appelle moi vint au monde un certain lundi 8 juin 1903, vers les 8 heures du matin à Bruxelles, et naissait d'un français appartenant à une vieille famille du Nord, et d'une Belge [...].

Marguerite Yourcenar, *Souvenirs pieux*, © Gallimard, 1974.

....

....

2. *La Marquise de Merteuil au Vicomte de Valmont.*

Savez-vous, Vicomte, que votre lettre est d'une insolence rare, et qu'il ne tiendrait qu'à moi de m'en fâcher ? mais elle m'a prouvé clairement que vous aviez perdu la tête, et cela seul vous a sauvé de mon indignation.

*Paris, ce 7 août 17***

Choderlos de Laclos, *Les Liaisons dangereuses*, Lettre V, 1782.

....

....

3. Il y avait en Westphalie, dans le château de M. le baron de Thunder-ten-tronckh, un jeune garçon à qui la nature avait donné les mœurs les plus douces. [...] Le précepteur Pangloss était l'oracle de la maison, et le petit Candide écoutait ses leçons. [...] Pangloss enseignait la métaphysico-théologo-cosmolonigologie. Il prouvait admirablement qu'il n'y a point d'effet sans cause [...]

Voltaire, *Candide*, 1759.

....

....

....

Comprendre les enjeux du roman

3 **Expliquez en quelques lignes ce que le lecteur peut attendre de la suite de ce récit.**

1. *Au large de l'Amérique, le navire sur lequel voyageait Robinson Crusoé vient de faire naufrage.*

Après avoir soulagé mon esprit en songeant à ce que pouvait avoir de consolant ma situation, j'examinai le lieu où j'étais et réfléchis à ce que j'avais à faire. Mouillé, ne pouvant changer d'habits, je n'avais rien à manger ni à boire pour reprendre des forces, et mon unique perspective était de mourir de faim ou d'être dévoré par les bêtes sauvages.

Daniel Defoe, *Robinson Crusoé*, 1719.

....

....

....

....

....

2. Julien, debout sur son gros rocher, regardait le ciel, embrasé par un soleil d'août. [...] Il voyait à ses pieds vingt lieues de pays[1]. Quelque épervier parti des grandes roches au-dessus de sa tête était aperçu par lui, de temps à autre, décrivant en silence ses cercles immenses. L'œil de Julien suivait machinalement l'oiseau de proie. Ses mouvements tranquilles et puissants le frappaient, il enviait cette force, il enviait cet isolement.

C'était la destinée de Napoléon ; serait-ce un jour la sienne ?

Stendhal, *Le Rouge et le Noir*, 1830.

1. 80 kms à la ronde.

....

....

....

....

....

....

....

4 VERS LA DISSERTATION — BAC ÉCRIT

Sujet **Le lecteur de roman cherche-t-il toujours à s'identifier au personnage principal ?**

Trouvez deux arguments qui valident la thèse et deux contre-arguments qui la nuancent.

Argument 1 : ....

....

Argument 2 : ....

....

Contre-argument 1 : ....

....

....

Contre-argument 2 : ....

....

....

39 Les types de personnages

- Un **personnage** est une personne fictive dans une œuvre littéraire ou cinématographique.
- Depuis les premiers récits, il est une pierre angulaire de la **fiction** : c'est à travers lui que le lecteur entre dans la vision du monde de l'auteur.

Retenir

1 Le personnage et l'action

Personnage principal	Personnage secondaire
Appelé aussi **héros** ou **protagoniste**, il joue un rôle de premier plan dans l'action. Les autres personnages convergent vers lui et le lecteur suit son parcours avec intérêt, souvent avec sympathie.	Il peut faire une simple apparition dans le récit et être considéré comme **figurant**. Il peut également entretenir une relation privilégiée avec le héros en le mettant en valeur, en l'aidant ou bien en s'opposant à lui.

2 Le personnage et l'action

L'auteur donne à son personnage une **identité**, des **caractéristiques physiques et morales**, une **pensée propre** et des **sentiments**. Ce personnage peut ainsi remplir différentes **fonctions**.

Fonction psychologique	Fonction symbolique	Fonction philosophique
Il offre une réflexion approfondie sur l'âme humaine, sur la complexité des sentiments.	Il incarne une idée abstraite, une valeur ou une époque.	Il véhicule une vision du monde, une prise de position de la part de l'auteur.

3 L'évolution du personnage à travers les époques

Antiquité et Moyen Âge

- Le héros des mythes antiques ou des grandes épopées chevaleresques (**Chrétien de Troyes**) incarne les **valeurs** d'une société, un **idéal de perfection**.
- Il se distingue par ses exploits **guerriers** et sa **pureté morale**, qui suscitent l'**admiration** du lecteur.

À partir du XVIIe siècle

- Le roman **d'analyse** (*La Princesse de Clèves*, de **Mme de Lafayette**) ou le roman **épistolaire** (*La Nouvelle Héloïse* de **Rousseau**) font du personnage une **figure plus humaine, avec ses qualités et ses défauts, et plus proche du lecteur**.
- Le héros peut fasciner par sa **décadence** ou son **immoralité** (*Manon Lescaut* de **l'abbé Prévost**, *Les Liaisons dangereuses* de **Laclos**).

XIXe siècle

- Le personnage réaliste et naturaliste devient un **miroir de l'homme moderne**, en prise avec les **souffrances** de son époque (le héros balzacien face à l'ambition, les membres de la famille des *Rougon-Macquart*). Le héros est **désacralisé** et bascule du côté de la **médiocrité**.

XXe siècle

- L'**anti-héros**, personnage **ordinaire** condamné à l'inaction, s'affirme (*L'Étranger* de **Camus**). Dans cette époque tourmentée, l'homme peine à donner du sens à l'existence.
- Le Nouveau roman met à mort le personnage traditionnel en le vidant de sa substance romanesque (**Sarraute**, **Robbe-Grillet**). C'est au lecteur de **reconstruire la figure du personnage** à partir des signes linguistiques donnés par l'auteur.

S'entraîner

Réfléchir à la place du personnage

1 Il faut le dire et le redire sans compter : il y a un lien indestructible entre le roman et le personnage ; qui attente au second ne peut que porter atteinte au premier. [...] Pour que la fiction opère, nous avons besoin de croire à l'existence d'un personnage en qui se résument et se concentrent les actions qu'organise la fable[1]. Le fonctionnement même du texte le veut : sa vérité est obligée de passer par des simulacres[2] de mots ; **et la vie même et l'âme de l'auteur de se couler vivantes dans la figure de papier qui le représente.** [...]

Le personnage vit, sans doute : mais nous savons fort bien de quelle vie. C'est la vie d'une illusion.

Danièle Sallenave, *Le Don des morts. Sur la littérature*, © Gallimard, 1991.

1. L'histoire. – 2. Illusion.

a. Reformulez la thèse exprimée dans la première phrase.

b. Surlignez le champ lexical de l'illusion romanesque. Quel rapport particulier le lecteur entretient-il avec le personnage ?

c. La phrase en gras résume ce que représente le personnage pour l'auteur. Que pensez-vous de cette image ?

Distinguer personnage principal et secondaire

2 *Don Quichotte, un gentilhomme espagnol nourri de romans de chevalerie, prend la route avec son écuyer pour sauver le monde.*

Là-dessus ils découvrirent trente ou quarante moulins à vent qu'il y a en cette plaine, et, dès que Don Quichotte les vit, il dit à son écuyer : « La fortune conduit nos affaires mieux que nous n'eussions su désirer, car voilà, ami Sancho Pança, où se découvrent trente ou quelque peu plus de démesurés géants, avec lesquels je pense avoir combat […].
– Quels géants ? dit Sancho.
– Ceux que tu vois là, répondit son maître, aux longs bras et d'aucuns les ont quelquefois de deux lieues.
– Regardez, monsieur, répondit Sancho, que ceux qui paraissent là ne sont pas des géants, mais des moulins à vent et ce qui semble des bras sont les ailes, lesquelles, tournées par le vent, font mouvoir la pierre du moulin. »

Miguel de Cervantès, *Don Quichotte*, 1605.

a. Comment les paroles de Sancho éclairent-elles la psychologie du personnage principal ?

b. D'après vous, quel rôle va-t-il jouer auprès de Don Quichotte dans la suite du roman ?

Distinguer les différentes fonctions du personnage

3 **Identifiez et expliquez la fonction de chaque personnage des extraits suivants.**

1. *Gnathon* ne vit que pour soi, et tous les hommes sont à son égard comme s'ils n'étaient point. Non content de remplir à une table la première place, il occupe lui seul celle de deux autres ; il oublie que le repas est pour lui et pour toute la compagnie.

J. de La Bruyère, *Les Caractères*, 1688.

2. Il semblait à Jeanne que son cœur s'élargissait, plein de murmures comme cette soirée claire, fourmillant soudain de mille désirs rôdeurs, pareils à ces bêtes nocturnes dont le frémissement l'entourait. […], elle sentait courir des frissons surhumains, palpiter des espoirs insaisissables, quelque chose comme un souffle de bonheur. Et elle se mit à rêver d'amour.

Guy de Maupassant, *Une vie*, 1883.

4 VERS LE COMMENTAIRE — BAC ÉCRIT

Fabrice participe à la bataille de Waterloo, et espère s'illustrer sur le champ de bataille.

Nous avouerons que notre **héros** était fort peu **héros** en ce moment. Toutefois la peur ne venait chez lui qu'en seconde ligne ; il était surtout scandalisé de ce bruit qui lui faisait mal aux oreilles. […]
Ah ! m'y voilà donc enfin au feu ! se dit-il. […] Me voici un vrai militaire. […] Il avait beau regarder du côté d'où venaient les boulets, il voyait la fumée blanche de la batterie[1] à une distance énorme, et, au milieu du ronflement égal et continu produit par les coups de canon, il lui semblait entendre des décharges beaucoup plus voisines ; il n'y comprenait rien du tout.

Stendhal, *La Chartreuse de Parme*, 1839.

1. Ensemble des armes à feu placées à un endroit stratégique.

a. Les réactions de Fabrice répondent-elles aux attentes du lecteur ?

b. Quelle tonalité le narrateur emploie-t-il dans le premier paragraphe ?

c. Explicitez le sens des deux occurrences du mot en gras.

40 Narrateur et points de vue

- Le récit est pris en charge par le **narrateur**, qu'on ne doit pas confondre avec **l'auteur**, personne réelle qui crée l'œuvre.
- Sauf dans l'autobiographie, le narrateur est une **instance fictive**, créée par l'auteur.
- Les choix de l'auteur concernant le statut du narrateur ou le **point de vue** adopté par celui-ci entraînent des **effets** sur le récit et sur la **réception** du récit par le lecteur.

Texte Guy de Maupassant, *Bel-Ami* (1885)

Dans la dernière page du roman, après une ascension sociale fulgurante et d'innombrables trahisons, Georges Duroy célèbre son ultime victoire sur Paris en épousant la fille de son ancienne maîtresse, Mme Walter.

Bel-Ami, à genoux à côté de Suzanne, avait baissé le front. Il se sentait en ce moment presque croyant, presque religieux, plein de reconnaissance pour la divinité qui l'avait ainsi favorisé, qui le traitait avec ces égards. [...]

Lorsque l'office fut terminé, il se redressa, et, donnant le bras à sa femme, il passa dans la sacristie. Alors commença l'interminable défilé des assistants[1]. Georges, affolé de joie, se croyait un roi qu'un peuple venait acclamer. Il serrait des mains, balbutiait des mots qui ne signifiaient rien, saluait, répondait aux compliments : « Vous êtes bien aimable. »

Soudain il aperçut Mme de Marelle[2] ; et le souvenir de tous les baisers qu'il lui avait donnés, qu'elle lui avait rendus, le souvenir de toutes leurs caresses, de ses gentillesses, du son de sa voix, du goût de ses lèvres, lui fit passer dans le sang le désir brusque de la reprendre. [...]

Il descendit avec lenteur les marches du haut perron entre deux haies de spectateurs. Mais il ne les voyait point ; sa pensée maintenant revenait en arrière, et devant ses yeux éblouis par l'éclatant soleil flottait l'image de Mme de Marelle rajustant en face de la glace les petits cheveux frisés de ses tempes, toujours défaits au sortir du lit.

Guy de Maupassant, *Bel-Ami*, 1885.

Questions

1. À quoi correspondent les phrases en rose ?
2. Quelle attitude Bel-Ami adopte-t-il du point de vue des autres spectateurs qui assistent à la scène ?
3. Pourquoi l'omniscience du narrateur, qui sait tout et voit tout, est-elle précieuse ici pour le lecteur ?

1. Invités présents à la cérémonie du mariage.

2. Ancienne maîtresse de Georges.

Retenir

- Dans un récit, le narrateur peut être :
  – **interne à l'histoire** : ce **narrateur-personnage** prend en charge le récit et il est également personnage de l'histoire. Il raconte à la première personne et selon sa subjectivité.
  – **extérieur à l'histoire** : il est comparé à une voix qui narre l'histoire et n'apparaît jamais comme personnage. Il raconte à la 3e personne et peut adopter l'un de ces trois points de vue :

Le point de vue omniscient	Le point de vue interne	Le point de vue externe
• Comparé à un dieu qui surplombe l'histoire, **le narrateur** omniscient **connait tout** des personnages. • On le repère grâce : – aux **modalisateurs** qui expriment la subjectivité du personnage ; – aux **pensées, sentiments** et **émotions** du personnage ; – aux **informations** sur le passé et l'avenir. • **Le lecteur** : – **en sait plus que les personnages,** – a l'impression de maîtriser le récit et tisse un lien d'intimité avec les personnages.	• Le narrateur adopte le **regard limité** d'un seul personnage. Il donne ainsi accès à une perception subjective. • On le repère grâce à un **indice de perception visuelle** qui marque l'entrée dans la conscience du personnage (verbe comme « admirer », « observer » ou présence d'un cadre visuel, comme une fenêtre, par exemple) • **Le lecteur** : – **en sait autant que le personnage,** – comprend avec finesse la psychologie du personnage et sa vision du monde.	• Le narrateur raconte, décrit comme un **témoin extérieur** qui observe ce qui l'entoure. Il n'a pas accès à l'intériorité des personnages. • On le repère grâce : – à la **description neutre** des faits et gestes des différents personnages ou de leur environnement ; – aux **nombreux verbes d'action**. • **Le lecteur** : – **en sait moins que les personnages** ; – est mis à distance des personnages et peine parfois à les comprendre.

S'entraîner

Comprendre le point de vue du narrateur

1 Dans les deux définitions suivantes, relevez les termes qui renvoient au regard, à l'optique.

Point de vue : lieu d'où l'on regarde.

Focalisation : dérivé de *focal* (en photographie, distance séparant le verre dépoli de l'objectif lorsque la mise au point est faite sur l'infini). Action de faire converger en un point.

……………………………………………………

……………………………………………………

b. Complétez : S'interroger sur le point de vue dans un récit c'est se demander……………………………………

……………………………………………………

c. Vous êtes un narrateur qui voit une scène et qui s'apprête à la raconter. Nommez le point de vue adopté dans chacune de ces images.

Vue de la baie de New York.

……………………………

Film *LOL*, de L. Azuelos.

……………………………

Film *La Maison du Dr Edwardes*, d'A.Hitchcock.

……………………………

Distinguer les différents points de vue

2 Identifiez le point de vue adopté par le narrateur et expliquez deux indices qui vous ont permis de répondre.

1. Il est presque l'heure de l'apéritif et A… n'a pas attendu davantage pour appeler le boy[1], qui apparait à l'angle de la maison, portant le plateau avec les deux bouteilles, trois grands verres et le seau à glace. Le chemin qu'il suit, sur les dalles, est sensiblement parallèle au mur et converge avec le trait d'ombre au niveau de la table, ronde et basse, où il place le plateau avec précaution, près du roman à couverture vernie.

A. Robbe-Grillet, *La Jalousie*, © éd. de Minuit, 1957.

1. Serviteur indigène.

Point de vue : ……………………………………

……………………………………………………

……………………………………………………

2. Un soir que la fenêtre était ouverte, et que, assise au bord, elle venait de regarder Lestiboudois, le bedeau[1], qui taillait le buis, elle entendit tout à coup l'Angélus[2].

On était au commencement d'avril, […] et les jardins, comme des femmes, semblent faire leur toilette pour les fêtes de l'été. […] ; et la cloche, sonnant toujours, continuait dans les airs sa lamentation pacifique.

Gustave Flaubert, *Madame Bovary*, 1857.

1. Employé d'une église qui s'occupe de l'organisation matérielle des offices. – 2. Sonnerie de cloches qui annonce l'heure de la prière.

Point de vue : interne : ……………………………………

……………………………………………………

……………………………………………………

……………………………………………………

……………………………………………………

3. En recevant le billet d'Oswald, un trouble cruel s'empara de son âme : elle le crut dans un grand danger, et partit à l'instant à pied, traversant le Corso à l'heure où toute la ville s'y promène, et entrant dans la maison d'Oswald à la vue de presque toute la société de Rome. Elle ne s'était pas donné le temps de réfléchir ; […]. Lord Nelvil comprit tout ce qu'elle venait de hasarder pour le voir […], il se sentit saisi par la générosité, l'amour et la reconnaissance.

Mme de Staël, *Corinne ou l'Italie*, 1807.

Point de vue : ……………………………………

……………………………………………………

……………………………………………………

……………………………………………………

……………………………………………………

3 VERS L'ENTRETIEN BAC ORAL

Après votre **présentation de l'œuvre intégrale romanesque étudiée en cours, l'examinateur vous pose la question : « Attendez-vous du narrateur qu'il vous dise tout des personnages ? » En vous appuyant sur des exemples, cherchez deux arguments qui soutiennent la thèse et un argument qui s'y oppose.**

Argument 1 : ……………………………………

……………………………………………………

……………………………………………………

Argument 2 : ……………………………………

……………………………………………………

……………………………………………………

Argument 3 : ……………………………………

……………………………………………………

……………………………………………………

41 Analyser un texte romanesque

Carte mentale animée

▶ L'analyse d'un texte romanesque doit mettre en avant **les moyens narratifs** utilisés par l'auteur pour atteindre **différentes visées**.

▶ Il s'agit donc de se poser certaines questions afin de comprendre **les enjeux du récit** tout en prenant en compte **ses spécificités**.

Texte Laurent Gaudé, *Cris* (2001)

Voici les premières lignes du roman.

JULES

Je marche. Je connais le chemin. C'est mon pays ici. Je marche sans lever la tête. Sans croiser le regard de ceux que je dépasse. Ne rien dire à personne. Ne pas répondre si l'on s'adresse à moi. Ne pas se soucier non plus, de ce sifflement dans l'oreille. Cela passera. Il faut marcher. Tête baissée. Je connais le chemin par cœur. Je me faufile sans bousculer personne. Une ombre. Qui ne laisse aucune prise à la fatigue. Le sifflement dans mes oreilles. Oui. Comme chaque fois après le feu. Mais plus fort. Assourdissant. Le petit papier bleu au fond de ma poche. Permission accordée. Je suis sourd mais je cède ma place. Au revoir Marius. Je lui ai tendu le papier bleu qu'on venait de m'apporter. J'avais honte. Je ne pouvais pas lui annoncer moi-même que j'allais partir et qu'il allait rester. Le sifflement dans mes oreilles. Ne pas s'inquiéter. Tous sourds. Oui. Les rescapés. Tous ceux qui ont survécu aux douze dernières heures doivent être sourds à présent. Une petite armée en déroute qui se parle par gestes et crie sans se comprendre. Une petite armée qui n'entend plus le bruit des obus. Une petite armée d'hallucinés qui n'a plus peur et ne sait plus dormir. Et dont les hommes restent, tête droite, regard écarquillé, en plein milieu du front. Nous sommes une armée de sourds éparpillés. C'est tout ce qui reste de nous. Ils avaient prévu que cela se passerait autrement. Une grande offensive. C'est cela qui était programmé. Reprendre l'initiative. Enfoncer les lignes ennemies. Une grande attaque. […]

Oui, mais maintenant c'est fini. Tout ce qui reste, ce sont des bourdonnements dans l'oreille des rescapés.

Laurent Gaudé, *Cris*, © Actes Sud, 2001.

Questions

1. À quel genre appartient cet extrait ? Justifiez.
2. Connaît-on l'identité précise du narrateur-personnage, le lieu où se déroule l'histoire ? Sur quels éléments textuels pouvez-vous vous appuyer pour déduire quelques pistes ?
3. En quoi ce début de récit est-il original ?
4. En conclusion, quelle image le romancier souhaite-t-il donner de la guerre ?

Retenir

● Pour analyser un récit, posez-vous **les bonnes questions** :

Autour du texte	Autour de l'extrait	Autour du narrateur
• À quel **genre narratif** appartient le texte ? → voir fiche 38, p. 136 • Quelles informations le **paratexte** vous donne-t-il sur **l'époque, l'auteur, le mouvement littéraire** ?	• L'extrait : – **inaugure**-t-il le récit ? – **clôt**-il l'œuvre et répond-il aux attentes du lecteur ? – est-il **au cœur** de l'action : en quoi la fait-il avancer ? • Quel est le **cadre spatio-temporel** de l'action ? • Qui sont les **personnages** : leurs caractéristiques et leur relation ? → voir fiche 39, p. 138 • S'agit-il d'un passage **narratif**, qui met en avant des évènements ? un **dialogue** ? Ou l'enjeu est-il de faire une **pause** dans le récit **pour décrire** ?	• Quel est le **statut du narrateur** et quel(s) **point(s) de vue** adopte-t-il ? → voir fiche 40, p. 140 • Quel est **l'enjeu** principal de l'extrait ? Quelle **intention de l'auteur** révèle-t-il ? → voir fiche 38, p. 136

S'entraîner

Analyser le genre et le mouvement littéraire

1 *Le narrateur décrit le personnage de Tristan dans le premier chapitre intitulé « Les enfances de Tristan ».*

Jamais on ne vit enfant si facile, si gracieux et si avenant. Très vite, il devint fort, beau, intelligent et aimable. À sept ans, il savait lire et écrire comme un clerc[1]. On lui enseigna également tout ce qu'un homme riche, appelé à vivre à la cour, doit connaître. […]

Il apprit aussi les diverses sortes d'escrime, l'art de la vénerie[2], mais aussi les usages de la courtoisie et les principales vertus des hommes droits : l'honneur, la fidélité, le courage, la bonté et la modération. Il apprit enfin à détester l'oisiveté, le mensonge et la trahison.

Tristan et Iseut, trad. J. Bédier et A. Mary, 1905.

1. Religieux, qui sait lire et écrire. – 2. La chasse.

a. **Surlignez les éléments qui renvoient au monde médiéval.**

b. **En quoi le portrait du personnage est-il parfait ? À quelle lignée de personnages Tristan appartient-il ?**

c. **Pourquoi le narrateur s'attarde-t-il sur une telle description au début du roman ?**

d. **En conclusion, formulez un titre qui pourrait résumer l'intérêt de l'extrait tout en se référant au genre et au mouvement littéraire.**

Cerner les enjeux d'un récit

2 *Après l'effondrement de la mine du Voreux, les Grégoire, actionnaires de la compagnie des mines, se rendent dans le coron pour rencontrer les familles endeuillées. Cécile, la fille unique du couple, rencontre le grand-père Maheu, vieux mineur infirme.*

Cécile demeura seule avec Bonnemort[1]. […]

Peu à peu, Bonnemort avait paru s'éveiller, et il l'apercevait, et il l'examinait lui aussi, de son air béant. Une flamme montait à ses joues, une secousse nerveuse tirait sa bouche, d'où coulait un mince filet de salive noire. Attirés, tous deux restaient l'un devant l'autre, elle florissante, grasse et fraîche des longues paresses et du bien-être repu de sa race, lui gonflé d'eau, d'une laideur lamentable de bête fourbue, détruit de père en fils par cent années de travail et de faim.

Au bout de dix minutes, lorsque les Grégoire, surpris de ne pas voir Cécile, rentrèrent chez les Maheu, ils poussèrent un cri terrible. Par terre, leur fille gisait, la face bleue, étranglée. À son cou, les doigts avaient laissé l'empreinte rouge d'une poignée de géant.

Émile Zola, *Germinal*, 1885.

1. Surnom donné au grand-père de la famille Maheu.

a. **Identifiez le type de texte du passage en vert.**

b. **Le meurtre de Cécile est-il raconté par le narrateur ? Quel procédé utilise-t-il et dans quel but ?**

c. **Quel est donc l'effet recherché du passage identifié dans la question a ?**

d. **Quels procédés montrent que cette scène revêt une dimension symbolique forte ?**

3 VERS LE COMMENTAIRE — BAC ÉCRIT

a. **Réécrivez en quelques lignes l'extrait de *Cris* de Laurent Gaudé, avec un narrateur extérieur à l'histoire et un point de vue externe.**

b. **Quel effet votre réécriture crée-t-elle ? Pourquoi ?**

42 Aborder un texte narratif

Carte mentale animée

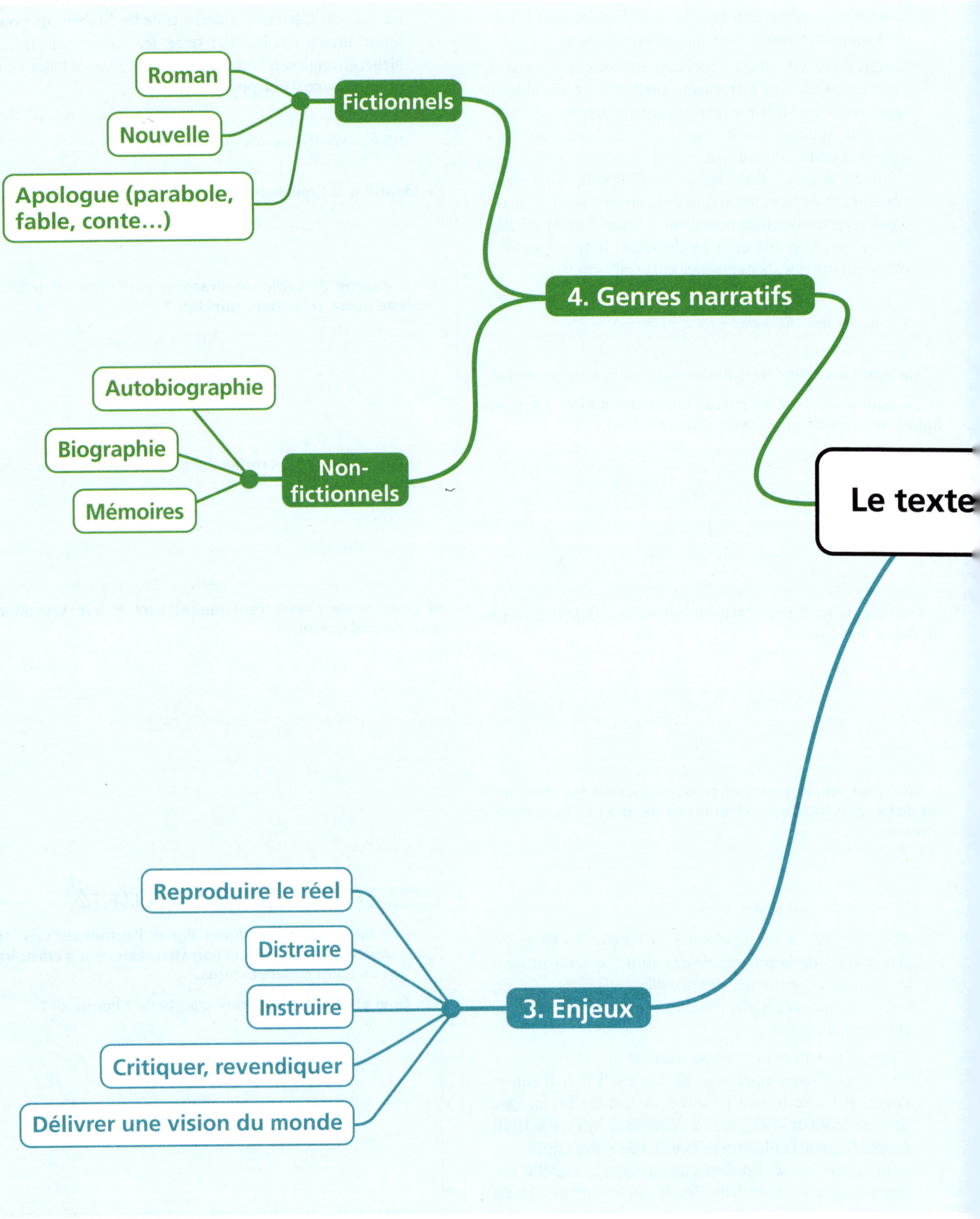

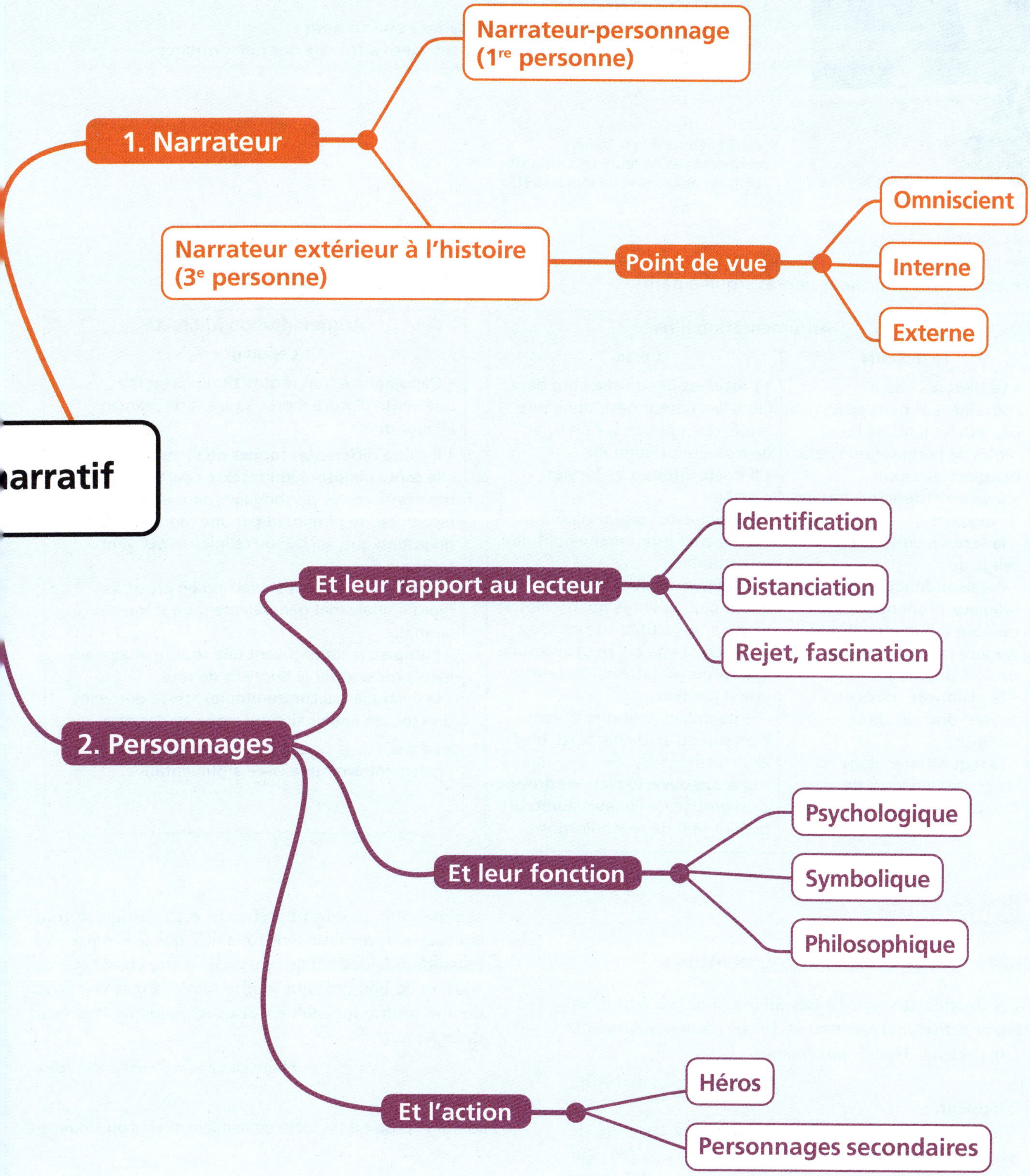

arratif
1. Narrateur
Narrateur-personnage (1re personne)
Narrateur extérieur à l'histoire (3e personne)
Point de vue
Omniscient
Interne
Externe
2. Personnages
Et leur rapport au lecteur
Identification
Distanciation
Rejet, fascination
Et leur fonction
Psychologique
Symbolique
Philosophique
Et l'action
Héros
Personnages secondaires

43 Les différents genres argumentatifs

Robert Badinter à la tribune, prononçant son discours en faveur de l'abolition de la peine de mort, 1981.

- L'argumentation est théorisée en Grèce antique avec la naissance de la démocratie.
- Elle est utilisée en littérature, en philosophie, en sciences, en politique…
- Elle peut être :
  – **directe** : l'auteur expose ses idées en son nom ;
  – **indirecte** : l'auteur exprime ses idées à travers des personnages et des situations de fiction.

Retenir

- Il existe trois principaux genres argumentatifs.

Argumentation directe

Le discours

- **Le discours** vise à convaincre et persuader l'auditoire. Il utilise les règles de la rhétorique pour marquer les esprits.
- Il existe **différentes formes de discours** :
  – **le sermon** : discours religieux ;
  – **l'oraison funèbre** : discours religieux prononcé lors des obsèques d'un être illustre. Au sens large, hommage à un être disparu ;
  – **le plaidoyer** : dans un procès, discours de la défense ;
  – **le réquisitoire** : dans un procès, discours de l'accusation.

L'essai

- **L'essai** est une forme libre dans laquelle l'auteur développe une thèse, une opinion sur un sujet, de manière personnelle.
- Il existe **différentes formes d'essais** :
  – le **manifeste** : déclaration qui explique un programme politique ou esthétique ;
  – la **préface** : texte placé au début d'un ouvrage qui permet à l'auteur de justifier son œuvre ;
  – **l'article** : texte qui peut avoir une visée argumentative si l'auteur prend position ;
  – le **pamphlet** : critique violente d'un sujet d'actualité, texte bref et virulent ;
  – la **lettre ouverte** : lettre adressée à un groupe de lecteurs/auditeurs qui fait état de revendications.

Argumentation indirecte

L'apologue

- **L'apologue** est un **récit fictif** qui présente une vérité d'ordre moral, souvent de manière allégorique.
- Il existe **différentes formes de récits** :
  – **le conte philosophique** : texte court, décrivant des aventures de personnages dans un univers inconnu et se terminant par une morale à portée philosophique, sociale ou religieuse. Souvent satirique.
  – **la fable** : court récit en vers ou en prose. Sa morale finale met généralement en scène des animaux.
  – **l'utopie** : texte décrivant une société imaginaire idéale qui permet le bonheur de tous.
  – **la dystopie** (ou **contre-utopie**) : texte décrivant une société imaginaire qui mène au désastre.
- Le théâtre, la poésie et le roman peuvent également avoir une visée argumentative.

S'entraîner

Identifier types et genres argumentatifs

1 Les Provinciales *sont un ensemble de dix-huit lettres, en partie fictives, qui prennent la défense d'Antoine Arnauld, l'un des chefs de fil du jansénisme.*

De Paris, ce 28 mai 1656.

Monsieur,

Vous ne pensiez pas que personne eût la curiosité de savoir qui nous sommes ; cependant il y a des gens qui essayent de le deviner, mais ils rencontrent mal. Les uns me prennent pour un docteur de Sorbonne ; les autres attribuent mes lettres à quatre ou cinq personnes, qui, comme moi, ne sont ni prêtres ni ecclésiastiques. Tous ces faux soupçons me font connaître que je n'ai pas mal réussi dans le dessein que j'ai eu de n'être connu que de vous, et du bon père qui souffre toujours mes visites, et dont je souffre toujours les discours, quoique avec bien de la peine. […]

Blaise Pascal, *Les Provinciales*, 1656.

a. L'auteur expose-t-il ses idées de manière directe ou indirecte ?

……………………………………………………………………………

b. À quel genre argumentatif ce texte appartient-il ?

……………………………………………………………………………

Identifier les formes d'apologue et de discours

2 **Lisez les textes suivants. Pour chacun d'eux, indiquez le genre, la forme employée. Justifiez votre réponse.**

1. Messieurs,

Appelé par les amis d'Émile Zola à parler sur cette tombe, j'apporterai d'abord l'hommage de leur respect et de leur douleur à celle qui fut durant quarante années la compagne de sa vie, qui partagea, allégea les fatigues des débuts, égaya les jours de gloire et le soutint de son infatigable dévouement aux heures agitées et cruelles. […] Ne le plaignons pas d'avoir enduré et souffert. Envions-le. Dressée sur le plus prodigieux amas d'outrages que la sottise, l'ignorance et la méchanceté aient jamais élevé, sa gloire atteint une hauteur inaccessible.

Anatole France, *Éloge funèbre d'Émile Zola*, 5 octobre 1902.

a. ....

b. ....

....

....

2. Le cartésien prit la parole, et dit : « L'âme est un esprit pur qui a reçu dans le ventre de sa mère toutes les idées métaphysiques, et qui, en sortant de là, est obligée d'aller à l'école, et d'apprendre tout de nouveau ce qu'elle a si bien su, et qu'elle ne saura plus. – Ce n'était donc pas la peine, répondit l'animal de huit lieues[1], que ton âme fût si savante dans le ventre de ta mère, pour être si ignorante quand tu aurais de la barbe au menton. » […]

Voltaire, *Micromégas*, 1752.

1. Une lieue équivaut à 4 kilomètres.

a. ....

b. ....

....

....

....

....

....

....

Analyser l'argumentation indirecte

3 Toute leur vie était organisée non par des lois, des statuts ou des règles, mais selon leur vouloir et franc arbitre. […] Ainsi l'avait établi Gargantua. En leur règle n'était que cette clause :

« Fais ce que voudras », parce que les gens libres, bien nés, bien instruits, conversant en compagnie honnête, ont par nature un instinct et un aiguillon, qui toujours les pousse à accomplir des faits vertueux et les éloigne du vice, aiguillon qu'ils nommaient honneur. Quand une vile servitude ou une contrainte les font déchoir et les assujettissent, ils emploient cette noble inclination, par laquelle ils tendaient librement vers la vertu, à repousser et à enfreindre ce joug de la servitude : car nous entreprenons toujours les choses défendues, et convoitons ce qui nous est refusé.

Grâce à cette liberté, ils entrèrent en louable émulation de faire tous ensemble ce qu'ils voyaient plaire à un seul.

François Rabelais, *Gargantua*, 1534.

a. En quoi ce texte est-il une argumentation indirecte ?

....

....

....

b. Quel est le genre argumentatif employé par l'auteur ? Justifiez votre réponse.

....

....

....

....

c. Quelle idée Rabelais souhaite-t-il transmettre ? Surlignez les éléments qui vous ont permis de répondre.

....

....

....

4 **VERS LA QUESTION DE GRAMMAIRE** BAC ORAL

Analysez la phrase complexe suivante.

Quand une vile servitude ou une contrainte les font déchoir et les assujettissent, ils emploient cette noble inclination, par laquelle ils tendaient librement vers la vertu, à repousser et à enfreindre ce joug de la servitude : car nous entreprenons toujours les choses défendues, et convoitons ce qui nous est refusé.

François Rabelais, *Gargantua*, 1534.

....

....

....

....

....

....

....

....

....

44 Analyser un texte argumentatif

carte mentale

- Les objectifs du texte argumentatif sont de **convaincre** et de **persuader**.
- Le **thème** abordé (idée générale) repose sur une **thèse** (idée directrice) que l'auteur défend par un **raisonnement**, à l'aide **d'arguments** (qui reposent sur la logique ou agissent sur la sensibilité). Cette thèse s'oppose à la **thèse adverse**.
- Les **stratégies argumentatives** reposent sur **la raison** (arguments logiques) et sur la **sensibilité** (arguments qui agissent sur les sentiments).

Texte Victor Hugo, *Le Dernier Jour d'un condamné* (1829), préface

Ceux qui jugent et qui condamnent disent la peine de mort nécessaire. D'abord, parce qu'il importe de retrancher de la communauté sociale un membre qui lui a déjà nui et qui pourrait lui nuire encore. – S'il ne s'agissait que de cela, la prison perpétuelle suffirait. À quoi bon la mort ? Vous objectez qu'on peut s'échapper d'une prison ? Faites mieux votre ronde. [...]

Mais, reprend-on, – il faut que la société se venge, que la société punisse. – Ni l'un, ni l'autre. Se venger est de l'individu, punir est de Dieu. [...]

Reste la troisième et dernière raison, la théorie de l'exemple. – Il faut faire des exemples ! il faut épouvanter par le spectacle du sort réservé aux criminels ceux qui seraient tentés de les imiter ! – Voilà bien à peu près textuellement la phrase éternelle dont tous les réquisitoires[1] des cinq cents parquets[2] de France ne sont que des variations plus ou moins sonores. Eh bien ! Nous nions d'abord qu'il y ait exemple. Nous nions que le spectacle des supplices produise l'effet qu'on en attend. Loin d'édifier le peuple, il le démoralise, et ruine en lui toute sensibilité, partant[3] toute vertu. Les preuves abondent, et encombreraient notre raisonnement si nous voulions en citer. Nous signalerons pourtant un fait entre mille, parce qu'il est le plus récent. Au moment où nous écrivons, il n'a que dix jours de date. Il est du 5 mars, dernier jour du carnaval. À Saint-Pol, immédiatement après l'exécution d'un incendiaire nommé Louis Camus, une troupe de masques est venue danser autour de l'échafaud encore fumant. Faites donc des exemples ! le mardi gras vous rit au nez.

Victor Hugo, *Le Dernier Jour d'un condamné* (1829), préface.

Questions

1. Quel est le thème de ce texte ? Repérez le champ lexical.
2. Quelles sont la thèse défendue par Hugo et celle qu'il réfute?
3. Quels sont les arguments utilisés pour soutenir sa thèse ?
4. Quels sont les exemples avancés pour soutenir ses arguments ?

1. **Réquisitoires :** discours d'accusation du procureur.
2. **Parquet :** salle de justice, et par extension groupe de magistrats.
3. **Partant :** en conséquence.

RETENIR

- Il existe deux grandes stratégies argumentatives et différents types de raisonnement.

Convaincre

C'est défendre son point de vue dans un discours **rationnel**, en utilisant :

- un argument qui appuie la thèse de l'auteur ;
- un argument de la thèse adverse ;
- un exemple qui illustre l'argument de l'auteur ;
- la 1re personne du singulier (*je*) ou du pluriel (*nous*) ;
- des connecteurs logiques pour structurer l'argumentation.

Persuader

C'est influencer l'auditoire par un discours **sensible**, en utilisant :

- la 2e personne du singulier (*tu*) ou du pluriel (*vous*) à l'impératif pour s'adresser directement à la partie adverse ;
- des questions rhétoriques qui appellent l'attention du lecteur ;
- des phrases exclamatives qui appellent la sensibilité du lecteur ;
- vocabulaire de l'affect, tonalités : comique, lyrique, satirique...
- l'ironie,
- des figures de style (anaphore, personnification, hyperbole, périphrase...)

Organiser ses arguments

Un **raisonnement** peut être :

- **Inductif** : on part du cas particulier pour aller vers la généralisation.
- **Déductif** : on part du général pour aller vers le particulier.
- **Concessif** : on accorde à l'adversaire qu'il peut avoir raison, pour mieux le critiquer ensuite.
- **Par analogie** : on rapproche deux faits pour en extraire une logique.
- **Par l'absurde** : on pousse jusqu'à l'absurdité la thèse adverse. C'est le cas du texte de Hugo.

S'ENTRAÎNER

Identifier thème, thèse et arguments

1 Il est naturel que les Modernes, qui ont beaucoup d'élégance et de tours ingénieux, se flattent de surpasser les Anciens, qui n'ont que la simple nature. [...]

Je propose seulement aux hommes qui ornent notre siècle de ne mépriser point ceux que tant de siècles ont admirés. Je ne vante point les Anciens comme des modèles sans imperfection ; je ne veux point ôter à personne l'espérance de les vaincre ; je souhaite au contraire de voir les Modernes victorieux par l'étude des Anciens mêmes qu'ils auront vaincus.

Fénelon, *Lettres à l'Académie*, 1714.

a. Quel est le thème du texte ?

....

....

b. Surlignez la thèse défendue par Fénelon.

c. Soulignez la thèse adverse.

Identifier et analyser les différentes stratégies argumentatives

2 *Lettre ouverte adressée à M. Alphand, commissaire de l'Exposition.*

Nous venons, écrivains, peintres, sculpteurs, architectes, amateurs passionnés de la beauté, jusqu'ici intacte, de Paris, protester de toutes nos forces, de toute notre indignation, au nom du goût français méconnu, au nom de l'art et de l'histoire français menacés, contre l'érection, en plein cœur de notre capitale, de l'inutile et monstrueuse Tour Eiffel [...]

Allons-nous donc laisser profaner tout cela ? La ville de Paris va-t-elle donc s'associer plus longtemps aux baroques, aux mercantiles imaginations d'un constructeur de machines, pour s'enlaidir irréparablement et se déshonorer ?

Car la Tour Eiffel, dont la commerciale Amérique elle-même ne voudrait pas, c'est, n'en doutez point, le déshonneur de Paris. [...] Enfin, lorsque les étrangers viendront visiter notre Exposition, ils s'écrieront, étonnés : « Quoi ? C'est cette horreur que les Français ont trouvée pour nous donner une idée de leur goût si fort vanté ? »

Les artistes contre la Tour Eiffel, journal *Le Temps*, 14 fév. 1887.

Repérez les différentes stratégies argumentatives utilisées en complétant chaque code couleur.

Convaincre	
■ (violet)	■ (gris-brun) ....
■ (jaune)	■ (bordeaux) ....

Persuader	
■ (vert) .... ■ (bleu)	■ (rose) ....

Identifier le type de raisonnement

3 Ce pays est à toi ! et pourquoi ? parce que tu y as mis le pied ? Si un Tahitien débarquait un jour sur vos côtes, et qu'il gravât sur une de vos pierres ou sur l'écorce d'un de vos arbres : Ce pays est aux habitants de Tahiti, qu'en penserais-tu ?

Denis Diderot, *Supplément au voyage de Bougainville*, 1772.

Quel est le type de raisonnement présent dans ce texte ?

....

4 VERS LE COMMENTAIRE BAC ÉCRIT

Depuis que j'ai quitté le Liban en 1976 pour m'installer en France, que de fois m'a-t-on demandé, avec les meilleures intentions du monde, si je me sentais « plutôt français » ou « plutôt libanais ». Je réponds invariablement : « L'un et l'autre ! » [...]

À ceux qui me posent la question, j'explique donc, patiemment, que je suis né au Liban, que j'y ai vécu jusqu'à l'âge de vingt-sept ans, que l'arabe est ma langue maternelle, que c'est d'abord en traduction arabe que j'ai découvert Dumas et Dickens et *Les Voyages de Gulliver*. [...] Mais, d'un autre côté, je vis depuis vingt-deux ans sur la terre de France, je bois son eau et son vin, mes mains caressent chaque jour ses vieilles pierres, j'écris mes livres dans sa langue, jamais plus pour moi elle ne sera une terre étrangère. Moitié français, donc, et moitié libanais ? Pas du tout ! L'identité ne se compartimente pas, elle ne se répartit pas par moitiés, ni par tiers, ni par plages cloisonnées. Je n'ai pas plusieurs identités, j'en ai une seule, faite de tous les éléments qui l'ont façonnée, selon un « dosage » particulier qui n'est jamais le même d'une personne à l'autre.

Amin Maalouf, *Les Identités meurtrières*, © Grasset, 1998.

a. Quel est le thème du texte ? ....

....

b. Surlignez la thèse défendue par Amin Maalouf.

c. Quel argument et quel exemple appuient sa thèse ?

....

....

....

....

....

45 Aborder un texte argumentatif

Carte mentale animée

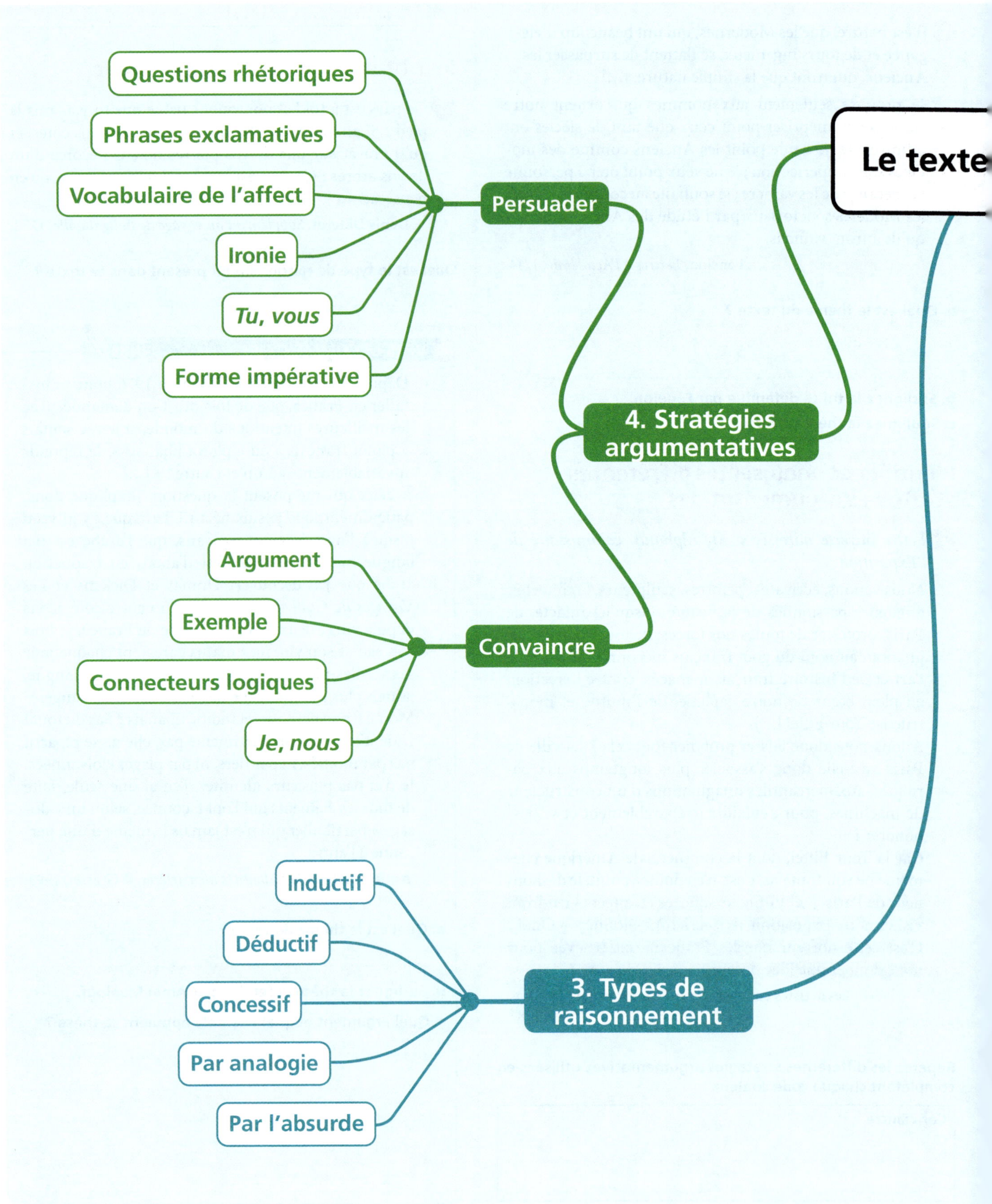

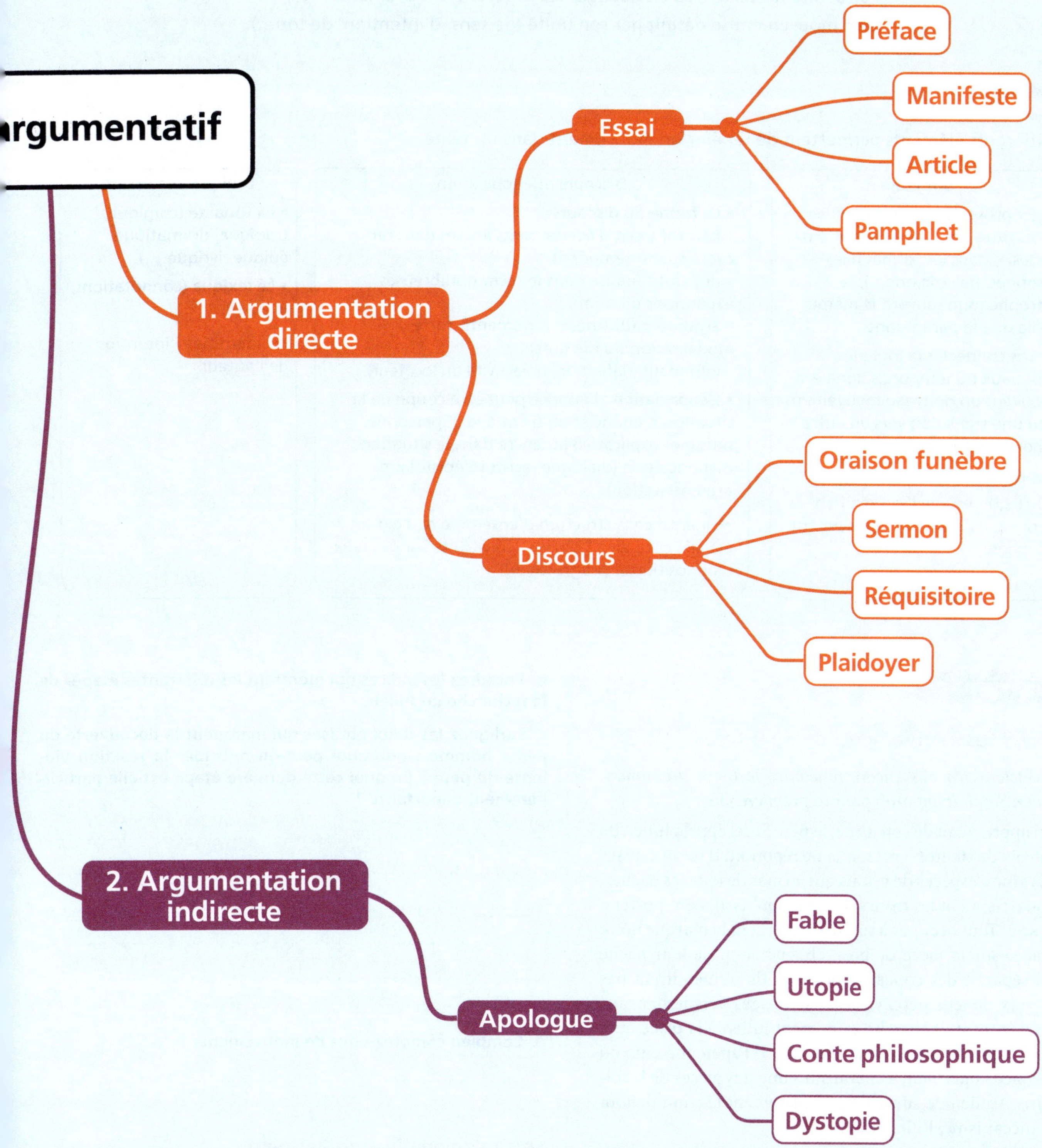
rgumentatif
1. Argumentation directe
Essai
Préface
Manifeste
Article
Pamphlet
Discours
Oraison funèbre
Sermon
Réquisitoire
Plaidoyer
2. Argumentation indirecte
Apologue
Fable
Utopie
Conte philosophique
Dystopie

46 Identifier les mouvements d'un texte

- Le texte littéraire constitue l'aboutissement d'un travail de création et de composition.
- Pour en comprendre le fonctionnement et les enjeux, il est donc important de repérer la structure du texte et d'en dégager les différents mouvements.
- Un mouvement se définit par son unité (de sens, d'intention, de ton…).

Retenir

- Différents éléments permettent de repérer un mouvement dans un texte :

Structure	Discours et énonciation	Lexique et tonalité
• En prose, **le paragraphe** constitue une unité de sens. En poésie, dans les formes fixes (sonnet, ballade,ode…), la strophe joue souvent le même rôle que le paragraphe. • **Les connecteurs** logiques, spatiaux ou temporels signalent souvent un nouveau mouvement ou une transition vers un autre mouvement. → Formulez une phrase ou un titre qui résume l'intérêt, l'enjeu principal de chaque mouvement dégagé.	• La **forme du discours** : – narratif (récit d'événements ancrés dans un cadre spatio-temporel), – descriptif (pause dans le récit, nombreuses expansions du nom), – argumentatif (thèse, arguments, forte modalisation du discours), – informatif (définition, objectivité du locuteur). • **L'énonciation** : l'énoncé peut être coupé de la situation d'énonciation (récit à la 3e personne, passages explicatifs) ou ancré dans la situation d'énonciation (dialogue, écriture épistolaire, argumentation). → Identifiez la structure d'ensemble de l'extrait : est-elle circulaire ? binaire (construite sur des jeux d'opposition) ? progressive ?	• La **tonalité** (comique, tragique, dramatique, épique, lyrique….). • Le **lexique** (connotations, images). → Identifiez l'intention de l'auteur.

S'entraîner

Délimiter les mouvements d'un texte

1 *Le lecteur n'a pas encore rencontré le héros du roman, Julien Sorel. Il apparaît pour la première fois.*

En approchant de son usine, le père Sorel appela Julien de sa voix de stentor[1] ; personne ne répondit. Il ne vit que ses fils aînés, espèces de géants qui, armés de lourdes haches, équarrissaient les troncs de sapin, qu'ils allaient porter à la scie. Tout occupés à suivre exactement la marque noire tracée sur la pièce de bois, chaque coup de leur hache en séparait des copeaux énormes. Ils n'entendirent pas la voix de leur père. Celui-ci se dirigea vers le hangar ; en y entrant, il chercha vainement Julien à la place qu'il aurait dû occuper, à côté de la scie. Il l'aperçut à cinq ou six pieds plus haut, à cheval sur l'une des pièces de la toiture. Au lieu de surveiller attentivement l'action de tout le mécanisme, Julien lisait.

Stendhal, *Le Rouge et le Noir*, 1830.

1. Crieur grec pendant la guerre de Troie qui se distinguait par sa voix forte.

a. Pourquoi le père de Julien entre-t-il dans la scierie ?

....

b. Encadrez les indices qui montrent les différentes étapes de la recherche de Julien.

c. Surlignez les deux phrases qui marquent la découverte du jeune homme : pourquoi peut-on anticiper la réaction violente du père ? En quoi cette dernière étape est-elle particulièrement importante ?

....

....

....

....

....

....

d. Combien comptez-vous de mouvements ?

....

Saisir l'enjeu d'un mouvement

2 *Phèdre souffre d'une passion coupable pour son beau-fils Hippolyte. Dans un dialogue tendu avec sa confidente Œnone qui cherche à comprendre sa détresse, l'héroïne tragique est déchirée entre l'aveu et le silence.*

ŒNONE

Parlez, je vous écoute.

PHÈDRE

Ciel ! que vais-je lui dire ? et par où commencer ?

ŒNONE

Par de vaines frayeurs cessez de m'offenser.

PHÈDRE

Ô haine de Vénus ! ô fatale colère !
Dans quels égarements l'amour jeta ma mère[1] ! [...]

ŒNONE

Aimez-vous ?

PHÈDRE

De l'amour j'ai toutes les fureurs.

ŒNONE

Pour qui ?

PHÈDRE

Tu vas ouïr le comble de l'horreur.
J'aime... À ce nom fatal, je tremble, je frissonne,
J'aime...

ŒNONE

Qui ?

PHÈDRE

Tu connais ce fils de l'Amazone,
Ce prince si longtemps par moi-même opprimé.

ŒNONE

Hippolyte ! Grands dieux !

PHÈDRE

C'est toi qui l'as nommé !

Jean Racine, *Phèdre*, I, 3, 1677.

1. Phèdre évoque la malédiction divine dont a déjà été victime sa mère, Pasiphaé.

a. Complétez les indices des mouvements 2 et 3, sur le modèle du mouvement 1.

Mouvement 1

Indices textuels : Impératif/ verbe « parler »
Titre/enjeu du mouvement : Œnone pousse Phèdre à avouer.

Mouvement 2

Indices textuels : ....

Titre/enjeu du mouvement : ....

....

Mouvement 3

Indices textuels : ....

....

Titre/enjeu du mouvement : ....

....

Mouvement 4

Indices textuels : ....

....

Titre/enjeu du mouvement : ....

....

b. Pourquoi les mouvements 1 et 4 sont-ils tous les deux surlignés en jaune ?

....

....

....

....

3 VERS LE COMMENTAIRE — BAC ÉCRIT

La courbe de tes yeux fait le tour de mon cœur,
Un rond de danse et de douceur,
Auréole du temps, berceau nocturne et sûr,
Et si je ne sais plus tout ce que j'ai vécu
C'est que tes yeux ne m'ont pas toujours vu.

Feuilles de jour et mousse de rosée,
Roseaux du vent, sourires parfumés,
Ailes couvrant le monde de lumière,
Bateaux chargés du ciel et de la mer,
Chasseurs des bruits et sources des couleurs,

Parfums éclos d'une couvée d'aurores
Qui gît toujours sur la paille des astres,
Comme le jour dépend de l'innocence
Le monde entier dépend de tes yeux purs
Et tout mon sang coule dans leurs regards.

Paul Éluard, *Capitale de la douleur*, © Gallimard, 1926.

a. Dessinez la représentation des yeux évoquée par le poète au vers 1. Quelle forme domine ?

....

b. Surlignez toutes les images qui renvoient à cette forme dans le poème.

c. Réécrivez à la suite le premier et le dernier vers. Que remarquez-vous ? Pourquoi peut-on dire que la forme identifiée dans les questions a et b se retrouve également dans la forme même du poème ?

....

....

....

d. Délimitez et nommez les mouvements du texte.

Strophe 1 : ....

....

Strophe 2 : ....

....

Strophe 3 : ....

....

47 Les tonalités comique et satirique

Carte mentale animée

- La **tonalité comique** vise à **faire rire**. On distingue les comiques de **mots**, de **gestes**, de **situation**, de **répétition**, de **caractère.**
- La **tonalité** satrique vise à **dénoncer, sur un ton moqueur**, une époque, un groupe social ou une institution, et déclencher l'adhésion du lecteur.
- Derrière le rire, il y a donc pour ces deux tonalités, l'intention de **créer une connivence avec le destinataire** et **déclencher son adhésion à la critique.**
- Présentes dans tous les genres littéraires (théâtre, roman et poésie), elles utilisent des **procédés spécifiques**.

Retenir

La tonalité comique	La tonalité satirique
• Chaque type de **comique** utilise des **procédés** spécifiques : – de **mots** : jeux de mots, mélange de niveaux de langue, polysémie, sens propre et figuré… – de **gestes** : gags visuels (grimaces, mimiques, coups de bâton), propres au théâtre, – de **situation** : situation inattendue ou embarrassante, quiproquo, coups de théâtre, – de **répétition** : répétition mécanique d'un élément textuel, gestuel… – de **caractère** : caricature, exagération d'un trait d'un personnage. • L'**ironie** repose sur une moquerie implicite qui joue sur le décalage entre ce qui est dit et ce que pense l'auteur. Elle ne fonctionne que si le destinataire comprend ce décalage et le sens caché critique. Elle utilise l'antiphrase, les questions rhétoriques, la polysémie. (→ fiche 51, p. 162)	• **Mêmes procédés** que le comique • **Parodie** • **Lexique** de la dévalorisation • **Figures d'exagération et d'insistance** : gradation, hyperbole, amplification.

S'entraîner

Distinguer tonalités comique et satirique

1 **Louison.** – Qu'est-ce que vous voulez, mon papa, ma belle-maman m'a dit que vous me demandez.

Argan. – Oui, venez çà. Avancez là. Tournez-vous. Levez les yeux. Regardez-moi. Eh !

Louison. – Quoi, mon papa ? […]

Argan. – Ne vous ai-je pas recommandé de me venir dire d'abord tout ce que vous voyez ?

Louison. – Oui, mon papa.

Argan. – L'avez-vous fait ?

Louison. – Oui, mon papa. Je vous suis venue dire tout ce que j'ai vu.

Molière, *Le Malade imaginaire* (1673), Acte II, scène 8.

a. Quel procédé est utilisé dans les passages surlignés ?

....

....

b. Quel est l'effet produit ?

....

....

2 *Emma s'évade dans la lecture de romans de chevalerie, alors en vogue.*

Ce n'étaient qu'amours, amants, amantes, dames persécutées s'évanouissant dans des pavillons solitaires, postillons qu'on tue à tous les relais, chevaux qu'on crève à toutes les pages, forêts sombres, troubles du cœur, serments, sanglots, larmes et baisers, nacelles au clair de lune, rossignols dans les bosquets, messieurs braves comme des lions, doux comme des agneaux, vertueux comme on ne l'est pas, toujours bien mis, et qui pleurent comme des urnes. Pendant six mois, à quinze ans, Emma se graissa donc les mains à cette poussière des vieux cabinets de lecture.

Gustave Flaubert, *Madame Bovary*, 1857.

a. Quel est le lexique dominant dans les parties surlignées ?

....

b. Quelles figures d'insistance sont utilisées dans la première phrase ? ....

....

....

....

c. Quelle est la tonalité de ce texte ? ....

d. L'ironie est présente tout au long de ce texte. Quelle en est la fonction ?

....

....

....

....

....

....

Analyser les procédés comiques

3 Relevez deux procédés comiques.

Il y a des verbes qui se conjuguent très irrégulièrement.
Par exemple, le verbe ouïr.
Le verbe ouïr, au présent, ça fait : J'ois… j'ois…
Si au lieu de dire « j'entends », je dis « j'ois »,
les gens vont penser que ce que j'entends est joyeux alors que ce que j'entends peut être particulièrement triste.
Il faudrait préciser : « Dieu, que ce que j'ois est triste ! »
J'ois…
Tu ois…
Tu ois mon chien qui aboie le soir au fonds des bois ?

Raymond Devos, « Ouï dire », *Matière à rire*, © Plon, 1999.

Procédés comiques : ....

....

....

Analyser les procédés satiriques

4 *L'abbé de Châteauneuf rencontre un jour la maréchale de Grancey rouge de colère.*

« Qu'avez-vous donc, madame ? » lui dit-il.

– J'ai ouvert par hasard, répondit-elle, un livre qui traînait dans mon cabinet ; c'est, je crois, quelque recueil de lettres ; j'y ai vu ces paroles : Femmes, soyez soumises à vos maris ; j'ai jeté le livre.

– Comment, madame ! Savez-vous bien que ce sont les Épîtres de saint Paul ?

– Il ne m'importe de qui elles sont ; l'auteur est très impoli. Jamais Monsieur le maréchal ne m'a écrit dans ce style ; je suis persuadée que votre saint Paul était un homme très difficile à vivre. Était-il marié ?

– Oui, madame.

– Il fallait que sa femme fût une bien bonne créature : si j'avais été la femme d'un pareil homme, je lui aurais fait voir du pays[1]. Soyez soumises à vos maris ! Encore s'il s'était contenté de dire : Soyez douces, complaisantes, attentives, économes, je dirais : Voilà un homme qui sait vivre ; et pourquoi soumises, s'il vous plaît ? »

Voltaire, *Femmes, soyez soumises à vos maris !*, 1765.

1. Je lui aurais dit ce que je pensais de lui. (familier)

a. Quels procédés de la satire sont utilisés dans ce texte ? Relevez les passages.

....

....

....

b. Quelle critique est présente dans la première partie du texte ?

....

....

....

....

5 VERS LE COMMENTAIRE BAC ÉCRIT

L'on parle d'une région[1] où les vieillards sont galants, polis et civils ; les jeunes gens au contraire, durs, féroces, sans mœurs ni politesse : ils se trouvent affranchis de la passion des femmes dans un âge où l'on commence ailleurs à la sentir ; ils leur préfèrent des repas, des viandes[2], et des amours ridicules. […] Ces peuples d'ailleurs ont leur Dieu et leur roi : les grands de la nation s'assemblent tous les jours, à une certaine heure, dans un temple qu'ils nomment église ; il y a au fond de ce temple un autel consacré à leur Dieu, où un prêtre célèbre des mystères qu'ils appellent saints, sacrés et redoutables ; les grands forment un vaste cercle au pied de cet autel, et paraissent debout, le dos tourné directement au prêtre et aux saints mystères, et les faces élevées vers leur roi, que l'on voit à genoux sur une tribune, et à qui ils semblent avoir tout l'esprit et tout le cœur appliqués. On ne laisse pas de voir dans cet usage une espèce de subordination ; car ce peuple paraît adorer le prince, et le prince adorer Dieu. Les gens du pays le nomment ***[3] ; il est à quelque quarante-huit degrés d'élévation du pôle, et à plus d'onze cents lieues de mer des Iroquois[4] et des Hurons[5].

Jean de La Bruyère, *Les Caractères*, Livre VIII, 74.

1. La cour. – **2.** Nourritures. – **3.** Versailles. – **4.** Peuple d'Amérique du Nord. – **5.** Peuplade indienne qui fera l'objet d'un conte philosophique de Voltaire, *L'Ingénu* (1767).

Quelle est la tonalité de ce texte ? Justifiez votre réponse.

....

....

....

....

....

....

....

....

48 Les tonalités épique, lyrique et dramatique

Carte mentale animée

▶ **Les tonalités épique**, **lyrique** et **dramatique** ont pour but **commun** d'**émouvoir** le lecteur, mais chacune a ses **spécificités**.

▶ On les trouve dans tous les genres littéraires.

Retenir

Tonalité	Fonction	Principaux procédés
Épique	Vise à **susciter l'admiration** face au caractère exceptionnel d'un personnage.	• Lexique du **combat**, du **courage**, de la **force**. • **Figures d'insistance** et **d'amplification** : anaphores, hyperboles, gradation… • Forme **emphatique** : adverbes d'intensité et superlatifs… • Présence d'éléments **merveilleux** (surnaturels)
Lyrique	Vise à **rendre sensibles les émotions** intimes de l'énonciateur.	• Lexique des **sentiments**, de la **nature** (miroir des sentiments) • Marque de la **première personne** • **Ponctuation expressive**, musicalité (rythme, assonances…)
Dramatique	Vise à **mettre en valeur l'aspect théâtral** d'un texte poétique, romanesque ou argumentatif.	• Lexique de **l'émotion**, de **l'attente**, de la **peur** et de la **surprise** • Verbes **d'action** • **Ponctuation expressive**

S'entraîner

Distinguer tonalités épique, lyrique et dramatique

1 **Lisez ces courts extraits. Pour chacun d'eux, précisez la tonalité et le lexique employé.**

1. Un éclair... puis la nuit ! – Fugitive beauté
Dont le regard m'a fait soudainement renaître,
Ne te verrai-je plus que dans l'éternité ?

Ailleurs, bien loin d'ici ! trop tard ! jamais peut-être !
Car j'ignore où tu fuis, tu ne sais où je vais,
Ô toi que j'eusse aimée, ô toi qui le savais !

Charles Baudelaire, « À une passante », *Les Fleurs du mal*, 1857.

Tonalité : ....

Lexique : ....

2. Je me jetai à ses pieds, je lui pris les mains, je les arrosai de mes larmes. […]
Elle me dit : – T'aimer encore, c'est impossible. Vivre avec toi, je ne le veux pas. La fureur me possédait. Je tirai mon couteau. J'aurais voulu qu'elle eût peur et me demandât grâce, mais cette femme était un démon.
– Pour la dernière fois, m'écriai-je, veux-tu rester avec moi ?
– Non ! non ! non ! dit-elle en frappant du pied. Et elle tira de son doigt une bague que je lui avais don-née, et la jeta dans les broussailles.
Je la frappai deux fois. C'était le couteau du Borgne que j'avais pris, ayant cassé le mien. Elle tomba au second coup sans crier.

Prosper Mérimée, *Carmen*, 1890.

Tonalité : ....

Lexique : ....

3. Nous partîmes cinq cents, mais par un prompt renfort,
Nous nous vîmes trois mille en arrivant au port
Tant, à nous voir marcher avec un tel visage,
Les plus épouvantés reprenaient de courage.

Pierre Corneille, *Le Cid* (1637), IV, 3, 1.

Tonalité : ....

Lexique : ....

4. Grandes sont les armées et farouches les troupes.
Toutes les compagnies sont aux prises,
Et les païens frappent des coups prodigieux.
Dieu ! combien de hampes brisées en deux
De boucliers en pièces, de cuirasses démaillées !

La Chanson de Roland, XIIe siècle.

Tonalité : ....

Lexique : ....

5. Lorsque seul avec toi, pensive et recueillie,
Tes deux mains dans la mienne, assis à tes côtés,
J'abandonne mon âme aux molles voluptés
Et je laisse couler les heures que j'oublie ;
Lorsqu'au fond des forêts je t'entraîne avec moi,
Lorsque tes doux soupirs charment seuls mon oreille,
Ou que, te répétant les serments de la veille,
Je te jure à mon tour de n'adorer que toi.

A. de Lamartine, « L'isolement », *Méditations poétiques*, 1823.

Tonalité : ....

Lexique : ....

....

Analyser les tonalités épiques

2 Redoutable est la bataille, elle se fait générale.
Le comte Roland ne se met pas à l'abri du danger,
Frappe de l'épieu tant que la hampe reste entière,
Au quinzième coup, il l'a brisé et rompu ;
Il met à nu Durendal, sa bonne épée,
Il pique des deux, va frapper Chernuble :
Lui brise le heaume où brillent des escarboucles,
Lui fend le crâne et la chevelure,
Lui fend les yeux et le visage,
Et le haubert qui brille, aux fines mailles,
Et tout le corps jusqu'à l'enfourchure.
Et son épée traverse la selle incrustée d'or,
Et elle s'arrête dans le corps du cheval,
Lui tranche l'échine sans avoir à chercher la jointure,
Les abat morts tous deux dans le pré sur l'herbe drue.
Puis il lui dit : « Vil truand, vous avez eu tort de venir ici. »

La Chanson de Roland, XIIe siècle.

a. Surlignez les mots du champ lexical du combat.

b. Quelle est la figure de style présente dans les mots en gras ? Quel effet cela produit-il ?

....

....

3 THÉRAMÈNE
Un effroyable cri, sorti du fond des flots,
Des airs en ce moment a troublé le repos ;
Et du sein de la terre, une voix formidable
Répond en gémissant à ce cri redoutable.
Jusqu'au fond de nos cœurs notre sang s'est glacé ;
Des coursiers attentifs le crin s'est hérissé.
Cependant, sur le dos de la plaine liquide,
S'élève à gros bouillons une montagne humide ;
L'onde approche, se brise, et vomit à nos yeux,
Parmi des flots d'écume, un monstre furieux.
Son front large est armé de cornes menaçantes ;
Tout son corps est couvert d'écailles jaunissantes ;
Indomptable taureau, dragon impétueux,
Sa croupe se recourbe en replis tortueux.
Ses longs mugissements font trembler le rivage.

Jean Racine, *Phèdre*, V, 6 (1677).

a. Soulignez les caractéristiques de la tonalité épique.

b. Surlignez des expressions ou mots qui expriment le sentiment de peur.

c. Quel ennemi affronte le personnage ? En quoi la nature de cet ennemi relève-t-elle du merveilleux ?

....

....

Analyser les procédés lyriques

4 Sous le pont Mirabeau coule la Seine
Et nos amours
Faut-il qu'il m'en souvienne
La joie venait toujours après la peine

Vienne la nuit sonne l'heure
Les jours s'en vont je demeure

Les mains dans les mains restons face à face
Tandis que sous
Le pont de nos bras passe
Des éternels regards l'onde si lasse

Vienne la nuit sonne l'heure
Les jours s'en vont je demeure

L'amour s'en va comme cette eau courante
L'amour s'en va
Comme la vie est lente
Et comme l'Espérance est violente

Vienne la nuit sonne l'heure
Les jours s'en vont je demeure

Passent les jours et passent les semaines
Ni temps passé
Ni les amours reviennent
Sous le pont Mirabeau coule la Seine

Vienne la nuit sonne l'heure
Les jours s'en vont je demeure

Guillaume Apollinaire, « Le Pont Mirabeau », *Alcools*, 1913.

a. Relevez les caractéristiques de la tonalité lyrique.

....

....

....

b. Surlignez le champ lexical des sentiments et de l'émotion.

c. Le poème est fondé sur une métaphore : à quoi la Seine correspond-elle ?

....

....

5 VERS LA QUESTION DE LANGUE BAC ORAL

Relisez le poème d'Apollinaire (texte 4).

a. Repérez les sujets des verbes suivants :

coule : .... **sonne :** .... **passe :** ....

b. Analysez les formes verbales « vienne », « sonne » du refrain. Quelle est la valeur de ce mode ?

....

....

....

....

49 Les tonalités tragique, élégiaque et pathétique

Carte mentale animée

- Les tonalités **tragique**, **élégiaque** et **pathétique** ont pour but commun d'**émouvoir** le lecteur, mais chacune a ses spécificités.
- On les trouve dans tous les genres littéraires.

Retenir

Tonalité	Fonction	Principaux procédés
Tragique	Vise à susciter l'**effroi** face à la puissance implacable du destin, de la fatalité.	• Lexique de la **fatalité**, de la **volonté divine**, de la **souffrance** et de l'**effroi**. • Figures d'amplification pour marquer l'impuissance (anaphores, gradations...). • Figures d'opposition pour souligner le tiraillement entre raison et passion. • Ponctuation expressive.
Élégiaque	Vise à rendre sensibles la **tristesse**, les **regrets**, la **plainte**.	• Lexique de la **plainte**, de la **nostalgie**, de la **mélancolie**, de la **fuite du temps**, de **la mort**, de **l'amour**. • Marques de la première personne. • Ponctuation expressive.
Pathétique	Vise à déclencher la **pitié**, la **compassion**.	• Lexique de la **souffrance morale**, de la **tristesse**, de la **douleur**, de la **misère.** • Figures d'amplification (hyperboles...). • Interpellation du lecteur (apostrophe, questions rhétoriques). • Figures d'opposition pour accentuer la détresse physique ou morale.

S'entraîner

Distinguer les tonalités tragique, élégiaque et pathétique

1 Lisez ces extraits. Pour chacun d'eux, précisez la tonalité et le lexique employé.

1 Il était une fois un Bûcheron et sa femme qui avaient sept enfants, tous des garçons ! Ils étaient si pauvres qu'ils avaient du mal à les nourrir. [...] Un soir, alors que les sept frères étaient couchés, le bûcheron dit à sa femme :
– Nous n'avons plus rien à manger ! Si nous ne voulons pas voir nos enfants mourir de faim, il faut les perdre dans la forêt !

Charles Perrault, « Le Petit Poucet », 1697.

Tonalité : ....

Lexique : ....

2 ORESTE

Grâce aux dieux ! Mon malheur passe mon espérance !
Oui, je te loue, ô ciel, de ta persévérance !
Appliqué sans relâche au soin de me punir,
Au comble des douleurs tu m'as fait parvenir.
Ta haine a pris plaisir à former ma misère ;
J'étais né pour servir d'exemple à ta colère,
Pour être du malheur un modèle accompli.
Hé bien ! je meurs content, et mon sort est rempli.
Où sont ces deux amants ? Pour couronner ma joie,
Dans leur sang, dans le mien, il faut que je me noie ;

Jean Racine, *Andromaque* (1667), V, 5.

Tonalité : ....

Lexique : ....

3 Cosette était maigre et blême. Elle avait près de huit ans, on lui en eût donné à peine six. Ses grands yeux enfoncés dans une sorte d'ombre profonde étaient presque éteints à force d'avoir pleuré. Les coins de sa bouche avaient cette courbe de l'angoisse habituelle, qu'on observe chez les condamnés et chez les malades désespérés. Ses mains étaient, comme sa mère l'avait deviné, « perdues d'engelures ». Le feu qui l'éclairait en ce moment faisait saillir les angles de ses os et rendait sa maigreur affreusement visible.

Victor Hugo, *Les Misérables*, 1862.

Tonalité : ....

Lexique : ....

4 Tout à coup des accents inconnus à la terre
Du rivage charmé frappèrent les échos ;
Le flot fut attentif, et la voix qui m'est chère
Laissa tomber ces mots :

« Ô temps ! suspends ton vol, et vous, heures propices !
Suspendez votre cours :
Laissez-nous savourer les rapides délices
Des plus beaux de nos jours !

Alphonse de Lamartine, « Le Lac de B*** »,
Méditations poétiques, 1820.

Tonalité : ....

Lexique : ....

Analyser la tonalité tragique

2 Lisez ces deux extraits d'*Antigone* et répondez aux questions.

1 **ANTIGONE.** – Voyez-moi, ô citoyens de la terre de ma patrie, faisant mon dernier chemin et regardant le dernier éclat du jour pour ne plus jamais le regarder ! Hadès, qui ensevelit tout, m'emmène vivante vers l'Achéron[1], sans que j'aie connu les noces, sans que l'hymne nuptial m'ait chantée, car j'épouserai l'Achéron. [...]

Telle, non pleurée par mes amis, frappée par une loi inique[2], je vais vers cette prison sépulcrale qui sera mon tombeau. Hélas ! Malheureuse ! Je n'habiterai ni parmi les vivants, ni parmi les morts !

Sophocle, *Antigone*, 441 av. J. C.

1. Dans la mythologie grecque, l'Achéron est une branche de la rivière souterraine du Styx, sur laquelle Charon transportait en barque les âmes des défunts vers les Enfers. – 2. Injuste.

2 **ANTIGONE.** – Je vais mourir tout à l'heure.

Le garde ne répond pas. Un silence. Il fait les cent pas. Au bout d'un moment, il reprend.

LE GARDE. – D'un autre côté, on a plus de considération pour le garde que pour le sergent de l'active. Le garde, c'est un soldat, mais c'est presque un fonctionnaire. [...]

ANTIGONE. – Comment vont-ils me faire mourir ?

LE GARDE. – Je ne sais pas. Je crois que j'ai entendu dire que pour ne pas souiller la ville de votre sang, ils allaient vous murer dans un trou.

ANTIGONE. – Vivante ?

LE GARDE. – Oui, d'abord. *Un silence. Le garde se fait une chique.*

ANTIGONE. – Ô tombeau ! Ô lit nuptial ! Ô ma demeure souterraine !... *Elle est toute petite au milieu de la grande pièce nue. On dirait qu'elle a un peu froid. Elle s'entoure de ses bras. Elle murmure. Toute seule.*

Jean Anouilh, *Antigone*, © La Table ronde, 1946.

a. Quel champ lexical domine ces deux extraits ?

....

Soulignez dans les deux textes les mots et les passages qui justifient votre réponse.

b. Dans le premier texte, encadrez les deux verbes qui montrent qu'Antigone est impuissante face à son destin et contrainte à mourir.

c. Dans le second texte, quelle figure de style est présente dans l'expression « lit nuptial » ? (l. 14)

....

....

d. Dans le second texte, quelle est la figure de style de « Ô tombeau ! Ô lit nuptial ! Ô ma demeure souterraine ! » (l. 14-15) et quel en est l'effet ?

....

....

e. Comparez ce passage à celui de Sophocle. Que remarquez-vous ?

....

....

....

Quelle est la tonalité des phrases exclamatives ?

....

f. Quelle est la tonalité principale présente dans ces deux textes ?

....

3 VERS LE COMMENTAIRE BAC ÉCRIT

Pardonnez si j'achève en peu de mots un récit qui me tue. Je croyais ma chère maîtresse endormie et je n'osais pousser le moindre souffle, dans la crainte de troubler son sommeil. Je m'aperçus dès le point du jour, en touchant ses mains, qu'elle les avait froides et tremblantes. Je les approchai de mon sein, pour les échauffer. Elle sentit ce mouvement, et, faisant un effort pour saisir les miennes, elle me dit, d'une voix faible, qu'elle se croyait à sa dernière heure. Je ne pris d'abord ce discours que pour un langage ordinaire dans l'infortune, et je n'y répondis que par les tendres consolations de l'amour. Mais, ses soupirs fréquents, son silence à mes interrogations, le serrement de ses mains, dans lesquelles elle continuait de tenir les miennes, me firent connaître que la fin de ses malheurs approchait. N'exigez point de moi que je vous décrive mes sentiments, ni que je vous rapporte ses dernières expressions. Je la perdis ; je reçus d'elle des marques d'amour, au moment même qu'elle expirait. C'est tout ce que j'ai la force de vous apprendre de ce fatal et déplorable événement.

Abbé Prévost, *Manon Lescaut*, 1731.

a. Relevez les caractéristiques de la tonalité pathétique.

....

....

....

b. Dans le texte, surlignez les mots qui expriment la maladie et la mort. Quel est l'effet sur le lecteur?

....

....

....

c. Quelle est la figure de style présente dans « un récit qui tue » ? Quel effet cela produit-il sur le lecteur ?

....

....

....

50 La tonalité polémique

Carte mentale animée

- La tonalité polémique est employée pour signaler l'**affrontement** de différentes positions idéologiques. Le mot vient du grec ancien *polemos* qui signifiait « guerre ». Cette tonalité vise à convaincre et persuader l'auditoire en utilisant l'affrontement et la confrontation verbale.
- On trouve cette tonalité notamment dans les lettres ouvertes et les pamphlets.

Retenir

Objectifs	Procédés	Exemples
• **Dévaloriser** les thèses de l'adversaire pour emporter l'adhésion du lecteur ou de l'auditeur. • **Choquer** en vue de provoquer le débat. • **Attaquer** directement une personne ou une institution.	• Figures d'**insistance** (hyperboles, apostrophes, exclamations, interrogations rhétoriques…) • Lexique **péjoratif** et critique. • Utilisation de la **première personne**. • **Interpellation** du lecteur. • **Ironie**.	• Querelles littéraires. • Combats politiques. • Débats scientifiques.

S'entraîner

Repérer les procédés polémiques

1 J'ai reçu, Monsieur, votre nouveau livre[1] contre le genre humain ; je vous en remercie […]. On n'a jamais employé tant d'esprit à vouloir nous rendre Bêtes. Il prend envie de marcher à quatre pattes quand on lit votre ouvrage. Cependant, comme il y a plus de soixante ans que j'en ai perdu l'habitude, je sens malheureusement qu'il m'est impossible de la reprendre. Et je laisse cette allure naturelle à ceux qui en sont plus dignes que vous et moi.

Voltaire, *Correspondance*, lettre à J.-J. Rousseau, 1755.

1. Il s'agit du *Discours sur l'origine et les fondements de l'inégalité parmi les hommes.*

a. **À votre avis, quel type de querelle ce texte présente-t-il ?**

....

b. **Quels sont les différents procédés utilisés pour dévaloriser et provoquer l'adversaire ? Donnez des exemples.**

....

....

....

....

....

c. **Quelle est la figure de style utilisée par Voltaire dans « *On n'a jamais... Bêtes* » (l. 2 à 3) ?**

....

d. **En quoi ce texte est-il polémique ?**

....

....

2 Je suis certain ; j'ai des amis ; ma fortune est sûre ; mes parents ne m'abandonneront jamais ; on me rendra justice ; mon ouvrage est bon, il sera bien reçu ; on me doit, on me paiera ; […] toutes paroles qu'un homme qui a un peu vécu raye de son dictionnaire.

Quand les juges condamnèrent Langlade, Lebrun, Calas, Sirven, Martin, Montbailli, et tant d'autres, reconnus depuis pour innocents, ils étaient certains, ou ils devaient l'être, que tous ces infortunés étaient coupables ; cependant ils se trompèrent.

Il y a deux manières de se tromper, de mal juger, de s'aveugler ; celle d'errer en homme d'esprit, et celle de décider comme un sot.

Les juges se trompèrent en gens d'esprit dans l'affaire de Langlade, ils s'aveuglèrent sur des apparences qui pouvaient éblouir ; ils n'examinèrent point assez les apparences contraires ; ils se servirent de leur esprit pour se croire certains que Langlade avait commis un vol qu'il n'avait certainement pas commis : et sur cette pauvre certitude incertaine de l'esprit humain, un gentilhomme fut appliqué à la question ordinaire et extraordinaire[1], de là replongé sans secours dans un cachot, et condamné aux galères, où il mourut. […]

Il est clair que les juges n'auraient pas prononcé cet arrêt, s'ils n'avaient été certains. […]

Voltaire, article du *Dictionnaire philosophique*, « Certain, Certitude », 1764.

1. Torture infligée pour arracher des aveux.

a. **Quel est le thème de ce texte ? Surlignez les mots qui justifient votre réponse.**

....

b. **Quelle critique Voltaire formule-t-il dans cet article ? Soulignez les mots qui le montrent.**

....

c. **Nommez la figure de style présente dans l'expression « certitude incertaine » (l. 19-20). Que veut souligner Voltaire ?**

....

....

d. **En quoi ce texte est-il polémique ?**

....

Analyser les procédés polémiques

3 **J'accuse** le lieutenant-colonel Du Paty de Clam d'avoir été l'ouvrier **diabolique** de l'erreur judiciaire, en inconscient, je veux le croire, et d'avoir ensuite défendu son œuvre **néfaste**, depuis trois ans, par les machinations les plus **saugrenues** et les plus **coupables**.

J'accuse le général Mercier de s'être rendu **complice**, tout au moins par faiblesse d'esprit, d'une des plus grandes iniquités[1] du siècle.

J'accuse le général Billot d'avoir eu entre les mains les preuves certaines de l'innocence de Dreyfus et de les avoir étouffées, de s'être rendu coupable du crime de lèse-humanité et de lèse-justice dans un but politique et pour sauver l'État-major compromis. [...]

J'accuse le général de Pellieux et le commandant Ravary d'avoir fait une enquête **scélérate**, j'entends par là une enquête de la plus **monstrueuse** partialité, dont nous avons, dans le rapport du second, un impérissable monument de **naïve** audace.

J'accuse les trois experts en écriture, les sieurs Belhomme, Varinard et Couard, d'avoir fait des rapports **mensongers** et frauduleux, à moins qu'un examen médical ne les déclare atteints d'une maladie de la vue et du jugement. [...]

Émile Zola, *Lettre ouverte au Président de la République*, *L'Aurore*, 13 janvier 1898.

1. Injustices.

a. **Quelle est la nature de ce texte et quelle en est l'origine ? Faites des recherches sur le contexte historique.**

....

....

....

b. **Analysez les mots en gras. Quel type de lexique est employé ?**

....

....

....

c. **Analysez la répétition de « J'accuse ». Quelle est cette figure de style ? Quel en est l'effet ?**

....

....

d. **Quels sont les autres procédés polémiques ?**

....

....

....

....

....

....

4 **VERS LE COMMENTAIRE** BAC ÉCRIT

Nous sommes ici pour dire ce que sont la traite et l'esclavage, pour rappeler que le siècle des Lumières a été marqué par une révolte contre la domination de l'Église, par la revendication des droits de l'homme, par une forte demande de démocratie, mais pour rappeler aussi que, pendant cette période, l'économie de plantation a été si florissante que le commerce triangulaire a connu son rythme maximal entre 1783 et 1791.

Nous sommes là pour dire que si l'Afrique s'enlise dans le non-développement, c'est aussi parce que des générations de ses fils et de ses filles lui ont été arrachées ; que si la Martinique et la Guadeloupe sont dépendantes de l'économie du sucre, dépendantes de marchés protégés, si la Guyane a tant de difficultés à maîtriser ses richesses naturelles, si la Réunion est forcée de commercer si loin de ses voisins, c'est le résultat direct de l'exclusif colonial ; que si la répartition des terres est aussi inéquitable, c'est la conséquence reproduite du régime d'habitation.

Nous sommes là pour dire que la traite et l'esclavage furent et sont un crime contre l'humanité ; que les textes juridiques ou ecclésiastiques qui les ont autorisés, organisés percutent la morale universelle ; qu'il est juste d'énoncer que c'est dans nos idéaux de justice, de fraternité, de solidarité, que nous puisons les raisons de dire que le crime doit être qualifié. Et inscrit dans la loi parce que la loi seule dira la parole solennelle au nom du peuple français.

Christiane Taubira, Discours à l'Assemblée nationale, 1999.

a. **Quel est le sujet de ce discours ?**

....

....

b. **Vers quelle thèse Christiane Taubira arrive-t-elle ? Surlignez le passage.**

....

....

c. **Analysez les différents procédés qui nous permettent de dire que ce texte est polémique.**

....

....

....

....

....

....

51 Les figures d'analogie

Carte mentale animée

Retenir

- Les figures d'analogie sont des images qui s'appuient sur la **ressemblance** entre deux termes.

La comparaison	Elle crée un lien entre un **comparé** et un **comparant** grâce à un outil de comparaison (*comme, être tel que, semblable à, pareil à, ressembler à…*).	**La neige** scintille comme **un diamant**.
La métaphore	Rapprochement entre un **comparé** et un **comparant**, sans outil de comparaison. On dit que la métaphore est « filée » lorsque l'analogie se poursuit sur plusieurs termes.	**Cet enfant** est **une vraie tornade**.
La personnification	Image qui donne des caractéristiques humaines à un élément non humain.	Le feu danse dans la cheminée. Le soleil se couche.
L'allégorie	Représentation concrète d'une notion abstraite qui prend les traits d'une personne. Ce procédé est très courant dans les textes médiévaux.	La Faucheuse est une allégorie de la Mort.

S'entraîner

Distinguer comparaison et métaphore

1 **a. Indiquez si les phrases suivantes contiennent une comparaison (C) ou une métaphore (M).**

b. Soulignez le comparé, surlignez le comparant et encadrez l'outil de comparaison, le cas échéant.

1. Elle traverse le rideau de pluie. ....
2. Pareils à des rapaces, ils se jettent sur leur proie. ....
3. Ils se ressemblent comme deux gouttes d'eau ....
4. Cette femme est une vraie langue de vipère. ....

2 **a. Lisez le texte puis complétez les éléments suivants.**

Le Kremlin[1] était comme un immense gâteau tartare[2]
Croustillé d'or,
Avec les grandes amandes des cathédrales toutes
blanches
Et l'or mielleux des cloches […]

Blaise Cendrars, « Prose du Transsibérien », 1913.

1. Forteresse de Moscou, siège du pouvoir politique russe.
2. Double sens : **a.** relatif aux populations turques et mongoles ; **b.** en cuisine, sauce relevée ou viande crue hachée.

1. Comparé : le Kremlin

Comparant : ....

Outil et figure de style : ....

Point(s) commun(s) : ....

....

2. Comparé : ....

Comparant : Les grandes amandes

Outil et figure de style : pas d'outil, métaphore

Point(s) commun(s) : ....

3. Comparé : ....

Comparant : ....

Outil et figure de style : ....

Point(s) commun(s) : la couleur dorée

b. Quelle métaphore est filée ici ?

....

....

Analyser une personnification

3 La Nature est un temple où de vivants piliers
Laissent parfois sortir de confuses paroles ;
L'homme y passe à travers des forêts de symboles
Qui l'observent avec des regards familiers.

Charles Baudelaire, « Correspondances », *Les Fleurs du Mal*, 1857.

a. Soulignez les métaphores et surlignez les personnifications.

b. Complétez ces phrases avec les mots de Baudelaire.

Baudelaire voit la réalité concrète de .... comme un ensemble de ...., qui représentent un autre lieu, idéal. Le poète est le plus à même de déchiffrer ces .... verticales.

4 On hisse l'ancre, dans ses bras
Une sirène se débat
Et plonge en mer si offensée
Qu'elle ne se voit pas blessée.
Grandit la voix de l'Océan
Qui rend les désirs transparents. […]
Le large monte à bord, pareil
À un aveugle aux yeux de sel. […]

Jules Supervielle, « Départ », *Gravitations*, © Gallimard, 1925.

a. Qui est personnifié par le nom *bras* (v. 1) ?

....

b. Quels sont les deux éléments qui personnifient l'océan ?

....

....

c. Expliquez la personnification du « large ».

....

....

....

Interpréter une allégorie

5 **À partir de la définition de la vanité, dites quels objets sont représentés ici et ce qu'ils symbolisent.**

Une vanité en peinture est un genre de nature morte qui rappelle que la vie humaine est éphémère et que les activités ou passions humaines sont vaines, illusoires, au regard d'une mort inéluctable. Cette lecture allégorique repose sur les objets dépeints.

Simon Bernard de Saint André, *Vanité*, 1650, Musée des Beaux Arts, Marseille (détail).

....

....

....

....

....

6 **Expliquez l'allégorie dans cet extrait.**

Alchimiste et théologien en quête de pouvoir absolu sur le monde, Faust fait un pacte avec Méphistophélès qui l'amène à rencontrer les Sept Péchés capitaux.

Faust. – […] Et toi le numéro deux, qui es-tu ?
Avarice. – Je suis l'Avarice, engendrée par un vieux grippe-sou dans une bourse de cuir ; si je pouvais avoir ce que je désire, cette maison, vous-même et tout ce qui se trouve ici seriez changés en or afin que je puisse vous mettre sous clé dans mon coffre. Ô, mon or chéri !

Marlowe, *Le Docteur Faust*, II, 3, 1604.

....

....

....

....

....

....

7 **VERS LE COMMENTAIRE** BAC ÉCRIT

Femme, réveille-toi ; le tocsin de la raison se fait entendre dans tout l'univers ; reconnais tes droits. Le puissant empire de la nature n'est plus environné de préjugés, de fanatisme, de superstition et de mensonges. Le flambeau de la vérité a dissipé tous les nuages de la sottise et de l'usurpation. L'homme esclave a multiplié ses forces, a eu besoin de recourir aux tiennes pour briser ses fers. Devenu libre, il est devenu injuste envers sa compagne. Ô femmes ! femmes, quand cesserez-vous d'être aveugles ?

Olympe de Gouges, *Déclaration des droits de la femme et de la citoyenne*, 1791.

Quelles figures de style reconnaissez-vous dans les passages surlignés ? Que désignent ces termes ?

(vert) : ....

....

....

(jaune) : ....

....

....

(violet) : ....

....

....

(bleu) : ....

....

....

52 Les figures d'insistance

Carte mentale animée

Retenir

- Les figures d'insistance sont des procédés qui utilisent soit le **lexique**, soit la **syntaxe** pour **insister sur un élément**. Elles sont souvent utilisées en argumentation, mais également en poésie.

L'anaphore	Répétition d'un même mot ou groupe de mots en début de plusieurs phrases (ou propositions, vers).	**Paris** outragé ! **Paris** brisé ! **Paris** martyrisé ! Mais **Paris** libéré ! (De Gaulle, 25 août 1944)
L'énumération	• Succession de termes juxtaposés ou coordonnés, qui crée un effet d'accumulation ou d'insistance. • Lorsque les groupes syntaxiques sont rangés par ordre de taille ou d'importance croissante, on parle de **gradation en cadence majeure**.	Nous connaissons de nombreuses figures de style : **la périphrase, l'hyperbole, l'anaphore, l'antithèse**. **Va, vole, cours,** et nous **venge**. (Corneille, *Le Cid*)
Le pléonasme	Répétition de mots ayant le même sens, pour en renforcer l'idée. Parfois volontaire, il peut aussi être une maladresse d'expression.	réserver à l'avance – un futur projet – sain et sauf – bel et bien – monter en haut…
L'hyperbole	Emploi de termes exagérés pour renforcer une idée.	J'ajoutai **mille** choses pressantes. (Abbé Prévost, *Manon Lescaut*) Croyez bien que c'était **le plus horrible spectacle qu'on ait jamais vu**. (Rabelais, *Gargantua*)
L'oxymore	Alliance de mots contradictoires, juxtaposés ou grammaticalement liés. L'effet de surprise permet de mettre en valeur une idée.	Cette **obscure clarté** qui tombe des étoiles (Corneille, *Le Cid*) Nous **tombons vivants** dans le ventre de la tranchée. (Barbusse, *Le Feu*)
L'antithèse	Image qui réunit dans une même phrase deux éléments qui s'opposent. Ces éléments peuvent être présentés avec : – un **parallélisme de construction** ; – une construction croisée (**chiasme**).	Cela, et pas autre chose. Je vis, je meurs. (Louise Labé) **Pensant mal** de tout le monde, **il n'en dit** de personne (La Bruyère, *Les Caractères*). Tel qui **rit** vendredi, dimanche **pleurera**. (Racine)

S'entraîner

Repérer anaphore, énumération et pléonasme

1 Tu m'as donné les fleurs désarmées… Tu m'as donné, pour que je m'y repose haletante, la place la meilleure à l'ombre, sous le lilas de Perse aux grappes mûres… Tu m'as cueilli les larges bleuets des corbeilles, fleurs enchantées dont le cœur velu embaume l'abricot… Tu m'as donné la crème du petit pot de lait, à l'heure du goûter où ma faim féroce te faisait sourire… Tu m'as donné le pain le plus doré, et je vois encore ta main transparente dans le soleil, levée pour chasser la guêpe qui grésillait, prise dans les boucles de mes cheveux…

Colette, *Les Vrilles de la vigne*, © Fayard, 2004.

a. **Surlignez les anaphores.**

b. **Quel effet est produit ?**

……………………………………………………………………

……………………………………………………………………

……………………………………………………………………

……………………………………………………………………

……………………………………………………………………

2 **a.** **Lisez ces deux extraits, puis surlignez les trois énumérations.**

1 Les voitures lustrées semblent sortir d'un hall d'exposition ; et le sol me paraît aussi net que le carrelage d'une cuisine hollandaise : la lumière en a lavé toutes les souillures ; c'est une lumière surnaturelle qui transfigure l'asphalte, qui entoure d'une auréole les fleurs, les robes de soie, les bonbons, les bas nylons, les gants, les sacs, les souliers, les fourrures, les rubans offerts derrière les vitres des magasins. De tous mes yeux, je regarde.

Simone de Beauvoir, *L'Amérique au jour le jour*, © Gallimard, 1954.

2 *Au Maroc, la mère des deux narrateurs découvre le téléphone.*

Elle téléphona jusqu'à la nuit tombante, racla les souvenirs communs comme une écuelle raclée par une mendiante obsédée de paradis et de nourritures oubliées, s'informant de la vie et des vies de sa ville natale, lointains parents, descendances, maisons, faits divers, couleur du ciel, murmure du fleuve et des sources ; donnant à Meryem les nouvelles les plus invraisemblables de notre quartier, de Casablanca, du monde entier, un fondu enchaîné des événements internationaux.

Driss Chraïbi, *La Civilisation, ma mère*, © Gallimard, 1972.

b. **Soulignez l'énumération qui connait une gradation en cadence majeure.**

c. **Quel effet est recherché par les deux autres énumérations ?**

....

....

....

....

....

....

3 **Formez des pléonasmes en trouvant le mot manquant.**

1. .... de ses propres yeux
2. marcher ....
3. un .... résumé
4. tourner ....
5. .... et certain
6. un .... détail
7. un hasard ....
8. un .... prétexte.

Analyser hyperbole, oxymore et antithèse

4 Toinette. *par dérision.* – Ma foi, Monsieur, je suis pour vous maintenant, et je me dédis de tout ce que je disais hier. Voici Monsieur Diafoirus le Père et Monsieur Diafoirus le Fils qui viennent vous rendre visite. Que vous serez bien engendré ! Vous allez voir le garçon le mieux fait du monde, et le plus spirituel. Il n'a dit que deux mots qui m'ont ravie, et votre fille va être charmée de lui.

Molière, *Le Malade imaginaire*, II, 4, 1673.

Repérez les hyperboles qui reposent sur les éléments suivants :

– une phrase exclamative : ....

– des superlatifs de supériorité : ....

....

– un pronom indéfini : ....

– un participe passé mélioratif : ....

5 **Formez des oxymores en ajoutant le mot manquant.**

1. un .... éloquent
2. un clair-.......................... (en peinture)
3. se hâter avec ....
4. un .... inconnu
5. un .... vieillard
6. une magnifique ....

6 **Les citations suivantes tirées de *Manon Lescaut*, de l'abbé Prévost (1731), contiennent des antithèses.**

a. **Surlignez les éléments qui s'opposent par des couleurs.**

b. **Indiquez si ces antithèses ont une construction parallèle ou en chiasme.**

1 Que les résolutions humaines soient sujettes à changer, c'est ce qui ne m'a jamais causé d'étonnement ; une passion les fait naître, une autre passion peut les détruire.

Antithèse : ....

2 Il ajouta, pour justifier apparemment ses propres désordres, qu'il était permis à la faiblesse des hommes de se procurer certains plaisirs que la nature exige, mais que la friponnerie et les artifices honteux méritaient d'être punis.

Antithèse : ....

3 Juste Ciel, ajoutai-je, est-ce ainsi qu'une infidèle se rit de vous, après vous avoir attesté si saintement ?

Antithèse : ....

4 Je suis sûr qu'en me condamnant, vous ne pourrez pas vous empêcher de me plaindre.

Antithèse : ....

7 **VERS LE COMMENTAIRE** BAC ÉCRIT

Tout l'hiver va rentrer dans mon être : colère,
Haine, frissons, horreur, labeur dur et forcé,
Et, comme le soleil dans son enfer polaire,
Mon cœur ne sera plus qu'un bloc rouge et glacé.

Charles Baudelaire, *Les Fleurs du Mal*, « Chant d'automne », 1857.

a. **Retrouvez un exemple de chacune des figures de style suivantes :**

– Hyperbole : ....

– Énumération : ....

....

– Oxymore : ....

– Pléonasme : ....

b. **Quelle vision est ici offerte avec insistance ?**

....

....

....

....

53 Les figures de substitution

Carte mentale animée

Retenir

- Les figures de substitution sont des procédés qui créent des **équivalences** entre deux éléments. Elles sollicitent l'imagination du lecteur.

La périphrase	Figure qui remplace un mot précis par un mot ou un groupe de mots qui ne le désigne pas directement mais en donne une caractéristique.	**La « Ville éternelle »** pour Rome, **Les « commodités de la conversation »** pour des fauteuils (Molière, *Les Précieuses ridicules*)
La métonymie	Figure qui remplace un mot par un autre mot qui lui est logiquement associé : – le contenant pour le contenu : – la partie pour le tout : – le lieu pour la chose, la fonction : – l'objet pour la personne : – l'effet pour la cause, ou l'inverse	 Boire un **verre**. Une **voile** *pour* un bateau à voile. **Matignon** *pour* le Premier ministre. Camilla est **violon**, *pour* violoniste. Boire **la mort** *pour* du poison **Un Rembrandt** *pour* une œuvre de Rembrandt.
L'euphémisme	Atténuation d'une idée jugée trop douloureuse.	**Elle a vécu.** = Elle est morte.
La litote	Atténuation feinte d'une idée dans le but de suggérer davantage. Elle repose souvent sur la négation d'un terme lui-même négatif.	« Va, **je ne te hais point**. » (Corneille, *Le Cid*) = Je t'aime.
L'épanorthose	Image qui consiste à corriger ou nuancer un énoncé.	Ce fut comme une apparition. Elle était assise, au milieu du banc, toute seule ; **ou du moins il ne distingua personne**, dans l'éblouissement que lui envoyèrent ses yeux. (Flaubert, *L'Éducation sentimentale*)

S'entraîner

Repérer et analyser périphrase et métonymie

1 Lisez ces phrases tirées de *La Peau de chagrin* d'Honoré de Balzac (1830).

Au début du roman, on suit un jeune homme qui entre dans un tripot. Il est accueilli froidement par un vieillard puis pénètre dans la salle de jeu.

1. Si le jeune homme avait contemplé ce triste Cerbère, peut-être se serait-il dit : Il n'y a plus qu'un jeu de cartes dans ce cœur-là !

2. Il entra résolument dans la salle où le son de l'or exerçait une éblouissante fascination sur les sens en pleine convoitise.

3. Ne faut-il pas être bien malheureux pour obtenir de la pitié, bien faible, pour exciter une sympathie, ou d'un bien sinistre aspect pour faire frissonner les âmes dans cette salle où les douleurs doivent être muettes, où la misère est gaie, et le désespoir décent ?

4. C'est un cerveau brûlé qui va se jeter à l'eau, répondit un habitué en regardant autour de lui les joueurs qui se connaissaient tous.

a. Surlignez la périphrase dans chaque citation.

b. Écrivez ce que désigne chaque périphrase.

c. Dites quelle vision du tripot offrent ces périphrases.

2 […] Les masques sont silencieux
Et la musique est si lointaine
Qu'elle semble venir des cieux
Oui je veux vous aimer mais vous aimer à peine
Et mon mal est délicieux

Les brebis s'en vont dans la neige
Flocons de laine et ceux d'argent
Des soldats passent et que n'ai-je
Un cœur à moi ce cœur changeant
Changeant et puis encore que sais-je

Sais-je où s'en iront tes cheveux
Crépus comme mer qui moutonne
Sais-je où s'en iront tes cheveux
Et tes mains feuilles de l'automne
Que jonchent aussi nos aveux […]

Apollinaire, « **Marie** », *Alcools*, 1913.

a. Que désignent, par métonymie, les masques (v.1) ?

....

....

b. Surlignez le mot qui désigne par métonymie les brebis et celui qui désigne les soldats.

c. Que désigne la métonymie « un cœur à moi » ?

....

....

d. Soulignez les métonymies qui désignent la femme.

e. En quoi cette dernière métonymie traduit-elle la rupture amoureuse ?

....

....

....

Manier euphémisme, litote et épanorthose

3 Que signifient ces euphémismes ?

1. Agent 007, supprimez cet homme ! ....

2. Un non-voyant ....

3. Il nous a quittés. ....

4. Une personne enveloppée ....

....

5. « Je vous frotterai les oreilles ! » (Molière) ....

4 Transformez les phrases suivantes en litotes de votre invention.

1. C'est délicieux !

....

2. Tu es très intelligent !

....

3. Beaucoup de gens pensent cela.

....

4. Je me réjouis de quitter ce lieu..

....

5. C'est tout à fait vrai.

....

5 Surlignez les épanorthoses dans les extraits suivants.

1. Je remarquai que mon père balançait s'il achèverait de m'expliquer. Je l'en suppliai si instamment, qu'il me satisfit, ou plutôt, qu'il m'assassina cruellement par le plus horrible de tous les récits. (**Abbé Prévost**, *Manon Lescaut*)

2. C'est un roc ! C'est un pic ! C'est un cap !
Que dis-je, c'est un cap ? C'est une péninsule !
(**Rostand**, *Cyrano de Bergerac*)

6 VERS LE COMMENTAIRE BAC ÉCRIT

Il ne nomme plus chaque chose par son nom ; il n'y a plus pour lui de fripons, de fourbes, de sots et d'impertinents : celui dont il lui échapperait de dire ce qu'il en pense, est celui-là même qui, venant à le savoir, l'empêcherait de cheminer. […] Ne voulant du bien qu'à lui seul, il veut persuader qu'il en veut à tous, afin que tous lui en fassent, ou que nul du moins lui soit contraire. Non content de n'être pas sincère, il ne souffre pas que personne le soit ; la vérité blesse son oreille […] Il a une profusion, le dirai-je ? des torrents de louanges **pour ce qu'a fait ou ce qu'a dit** un homme placé et qui est en faveur, et pour tout autre une sécheresse de pulmonique.

Jean de La Bruyère, *Les Caractères*, Livre VIII, 1687.

a. Surlignez les deux épanorthoses.

b. Nommez les figures de style surlignées :

– en vert : ....

....

– en rose : ....

....

c. Pourquoi n'est-il pas utile de savoir précisément ce que désigne la périphrase en gras ?

....

....

....

d. S'il devait expliquer « ce qu'il en pense » à la personne vexée, lui conseilleriez-vous la litote ou l'euphémisme ?

....

54 L'ironie

▶ L'ironie oblige le lecteur à s'interroger sur ce que le locuteur a voulu dire.

Retenir

- Le mot « ironie » vient du grec « *eirôneia* », action **d'interroger** : subtile, l'ironie joue sur le sens caché de la phrase que le lecteur doit décoder grâce à un indice (double sens d'un mot, mimique à l'oral…). Elle s'appuie donc sur la connivence entre le locuteur et son destinataire.
- L'ironie s'apparente à la **satire**, qui dénonce des vices par la **moquerie**. C'est l'arme favorite du siècle des Lumières. Elle permet de contourner la **censure** car elle consiste à faire comprendre autre chose, voire l'inverse, que ce qui est dit.
- Les **figures de style** suivantes sont des procédés privilégiés de l'ironie :

– **l'hyperbole** (v. p. 164) : « mille » pour « de nombreux » – **l'euphémisme** (v. p. 166) : « l'esprit le plus simple » pour un « niais » – **la périphrase** (v. p. 166) : « des appartements d'une extrême fraîcheur » pour « la prison » – **les comparaisons** ou **métaphores** péjoratives : « le Diable » pour « Voltaire »	– **l'antiphrase** (v. p. 164) : « ce héros » pour « un lâche » – **l'oxymore** (v. p. 164) : « boucherie héroïque » – **le paradoxe**, l'absurde ou les faux enchaînements logiques dénoncent l'incohérence d'un raisonnement

S'entraîner

Repérer les procédés ironiques

1 Et tandis que dans leurs promenades nocturnes, supputant mutuellement leurs progrès, les Blafafoires[1] se racontaient longuement l'un à l'autre, sans détours, les moindres mots, les regards, les sourires, dont elle les avait gratifiés, Arnica, retirée dans sa chambre, écrivait sur des bouts de papier qu'elle brûlait soigneusement ensuite à la flamme de sa bougie, et répétait inlassablement tour à tour : Arnica Blafaphas ?... Arnica Fleurissoire ? incapable de décider entre l'atrocité de ces deux noms.

André Gide, *Les Caves du Vatican*, 1914.

1. Amédée Fleurissoire et Gaston Blafaphas sont deux amis d'enfance inséparables, surnommés « les Blafafoires ».

a. Que pensez-vous du choix des noms propres ?

....

....

....

....

b. Que pensez-vous de la situation ?

....

....

....

....

....

c. Surlignez le lexique porteur d'une ironie cruelle.

2 **En 2016, le Centre Pompidou a consacré une exposition au peintre Paul Klee, « L'ironie à l'œuvre ».**

a. Observez le tableau suivant puis visionnez la vidéo.
www.youtube.com/watch?v=nI0bkR_x2Q4.

b. Complétez le texte suivant.

Paul Klee (1879-1940), *Légende du Nil* (1937), pastel, Kunstmuseum, Berne.

À la frontière entre l'art fi.................. et l'art ab.................., ce tableau est une œuvre de Klee qui, par son aspect régressif, semble ironiquement faite par un .... Grâce au ...., on interprète les formes géométriques qui le composent pour voir une .... avec des .... au centre, un poisson, un palmier… Les autres signes énigmatiques peuvent dès lors évoquer les h........................ égyptiens : la lecture est active.

3 *Le séducteur Rodolphe courtise Emma Bovary, femme mariée, tandis que, sous leurs fenêtres, se tiennent les discours des comices agricoles.*

Rodolphe, avec madame Bovary, causait rêves, pressentiments, magnétisme. Remontant au berceau des sociétés, l'orateur nous dépeignait ces temps farouches où les hommes vivaient de glands, au fond des bois. [...] Du magnétisme, peu à peu, Rodolphe en était venu aux affinités, et, tandis que M. le Président citait Cincinnatus à sa charrue, Dioclétien plantant ses choux et les empereurs de Chine inaugurant l'année par des semailles, le jeune homme expliquait à la jeune femme que ces attractions irrésistibles tiraient leur cause de quelque existence antérieure.

Gustave Flaubert, *Madame Bovary*, 1857.

a. Comment l'auteur crée-t-il une ambiguïté entre les deux discours ?

....

....

....

b. Montrez que l'un des deux discours décrédibilise l'autre.

....

....

....

....

....

Interpréter les figures de l'ironie

4 **a. Pour chacune de ces phrases tirées du *Diable s'habille en Voltaire* de F. Lenormand (2013), précisez le procédé sur lequel repose l'ironie.**

b. Explicitez le sens de ces phrases.

1. Elle poussa des cris de hibou, le débat atteignit des sommets de subtilité rhétorique.

....

....

2. Voltaire lui souhaita bon courage pour verbaliser les Romains bâtisseurs de Lutèce et les tailleurs de pierres qui avaient édifié Notre-Dame.

....

....

3. S'il voulait du personnel qui n'eût pas envie de l'étrangler, on allait avoir du mal à le satisfaire.

....

....

4. On avait tracé [...] un pentagramme orné d'une tête de bouc, ce qui, sans doute, n'était pas une promesse de félicité à l'intention de qui s'asseyait là.

....

....

5 VERS LE COMMENTAIRE — BAC ÉCRIT

L'Inquisition est un tribunal ecclésiastique créé au XIIIe siècle pour lutter contre les pratiques qui s'opposaient aux dogmes de l'Église catholique. Il était toujours actif au XVIIIe siècle en Espagne et au Portugal.

Après le tremblement de terre qui avait détruit les trois quarts de Lisbonne[1], les sages du pays n'avaient pas trouvé un moyen plus efficace pour prévenir une ruine totale que de donner au peuple un bel auto-da-fé[2] ; il était décidé par l'université de Coïmbre que le spectacle de quelques personnes brûlées à petit feu, en grande cérémonie, est un secret infaillible pour empêcher la terre de trembler.

Voltaire, *Candide*, chapitre VI, 1759.

1. Il se produisit le 1er novembre 1755 et fit un très grand nombre de victimes. **2.** Un auto-da-fé est un « acte de foi » : jugement de l'Inquisition qui décide ici la mort par le feu.

a. Repérez les différentes figures au service de l'ironie. Justifiez vos réponses.

En jaune : ....

....

En gras : ....

....

....

En rose : ....

....

....

Souligné : ....

....

En vert : ....

....

b. Résumez le message implicite de Voltaire.

....

....

....

....

....

....

VERS LE BAC

Paroles d'écrivains

Le narrateur, Théo Frilet, et ses amis, passent le Bac, mais ce ne sont pas vraiment des élèves assidus. Ils demandent son aide à l'un de leurs camarades.

Edgard Le Prince, populaire pour les profs, détesté par les élèves. Premier en tout. Arrogant, donneur de leçons, puceau et ambitieux. Il finira énarque et Premier ministre. […] Mais, en attendant, il faut rester polis : nous avons besoin de lui.

EDGARD. – Alors, si j'ai bien compris, vous attendez de moi une simulation d'oral pour tester votre niveau ?

TOUS, *ensemble.* – Voilà, c'est ça.

SARAH. – C'est vrai, comme tu es le meilleur, la question ne va pas se poser pour toi. Ton Bac, tu risques de l'avoir du premier coup.

Edgard acquiesce avec fausse modestie.

MAXIME. – Nous, c'est pas gagné.

EDGARD. – Vous, c'est pas gagné, parce que vous n'avez rien fichu. Il n'y a pas de mystère : celui qui a son Bac, c'est celui qui a travaillé. Je ne crois pas être plus intelligent que vous.

TOUS, *ensemble.* – Oooh, si, quand même, attends, Edgard !

EDGARD. – Merci !

THÉO. – De rien, c'est normal.

Edgard ouvre un livre. – Histoire. Quels sont les grands types d'affrontement majeur de la guerre froide, entre 1947 et 1962 ? *Silence affligé des autres.* Personne ?

D'après le scénario du film ***Nos 18 ans*, de Frédéric Berthe**, 2009.

« L'échec légendaire de Zola au bachot a réconforté beaucoup de candidats – qui n'étaient pas Zola. »

Tristan Bernard (1866-1947)

« Il fait toujours un temps splendide le jour des examens... Même pour ceux qui ne les passent pas. »

Raphaël Mezrahi (né en 1964)

Vos ressources numériques

MON LABO DE FRANÇAIS

Sujets de BAC traités

ORAL Entraînements filmés

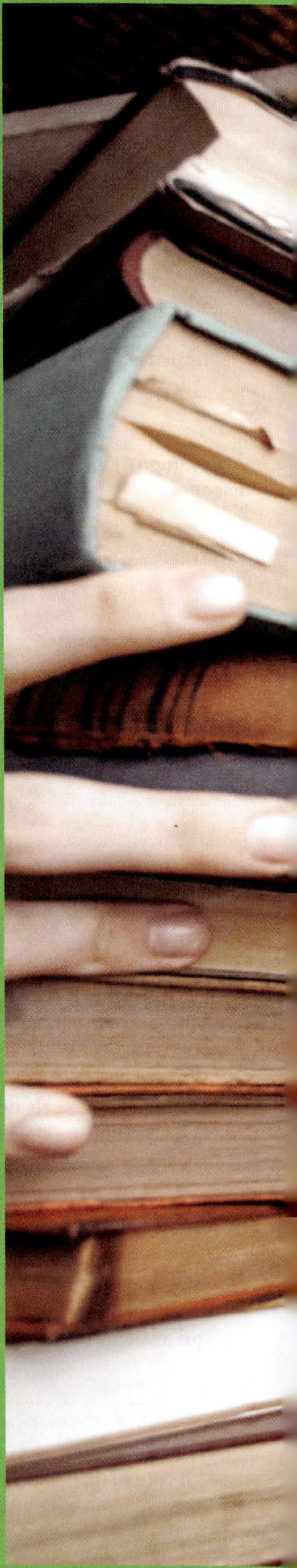

Photographie d'Olly.

Le commentaire

55 Comprendre l'enjeu du commentaire

Sujets de BAC traités

▶ Le commentaire est un des exercices écrits au choix de l'épreuve anticipée de français.

▶ Il porte sur un texte littéraire, en lien avec un des objets d'étude du programme de la classe de première. Le candidat compose un devoir qui présente de manière organisée ce qu'il a retenu de sa lecture et justifie par des analyses précises son interprétation et ses jugements personnels. (B.O. du 30 juillet 2020)

Retenir

1 Une analyse des procédés

- Un texte littéraire a été composé et écrit par un auteur. Vous devez donc comprendre ces choix et les expliquer.

Enjeu du commentaire	Piège à éviter	Moyen à mettre en œuvre
Vous devez : • **montrer l'efficacité des moyens utilisés** par le poète, le romancier… • pour cela, **aborder** le texte avec deux questions en tête : – **Comment** l'auteur met-il en forme sa pensée ? – **Pourquoi** écrit-il ce texte ?	Vous **éviterez** ainsi un des travers principaux du commentaire : **la paraphrase**. On la repère par l'emploi de formules comme « l'auteur dit que », « l'auteur parle de », qu'il faut bannir de votre commentaire.	Revoyez **les différents outils d'analyse littéraire étudiés dans la partie 3** (→ fiches 28 à 54, p. 116 à 169). Votre correcteur attend de vous l'emploi d'une **terminologie précise et adaptée.**

2 Votre interprétation du texte

- Interpréter un texte, c'est se rapprocher d'un sens plus profond qu'il s'agit de révéler. **Il n'existe pas d'interprétation unique** : chaque lecteur interprète un même texte à la lumière de sa sensibilité et de ses connaissances. N'ayez pas peur de formuler vos jugements personnels et vos interprétations à condition de les **justifier avec vos connaissances.** La **culture littéraire** nourrit votre lecture et donne à votre commentaire une perspective plus large. Revoyez l'histoire littéraire dans la **partie 1 de votre cahier** (→ fiches 1 à 13, p. 14 à 63).

3 Une organisation précise et progressive

- Le commentaire est un devoir rédigé qui s'organise en **deux ou trois grandes parties**, elles-mêmes divisées en **sous-parties**. Elles développent votre interprétation du texte.
- L'organisation doit être **progressive** :
  – de votre interprétation la plus simple à la plus recherchée ;
  – de l'aspect le plus évident du texte à la visée la plus cachée, implicite.
- **1 partie = une de vos idées** qui met en valeur les enjeux du texte et les effets recherchés.
- **Attention** : ne séparez pas le fond du texte (ex. : un poème lyrique) et sa forme (ex. : l'emploi de la ponctuation expressive) : c'est dans vos **paragraphes argumentés** que vous montrerez le lien entre les procédés d'écriture et le sens.

S'entraîner

1 *Après une énième guerre, Hector, général troyen héroïque, prononce le traditionnel hommage aux morts.*

HECTOR. – […] Ô vous qui ne sentez pas, qui ne touchez pas, respirez cet encens, touchez ces offrandes. Puisqu'enfin c'est un général sincère qui vous parle, apprenez que je n'ai pas une tendresse égale, un respect égal pour vous tous. Tous morts que vous êtes, il y a chez vous la même proportion de braves et de peureux que chez nous qui avons survécu et vous ne me ferez pas confondre, à la faveur d'une cérémoniel, les morts que j'admire avec les morts que je n'admire pas.

Jean Giraudoux, *La guerre de Troie n'aura pas lieu*, Acte II, scène 5, 1935.

1. Sous prétexte qu'il s'agit d'une cérémonie.

a. **En quoi le discours d'Hector ne répond-il pas aux attentes des autres personnages et des spectateurs ?**

....

....

....

b. En vous aidant du titre, formulez une hypothèse sur la visée de Jean Giraudoux.

...

...

...

2 Lisez l'incipit du roman *Au Bonheur des Dames* et les trois extraits de commentaire.

a. L'un d'entre eux constitue de la paraphrase et n'est pas recevable. Réécrivez-le en proposant une analyse.

b. Dans les deux autres extraits, surlignez de différentes couleurs les trois phases de l'analyse littéraire.

Denise était venue à pied de la gare Saint-Lazare, où un train de Cherbourg l'avait débarquée avec ses deux frères, après une nuit passée sur la dure banquette d'un wagon de troisième classe. Elle tenait par la main Pépé, et Jean la suivait, tous les trois brisés du voyage, effarés et perdus au milieu du vaste Paris, le nez levé sur les maisons, demandant à chaque carrefour la rue de la Michodière, dans laquelle leur oncle Baudu demeurait. Mais, comme elle débouchait enfin sur la place Gaillon, la jeune fille s'arrêta net de surprise [...]

– Ah bien ! reprit-elle après un silence, en voilà un magasin !

C'était à l'encoignure de la rue de la Michodière et de la rue Neuve-Saint-Augustin, un magasin de nouveautés[1] dont les étalages éclataient en notes vives, dans la douce et pâle journée d'octobre.

É. Zola, *Au Bonheur des Dames*, 1883.

1. Ancêtre du grand magasin parisien.

1. Le lecteur entre de manière abrupte dans le récit. En effet, le narrateur propose un début *in medias res*. Les verbes de mouvement « était venue à pied », « l'avait débarquée », « débouchait enfin », racontent l'entrée des personnages principaux dans la capitale, à l'image du lecteur qui entre dans la fiction.

2. Les toponymes « rue de la Michodière » ou « rue Neuve-Saint-Augustin », qui renvoient à des lieux qui existent réellement à Paris, participent à l'illusion romanesque. Le lecteur imagine les personnages dans un cadre réaliste.

3. Accompagnée de ses deux frères, Denise se rend à Paris et cherche la maison de leur oncle. Ils découvrent un grand magasin qui est impressionnant.

...

...

...

...

3 Reliez le procédé d'écriture identifié à l'analyse proposée par des verbes d'analyse variés et riches.

Ma jeunesse ne fut qu'un ténébreux orage,
Traversé çà et là par de brillants soleils ;

Ch. Baudelaire, *Les Fleurs du Mal*, « L'ennemi », 1837.

La métaphore filée « un ténébreux orage » ...

... la mélancolie profonde ressentie par le poète dès son plus jeune âge.

4 Lisez le texte suivant et traitez les consignes.

Toute leur vie était dirigée non par les lois, des statuts ou des règles, mais selon leur volonté et leur libre-arbitre. Ils sortaient du lit quand bon leur semblait, buvaient, mangeaient, travaillaient, dormaient quand le désir leur en venait. [...] Toute leur règle tenait en cette clause :

FAIS CE QUE VOUDRAS,

car des gens libres, bien nés, bien éduqués, vivant en honnête compagnie, ont par nature un instinct et un aiguillon qui pousse toujours vers la vertu et les éloigne du vice ; c'est ce qu'ils nommaient l'honneur.

Fr. Rabelais, *Gargantua*, chap. 57, L'abbaye de Thélème, 1534.

a. Voici des titres de parties ou de sous-parties de commentaire. Barrez ceux qui ne sont pas recevables et classez les autres dans un ordre qui vous semble progresser de l'idée la plus évidente à la plus complexe.

L'éloge d'une éducation humaniste / L'imparfait d'habitude qui montre les règles de vie des habitants / Le lexique de la liberté d'agir et de penser / La description d'un lieu utopique / Une vie de groupe harmonieuse avec l'importance des pluriels / Un mode de vie aux antipodes de la tradition / Les énumérations mettent en avant les qualités diverses des thélémites.

Partie 1. ...

Partie 2. ...

...

Partie 3. ...

b. Recopiez les titres que vous avez éliminés. Pourquoi ne sont-ils pas recevables pour un commentaire ? Comment pourriez-vous les utiliser ? Reliez-les à la partie qui convient.

...

...

...

...

...

...

...

...

...

...

56 Lire et comprendre un texte

Sujets de BAC traités

▶ Pour commenter un texte, il faut en saisir le sens profond et les enjeux. Ce travail constitue la première phase de l'épreuve, sur laquelle vous devez vous concentrer approximativement 1 h 30.

▶ Vous devez mener une lecture analytique précise, qui vous permettra de dégager des axes pour votre plan (→ fiche 58, p. 178). Cette lecture suit les trois étapes suivantes.

Retenir

Étape 1 Lisez le texte.

- Lisez-le **au moins deux fois** pour vous assurer d'une bonne compréhension littérale. Vous devez :
  – comprendre ce qui est **dit explicitement**,
  – retenir les **informations essentielles**.
- N'hésitez pas à **annoter** le texte et à vous concentrer sur vos **impressions** (pitié, joie, nostalgie…), qu'il faudra par la suite justifier.

Étape 2 Abordez le texte de manière globale.

- **Situez le texte** par rapport à :
  – **l'époque** : contexte historique / mouvement littéraire et culturel.
  – **l'auteur** : éléments biographiques, place du texte dans l'œuvre de l'auteur.
  – **l'œuvre** d'où est extrait le texte : place de l'extrait dans l'œuvre complète, réception de l'œuvre…
  Ces éléments doivent vous permettre d'éclairer le sens du texte.
- Identifiez les **mouvements** du texte (→ fiche 46, p. 152).

Étape 3 Analysez le texte dans le détail.

- Il existe deux méthodes pour analyser un texte en détails. Choisissez celle qui vous correspond le mieux.

Méthode 1 Vous procédez à une **lecture linéaire** et repérez les éléments qui vous semblent dignes d'intérêt en suivant le **déroulement** du texte.	**Méthode 2** Vous avez en tête une **liste précise d'éléments à observer** et **interrogez** le texte plusieurs fois à la lumière de ces entrées.

Étape 4 Analysez précisément les éléments.

• **Le genre littéraire :**	Le texte est-il poétique ? romanesque ? théâtral ? argumentatif ? De cette observation, doivent découler certaines questions liées aux spécificités de chaque genre (→ fiches 28 à 45, p. 116 à 157).
• les **formes de discours :**	Le texte est-il **narratif** ? descriptif ? **argumentatif** ? **explicatif** ? Un même extrait peut combiner plusieurs formes.
• Le ou les **registre(s)** dominant(s) :	L'auteur utilise certains **procédés** pour déclencher un effet particulier sur le lecteur. Analysez leur **impact** sur le lecteur. Aidez-vous de vos premières impressions de lecture (→ fiches 47 à 50, p. 154 à 161). Analysez également les **procédés lexicaux, grammaticaux et stylistiques**.
• La **visée de l'auteur :**	Dans quel but l'auteur rédige-t-il ce texte ? Tous les éléments que vous avez analysés permettent d'atteindre cet objectif, que vous devez mettre à jour.

S'entraîner

1 *Voici l'excipit de l'œuvre.*

Cet exécrable bourreau ! il s'est approché du juge pour lui dire que l'exécution devait être faite à une certaine heure, que cette heure approchait, qu'il était responsable ; que d'ailleurs il pleut, et que cela risque de se rouiller.

– Eh, par pitié ! une minute pour attendre ma grâce ! ou je me défends, je mords !

Le juge, et le bourreau sont sortis. Je suis seul. – Seul avec deux gendarmes.

Oh ! l'horrible peuple avec ses cris d'hyène ! – Qui sait si je ne lui échapperai pas ? si je ne serai pas sauvé ? si ma grâce ?... Il est impossible qu'on ne me fasse pas grâce ! Ah ! les misérables ! il me semble qu'on monte l'escalier…

QUATRE HEURES.

Victor Hugo, *Le Dernier Jour d'un condamné*, 1829.

a. Complétez les éléments suivants en mobilisant vos connaissances et rédigez une courte conclusion.

1. L'époque :

- 1829 : ……………………………………………………………

……………………………………………………………………

Conclusion : ……………………………………………………

2. L'auteur :

• Hugo, auteur romantique : ....

....

Conclusion : ....

....

3. La place du texte dans l'œuvre :

• Les dernières lignes du roman : ....

....

Conclusion : ....

....

b. Délimitez les quatre mouvements du texte par des crochets et donnez-leur un titre.

Mouvement 1 : ....

....

....

Mouvement 2 : ....

....

....

Mouvement 3 : ....

....

....

Mouvement 4 : ....

....

....

c. Encadrez dans vos titres de mouvement des termes qui mettent en avant un enjeu du passage. Reformulez-le.

....

....

....

....

2 *Maître libertin, Dom Juan apparaît dans la scène 2 de l'acte I. Il s'adresse à son valet Sganarelle.*

Dom Juan. – Quoi ? tu veux qu'on se lie à demeurer au premier objet qui nous prend, qu'on renonce au monde pour lui, et qu'on n'ait plus d'yeux pour personne ? La belle chose de vouloir se piquer d'un faux honneur d'être fidèle, de s'ensevelir pour toujours dans une passion, et d'être mort dès sa jeunesse, à toutes les autres beautés qui nous peuvent frapper les yeux ! Non, non : la constance n'est bonne que pour des ridicules ; toutes les belles ont droit de nous charmer, et l'avantage d'être rencontrée la première ne doit point dérober aux autres les justes prétentions qu'elles ont toutes sur nos cœurs. Pour moi, la beauté me ravit partout où je la trouve, et je cède facilement à cette douce violence, dont elle nous entraîne.

Molière, *Dom Juan*, I. 2, 1682.

a. Cet extrait appartient au genre ....

Identification et analyse de procédés : ....

....

....

....

....

....

b. Cet extrait est un discours ....

Identification et analyse de procédés : ....

....

....

....

....

....

c. Le registre dominant est ....

Identification et analyse de procédés : ....

....

....

....

....

d. La visée du dramaturge est ....

....

....

3 **Lisez le texte suivant. Au brouillon, notez vos premières impressions, vos sentiments, en les reliant à certains passages. Pour chaque remarque, écrivez une ou deux pistes, sous forme de questions, que vous pourriez utiliser dans l'étape suivante du commentaire.**

Pendant la Première Guerre mondiale, Albert, un jeune soldat, vient d'être enseveli sous terre, suite à l'explosion d'un obus.

Dès que le fracas s'est estompé, Albert est saisi. Je suis sous la terre, se dit-il ; ce n'est toutefois qu'une idée assez abstraite. C'est quand il se dit, je suis enterré vivant, que la chose prend un aspect terriblement concret. Et lorsqu'il mesure l'étendue de la catastrophe, le genre de mort qui l'attend, quand il comprend qu'il va mourir étouffé, asphyxié, Albert devient fou, instantanément complètement fou. Dans sa tête, tout se brouille, il hurle, et, dans ce cri inutile, il gaspille le peu d'oxygène qui lui reste. Je suis enterré, se répète-t-il en boucle, et son esprit s'engouffre dans cette effroyable évidence au point qu'il n'a même pas encore pensé à rouvrir les yeux. Tout ce qu'il fait, c'est tenter de remuer en tous sens. Tout ce qui lui reste de force, tout ce qui monte en lui de panique, se transforme en effort musculaire.

Pierre Lemaitre, *Au revoir là-haut*, © Albin Michel, 2013.

57 Utiliser son brouillon de manière efficace

Sujets de BAC traités

Retenir

- Le travail au **brouillon** est essentiel : c'est à partir de toutes ces notes que vous rédigerez le commentaire de texte. Ne négligez donc pas cette phase préparatoire du brouillon qui doit vous occuper à peu près 2 h 30 sur les 4 heures d'écrit.
- Pour être efficace, votre brouillon doit être **organisé** et le plus clair possible.

1 L'intérêt du brouillon

- N'utilisez que le recto des feuilles de brouillon et numérotez-les pour ne pas vous perdre.
- Aérez vos notes pour pouvoir rectifier certains points, réécrire, ajouter des éléments.
- Utilisez des surligneurs pour faire ressortir les étapes-clés de votre brouillon (titre de parties pour le plan, formulation de la problématique…).

2 Les sept étapes du brouillon

Feuille 1	Feuille 2	Feuille 3	Feuille 4 à 7
• **Utilisez le sujet sur lequel figure le texte à commenter.** Il constitue la **première page** de votre travail préparatoire : appropriez-vous le texte, manipulez-le. Utilisez des surligneurs pour **repérer** les premiers éléments et **noter** vos **impressions de lecture**. • **Délimitez les mouvements** du texte directement sur le sujet.	• Procédez à **votre lecture linéaire** ou analytique : notez vos analyses en détails (**relevé, identification et interprétation**). • Utilisez ces feuilles pour **élaborer** votre **plan détaillé**.	• **Faites le bilan de votre lecture analytique** : en utilisant un **code couleurs** ou des **numéros** et à partir de la feuille 2, organisez vos idées pour **trouver des axes d'étude** et une **première piste de problématique**.	• Développez **votre plan détaillé** en utilisant une feuille par partie. • Pour vérifier que vous reliez bien **le fond et la forme, séparez votre feuille en deux** dans le sens vertical : – à gauche : les titres de parties et de sous-parties ; – à droite : les procédés identifiés et interprétés. • Sur la feuille 7 : **rédigez** intégralement **l'introduction et la conclusion.**

S'entraîner

1 **Voici des éléments de paratexte qui accompagnent deux textes à commenter pour l'écrit. Déduisez-en des informations ou des pistes de réflexion que vous pourrez exploiter au brouillon pour construire votre analyse.**

Texte 1 **Objet d'étude :** Le roman et le récit du Moyen-Âge au XXIe siècle.
Auteur et œuvre : Jean-Jacques Rousseau, *Les Confessions*, 1782.
Extrait : Préambule de l'œuvre.

....
....
....
....
....
....
....
....
....

Texte 2 **Objet d'étude :** Le théâtre du XVIIe siècle au XXIe siècle
Auteur et œuvre : Yasmina Réza, « *Art* », 1994
Résumé proposé : Serge invite son ami Marc afin de lui montrer le tableau qu'il vient d'acheter pour une somme importante. Cette toile, totalement blanche et marquée de liserés blancs, déclenche l'incompréhension de Marc.

....
....
....
....
....
....
....
....

2 **Voici un sujet type Bac pour le commentaire, comme il vous sera présenté le jour de l'épreuve. Annotez-le comme vous le feriez lors de l'épreuve : tirez les premières pistes d'analyse, notez vos impressions de lecture et délimitez les différents mouvements du texte.**

COMMENTAIRE (20 POINTS)

Objet d'étude : La poésie du XIXe siècle au XXIe siècle

....

....

Le buffet

C'est un large buffet sculpté ; le chêne sombre, ...
Très vieux, a pris cet air si bon des vieilles gens ; ....
Le buffet est ouvert, et verse dans son ombre ....
Comme un flot de vin vieux, des parfums engageants ; ....

Tout plein, c'est un fouillis de vieilles vieilleries, ...
De linges odorants et jaunes, de chiffons ....
De femmes ou d'enfants, de dentelles flétries, ...
De fichus de grand'mère où sont peints des griffons[1] ; ....

....

– C'est là qu'on trouverait les médaillons, les mèches ....
De cheveux blancs ou blonds, les portraits, les fleurs sèches ....
Dont le parfum se mêle à des parfums de fruits. ....

– Ô buffet du vieux temps, tu sais bien des histoires, ...
Et tu voudrais conter tes contes, et tu bruis[2] ....
Quand s'ouvrent lentement tes grandes portes noires. ....

Arthur Rimbaud, *Poésies*, 1870.

1. Animal légendaire à tête d'aigle et au corps de lion. – 2. Murmure.

....

....

....

....

3 **a. Complétez la première partie du plan qui porte sur le poème de Rimbaud.**

Choisissez parmi ces titres celui de la partie et ceux des trois sous-parties : Une personnification envoutante – Le buffet : un meuble familier...– ... qui attire par son contenu – La description d'un objet banal qui prend vie.

b. Complétez la colonne de droite en proposant une analyse de procédé.

I	
A.	lexique du passé et de la vieillesse : ....
B.	Sollicitation du sens visuel : « jaunes », « dentelles flétries », olfactif « des parfums », « linges odorants », gustatif « un flot de vin vieux »,« fruits », et auditif « conter tes contes, et tu bruis » = ...
C.	Références à des objets symboliques qui renvoient à des personnes ....

Construire un plan

Sujets de BAC traités

Retenir

1 Structure générale

- À partir de l'analyse détaillée du texte, **organisez** votre commentaire en regroupant vos idées de manière **cohérente** et **progressive**. Il doit comporter **une introduction, un développement, une conclusion**.
- Selon les voies, le développement suit l'organisation suivante :

Voie générale

Votre **développement** doit être structuré :
• en **deux ou trois grandes parties**, qui mettent en avant une grande idée principale.
• Chaque grande partie comporte **deux à trois sous-parties**, qui développent chacune une idée plus précise.

Introduction

Partie I = 1 idée/axe d'analyse
• [Sous-partie 1]
• [Sous-partie 2]
• [Sous-partie 3]

Partie II = 1 idée/axe d'analyse
• [Sous-partie 1]
• [Sous-partie 2]
• [Sous-partie 3]

Partie III = 1 idée/axe d'analyse
• [Sous-partie 1]
• [Sous-partie 2]
• [Sous-partie 3]

Conclusion

Voie technologique

• On vous propose **des axes d'analyse**, c'est-à-dire **des titres de grandes parties** que vous êtes invités à suivre.
• Vous devez donc détailler ces grands axes en **sous-parties**.

2 Élaboration du plan

1. Regrouper les idées

• En utilisant **un code couleurs avec vos surligneurs ou des numéros, regroupez vos idées** : certaines analyses se recoupent et développent la même interprétation. **Attention**, vos idées doivent être **suffisamment larges** pour être ensuite affinées en **deux ou trois sous-parties**.
• **Remplissez au fur et à mesure votre plan détaillé** au brouillon en respectant une **logique progressive** : partez des idées les plus simples et allez vers les plus complexes.

➜

2. Organiser les sous-parties

• À l'intérieur de chaque partie :
– organisez vos sous-parties de manière **logique** : elles doivent être reliées par des **liens** que vous mettrez en valeur dans des **transitions**.
– Pour être efficaces, ces transitions doivent **être pensées et préparées** lors de la construction du plan.

On peut surligner ces trois analyses de la même couleur car elles renvoient toutes à l'idée générale : le lyrisme amoureux.

– Anaphore du pronom personnel « je » : le poète exprime sa subjectivité et fait part de ses expériences intimes.
– Apostrophe « Ô » grâce à laquelle le poète invoque la femme aimée et la supplie de l'aimer en retour.
– Champ lexical de la passion amoureuse qui met en avant les sentiments contraires et puissants du poète = lyrisme.

S'entraîner

1 Lisez la fable suivante.

La raison du plus fort est toujours la meilleure :
Nous l'allons montrer tout à l'heure[1].
Un Agneau se désaltérait
Dans le courant d'une onde pure.
Un Loup survient à jeun, qui cherchait aventure,
Et que la faim en ces lieux attirait.
« Qui te rend si hardi de[2] troubler mon breuvage ?
Dit cet animal plein de rage :
Tu seras châtié de ta témérité.
– Sire, répond l'Agneau, que Votre Majesté
Ne se mette pas en colère ;
Mais plutôt qu'elle considère
Que je me vas[3] désaltérant
Dans le courant,
Plus de vingt pas au-dessous d'Elle ;
Et que par conséquent, en aucune façon,
Je ne puis troubler sa boisson.
– Tu la troubles, reprit cette bête cruelle,
Et je sais que de moi tu médis l'an passé.
– Comment l'aurais-je fait si[4] je n'étais pas né ?
Reprit l'Agneau ; je tête encor ma mère.
– Si ce n'est toi, c'est donc ton frère.
– Je n'en ai point. C'est donc quelqu'un des tiens :
Car vous ne m'épargnez guère,
Vous, vos Bergers et vos Chiens.
On me l'a dit : il faut que je me venge. »
Là-dessus, au fond des forêts
Le loup l'emporte et puis le mange,
Sans autre forme de procès.

J. de La Fontaine, *Fables*,
« Le Loup et l'Agneau », Livre I, 1668.

1. Tout de suite. – 2. Aussi hardi pour troubler mon breuvage. – 3. Je suis en train de me désaltérer. – 4. Alors que.

a. Voici un extrait de la lecture analytique qui porte sur cette fable. Les analyses en vert renvoient à une même idée qui pourrait être développée dans une sous-partie. Quelle est cette idée ?

– L'agneau s'adresse au loup en utilisant la troisième personne : « Que Votre Majesté », « elle » = marque de respect.
– Animaux doués de parole avec les verbes « dit », « répond », « reprit » et de réflexion : organisation logique du dialogue avec les liens logiques « car », « mais »
– Les animaux sont utilisés par le fabuliste pour délivrer une réflexion sur les hommes.
– Utilisation de l'octosyllabe par l'agneau alors que le loup utilise l'alexandrin : humilité, simplicité de l'agneau face à la supériorité du loup.
– « Animal plein de rage », « bête cruelle » : périphrases qui attribuent à l'animal des caractéristiques humaines et morales : peinture des vices humains.
– L'agneau se défend avec des arguments précis : « Plus de vingt pas au-dessous d'Elle » et organise son propos avec des connecteurs logiques : « par conséquent » : il discrédite l'attaque du loup, en se référant à des éléments irréfutables.

....
....
....
....
....

b. Les trois autres analyses pourraient être regroupées. À quelle idée renvoient-elles ? Formulez un titre de sous-partie.

....
....
....

Titre : ....
....

2 Voici les titres de parties et de sous-parties que l'on pourrait envisager pour le commentaire de la fable.

a. Reconstruisez le plan en replaçant devant les titres suivants le numéro de la partie (I, II, ou III) et la lettre de la sous-partie (A, B ou C).

.... Un dialogue théâtralisé
... L'agneau, symbole de l'éloquence et de la probité
... La dénonciation de la violence
.... Un apologue animé et plaisant
..... Une moralité ironique
... La mauvaise foi triomphante du loup
...... Une réflexion pessimiste sur les rapports de force
.... Des animaux anthropomorphisés

b. Justifiez votre choix pour la dernière sous-partie de la partie II.

....
....
....
....
....

3 Formulez un lien logique qui permet de passer d'une sous-partie de votre choix à une autre.

....
....
....
....
....

59 Formuler une problématique

Sujets de BAC traités

▶ La problématique soulève **un enjeu du texte**, qui donne l'axe d'analyse de votre commentaire. C'est **un fil d'Ariane** dont vous devez vous saisir dès l'introduction et qui guidera votre commentaire jusqu'à la fin.

▶ Chercher une problématique revient donc à vous poser la question : « Quel est, selon moi, l'enjeu ou l'intérêt particulier de ce texte ? » ou « Pourquoi me proposer ce texte en particulier ? »

Retenir

1. Le choix de la problématique

• Un texte présente souvent **plusieurs enjeux**. À l'issue de la lecture analytique au brouillon, choisissez celui qui vous semble **le plus pertinent** au regard de votre interprétation du texte.

• À partir de cet enjeu, réfléchissez à **une question** suffisamment large pour permettre une **réponse nuancée et justifiée**.

• Votre plan doit répondre à votre **problématique**. La progression de votre commentaire dépend donc de cette question initiale et centrale.

2. La place de la problématique

• Soyez attentif/ve aux **contradictions**, aux **paradoxes**, aux **originalités** du texte qui feront apparaître les premières idées de problématique.

• Ces premières pistes peuvent orienter la construction de votre **plan détaillé**.

• Après cette phase de construction du plan, **formulez une question** à laquelle votre plan apporte une réponse.

• Elle doit apparaître dans votre introduction.

• Pour vérifier que votre problématique est valide, annoncez votre plan en reprenant les titres de vos parties : vos parties répondent-elles de manière claire et logique à la question ?

3. La formulation de la problématique

• La problématique s'écrit sous forme de **question ouverte** : elle commence donc par un mot interrogatif (En quoi, Pourquoi, Comment…)

• Vous pouvez utiliser une phrase :

– **interrogative directe :** inversez le sujet et utilisez le point d'interrogation.
En quoi cet incipit étonne-t-il le lecteur ?

– **interrogative indirecte :** n'inversez pas le sujet et placez un point en fin de phrase.
Nous nous demanderons en quoi cet incipit étonne le lecteur.

S'entraîner

1 Les problématiques suivantes sont fautives, du point de vue de la forme ou du contenu. Expliquez pour chacune d'entre elles ce qui doit être amélioré ou reformulez-les.

1. Nous nous demanderons en quoi cet essai permet-il à Montaigne de faire l'éloge de « l'Autre » ?

....

....

....

2. En quoi ce texte est-il intéressant ?

....

....

....

....

3. On peut se demander ce qui arrivera à Emma Bovary après cette scène de rupture amoureuse.

....

....

....

....

....

2 Relisez l'extrait de la première tirade de *Dom Juan* de Molière, p. 156. À partir du plan détaillé de commentaire suivant, formulez deux problématiques possibles.

I. Une scène d'exposition conventionnelle

a. Un jeu sur la double énonciation

b. Un autoportrait édifiant

c. L'annonce de l'action à venir

II. Dom Juan : un personnage hors-norme

a. Un virtuose de la parole
b. Dom Juan ou l'incarnation du libertinage
c. Une critique de la morale et des conventions sociales

Problématique 1 : ....

....

....

Problématique 2 : ....

....

....

3 *Voici un extrait du chapitre V, intitulé « De l'esclavage des nègres », tiré du traité politique* De l'Esprit des lois *écrit par Montesquieu en 1748.*

Si j'avais à soutenir le droit que nous avons eu de rendre les nègres esclaves, voici ce que je dirais :

Les peuples d'Europe ayant exterminé ceux de l'Amérique, ils ont dû mettre en esclavage ceux de l'Afrique, pour s'en servir à défricher tant de terres.

Le sucre serait trop cher, si l'on ne faisait travailler la plante qui le produit par des esclaves.

Ceux dont il s'agit sont noirs depuis les pieds jusqu'à la tête ; et ils ont le nez si écrasé qu'il est presque impossible de les plaindre.

On ne peut se mettre dans l'idée que Dieu, qui est un être très sage, ait mis une âme, surtout une âme bonne, dans un corps tout noir.

Il est si naturel de penser que c'est la couleur qui constitue l'essence de l'humanité, que les peuples d'Asie, qui font des eunuques, privent toujours les noirs du rapport qu'ils ont avec nous d'une façon plus marquée.

On peut juger de la couleur de la peau par celle des cheveux, qui, chez les Égyptiens, les meilleurs philosophes du monde, étaient d'une si grande conséquence, qu'ils faisaient mourir tous les hommes roux qui leur tombaient entre les mains.

Une preuve que les nègres n'ont pas le sens commun, c'est qu'ils font plus de cas d'un collier de verre que de l'or, qui, chez des nations policées, est d'une si grande conséquence.

Il est impossible que nous supposions que ces gens-là soient des hommes ; parce que, si nous les supposions des hommes, on commencerait à croire que nous ne sommes pas nous-mêmes chrétiens.

De petits esprits exagèrent trop l'injustice que l'on fait aux Africains : car, si elle était telle qu'ils le disent, ne serait-il pas venu dans la tête des princes d'Europe, qui font entre eux tant de conventions inutiles, d'en faire une générale en faveur de la miséricorde et de la pitié ?

Montesquieu, *De l'Esprit des lois*, 1748.

a. **Que savez-vous sur Montesquieu ?**

....

....

....

b. **Quelle impression étonnante peut laisser une première lecture, approximative ou hâtive de cet extrait ? En quoi entre-t-elle en contradiction avec les éléments de réponse à la question précédente ?**

....

....

....

....

....

c. **Surlignez la phrase qui montre que Montesquieu choisit de développer la thèse à laquelle il s'oppose, pour mieux la discréditer.**

d. **Montesquieu développe plusieurs arguments défendus par ceux qui justifient l'esclavage. Identifiez les types d'argument surlignés :**

en jaune : ....

en violet : ....

en vert : ....

d. **Selon vous et en vous appuyant sur vos réponses précédentes, qu'est-ce qui fait l'originalité de cet extrait ?**

....

....

....

....

....

....

e. **Formulez deux problématiques qui mettent en valeur la réponse ci-dessus, en respectant les consignes données entre parenthèses.**

Problématique 1 (interrogation directe) : ....

....

Problématique 2 (interrogation indirecte) : ....

....

....

4 **Proposez un plan en deux parties qui répondrait à une de vos problématiques.**

....

....

60 Rédiger un paragraphe et insérer des citations

Sujets de BAC traités

Retenir

- Le **paragraphe** est marqué par un **retour à la ligne** et un **alinéa**.
- 1 **paragraphe** = 1 seule **idée**.

Structure d'un paragraphe

- Votre paragraphe défend et justifie une interprétation du texte. Vous devez donc **argumenter** de manière rigoureuse en suivant ces **étapes** :

1. Ouvrez votre paragraphe par la **formulation concise de votre idée**.

2. Développez votre idée en vous appuyant sur des **analyses textuelles**.

3. Concluez par une phrase qui **résume** votre idée et met en valeur ce que vous avez révélé.

4. Utilisez cette conclusion partielle pour rédiger une **transition** avec le paragraphe suivant.

→

Rédaction

- Une fois votre plan détaillé abouti et votre introduction ainsi que votre conclusion rédigées au brouillon (→ fiche 61, p. 184), commencez à rédiger au propre votre développement. Réservez **1h30 à 1h45** pour cette étape.
- **Relisez-vous** à la fin de chaque paragraphe : corrigez les fautes d'orthographe, de ponctuation et reformulez toute répétition ou approximation.
- Veillez à **intégrer** toutes les phases de l'**analyse littéraire** :
  - citez le **texte** entre guillemets ;
  - identifiez et interprétez les différents **procédés littéraires** (grammatical, lexical, stylistique).
- Ciblez vos **citations** qui doivent être **intégrées** à vos phrases. Évitez les deux points ou les parenthèses. Le texte ne doit pas servir à illustrer votre propos : il doit faire l'objet d'une analyse détaillée.
- À l'intérieur de votre paragraphe, reliez vos **explications** par des **connecteurs logiques**, qui montrent la **progression** de votre propos. Ils peuvent exprimer une opposition (or, mais, néanmoins), une conséquence (ainsi, donc, par conséquent), une cause (en effet, en raison de, parce que), une addition (de plus, de surcroît, également).

S'entraîner

1 Rédigez en une ou deux phrases une analyse des passages en vert, en veillant à bien inclure les citations.

1. Seulement pendant le jour des vapeurs rousses s'élevaient de dessus ses plaines, et paraissaient au coucher du soleil comme les flammes d'un incendie. La nuit même n'apportait aucun rafraîchissement à l'atmosphère embrasée.

Bernadin de Saint-Pierre, *Paul et Virginie*, 1788.

....

....

....

....

....

....

....

2. Je n'ai plus que les os, un squelette je semble
Décharné, dénervé, démusclé, dépulpé [...]

Pierre de Ronsard, *Derniers vers*, 1586.

....

....

....

....

....

....

2 Lisez le texte suivant.

Dans le troisième chapitre du roman, la centrale nucléaire de Chinon, dans laquelle travaille le personnage principal, est décrite.

L'eau de la Loire coule dans ses veines. Trois circuits. Circuit primaire et circuit secondaire, fermés. Circuit de refroidissement, ouvert. [...]

Trois cent dix degrés, c'est la température de l'eau dans le circuit primaire. Non pas à l'état de vapeur, mais à l'état liquide. Une eau qui circule. Il faut descendre à mille cinq cents mètres de fond océanique pour trouver ça, à l'aplomb des sources hydrothermales[1], une pression aussi forte, qui rend possible ce qui n'était pas à la surface, remonter le point d'ébullition de l'eau ; là-bas, au fond des abysses[2], sans un rayon de lumière, la vie, dans des conditions de pression et de température qu'on pensait incompatibles avec elle […]. Pas un germe. Rien, une eau pure. Elle baigne le cœur du réacteur, absorbe son énergie et modère ses réactions. L'eau du circuit primaire. Lui parfaitement étanche, et elle radioactive.

Vu de l'extérieur, rien d'inquiétant. Les panaches de vapeur s'élèvent au-dessus des tours réfrigérantes, et dans l'étalement des installations sur cent cinquante hectares, c'est un lieu paisible. Imposant mais paisible. Sous contrôle.

Élisabeth Filhol, *La Centrale*, © P.O.L, 2010.

1. Sources d'eau chaude produite par l'activité de volcans sous-marins ou les mouvements des plaques tectoniques. – **2.** Zones très profondes d'un océan.

Voici une sous-partie de commentaire du texte ci-dessus. Lisez le paragraphe rédigé et répondez aux questions.

La première description de la centrale la fait apparaître comme un monstre étrange, qui fascine et inquiète le lecteur. En effet, le narrateur livre des détails très précis et documentés sur la taille imposante du site nucléaire, « cent cinquante hectares » ou la composition exacte des circuits de la centrale, avec l'emploi des qualificatifs « fermé » ou « ouvert » qui mettent en avant la complexité du système. Le lecteur est confronté à une usine d'une taille démesurée dont il ne peut comprendre véritablement le fonctionnement. De plus, la technologie parvient à créer et à maîtriser ce que la nature produit dans des conditions extrêmes. L'imaginaire inquiétant des abysses est évoquée avec les références à l'obscurité et à l'absence de vie « là-bas au fond des abysses, sans un rayon de lumière ». L'emploi des hyperboles « aussi forte » ou « incompatibles » pour désigner l'exploit technologique renforce ce sentiment d'inquiétude. La personnification de la centrale avec la métaphore « veines » ou « cœur du réacteur » la transfigure en une créature démesurée et fascinante. La puissance extraordinaire de l'intérieur tranche d'ailleurs avec le calme apparent qui règne à l'extérieur de la centrale, comme le montrent les phrases brèves et non verbales, « Vu de l'extérieur, rien d'inquiétant » et « Sous contrôle ». Ce style froid et faussement détaché laisse planer une menace dans l'esprit du lecteur, qui découvre ainsi ce lieu mystérieux avec appréhension.

a. Reformulez sous forme de titre l'idée développée dans ce paragraphe.

....

....

b. Encadrez les connecteurs qui organisent le paragraphe.

c. La dernière phrase constitue une conclusion du paragraphe et offre une transition vers la sous-partie suivante. Surlignez dans cette phrase ce qui a été découvert grâce aux analyses développées dans le paragraphe. Formulez l'idée qui pourrait être développée dans la sous-partie suivante et proposez une analyse que vous pourriez développer pour cette idée.

....

....

....

....

....

....

....

3 Relisez le portrait de Théodecte écrit par La Bruyère p. 27 de votre cahier. Voici un début de sous-partie.

a. Expliquez en quoi il est incomplet et apportez les compléments.

La Bruyère explique : « il mange, il boit, il conte, il plaisante », ce qui montre qu'il est omniprésent et qu'il monopolise l'attention. Dès le début du portrait, Théodecte est caractérisé par sa présence sonore : avant même de se montrer, il s'impose par les paroles et les rires. La métaphore du « tonnerre » est même utilisée. On voit bien qu'il apparait comme un personnage irrespectueux et grossier.

....

....

....

....

....

....

....

....

....

....

b. Ce paragraphe pourrait être développé dans une partie intitulée « Un portrait satirique ». Formulez deux titres de sous-partie qui pourraient également être développées dans cette partie.

....

....

....

....

Sujets de BAC traités

61 Rédiger l'introduction et la conclusion

- Avant de rédiger votre développement directement sur votre copie (→ fiche 60, p. 182), prenez le temps d'**écrire intégralement au brouillon** l'introduction et la conclusion.
- En effet, ces deux étapes clés de votre devoir doivent être particulièrement **soignées**.

Retenir

- **Rédigez l'introduction et la conclusion sur le recto d'une même feuille de brouillon.** Ces deux phases doivent être pensées et rédigées **en écho** : en effet, elles permettent **au début** et **à la fin** du devoir de mettre en rapport l'extrait et ce qui l'entoure, à savoir l'œuvre complète mais aussi le contexte historique et littéraire.

L'introduction	La conclusion
1. L'entrée en matière – Introduisez, **« amenez » l'extrait de manière pertinente** : faites appel à vos connaissances et à votre culture littéraire en utilisant une idée, une référence, une citation en lien direct avec le texte que vous devez commenter. – Cette amorce peut s'attacher à **l'histoire littéraire**, au **contexte historique, culturel** de l'époque mais aussi à **l'évolution des genres littéraires** (la refonte du personnage dans le Nouveau Roman) ou **des idées** (au XVIIIe siècle, la figure du libertin libre-penseur évoluant vers un libertinage de mœurs).	**1. Répondez de manière synthétique** et en quelques phrases **à votre problématique**. – Mettez en valeur ce que votre développement a permis de mettre en lumière par rapport à votre question de départ.
2. La présentation de l'œuvre et de l'extrait – Présentez brièvement **l'œuvre** : son genre, ses enjeux, son auteur. – Situez le texte au sein de **l'œuvre intégrale**, en rappelant ce qui précède l'extrait et sa place stratégique dans l'œuvre. – Aidez-vous du **paratexte**.	**2.** Proposez **une ouverture**, c'est-à-dire une référence (auteur, œuvre littéraire, cinématographique, picturale…) qui permet de prolonger la réflexion, en approfondissant une idée, en opposant la vision de l'auteur à une autre.
3. L'annonce de la problématique et du plan – **Formulez votre problématique** (→ fiche 59, p. 180) sous forme de **question** directe ou indirecte. – **Annoncez votre plan, c'est-à-dire les axes de vos grandes parties**, en utilisant des connecteurs **logiques** : dans un premier temps, dans un second temps… ou d'abord, ensuite, enfin.	**3.** Montrez que **votre réflexion** pourrait se poursuivre au-delà de ce commentaire : ne terminez donc pas votre conclusion par une question ! Mettez en valeur vos connaissances et votre capacité à faire des liens.

S'entraîner

1 Voici des formules qui introduisent les différentes phases de l'introduction ou de la conclusion.
Identifiez-les précisément.

1. Afin de répondre à cette question, nous verrons dans quelle mesure…

……………………………………………………………

2. Tout d'abord…, ensuite… Pour finir…

……………………………………………………………

3. Cet extrait ouvre le deuxième acte et propose un monologue du héros éponyme…

……………………………………………………………

4. Au XXe siècle, le roman s'empare de cette question fondamentale et la renouvelle…

……………………………………………………………

5. Cet extrait pourrait être mis en relation avec l'œuvre de….

……………………………………………………………

6. Pour conclure…

……………………………………………………………

7. Ainsi, il serait intéressant de se demander comment….

……………………………………………………………

8. L'adage horacien « Plaire pour instruire » est largement repris par les moralistes classiques qui utilisent le récit plaisant pour délivrer une réflexion morale sur les défauts humains.

……………………………………………………………

2 **Voici une introduction de commentaire, dont les étapes ont été mélangées. Nommez chacune d'elles et rétablissez l'ordre qui convient.**

1. En quoi cette rencontre est-elle marquée à la fois par une aspiration à l'idéal et par l'échec ? Nous verrons d'abord en quoi la rencontre amoureuse s'apparente à un moment de magie. Nous montrerons ensuite que l'inconnue incarne l'idéal baudelairien pour enfin étudier l'écriture poétique comme moyen de fixer l'inconsistance du présent.

....

2. Dans son poème « À une passante » tiré de la section « Tableaux parisiens » des *Fleurs du Mal* et publié en 1857, Baudelaire renouvelle ce thème et modernise le sonnet en inscrivant cet instant suspendu dans le cadre urbain de Paris.

....

3. Chantée par les troubadours ou les poètes de la Pléiade comme Ronsard, la rencontre amoureuse apparaît comme un *topos* poétique qui n'a cessé d'inspirer les plus grands poètes. Vécue comme une apparition fulgurante ou un moment furtif de bonheur, ce motif littéraire nourrit le lyrisme amoureux et stimule l'imaginaire des lecteurs.

....

Ordre : ....

3 *Devenus jeunes adultes et marqués par les souvenirs d'un amour pur et enfantin, Perdican et Camille se retrouvent alors que le père du jeune homme rêve de les marier. Camille souhaite rentrer au couvent. Son amour-propre et la peur des hommes la font renoncer à son amour pour Perdican qui lui répond.*

Perdican. – Adieu, Camille, retourne à ton couvent, et lorsqu'on te fera de ces récits hideux qui t'ont empoisonnée, réponds ce que je vais te dire : tous les hommes sont menteurs, inconstants, faux, bavards, hypocrites, orgueilleux ou lâches, méprisables et sensuels ; toutes les femmes sont perfides, artificieuses[1], vaniteuses, curieuses et dépravées ; le monde n'est qu'un égout sans fond où les phoques les plus informes rampent et se tordent sur des montagnes de fange[2] ; mais il y a au monde une chose sainte et sublime, c'est l'union de deux de ces êtres si imparfaits et si affreux. On est souvent trompé en amour, souvent blessé et souvent malheureux ; mais on aime, et quand on est sur le bord de sa tombe, on se retourne pour regarder en arrière, et on se dit : j'ai souffert souvent, je me suis trompé quelquefois, mais j'ai aimé. C'est moi qui ai vécu, et non pas un être factice créé par mon orgueil et mon ennui.

Il sort.

Alfred de Musset, *On ne badine pas avec l'amour*, Acte II scène 4, 1834.

1. Qui cherchent à tromper par des artifices. – **2.** Boue.

a. **Relisez la fiche 6 sur le romantisme (p. 32) et utilisez des éléments de votre choix pour rédiger l'entrée en matière d'une introduction.**

....

....

....

....

....

....

....

b. **Rédigez la présentation de l'œuvre et de l'extrait. Observez bien le paratexte.**

....

....

....

....

....

....

....

....

....

....

....

4 **Voici deux propositions d'ouverture de conclusion sur le poème de Francis Ponge, « Le cageot » (p. 61 de votre cahier). Expliquez-en quoi elles ne sont pas recevables et complétez-les.**

a. On pourrait se demander si Francis Ponge a écrit d'autres poèmes sur des objets du quotidien.

....

....

....

....

....

b. Ce poème est bien original car il est écrit en prose.

....

....

....

....

....

....

....

62 Comprendre l'enjeu de la dissertation

Sujets de BAC traités

Retenir

- La dissertation consiste à conduire une **réflexion personnelle, argumentée et organisée,** à partir de votre connaissance précise de l'une des œuvres au programme et de son parcours associé.
- Vous devez donc rédiger un **travail argumentatif** pour convaincre le correcteur de la pertinence de votre analyse de l'œuvre et lui prouver que vous la maîtrisez.
- Attention, vous pourrez être amené(e) à défendre **votre point de vue**, mais aussi un **point de vue adverse ou plus nuancé**.

1 La structure d'une dissertation

- Une dissertation se construit à partir d'un **plan**.
- Ce plan ne doit pas apparaître sous forme de titres. L'idée principale de chacune des parties doit être rédigée dans une phrase d'introduction. Le plan doit contenir **trois grandes étapes** :

L'introduction (→ fiches 65, p. 192 et 69, p. 200)	Le développement en 2 ou 3 grandes parties (→ fiches 66 à 68, p. 194 à 199)	La conclusion (→ fiche 69, p. 200)
1. Accroche **2.** Rappel du sujet **3.** Discussion du sujet **4.** Problématique **5.** Annonce du plan	Chaque partie contient : – l'**annonce de la partie** et des sous-parties, – **2 ou 3 arguments** (= 2 ou 3 paragraphes argumentés) illustrés par des **exemples** ou des **citations** de l'œuvre au programme ou d'autres œuvres, – un **bilan de la partie,** – une **transition** vers la partie suivante.	**1.** Réponse à la problématique, en faisant le bilan des grandes parties **2.** Ouverture (facultative)

S'entraîner

1 a. Parmi ces œuvres au programme de l'objet d'étude sur la littérature d'idées, sélectionnez celle que vous avez étudiée en classe.

b. Donnez l'un de ses thèmes, en lien avec son parcours associé, et une citation extraite de l'œuvre qui s'y rapporte.

c. Cherchez le titre d'une œuvre ou d'un texte (étudié en classe, ou issu de votre culture générale) qui pourrait être mis en lien avec ce thème.

1. Rabelais, *Gargantua* – Parcours : rire et savoir

Thème : ....

....

Citation : ....

....

....

....

Autre œuvre : ....

....

....

2. La Bruyère, *Les Caractères*, livres V à X – Parcours : la comédie sociale

Thème : ....

....

Citation : ....

....

....

Autre œuvre : ....

....

3. Olympe de Gouges, *Déclaration des droits de la femme et de la citoyenne* – Parcours : écrire et combattre pour l'égalité

Thème : ....

Citation : ....

....

....

....

Autre œuvre : ....

....

Retenir

2 Comprendre les sujets le jour de l'épreuve

- Le sujet de dissertation porte sur **une des quatre œuvres** au programme étudiées durant l'année, appartenant à l'un des quatre objets d'études (roman ou poésie ou théâtre ou littérature d'idées).
- Le jour de l'épreuve, le document distribué comporte trois sujets de dissertation correspondant chacun à une œuvre (et à son parcours associé), appartenant à l'un des objets d'étude. Vous devez **choisir le sujet** portant sur **l'œuvre travaillée en classe**. Il contient les éléments suivants :

Titre de l'**œuvre** et **parcours** associé + Une **question**, parfois accompagnée d'une **citation**, sur les grands enjeux de l'œuvre, généralement en lien avec le parcours associé + Des **consignes** qui précisent où puiser vos connaissances et vos exemples

C'est elle que vous devrez analyser pour rédiger votre dissertation.

Ces consignes sont une aide, mais ne doivent pas être prises en considération dans votre analyse du sujet (→ fiches 63 et 64, p. 188 à 191).

S'entraîner

2 a. Parmi les sujets suivants de l'épreuve de 2021, surlignez celui correspondant à l'œuvre que vous avez étudiée en classe.

Sujet A **Œuvre :** Hugo, *Les Contemplations*, livres I à IV

Parcours : les mémoires d'une âme.

Dans la préface des *Contemplations*, Victor Hugo décrit son recueil comme un miroir tendu aux lecteurs. En quoi cette image rend-elle compte de votre lecture des quatre premiers livres du recueil ?

Sujet B **Œuvre :** Baudelaire, *Les Fleurs du Mal*

Parcours : alchimie poétique : la boue et l'or.

On a reproché à Baudelaire de « tout peindre, de tout mettre à nu » dans son recueil *Les Fleurs du Mal*. Qu'en pensez-vous ?

Sujet C **Œuvre :** Apollinaire, *Alcools*

Parcours : modernité poétique ?

La poésie de Guillaume Apollinaire s'invente-t-elle en rejetant le passé ?

b. Quel est l'objet d'étude concerné par ces sujets ? ....

3 Pour chacun des quatre objets d'étude, précisez quelle œuvre extraite du programme vous avez étudiée en classe, et formulez le parcours qui lui est associé.

a. Le roman et le récit

Auteur /œuvre : ....

Parcours associé : ....

....

b. La poésie

Auteur /œuvre : ....

Parcours associé : ....

c. Le théâtre

Auteur /œuvre : ....

Parcours associé : ....

d. La littérature d'idées

Auteur /œuvre : ....

Parcours associé : ....

4 a. Dans les sujets suivants, surlignez l'élément qui constitue le sujet à analyser et barrez les consignes.

Sujet A **Œuvre : Molière, *Le Malade imaginaire***

Parcours : spectacle et comédie.

La comédie *Le Malade imaginaire* est-elle un spectacle de pure fantaisie ?
Vous répondrez à cette question dans un développement organisé en vous appuyant sur la pièce de Molière, sur les textes que vous avez étudiés dans le cadre du parcours associé et sur votre culture personnelle.

Sujet B **Œuvre : Marivaux, *Les Fausses confidences***

Parcours : théâtre et stratagème.

Dans *Les Fausses Confidences* de Marivaux, le stratagème théâtral n'est-il qu'un ressort comique ?
Vous répondrez à cette question dans un développement organisé en vous appuyant sur la pièce de Marivaux, sur les textes que vous avez étudiés dans le cadre du parcours associé et sur votre culture personnelle.

Sujet C **Œuvre : Jean-Luc Lagarce, *Juste la fin du monde***

Parcours : crise personnelle, crise familiale.

François Berreur, évoquant *Juste la fin du monde*, parle de l'histoire « intime de chacun de nous ». Comment cette pièce transforme-t-elle une crise personnelle et familiale en une expérience collective, voire universelle ?
Vous répondrez à cette question dans un développement organisé en vous appuyant sur la pièce de Jean-Luc Lagarce, sur les textes que vous avez étudiés dans le cadre du parcours associé et sur votre culture personnelle.

b. Dans quel sujet trouve-t-on une citation qui accompagne la question ?

....

63 Analyser un sujet

Sujets de BAC traités

Exemple de sujet :
▶ Pensez-vous que le rire est un bon moyen d'accéder au savoir ?

Retenir

1 Les différents types de sujets

- Le sujet peut se présenter sous l'une des formes suivantes :
  – une **citation**,
  – une **question** : elle peut porter sur l'œuvre étudiée, son genre, ses grands enjeux. Elle peut s'étendre au parcours dans lequel elle s'inscrit.
- S'y ajoute une **consigne** : elle propose de répondre à la question en l'illustrant, en développant le propos à l'aide d'exemples précis. Elle peut demander de discuter le sujet proposé, c'est-à-dire de montrer en quoi il peut être dépassé, envisagé autrement.

2 Les trois étapes de l'analyse

ÉTAPE 1 Inscrire le sujet dans un objet d'étude	**ÉTAPE 2** Analyser les mots-clés	**ÉTAPE 3** Analyser la question
• À la lecture du sujet, **notez tout de suite au brouillon** : – les notions étudiées, – les textes complémentaires lus, – les citations apprises durant l'année portant sur cette œuvre, son objet d'étude et son parcours associé.	• **Réécrivez** ensuite le sujet **sans les consignes** (→ fiche 62, p. 186) : – sur une feuille de brouillon mise en format paysage, – assez gros, – en laissant de la place pour écrire autour des mots-clés du sujet. • **Entourez et analysez les mots-clés** : – cernez leur sens : trouvez des synonymes, des antonymes ; – trouvez des notions qui s'y rattachent ; – notez ces éléments sur votre brouillon, autour de chaque mot-clé. • À l'aide des antonymes mis au jour dans l'analyse, cherchez **l'implicite du sujet**, ce qu'il ne dit pas explicitement et permet de dépasser la question qu'il pose. • **Reformulez** la question posée par le sujet de différentes manières : Vous pouvez commencer par « *Le sujet me demande si… / en quoi…* ». Essayez de formuler une phrase en deux temps (« *si… ; ou bien si…* »), qui mette au jour l'explicite et l'implicite du sujet. Le sujet me demande si le rire est le moyen idéal d'accéder au savoir ; ou bien existe-t-il d'autres moyens d'atteindre la connaissance / la sagesse ?	• Intéressez-vous au **verbe interrogateur**, qui vous indiquera quel type de démarche et de plan est attendu (→ fiche 64, p. 190).

Question fermée (oui/non)
Pensez-vous → dialectique
que
le **rire** — comique, drôle, joyeux ; ≠ sérieux, respect, larmes, dramatiser
est
un **bon moyen** — parfait, complet, idéal, utile ; ≠ inutile. Autre moyen ? meilleur ?
d'**accéder** — parvenir, atteindre, progresser
au **savoir** ? — apprentissage, connaissance, progrès, érudition, sagesse ; humanisme ; ≠ ignorance, illettrisme, sottise, scolastique

S'entraîner

Releuer les mots-clés

1 **Lisez le sujet suivant, dans lequel les mots-clés ont déjà été surlignés.**

Sujet « La poésie est un cri mais c'est un cri HABILLÉ ! » (Max Jacob). Partagez-vous cette définition de la poésie ?

a. Sur quel objet d'étude le sujet porte-t-il ?

....

b. Qu'évoque le substantif « cri » ?

....

....

....

c. Qu'évoque l'adjectif « habillé » ?

....

....

....

....

....

d. Quel type de plan est attendu ? Justifiez.

....

2 **a. À quel objet d'étude chacun de ces sujets se rapporte-t-il ?**

b. Quelle œuvre intégrale et quels textes avez-vous étudiés en lien avec cet objet d'étude ?

c. Surlignez les mots-clés du sujet.

d. Parmi ces mots-clés, à partir duquel pouvez-vous proposer un dépassement du sujet ? Formulez des questions permettant de dépasser ce mot.

Sujet 1 La fiction est-elle une arme d'argumentation efficace selon vous ?

Objet d'étude : ....

Œuvre et textes en lien : ....

....

Mot à discuter : ....

....

....

Sujet 2 La rébellion contre l'héritage des poètes précédents est-elle indispensable à la création poétique ?

Objet d'étude : ....

Œuvre et textes en lien : ....

....

Mot à discuter : ....

....

....

Reformuler la question

3 **Sujet** Dans le « Au lecteur » de sa pièce *L'Amour médecin*, Molière affirme que « les comédies ne sont faites que pour être jouées ». Partagez-vous cette opinion du dramaturge ?

a. Entourez les mots-clés et trouvez, pour chacun, des synonymes, des notions qui s'y rapportent, éventuellement des antonymes.

....

....

....

....

....

b. Reformulez la question de deux manières différentes, en essayant d'utiliser les antonymes mis au jour dans votre analyse.

....

....

....

....

....

c. Surlignez le verbe interrogateur. Quel type de plan est attendu ?

....

4 **Sujet** L'une des pièces de Marivaux créée en 1733 s'intitule *L'Heureux Stratagème*. L'association de ces deux mots est-elle toujours juste au théâtre ?

a. Quels sont les mots-clés du sujet ?

....

....

b. Comment analyser l'adverbe « toujours » ?

....

....

....

....

....

c. Cherchez des synonymes et, si possible, des antonymes des mots-clés.

5 VERS LA DISSERTATION — BAC ÉCRIT

Sujet Jean Anouilh fait dire au chœur de sa pièce *Antigone* que la tragédie est reposante parce qu'on sait « qu'il n'y a plus d'espoir, le sale espoir ; qu'on est pris, qu'on est enfin pris comme un rat, avec tout le ciel sur son dos ». Partagez-vous cette opinion du dramaturge ?

Proposez une analyse complète de ce sujet par écrit, en suivant les étapes du « Retenir ».

Construire un plan

Sujets de BAC traités

Retenir

- Après avoir écrit vos idées au brouillon (→ fiche 65, p. 186), vous devez les **organiser**.
- Selon le sujet, il existe deux types de plan : **dialectique** ou **thématique** (ou analytique).

1 Le plan dialectique

Exemple de sujet (sujet du baccalauréat, session 2020) :
▶ Diriez-vous, comme l'écrivain et critique littéraire Sainte-Beuve en 1854, que Julien Sorel n'est qu'un « petit monstre odieux » ?

Œuvre au programme :
Le Rouge et le Noir, de Stendhal
Parcours associé :
Le personnage de roman, esthétique et valeurs

- Si le sujet pose une question fermée, à laquelle on peut répondre par ***oui* ou *non*** (→ fiche 66, p. 188), vous devez proposer un plan **dialectique**, qui s'organise comme suit :
  – les deux premières parties explorent les deux aspects d'une thèse (I. Certes,… II. Cependant,…),
  – dans une troisième partie, vous dépasserez cette opposition (III. Mais… ?).

Attention : il ne s'agit pas de dire une chose et son contraire entre la première et la deuxième parties, mais de nuancer votre affirmation.

Partie I : on explique le sujet	Partie II : on nuance le sujet	Partie III : on dépasse l'opposition portée par le sujet.
Il s'agit de confirmer les propos du sujet, de montrer qu'on l'a bien compris. Certes, Julien Sorel peut apparaître comme un « petit monstre odieux ».	On montre les limites de la thèse portée par le sujet, en tentant de montrer qu'une autre thèse peut aussi se défendre. Cependant, Julien Sorel est aussi un personnage qui porte des valeurs nobles.	On explore un aspect nouveau du sujet, tout en restant dans les limites de la question qu'il pose. Mais n'est-ce pas parce qu'il est à la fois porteur de valeurs positives et négatives, donc très « humain », que Julien Sorel fascine toujours les lecteurs ?

- Si vous avez des difficultés à élargir votre réflexion dans une troisième partie, vous pouvez expliquer le sujet dans les deux premières parties (I. Certes,… II. De plus,…), et nuancer cette affirmation dans une troisième partie (III. Cependant,…).

2 Le plan thématique (ou analytique)

Exemple de sujet (sujet du baccalauréat, session 2020) :
▶ Marguerite Yourcenar a elle-même déclaré que *Mémoires d'Hadrien* « n'est pas un roman proprement dit ». Qu'en pensez-vous ?

Œuvre au programme :
Mémoires d'Hadrien de Marguerite Yourcenar
Parcours associé : Soi-même comme un autre

- Si le sujet pose une question ouverte, à laquelle on **ne peut pas** répondre par *oui* ou *non* (→ fiche 66, p. 188), vous devez proposer un plan **thématique**. Comme son nom l'indique, vous aborderez dans chaque partie un des thèmes permettant de répondre au sujet. Nommez les parties avec des connecteurs logiques ou temporels qui permettent de montrer la progression de votre réflexion.

Partie I : on aborde le thème 1.	Partie II : on aborde le thème 2.	Partie III : on aborde le thème 3.
On envisage la **réponse la plus évidente** à la thèse proposée par le sujet. En premier lieu, *Mémoires d'Hadrien* apparaît avant tout comme une œuvre savante et historique.	**Approfondissez** votre réflexion en analysant un **deuxième aspect du sujet.** Par ailleurs, le récit oscille entre le genre de la biographie et de l'autobiographie.	Exposez l'argument le plus étonnant (mais qui doit rester convaincant !). Enfin, parce qu'elle est une œuvre hybride, à la croisée des genres, *Mémoires d'Hadrien* est aussi « un roman proprement dit ».

S'entraîner

Organiser un plan dialectique

1 Nommez des parties possibles pour le sujet suivant.

Sujet Selon vous, Madame de Lafayette condamne-t-elle la passion amoureuse dans *La Princesse de Clèves* ? (sujet du bac 2020)

I. Certes, ...

....

II. Cependant, ...

....

III. Mais ....

....

....

2 Mettez les parties suivantes dans l'ordre qui vous paraît le plus cohérent par rapport au sujet suivant.

Sujet La morale d'un récit est plus accessible lorsqu'elle passe par le subterfuge de la fiction, voire du rire. Partagez-vous cette opinion ?

a. **Un récit n'est-il pas réussi quand il concilie les deux, et s'adresse à tous les publics ?**

b. **Une morale est plus agréable à recevoir lorsqu'elle passe par le biais d'un récit inventé, surtout s'il est comique.**

c. **La fiction et le rire peuvent parfois nous faire passer à côté de l'enjeu moral d'une œuvre.**

I. Certes, ...

II. Cependant, ...

III. Mais ....

Organiser un plan thématique

3 Nommez des parties possibles pour le sujets suivant.

Sujet Albert Camus affirme à propos de *L'Étranger* que : « Ce roman est conçu, entre autres choses, afin de produire un effet de malaise et de susciter chez le lecteur toutes sortes d'interrogations, non pour prétendre apporter une réponse toute faite. » Expliquez en quoi cette affirmation éclaire votre lecture de *L'Étranger*.

I. En premier lieu, ...

....

II. De plus, ...

....

III. Enfin, ...

....

....

....

4 Trouvez au moins deux arguments pour chacune des grandes parties suivantes.

Sujet Quelle est, selon vous, l'utilité de la littérature ?

I. La littérature permet de mieux connaître les hommes

a. ....

b. ....

II. La littérature permet de mieux se connaître soi-même

a. ....

b. ....

III. La littérature permet de mieux connaître le monde

a. ....

b. ....

5 **Sujet** Dans l'adresse « Au lecteur » de sa pièce *L'Amour médecin*, Molière assure que « les comédies ne sont faites que pour être jouées ». Partagez-vous cette opinion ? Vous appuierez votre réflexion sur la pièce de théâtre travaillée en classe et sur les autres pièces que vous connaissez.

a. **Quel type de plan est attendu pour ce sujet ?**

....

b. **Trouvez trois grandes parties pour y répondre.**

I. ....

II. ....

III. ....

....

c. **Pour chaque grande partie, cherchez deux arguments illustrés par des exemples (**→ fiche 68, p. 192**).**

I. a. ....

....

b. ....

....

....

....

II. a. ....

....

....

b. ....

....

III. a. ....

....

b. ....

....

d. **Rédigez entièrement l'une des parties.**

Formuler une problématique

Exemple de sujet :

▶ La pièce de Jean-Luc Lagarce, *Juste la fin du monde*, comme d'autres pièces de théâtre, met en scène des crises personnelles autant que familiales. La portée de ces crises se réduit-elle au cercle de l'individu et de la famille ?

Retenir

- La question posée par la problématique **n'est pas la même** que la question posée par le sujet. La problématique est induite par l'analyse du sujet. C'est une question qui soulève un **problème**, un **paradoxe posé par le sujet**. Votre dissertation devra expliquer ce paradoxe.
- Pour trouver ce **paradoxe**, vous devez vous intéresser à **l'explicite** (ce que dit le sujet) et **l'implicite** (ce que ne dit pas le sujet).

1 Trouver la problématique

- Après avoir analysé le sujet (→ fiche 63, p. 188) et mis au jour l'explicite et l'implicite du sujet, **deux méthodes** sont possibles pour trouver la **problématique** :

Méthode 1		Méthode 2
Avant de construire le plan, **reformulez le sujet** de différentes manières, **toujours sous forme de questions directes**, jusqu'à faire apparaître le paradoxe. Aidez-vous, pour les reformulations, des synonymes et antonymes trouvés lors de l'analyse du sujet. Reformulations du sujet : La pièce de J.-L. Lagarce met en scène des conflits personnels et familiaux, mais ces scènes ne dépassent-elles pas le cercle de la famille pour atteindre le « cercle » des spectateurs ? Les scènes de conflit, personnels ou familiaux, n'éclairent-elles pas notre humanité ?	**Ou**	• Après avoir construit votre plan, formulez directement une problématique qui permettra d'envisager les deux ou trois parties. La dimension littéraire des **scènes de crises personnelles ou familiales**, dans **la pièce de Lagarce** ou au **théâtre en général**, ne permet-elle pas d'éclairer toute la condition de l'Homme ?

2 Formuler la problématique

- La formulation de votre problématique doit amener le même type de plan que celui proposé par le sujet :
– une question **ouverte** amène un plan **thématique** ;
– une **question fermée** amène un plan **dialectique**.
- Elle doit être suffisamment large pour vous permettre d'annoncer les trois parties de votre dissertation, notamment celle dans laquelle vous « dépasserez » la question posée par le sujet.
- Même si elle le « dépasse », la problématique doit **reprendre des termes du sujet** pour prouver que vous l'élargissez, mais sans le perdre de vue.

S'entraîner

Relever explicite et implicite

1 Reprenez le sujet proposé ci-dessus et formulez l'explicite et l'implicite qu'il contient.

L'explicite : Le sujet dit que ....

....

....

....

....

L'implicite : Le sujet ne dit pas que..

....

....

....

....

....

....

....

....

....

....

....

....

Reformuler le sujet

2 **Lisez les sujets suivants et reformulez-les de différentes manières.**

Sujet 1 Pourquoi certains personnages littéraires présentant des traits amoraux, comme Manon Lescaut dans le roman de l'abbé Prévost, intéressent-ils le lecteur ?

....

....

....

....

....

....

....

....

....

Sujet 2 La rébellion contre l'héritage des poètes précédents est-elle indispensable à la création poétique ?

....

....

....

....

....

....

Trouver une problématique

3 **Voici des exemples de sujets et de reformulations. À partir de ces éléments, proposez un problématique possible.**

Sujet 1 Une pièce de théâtre doit-elle être spectaculaire ?

Reformulations : ....

....

....

....

....

....

Problématique : ....

....

Sujet 2 Les écrivains ont-ils pour mission essentielle de célébrer ce qui fait la grandeur de l'être humain ?

Reformulations : ....

....

....

....

Problématique : ....

....

....

4 **Voici des exemples de sujets et de plans. À partir de ces éléments, proposez une problématique possible.**

Sujet 1 Le personnage de roman se construit-il exclusivement dans son rapport à la réalité ?

I. Certes, le personnage de roman prend sens en fonction du contexte dans lequel il évolue.

II. Cependant, le personnage romanesque permet également, et c'est sa spécificité, de remettre en cause la réalité.

III. Mais le personnage de roman est d'abord une construction faite par un auteur, voire par un lecteur qui se l'approprie, et qui éclaire une réalité propre à chacun.

Problématique : ....

....

....

Sujet 2 Selon vous, Madame de Lafayette condamne-t-elle la passion amoureuse dans *La Princesse de Clèves* ?

I. Certes, le roman semble d'abord condamner la galanterie, sous les formes qu'elle prend à la cour, au sens où la galanterie n'a de l'amour que les apparences.

II. Cependant, la passion amoureuse semble à la fois redoutable par les ravages qu'elle provoque et néanmoins admirable. En ce sens, Madame de Lafayette en donne dans le roman une image complexe et ambiguë.

III. Toutefois, l'enjeu de l'œuvre n'est pas tant de condamner la passion amoureuse que de s'intéresser à un personnage aux prises avec la passion.

Problématique : ....

....

....

....

5 **VERS LA DISSERTATION** BAC ÉCRIT

Sujet Pensez-vous que la poésie a pour vocation principale d'exprimer une souffrance ?

Proposez une analyse de ce sujet, une problématique et un plan détaillé.

Sujets de BAC traités

66 Mobiliser ses connaissances

Retenir

1 Les différents types de connaissances

- Une fois le sujet analysé, le plan et la problématique trouvés (→ fiches 63 à 65, p. 188 à 193), vous devez **chercher des exemples pour illustrer chacun de vos arguments**. Ces exemples sont à puiser dans :
  – **l'œuvre intégrale** sur laquelle porte le sujet (y compris dans les textes présentés en explication linéaire pour l'épreuve orale du Bac) ;
  – **les textes complémentaires** travaillés en explication linéaire **dans le parcours associé** à l'œuvre intégrale ;
  – **la lecture cursive** effectuée en parallèle à l'étude de l'œuvre intégrale ;
  – **vos connaissances personnelles**, acquises durant les années précédentes ou dans un cadre personnel.

2 Se préparer durant l'année

- Au fil de l'année, préparez des **fiches** sur les œuvres étudiées dans chacun des quatre objets d'étude (le roman, le théâtre, la poésie, la littérature d'idées).
- Pour chaque œuvre intégrale, notez des éléments sur les aspects ci-contre :

Titre de l'œuvre intégrale en lien avec son objet d'étude

- **Contexte d'écriture et vie de l'auteur**
- **Les personnages** (noms, fonctions, évolution, rapports entre eux…)
  citations
- **L'intrigue** (résumé mettant en valeur les moments-clés du récit)
  citations
- **Les thèmes** principaux, en particulier ceux en lien avec le thème du parcours associé
  citations
- **Les textes complémentaires** travaillés dans la séquence
  citations

- Notez **1 ou 2 citations** extraites de **l'œuvre intégrale**, d'une autre œuvre ou d'un **texte critique**.
- Apprenez-les **par cœur** pour le jour de l'épreuve. Elles vous serviront pour l'**accroche de votre introduction** et **pour illustrer vos arguments** et démontreront ainsi votre bonne connaissance de l'œuvre.

S'entraîner

1 a. Pour chacun des objets d'étude suivants, précisez quelle œuvre intégrale, quelle lecture cursive et quels textes complémentaires vous avez travaillés en classe.

b. Donnez un thème et une citation qui l'éclaire, en lien avec le parcours associé.

Objet d'étude 1 La littérature d'idées, du XVIIIe au XXIe siècle

Œuvre intégrale : ……………………………………………

……………………………………………

Lecture cursive : ……………………………………………

Textes complémentaires : ……………………………………………

……………………………………………

……………………………………………

Thème / citation : ……………………………………………

……………………………………………

……………………………………………

……………………………………………

……………………………………………

Objet d'étude 2 La poésie, du XIXe au XXIe siècle

Œuvre intégrale : ……………………………………………

Lecture cursive : ……………………………………………

Textes complémentaires : ……………………………………………

……………………………………………

Thème / citation : ……………………………………………

……………………………………………

2 a. Pour chaque partie du plan suivant, proposez des arguments et des exemples extraits de la pièce que vous étudiez en classe.

b. Cherchez une citation pour illustrer chaque grande partie.

I. Certes, la parole révèle les personnages.

……………………………………………

……………………………………………

……………………………………………

……………………………………………

……………………………………………

……………………………………………

• Citation possible : ....

....

....

....

II. Cependant, le langage non verbal du comédien est également révélateur.

....

....

....

....

....

....

• Citation possible : ....

....

....

III. Mais d'autres éléments, en-dehors de ceux portés par l'acteur, aident le spectateur à cerner le personnage.

....

....

....

....

• Citation possible : ....

....

....

....

....

c. **Quel sujet de dissertation a pu être proposé ?**

....

....

....

3 **Sur le modèle ci-contre, proposez, à partir de l'œuvre intégrale que vous étudiez en classe, en lien avec l'objet d'étude « le roman et le récit, du Moyen âge au XXIe siècle » :**

a. **Un sujet de dissertation possible portant sur le thème de l'œuvre par rapport au parcours associé.**

b. **Un plan en trois parties répondant à votre sujet.**

c. **Un argument et un exemple pour chaque grande partie, extraits de l'œuvre intégrale ou d'une autre œuvre en lien avec le parcours associé.**

d. **Une citation précise illustrant votre argument.**

• **Œuvre intégrale :** *L'Étranger*, d'Albert Camus

• **Parcours associé :** « Personnage marginal portant un regard sur la société »

• **Sujet possible :** Camus affirme dans ses *Carnets* que « ce roman est conçu [...] afin de produire un effet de malaise et de susciter chez le lecteur toutes sortes d'interrogations, non pour prétendre apporter une réponse toute faite. » Cette affirmation éclaire-t-elle votre propre lecture de *L'Étranger* ?

• **Plan en trois parties avec arguments, exemples et citations :**

I. Certes, ce roman produit un effet de malaise et provoque des interrogations chez le lecteur

– Meursault a des réactions inattendues et parfois incompréhensibles pour les lecteurs, par exemple lorsqu'il apprend le décès de sa mère et qu'il semble s'inquiéter davantage de l'organisation de l'enterrement et de la réaction de son patron que de sa douleur à cette annonce.

« J'ai demandé deux jours de congé à mon patron et il ne pouvait pas me les refuser avec une excuse pareille. » (Incipit de *L'Étranger*)

II. Cependant, il apporte également des éléments à notre réflexion sur la société

– Meursault, parce qu'il n'est pas dans les « normes sociales », parce qu'il ne joue pas le « jeu social », permet de révéler à quel point nous avons appris à agir de façon hypocrite ; on comprend ainsi dans la deuxième partie du roman qu'il est condamné non pas pour le meurtre de l'Arabe, mais parce qu'il n'a pas pleuré à l'enterrement de sa mère.

« Dans notre société, tout homme qui ne pleure pas à l'enterrement de sa mère risque d'être condamné à mort » (Camus, à propos de *L'Étranger*)

III. L'enjeu du roman est peut-être moins d'apporter une « réponse toute faite » que d'amener le lecteur à s'interroger sur l'absurdité du monde

– Meursault apparaît comme un marginal dans la société, certes, mais ce n'est pas lui qu'il faut considérer comme « étranger », c'est le monde tel qu'il est pensé par des hommes dominés par l'ignorance et les préjugés.

« Pour que tout soit consommé, pour que je me sente moins seul, il me restait à souhaiter qu'il y ait beaucoup de spectateurs le jour de mon exécution et qu'ils m'accueillent avec des cris de haine. » (Derniers mots de *L'Étranger*)

67 Rédiger un paragraphe argumenté

Sujets de BAC traités

Retenir

1 Construire un paragraphe argumenté

- Une dissertation se compose de **deux ou trois grandes parties**, elles-mêmes constituées de **deux ou trois paragraphes argumentés** (en plus d'un paragraphe amorçant la partie et d'un paragraphe bilan/transition).
- Employez de préférence le pronom « nous », plus neutre que le « je ».
- Ce paragraphe argumenté contient les **quatre étapes** suivantes :

1. Une annonce de l'idée directrice du paragraphe	• Commencez par un **alinéa**. • **Ne passez pas à la ligne** entre les étapes du paragraphe.
2. Au moins deux exemples littéraires développés	• **Situez précisément** le passage sélectionné dans l'œuvre. • Soulignez le **titre** des œuvres.
3. Une conclusion partielle (interprétation)	• Utilisez les **connecteurs** : ainsi, en somme, pour conclure, donc, finalement…
4. Une transition vers le paragraphe suivant	• Utilisez les **connecteurs** : mais au-delà, cependant, toutefois, néanmoins, pourtant, or, ce qui nous amène à…

2 Exploiter les exemples

- Les exemples (étape 2 du paragraphe) sont extraits de l'œuvre au programme, des textes du parcours associé, des lectures cursives et de votre culture personnelle. Ils doivent :

être le plus précis possible	Titre de l'œuvre souligné, nom de l'auteur et des personnages correctement orthographiés, référence précise au passage évoqué…
soutenir les arguments	Vous devez impérativement les **interpréter**.
être bien présentés	Titres des œuvres et des recueils : soulignés. Titres des poèmes et des nouvelles : entre guillemets. Citations : entre guillemets.

S'entraîner

Repérer les étapes d'un paragraphe argumenté

1 **Lisez le paragraphe rédigé suivant, qui porte sur *Gargantua* de Rabelais, au programme de l'objet d'étude « la littérature d'idées ».**

Tout d'abord, il semble que le rire ne soit pas à prendre que dans sa fonction première, qui consiste à faire rire le lecteur, à l'amuser. Il s'agit bien en réalité de le divertir, au sens pascalien du terme, c'est-à-dire de le détourner de l'angoisse de la mort. L'auteur l'annonce d'ailleurs dès le prologue de Gargantua, puisqu'il affirme qu'« en admettant que le sens littéral vous procure des matières assez joyeuses et correspondant bien au titre, il ne faut pourtant pas s'y arrêter, comme au chant des sirènes, mais interpréter à plus haut sens ce que par hasard vous croyiez dit de gaieté de cœur. » Le courage inconscient de Frère Jean des Entommeures, qui étripe (au sens propre) ses ennemis, permet par exemple de rappeler au lecteur la possibilité de sa propre mort, tout en le faisant rire. Le lecteur doit donc, par un effort de réflexion, accéder au « plus haut sens », et comprendre que le rire a également pour fonction de le détourner de ses propres larmes. Le moine Jorge l'affirme en d'autres termes à la fin du roman d'Umberto Eco, Le Nom de la Rose : « Au moment où il rit, peu importe au vilain de mourir. » C'est que le rire transpose en effet une réalité inquiétante, en particulier la possibilité de notre propre mort, en quelque chose d'acceptable. Il anesthésie nos angoisses, nous distrait de notre peur, et manifeste une prise de distances face aux choses dont on rit. Cependant, la réflexion sur la finitude de l'homme prend moins, dans le récit de Rabelais, la valeur d'une éthique moralisatrice que celle d'une injonction à profiter de la vie.

a. Grâce à quelle marque typographique peut-on repérer qu'un nouveau paragraphe commence ?

....

b. De quel argument (1er, 2e ou 3e) peut-il s'agir ? Justifiez votre réponse. Reformulez-le en une phrase simple. À quel alinéa cet argument correspond-il au sein de sa partie ?

....

....

....

....

....

c. Surlignez les connecteurs et indiquez quelle étape du paragraphe chacun d'entre eux annonce.

....

....

....

....

....

d. Soulignez le titre des œuvres.

e. Combien d'exemples sont développés dans le paragraphe ? Lesquels ? Combien s'appuient sur des citations précises ? Encadrez-les.

....

....

....

....

....

2 1. Si nous avons montré que le comique est très présent dans l'œuvre, il n'en demeure pas moins que cette tonalité peut se teinter de tragique.
2. Par ailleurs, la colère s'exprime dans cette scène avec une force étonnante.
3. Le poète affiche en effet son engagement dans les questions de son temps.
4. Ce personnage apparaît donc bien, à première vue, comme une sorte d'anti-héros un peu ridicule, qui surestime sa propre valeur.
5. Cette parole retenue, contenue, compliquée, devient alors l'enjeu même de la pièce, comme nous allons le voir à présent.
6. En premier lieu, les *Contes* de Perrault offrent une vision négative des parents.

a. Quelles sont les phrases qui annoncent un argument ? ....

b. Quelles sont celles qui annoncent une interprétation ? ....

c. Quelles sont celles qui annoncent des transitions vers l'argument suivant ? ....

d. Surlignez, pour chacune, les éléments qui vous permettent de répondre.

Rédiger un paragraphe argumenté

3 a. À partir du sujet suivant, applicable au recueil étudié en cours, rédigez les différentes étapes d'un paragraphe argumenté en prenant la suite des éléments et des formulations qui vous sont proposés.

b. Nommez chacune des étapes du paragraphe.

Sujet Le poète est-il capable de voir ce que les autres hommes ne voient pas ?

Argument : Le poète est capable de transformer la banalité du quotidien, ce que le commun des mortels ne voit pas, pour en faire un objet poétique.

En premier lieu [étape : ....].................

....

....

....

....

....

.... **On pourrait, par exemple, évoquer [étape :**

....].................................

....

....

....

....

.... **Ainsi**

[étape : ....]..

....

....

....

.... **[étape :** ....

...........]..

....

....

....

....

4 VERS LA DISSERTATION BAC ÉCRIT

Reprenez le sujet de dissertation portant sur la poésie proposé dans la fiche 65, p. 192 et rédigez l'un des paragraphes argumentés correspondant à une des sous-parties de votre plan détaillé.

La dissertation

68 Rédiger l'introduction et la conclusion

Sujets de BAC traités

Retenir

- La lecture de votre **introduction** donne à votre correcteur **une première impression**. Elle doit être particulièrement **soignée** et **travaillée au brouillon**.
- La conclusion prouve que vous avez su **gérer votre temps** et **synthétiser votre pensée**.
- L'introduction et la conclusion se rédigent en **un seul paragraphe**, débutant par **un alinéa, sans passage ni saut de ligne**. Elles se composent des **éléments suivants** :

L'introduction

- Une phrase d'accroche (ou amorce) : référence au genre, au thème abordé, contextualisation de la citation ou du sujet.
- La reprise de la citation si le sujet en comporte une.
- La reprise du sujet et son explicitation (définition des mots-clés, reformulation).
- La formulation de la problématique.
- L'annonce du plan, rédigée au futur de l'indicatif.

La conclusion

- La réponse à la problématique, qui reprend le plan de la démonstration. Elle est rédigée au passé composé.
- Une ouverture : il est possible d'élargir la réflexion à d'autres époques, la nôtre par exemple, pour mettre le sujet en perspective.
- On ne terminera jamais par une question.

S'entraîner

Repérer les étapes d'une introduction

1 **Sujet** Quelles différentes formes prennent les combats d'Olympe de Gouges en faveur de l'égalité entre femmes et hommes dans sa *Déclaration des droits de la femme et de la citoyenne* ?

En 1949, Simone de Beauvoir affirme, dans son ouvrage féministe Le Deuxième Sexe, qu'« on ne naît pas femme, on le devient ». Cette formule célèbre marque une étape importante dans l'histoire des combats féministes, en posant pour principe que c'est l'éducation et la culture qui maintiennent les femmes dans une forme d'infériorité par rapport aux hommes. Deux siècles auparavant, l'une des premières figures féministes avait déjà œuvré en faveur d'un accès à l'égalité entre hommes et femmes : la révolutionnaire Olympe de Gouges, qui rédige en 1791 la version féminine de la Déclaration des droits de l'homme et du citoyen. Elle y défend de différentes manières les droits des femmes contre l'oppression exercée par la société patriarcale de son époque. Quelles différentes formes prennent les combats d'Olympe de Gouges en faveur de l'égalité dans sa Déclaration des droits de la femme et de la citoyenne ? Comment l'autrice parvient-elle à convaincre ses lecteurs du bien-fondé de ses combats ? Se contente-t-elle d'une reprise de la Déclaration des droits de l'homme ou bien s'empare-t-elle d'autres genres pour convaincre son auditoire ? Lesquelles de ces formes seraient les plus convaincantes ? Ainsi, on peut se demander en quoi les différentes formes employées par O. de Gouges dans sa Déclaration rendent son combat en faveur de l'égalité particulièrement efficace. Nous étudierons dans un premier temps la parodie que l'autrice propose de la Déclaration des droits de l'homme, puis nous nous pencherons sur la prise à parti parfois violente qu'elle formule à l'égard des hommes et des femmes. Enfin, nous nous interrogerons sur la portée philosophique des arguments d'Olympe de Gouges et sur leur aspect visionnaire.

a. Délimitez les cinq étapes de cette introduction par une barre oblique, et dites à quoi correspond chaque étape.

....

....

b. Sur quoi porte l'amorce (thème, personnage, genre de l'œuvre...) ? Comment s'établit le lien entre l'amorce et l'œuvre concernée par le sujet ? Encadrez la phrase précise.

....

....

....

c. Surlignez la citation correspondant au sujet. Que remarquez-vous ?

....

....

....

....

d. Transformez la question indirecte de la problématique en question directe.

....

....

....

e. Soulignez de deux traits les connecteurs temporels qui dirigent l'annonce du plan.

f. Soulignez en pointillés les verbes qui permettent d'annoncer le plan. À quel temps sont-ils formulés ?

....

Travailler l'amorce

2 Chacune des amorces suivantes est en lien avec l'une des reprises des sujets proposées.

• Amorces

a. « Plus on lit Manon Lescaut et plus il semble que tout cela soit vrai, vrai de cette vérité qui n'a rien inventé et qui est toute copiée de la nature. » C'est en ces termes que Sainte-Beuve, auteur en 1834 du roman psychologique Volupté, admire la vérité psychologique et la finesse d'analyse dans le récit de l'abbé Prévost.

b. Le mot « fantaisie » évoque cette capacité de réinventer le monde de manière joyeuse, gaie, sans se prendre au sérieux. Si son origine étymologique le rattache au domaine de la vision, de l'apparition presque fantastique, on l'utilise aujourd'hui principalement pour désigner une certaine forme d'excentricité. La fantaisie évoque donc naturellement la comédie, et Molière paraît tout à fait adepte de cette humeur dans nombre de ses pièces. Ce dramaturge, qui invente le genre flamboyant de la comédie-ballet, a déjà proposé avec Le Bourgeois Gentilhomme un spectacle aussi fantasque qu'admirable. Le Malade imaginaire, sa dernière pièce, elle-même comédie-ballet, semble proposer le même flamboiement.

• Reprises des sujets

1. Mais cette pièce est-elle un spectacle de pure fantaisie ?

2. À propos de ce roman, l'essayiste P. Trahars lui aussi affirme dans son anthologie du XVIIIe siècle que « Manon est le portrait fidèle s'une société qui se reconnaît en elle ».

a. Reliez chaque amorce au sujet qui lui correspond.

....

b. Surlignez les formulations permettant de faire le lien entre l'amorce et la reprise du sujet.

c. Indiquez sur quoi porte chaque amorce (genre, personnage, définition, thème…).

....

....

....

....

Repérer les étapes de la conclusion

3 Lisez le texte suivant.

Ainsi, le rire est bien élevé à une forme d'art dans le récit de Rabelais, *Gargantua* ; il permet d'accéder à certains savoirs tout en gagnant en sagesse. Pour autant, l'auteur n'oublie pas d'utiliser le rire dans sa fonction première qui est de divertir le lecteur, à qui il intime d'ailleurs l'ordre de « vivre joyeux ». Cette forme littéraire qui consiste à « plaire et instruire » le lecteur, selon l'adage formulé par Horace, servira de référence aux auteurs d'apologues au siècle suivant.

a. Marquez-en les étapes à l'aide d'une barre.

b. Surlignez le connecteur permettant d'annoncer l'effet conclusif.

c. Quelle pourrait être la problématique dirigeant le devoir ?

....

....

....

d. Quel pourrait être le plan en trois parties ?

....

....

....

....

....

e. Sur quoi porte l'ouverture ?

....

....

....

....

4 VERS LA DISSERTATION BAC ÉCRIT

Rédigez la conclusion du sujet sur le théâtre proposé dans la fiche 65, p. 192.

Sujets de BAC traités

69 Utiliser son brouillon de manière efficace

Retenir

1 L'intérêt du brouillon

- Contrairement à ce que l'on pourrait croire, **l'étape du brouillon n'est pas une perte de temps**. Pour réussir votre dissertation, vous devrez y consacrer **entre une heure et une heure et demie**.
- Pour que votre brouillon soit efficace, il doit être clair et aéré. Pour cela :

– Utilisez uniquement le **recto** de la feuille.
– **Numérotez** chaque feuille en haut à droite pour vous y retrouver au moment de passer à la rédaction au propre.
– Laissez des **marges suffisantes** pour réécrire, ajouter des éléments.
– Utilisez des **couleurs différentes** pour noter les exemples et les citations.

2 Les sept étapes du brouillon

Feuille 1

• **Notez** :
– les références des **textes étudiés** dans le cadre du **parcours associé** rattaché à l'œuvre intégrale. Ils vous serviront pour trouver des **arguments** et des **exemples**.
– « en vrac » les **idées** et les **exemples** qui vous viennent à la lecture du sujet.

Feuille 2

• **Récrivez le sujet en gros**, en mettant votre brouillon au format paysage.
• **Entourez** les mots-clés.
• **Trouvez** pour chacun des **synonymes**, des **antonymes**, ou des **notions** qui s'y rattachent.
• Déterminez le type de **plan** attendu.

Feuille 3

• En reprenant les premières idées (feuille 1) et les notions mises au jour en analysant le sujet (feuille 2), trouvez la **problématique** que le sujet soulève.
• **Formulez les titres des grandes parties** sous forme de phrases rédigées.

Feuilles 4 à 7

• **Indiquez votre plan détaillé** :
Parties
→ sous-parties
→ arguments ou procédés analysés + exemples et citation.
• **Une feuille = une partie**.
(au propre, vous devrez sauter une ou deux lignes).
• **Rédigez entièrement l'introduction et la conclusion.** Cela vous permettra de les relire et éventuellement de les corriger avant la rédaction au propre.

S'entraîner

Travailler sur la feuille 1

1 **Sujet** Faut-il qu'un personnage de roman soit admirable pour intéresser le lecteur ?

a. **Notez les références d'au moins trois romans / extraits (auteur et titre) qui relèvent du même objet d'étude.**

b. **Notez les idées qui vous viennent en tête pour répondre à ce sujet.**

Références : ....
....
....

Idées : ....
....
....
....
....
....

Travailler sur la feuille 2

2 **Analysez le sujet de l'exercice 1 (**→ fiche 63, p. 188**).**

a. **Entourez les mots clés.**

b. **Pour chacun, trouvez des synonymes et des notions ou des antonymes qui s'y rattachent.**

c. **Surlignez le verbe interrogateur et déterminez quel type de plan est attendu par rapport à la question posée (**→ fiches 63 et 64**).**

....
....
....
....

Faut-il qu'un personnage de roman soit admirable pour intéresser le lecteur ?

Travailler sur la feuille 3

3 **a.** Reprenez les éléments mis au jour dans les deux exercices précédents, et cherchez la problématique que soulève le sujet (→ fiche 65, p. 192).

b. Cherchez ensuite les titres des grandes parties qui vous permettraient de répondre à cette problématique (→ fiche 64, p. 190).

a. : ....

b. : ....

Travailler sur les feuilles 4 à 6

4 Pour chacune des grandes parties que vous avez mises au jour dans l'étape précédente, cherchez deux arguments, accompagnés d'exemples.

I. ....

a. ....

b. ....

II. ....

a. ....

b. ....

III. ....

a. ....

b. ....

Travailler sur la feuille 7

5 **a.** Rédigez entièrement l'introduction de la dissertation portant sur le sujet travaillé ci-dessus.

b. Rédigez la conclusion.

Sujets de BAC traités

Comprendre l'enjeu de la contraction de texte

Retenir

Enjeu de l'épreuve

• La contraction de texte (notée sur 10 points) permet d'apprécier l'aptitude du candidat à **reformuler une argumentation** de manière précise, en respectant :
– l'**énonciation** du texte,
– sa **thèse**,
– sa **composition**.

Support de l'épreuve

• Elle prend appui sur un **texte moderne ou contemporain** appartenant au genre de **la littérature d'idées**.
• D'une longueur de 1 000 mots environ, ce texte doit être **réduit au quart (environ 250 mots)**, avec une marge autorisée de plus ou moins 10 %. Le candidat indique à la fin de l'exercice le nombre de mots utilisés.

S'entraîner

Connaître les termes utiles

1 Donnez une définition de chacun des termes suivants.

Énonciation : ....

....

Thèse : ....

Composition : ....

Repérer le texte support

2 a. Indiquez pour chacun des extraits suivants ceux qui pourraient faire l'objet d'une contraction et lesquels ne pourraient pas, en expliquant pourquoi.

b. Indiquez pour les extraits pertinents en combien de mots chacun devrait être résumé pour conserver la contrainte de réduction au quart.

1. Selon le Giec, la cible mondiale à viser est proche des 2 tonnes d'équivalent CO_2 par an d'ici à 2100. Une division par cinq de notre empreinte carbone ! Le régime s'annonce draconien. « La marche n'est pas trop haute. Mais il faut mettre tout le monde en face de ses responsabilités. La neutralité carbone, ça n'est pas qu'une affaire de nouveaux réacteurs nucléaires ou d'éoliennes. Ce sont des choix inévitables dans l'alimentation, les voyages, le logement », prévient Arnaud Leroy, président de l'Ademe. **[84 mots]**

Lucas Mediavilla, « Transports, alimentation... Comment les Français «crament»-ils leur budget CO_2 ? », *L'Express*, 14 décembre 2021.

....

....

....

....

2. Quand il n'y eut plus qu'un amas de cendres au fond du foyer, elle retourna s'asseoir auprès de la fenêtre ouverte comme si elle n'eût plus osé rester auprès de la morte, et elle se remit à pleurer, la figure dans ses mains, et gémissant d'un ton navré, d'un ton de plainte désolée : « Oh ! ma pauvre maman, oh ! ma pauvre maman ! ». **[67 mots]**

Guy de Maupassant, *Une vie*, 1883.

....

....

....

3. C'est vrai que les raisons de s'indigner peuvent paraître aujourd'hui moins nettes ou le monde trop complexe. [...] Mais dans ce monde, il y a des choses insupportables. Pour le voir, il faut bien regarder, bien chercher. Je dis aux jeunes : cherchez un peu, vous allez trouver. La pire des attitudes est l'indifférence, dire : « je n'y peux rien, je me débrouille ». En vous comportant ainsi, vous perdez l'un des composantes essentielles qui fait l'humain. Une des composantes indispensables : la faculté d'indignation et l'engagement qui en est la conséquence. **[92 mots]**

Stéphane Hessel, *Indignez-vous !*, © Indigène éd., 2010.

....

....

....

....

Relier le texte aux parcours associés

3 Attribuez à chacun des extraits suivants le parcours associé auquel il pourrait correspondre :

1 : « la bonne éducation » ;
2 : « peindre les Hommes, examiner la nature humaine » ;
3 : « écrire et combattre pour l'égalité » ;
4 : « rencontrer l'Autre »

1. Des femmes, certes, on a toujours parlé, beaucoup, et de plusieurs manières : dans la poésie qui les célèbre, dans le discours, souvent normatif, qui ressasse ce que la Femme est ou doit être. [...]. Les images féminines submergent la peinture ; leurs allégories envahissent le décor urbain.

Michelle Perrot, « Histoire des femmes et féminisme », © *Journal français de psychiatrie*, 2011.

Parcours : ......

2. Le bon professeur est [...] celui qui, au détour d'une phrase, par une remarque brève ou un geste inattendu, vous surprend et vous ouvre un monde. Savoir provoquer ces déclics est une compétence pédagogique, décisive et fort éloignée du cours magistral. L'enjeu est ici maïeutique : comme le voulait Diotime, qui initia Socrate, il faut partir d'un petit truc sensible pour gagner l'universel.

Barbara Cassin, « Aller à la découverte du multiple, du divers et de la relation », © *Philosophie magazine*, août 2013.

Parcours : ......

3. Il s'agit pour lui d'exposer à ses contemporains les fautes et les vices qu'il remarque en eux, en vue de les en corriger. Le portrait qu'il brosse de la société de son temps, ou si vous préférez, le procès qu'il en dresse, ne pouvaient qu'être sombres. La question n'est alors pas de savoir si ce portrait est flatteur : il est ressemblant, il est exact, et cela seul importe.

J.-M. Delacomptée et P. Sugy, « Chez La Bruyère, la nature humaine est immuable », © *FigaroVox*, 6 septembre 2019.

Parcours : ......

4. Comment penser autrement l'autre ? Comment le penser, le recueillir dans l'unité du penser, sans supprimer l'altérité ? Question essentielle d'une philosophie qui veut comprendre l'autre en un discours qui ne soit pas discours de maîtrise.

Gilbert Kirjchner, « Le Discours de l'altérité de P.-J. Labarrière », © *Le Monde*, 2 février 1984.

Parcours : ......

Comprendre les enjeux

4 a. **Lisez les contractions proposées pour chacun des extraits suivants.**

b. **Indiquez les contraintes qui ne sont pas respectées dans les productions des élèves.**

1. La télévision de De Gaulle participait également à notre éducation : j'y ai par exemple découvert *Les Perses* d'Eschyle mis en scène par Jean Prat. Et, chose aujourd'hui inimaginable, l'émission « Lecture pour tous » présentait *La Littérature et le Mal*, de Georges Bataille. Ce rapport très étroit entre l'école, la famille et la société s'est à présent défait. Souvent, les enfants qui arrivent en classe n'ont pas reçu d'éducation familiale et sociale suffisante pour être enseignés par leurs professeurs.

Bernard Stiegler, « Prendre soin des jeunes générations », © *Philosophie magazine*, août 2013.

L'auteur nous dit que la télévision a participé à son éducation. Il dit que les enfants aujourd'hui continuent à beaucoup regarder la télévision.

....

....

....

....

2. Dieu a modelé l'homme (et la femme) avec ses tares et ses vertus, sans qu'aucune puissance ne puisse modifier sa nature. Ce qui peut évoluer, en revanche, ce sont les comportements. D'où le devoir du moraliste, qui consiste à tendre au public, pour qu'il se réforme, un miroir qui reflète parfaitement l'âpre réalité des choses.

J.-M. Delacomptée et P. Sugy, « Chez La Bruyère, la nature humaine est immuable », © *FigaroVox*, 6 septembre 2019.

Je pense que Dieu a créé l'homme et la femme « à son image », mais aussi avec des défauts. Le moraliste doit tendre un miroir honnête à la nature humaine.

....

....

....

....

....

3. Nul n'aurait imaginé, il y a un an seulement, nos vies si puissamment ébranlées par l'épidémie galopante. Cette lame de fond, qui nous laisse constamment démunis, sans boussole, emportés toujours plus loin des rivages connus de la vie d'avant, a non seulement bouleversé en profondeur les rythmes de la vie collective, mais toute notre existence intime et affective.

J. Hervé Mazurel, « À bout de souffle ? La Société du masque », © aoc.com, 2 février 2021.

L'épidémie est arrivée et nous laisse démunis, sans boussole, emportés loin des rivages de la vie d'avant, et a bouleversé toute notre existence.

....

....

Sujets de BAC traités

71 Étudier l'organisation et les idées d'un texte

Retenir

1. Repérez le thème et la thèse du texte.	• **Lisez intégralement le texte** et le **paratexte** pour comprendre son **thème** et la **thèse (l'opinion)** de l'auteur. • **Rédigez immédiatement** une phrase qui en résume le sens général. • **Relisez** le texte une seconde fois, en étant attentif/ve à l'**énonciation** (pronoms personnels, tonalité…). Notez ces éléments sur votre **brouillon**.	
2. Repérez les idées du texte.	• Sur le texte, délimitez les **paragraphes** (/), surlignez les **connecteurs logiques** et entourez la **ponctuation** si elle vous aide à repérer les arguments (par exemple, les deux points). • Chaque paragraphe a son unité de sens : donnez-lui un **titre** en marge. Conservez le **même nombre de paragraphes** dans votre devoir.	
3. Cherchez les mots-clés et les exemples.	• Soulignez les **mots-clés**. • Repérez les **exemples** : certains **illustrent** un argument exprimé dans le texte (on peut les supprimer), d'autres ont une **fonction d'argument** (il faut les conserver).	Symbole de l'économie frivole, le gadget et sa folie technologique. Couteau électrique à huîtres, lave-vitres électriques, rasoir électronique à trois positions de coupe, nous baignons dans la surenchère et la profusion des automatismes. G. Lipovetsky, *L'Empire de l'éphémère*.
4. Rédigez votre plan détaillé.	• Au brouillon, notez **le plan détaillé** correspondant au développement des arguments de l'auteur. • Utilisez des **abréviations** pour gagner du temps. Connaître → *cnt*, religion → *relig°*	

S'entraîner

Repérer le thème et la thèse d'un texte

1 Lisez les textes suivants.

a. Quel est leur thème ?

b. Quelle est leur thèse ?

c. Barrez les éléments qui n'apportent pas d'informations essentielles.

1. Nous sommes tous contaminés, malades d'hypervitesse, syndrome dominant du XXIe siècle, nous dit Thomas Hylland Eriksen. Ce sociologue norvégien a consacré au tourbillon frénétique qui emporte tous les aspects de notre vie un essai […]. Un orchestre japonais a enregistré une version de la *Cinquième Symphonie* de Beethoven qui dure quatre minutes et quinze secondes de moins que d'habitude, et une pièce d'Ibsen autrefois longue de quatre heures n'en durait plus que deux dans une récente mise en scène à Oslo.

« L'hypervitesse, maladie du XXIe siècle », *Courrier international*, n° 738-739, 23 décembre 2004.

Thème : ....

Thèse : ....

....

2. L'écriture électronique est une écriture démocratique voire anarchique, désinhibée, plus directe, plus décontractée, au point parfois de frôler la grossièreté ou de glisser bien vite – voir les commentaires sur les sites participatifs ou sur Twitter – dans l'invective et l'injure.

Jean-Claude Monod, « Numérique : tous graphomanes », *Sciences Humaines*, n° 253, novembre 2013.

Thème : ....

Thèse : ....

....

Repérer les étapes d'un raisonnement

2 Lisez le texte suivant.

a. Délimitez les paragraphes par des barres obliques et donnez un titre à chacun.

b. Surlignez les connecteurs logiques.

c. Reformulez l'argument avancé dans chacun des paragraphes.

Si pour le père et pour la mère le bébé est symbole de fierté, de régénérescence (à condition qu'il se révèle conforme aux « normes » médicales socialement en vigueur), il est aussi le symbole d'un achèvement. Il constitue la relève et représente ainsi la fin d'une étape. Or, l'acceptation philosophique de la limite n'est pas si facile. La force intérieure et l'équilibre psychique doivent être individuellement suffisamment développés pour accepter cette notion de limite, afin de permettre à un troisième être, aussi adorable soit-il, de prendre sa place. […]
Concevoir un enfant dans un contexte marqué par la recherche d'excellence comporte des risques : l'écart

entre l'enfant réel et l'enfant imaginaire peut constituer un fossé de plus en plus difficile à compter.

Christine Castelain-Meunier, *Pères, mères, enfants*, © Flammarion, 1998.

• **Paragraphe 1**

Titre : ....

Argument : ....

• **Paragraphe 2**

Titre : ....

Argument : ....

Relever les éléments essentiels

3 Lisez les textes suivants.

a. **Surlignez les mots-clés ou les expressions essentielles.**

b. **Soulignez, le cas échéant, les exemples argumentatifs et barrez les exemples illustratifs.**

1. Un blog est un salon. Le nouveau et le dernier salon où l'on cause. Un site de débats intellectuels ne s'est-il pas baptisé *causeur.fr* ? Un blog est une sorte de « couveuse d'idées » qui pourrait devenir l'équivalent des revues littéraires à leur âge d'or, dans l'entre-deux-guerres, lorsque Léon-Paul Fargue les évoquait comme « le laboratoire des idées de demain ». On y lit parfois, sur de fameuses controverses intellectuelles, des débats vifs, argumentés, passionnants qu'on ne trouverait pas ailleurs qu'en ligne, sauf dans une revue de qualité telle que... *Le Débat*, justement !

Pierre Assouline, *Brèves de blog, le nouvel âge de la conversation*, © Les Arènes, 2008.

2. Dans le langage courant, être relativiste, c'est considérer que chacun a le droit de penser ce qu'il veut indépendamment des autres. Mon relativisme à moi, c'est le contraire. C'est pourquoi j'emploierais plus volontiers « relationnisme ». [...] Du reste, l'actualité nous donne un exemple de phénomène sur lequel la connaissance scientifique n'est pas encore stabilisée : le Covid-19. Là, vous voyez que les scientifiques sérieux ne peuvent être rien d'autre que relativistes.

Bruno Latour, *Philosophie magazine*, n° 147, février 2021.

Analyser les paragraphes

4 Lisez le texte suivant.

De la réflexion ironique incitant quelqu'un à prendre conscience de certains de ses travers et rigidités au ridicule jeté sur son action ou sur son personnage, il existe toute une gamme de mises en cause des personnes par le moyen du rire. [...]
La déférence, la peur, l'attachement passionnel, voire l'adoration, ne résistent pas à l'éclat de rire, faisant de la dérision une arme contestatrice efficace et crainte. On dit d'un humour qu'il est décapant, ravageur, qu'il ne respecte rien. Toute l'intrigue du *Nom de la Rose* d'Umberto Eco est fondée sur les efforts déployés par un religieux mystique pour éviter que les moines ne prennent connaissance d'un ouvrage d'Aristote sur le rire [...].
Même d'un niveau plus léger, le rire libère ou préserve de la sujétion. Être capable de se moquer de la pédanterie de l'académicien, des tics du capitaine, des discours pontifiants et des clichés de l'homme politique, de la posture martiale du patron [...] protège des interférences nuisibles entre la lucidité et l'émotion où l'adhésion *a priori*, permet de se trouver fortifié dans l'affirmation de soi. Il est, en effet, toujours valorisant de railler quelqu'un, c'est-à-dire de se positionner, au moins quant à l'objet des moqueries, au-dessus de lui.

Axel Kahn, *L'Homme, ce roseau pensant*, © Nil, 2007.

a. **Relevez le thème, la thèse et l'énonciation du texte.**

Thème : ....

Thèse : ....

Énonciation : ....

b. **Délimitez les paragraphes par une barre oblique et surlignez les connecteurs logiques. Donnez un titre à chaque paragraphe.**

• **Paragraphe 1 :**

....

• **Paragraphe 2 :**

....

• **Paragraphe 3 :**

....

c. **Encadrez les mots-clés et les expressions essentielles.**

d. **Soulignez les exemples argumentatifs et barrez les exemples illustratifs.**

Reformuler et contracter un texte

Sujets de BAC traités

Retenir

- La contraction de texte ne doit pas reprendre tels quels les mots du texte, sauf les expressions essentielles : elle doit **reformuler la pensée de l'auteur** de manière concise et fidèle au sens du texte d'origine.
- Vous devez donc **respecter l'organisation, l'énonciation et la tonalité** (ironique, pathétique, polémique, satirique, comique, épique…) du texte support.

ÉTAPE 1 Comprendre et simplifier le texte

Relisez le texte :
• Notez au brouillon les **mots-clés** du texte, et cherchez pour chacun des **synonymes** ou des mots de même famille que vous pourrez utiliser dans votre devoir.
• Relevez **les mots ou expressions difficiles ou importants**, et remplacez-les par des termes plus simples.
Assujettissement → aliénation
• Procédez de la même façon pour les **tournures grammaticales complexes.**
« Il n'est pas jusqu'à l'imprimerie qui ne favorise peut-être d'abord… » (J. Le Goff) → Même l'imprimerie favorise d'abord…
• Remplacez les **énumérations** par des **hyperonymes** (mots de sens plus large) ou ne gardez que le terme de l'énumération qui englobe les autres.
« Le rêve américain commence, avec […] ses self-made men, les Carnegie, les Rockefeller, les Morgan, les Van der Bildt… » (G. Minois) → Le rêve américain commence, avec ses self-made men.

ÉTAPE 2 Rédiger et résumer

• **Rédigez une première version** de votre contraction de texte, qui suit le **plan détaillé** du texte support.
• **Comptez** les mots (250, à ± 10%).
• Reprenez vos phrases pour **réduire** encore le nombre de mots si nécessaire. Remplacez :
– les groupes nominaux par des **noms** :
l'emprise exercée sur quelqu'un pour le contrôler → la manipulation
– les groupes prépositionnels par des **adverbes** :
de manière insistante → obstinément
– les subordonnées complétives par des **noms** :
Ils demandent que soit supprimé… → la suppression
– les subordonnées relatives par des **adjectifs** :
une émotion qu'on ne peut pas décrire
→ une émotion indescriptible

S'entraîner

Comprendre et simplifier le texte

1 Trouvez deux synonymes pour chacun des termes surlignés dans les extraits suivants.

1. [C]haque homme connaît le ressentiment et un tel mal, étant si commun, ne peut être aussi grave pour l'individu lui-même ni pour la société. Je défends pour ma part […] l'idée d'une différence radicale entre les hommes dans leur aptitude ou non à se tenir à distance de leur propre ressentiment.

Cynthia Fleury, *Ci-gît l'amer*, © Gallimard, 2020.

Ressentiment : ....

Commun : ....

Grave : ....

Différence : ....

Radicale : ....

Aptitude : ....

2. Nous parlons peu des hommes qui sont prisonniers de stéréotypes liés au genre, mais […] le jour où ils parviendront à s'en libérer, la situation des femmes s'en verra spontanément améliorée. […] Il est grand temps que nous appréhendions l'égalité comme un spectre, au lieu d'y voir deux idéaux distincts et opposés.

Emma Watson, *Discours de l'Ambassadrice de bonne volonté d'ONU Femmes, dans le cadre de la campagne « HeForShe »*, 2014.

Stéréotypes : ....

Spontanément : ....

Appréhendions : ....

Distincts : ....

Opposés : ....

2 Trouvez des hyperonymes ou des expressions résumant les énumérations entre crochets.

1. Au milieu [des saluts, des sourires échangés, des cris, des youyous, des klaxons, des pétards et des fumigènes,] [on se bouscule, on se congratule, on se côtoie, on danse, on improvise une « ola] » […]. (**Anne Rapin**)

Énumération 1 : ....

Énumération 2 : ....

2. L'adolescent pousse la porte de sa chambre pour [écouter de la musique, lire, dessiner, consulter Internet, rédiger son journal intime]. (**Olivier Remaud**)

Énumération : ....

3 **a. Résumez cet extrait en manipulant les éléments entre crochets : utilisez des synonymes, des adverbes, des noms, des adjectifs, des hyperonymes… Conservez l'énonciation.**

b. Comptez le nombre de mots par rapport à celui du texte d'origine.

> Pour qu'une réflexion sur la solitude soit constructive, [il nous faut donc en premier lieu repenser et réaffirmer cette essence sociale de l'homme : c'est par autrui et avec autrui] que l'homme [advient, existe, se construit, s'épanouit et acquiert éventuellement quelque liberté et quelque autonomie]. (**45 mots**)
>
> **Sébastien Dupont**, « La Solitude, condition de l'individu contemporain », *Le Débat*, © Galimard, 2013.

....

....

....

....

....

....

4 **Précisez quels types d'énonciation et de tonalité sont utilisés dans les extraits suivants.**

1. « Un croyant ne peut être qu'intolérant, ou alors il est incohérent. Se satisfait d'un à-peu-près tiédasse. Ne va pas au fond des choses. Quiconque n'est pas fanatique ne croit pas vraiment. » (**Jean-Marie Cavada**)

....

2. « Nous savons également que c'est le dévouement insatiable des journalistes qui couvrent la vérité absolue qui nous empêche de fermer les yeux sur la corruption et l'injustice. J'apprécie plus que jamais la presse alors que nous essayons de naviguer dans des temps compliqués. » (**Oprah Winfrey**)

....

3. « Mais ? me direz-vous, pourquoi avoir laissé la situation se dégrader ainsi et pourquoi la tolérer ? Pourquoi ne pas faire respecter la loi ? » (**Simone Veil**)

....

Rédiger en résumant

5 **Lisez l'extrait suivant.**

> [L]a vitesse est devenue notre mode de vie, nous faisons tout dans la précipitation. La technologie, censée nous faire gagner du temps, a démultiplié notre temps libre et nous a permis d'entretenir l'illusion que tout était possible, que tout nous était accessible. En nous faisant gagner du temps, la technologie nous le fait pourtant perdre « en générant toute une nouvelle gamme d'obligations et de désirs ». La machine à laver libéra par exemple la femme d'épuisantes corvées, puis les standards d'hygiène évoluant, nous lavons notre linge de plus en plus souvent. Et le panier de linge sale déborde toujours, comme notre boîte électronique ne cesse d'accumuler les emails non lus. Sollicités par un flux d'information constant, nous sommes débordés et tiraillés par des sollicitations et des stimulations en perpétuelle augmentation. Nous gagnons toujours plus de temps tout en ressentant son manque croissant. La société se met à fonctionner sur une multitude de rythmes différents, propres à chaque individu. De ce constat, les tenants du *slow* ont forgé un mot d'ordre : ralentir, lever le pied !
>
> Notre amour de la vitesse, notre obsession d'en faire toujours plus en moins en moins de temps se sont transformés en dépendance, en addiction, mais aussi en une sorte d'idolâtrie, affirme le journaliste canadien Carl Honoré, figure de proue du mouvement *slow*, dans son livre *Éloge de la lenteur*. Cette même idolâtrie dont se moquait déjà Jonathan Swift en 1726 : Gulliver regarde si souvent sa montre que les Lilliputiens pensent qu'elle est son dieu. Il ne fait rien sans la consulter, et affirme que c'est l'oracle qui rythme le temps et tous les moments de son existence.
>
> **Christophe Rymarski**, « Ralentir, et vite !, Peut-on ralentir le temps ? », *Sciences humaines* n°239, juillet 2012.

a. Procédez aux premières étapes de compréhension du texte :
– délimitez les paragraphes,
– formulez le thème principal et la thèse de l'auteur,
– surlignez les mots-clés et entourez les connecteurs logiques et la ponctuation signifiante,
– soulignez les exemples argumentatifs, barrez les exemples illustratifs.

b. Mettez entre crochets les expressions que vous pourrez remplacer par des termes plus concis ; cherchez des synonymes pour les termes essentiels.

c. Contractez le texte en une soixantaine de mots.

Thème : ....

Thèse : ....

....

Contraction : ....

....

....

....

....

....

....

....

....

....

Sujets de BAC traités

Comprendre l'enjeu de l'essai

▶ Le sujet de **l'essai** porte sur le thème ou la question que le texte partage avec l'œuvre et le parcours étudiés durant l'année dans le cadre de l'objet d'étude « La littérature d'idées du XVIe au XVIIIe siècle ».

▶ Pour **développer son argumentation**, le candidat s'appuie sur sa connaissance de l'œuvre et des textes étudiés pendant l'année ; il peut en outre faire appel à ses lectures et sa culture personnelles. Cette production est notée sur 10 (B.O. du 6 juillet 2020).

Retenir

1 Les différentes formes d'un sujet d'essai

- Le sujet peut prendre des **formes diverses** : une question ou une formule portant sur le programme, une citation extraite de l'œuvre au programme ou d'un texte qui pourrait figurer parmi ceux du parcours associé, une citation du texte source de la contraction…

Lorsqu'il est présenté sous forme de **question**, il peut s'agir d'une :

→ **question fermée** (Selon vous…, Pensez-vous…) : réponse par *oui* ou *non*), qui appelle un plan dialectique : vous devez proposer des **points de vue contradictoires**.

→ **question ouverte** (Dans quelle mesure…, En quoi…), qui appelle un plan **thématique** : vous devez envisager différents enjeux liés à la question.

2 La rédaction

- Dans votre devoir, vous devez :

1. Proposer une introduction (→ fiche 76, p. 214) → **2. Discuter le sujet,** c'est-à-dire donner votre opinion mais aussi confronter des points de vue différents dans le cas d'une question fermée. → **3. Construire un raisonnement** progressif et cohérent. → **4. Tirer des exemples** du texte à contracter, des textes travaillés en classe (œuvre intégrale, lectures cursives, explications linéaires) et de votre culture personnelle. → **5. Utiliser une langue correcte** et être attentif/ve à votre style. Vous pouvez utiliser le « je ».

S'entraîner

Repérer des sujets d'essai

1 Parmi les sujets suivants rattachés chacun à une œuvre précise, dites quels sont ceux qui pourraient donner lieu à un travail d'essai, et lesquels ne le pourraient pas, en expliquant pourquoi.

a. Œuvre : Olympe de Gouges, *Déclaration des droits de la femme et de la citoyenne*
Parcours associé : écrire et combattre pour l'égalité

Sujet 1 L'historien Olivier Blanc affirme qu'« il faudrait beaucoup de mauvaise foi pour ne pas reconnaître en Olympe de Gouges un "grand homme" ». En quoi l'engagement d'Olympe de Gouges pourrait-il être qualifié d'humaniste ?

Sujet 2 « La femme a le droit de monter sur l'échafaud ; elle doit avoir également celui de monter à la tribune », déclare Olympe de Gouges dans l'article X de la *Déclaration des droits de la femme et de la citoyenne*. Selon vous, la littérature est-elle une tribune efficace pour dénoncer les inégalités ?

....

....

....

....

b. Œuvre : Rabelais, *Gargantua*
Parcours associé : la bonne éducation

Sujet 1 Quel type d'éducation permet de former un citoyen idéal ?

Sujet 2 Umberto Eco dénonce dans son roman *Le Nom de la Rose* (1986) les fonctions du rire, affirmant à propos d'un ouvrage qu'« Ici on renverse la fonction du rire, on l'élève à un art, on lui ouvre les portes du monde des savants, on en fait un objet de philosophie. » En quoi cette affirmation pourrait-elle s'appliquer à l'œuvre de Rabelais, *Gargantua* ?

....

....

....

....

....

....

Relier le sujet à son œuvre et son parcours

2 **Lisez les sujets suivants. Indiquez ensuite à quelle œuvre et son parcours associé (réels ou fictifs) ils correspondent.**

Sujet 1 En quoi le regard innocent qu'un enfant ou un étranger porte sur le monde et les cultures qu'il découvre est-il une arme de critique efficace ?

Sujet 2 Doit-on forcément être lucide sur le monde qui nous entoure pour être heureux ?

Sujet 3 La nature humaine est-elle immuable ?

a. **Œuvre : La Bruyère,** *Les Caractères* **(Livre XI) – Parcours associé : peindre les hommes, examiner la nature humaine.**

b. **Œuvre : Voltaire,** *Candide* **– Parcours associé : regard naïf, critique du monde.**

c. **Œuvre : E. du Châtelet,** *Discours sur le bonheur* **– Parcours associé : être lucide, être heureux ?**

....

Définir le type de sujet et de plan

3 **Lisez les sujets suivants et dites, pour chacun, quel type de question est posé (ouverte ou fermée) et quel type de plan est attendu (thématique ou dialectique).**

Sujet 1 En quoi est-il nécessaire aujourd'hui de valoriser l'esprit des Lumières ?

....

Sujet 2 Le rire se met-il au service de la pensée, ou est-il selon vous un frein à la réflexion ?

....

Sujet 3 Le progrès est-il toujours positif ?

....

Sujet 4 « Les lettres [la littérature] nourrissent l'âme, la rectifient, la consolent. » Dans quelle mesure votre approche des œuvres littéraires vous permet-elle de vérifier cette triple vocation des lettres qu'affirme Voltaire ?

....

Comprendre comment rédiger un essai

4 **Voici un exemple de sujet et une proposition en partie rédigée.**

a. **Dans cette copie d'élève, soulignez les phrases mal formulées et surlignez les mots mal orthographiés.**

b. **Réécrivez ensuite le texte en le corrigeant.**

Sujet Montaigne, dans un chapitre des *Essais* publiés au XVIe siècle, affirme que « la force, la violence peuvent quelque chose, mais non pas toujours tout ». Selon vous, le spectacle du monde actuel justifie-t-il cette déclaration ?

Montaigne avait raison. La force et la violence pouvaient en effet être des moyens pour mettre fin aux querelles politiques et religieuses, voir des moyens de survivre lorsque par exemple des paysans se transformaient en pilleurs dans les campagnes.
De nos jours, la violence est encore plus grande. Les statistiques le démontre : de grandes villes comme Marseille, Paris ou Chicago connaissent une forte criminalité. Les tensions politiques, religieuses ou sanitaires continuent à agacer la colère des citoyens de partout dans le monde. Toutefois, on peut se demander si ce sont pas les médias, qui diffusent ces images de colère en temps réel et à très large échelle, qui favorisent pas ce climat d'inquiétude liée aux violences. En réalité, peut-être que notre monde actuel est moins violant que chez Montaigne, grâce en particulier à l'éducation de plus en plus abordable pour tous, et qui demeure le moyen le plus efficace de contrer l'usage de la force face à une situation qui nous déplaît.

....

....

....

....

....

....

....

....

....

....

....

....

....

....

....

....

Sujets de BAC traités

Analyser le sujet et formuler une problématique

Retenir

ÉTAPE 1 Analyser le sujet au brouillon

• Repérez les **mots-clés**.
– Pour chacun, proposez une **définition**, cherchez des **synonymes**, éventuellement des antonymes.

• **Reformulez** le sujet en vous demandant quel sont son **thème** (sur quoi il porte) et sa **thèse** (l'opinion qu'il propose d'emblée).
« Le sujet porte sur tel thème et m'amène à me demande si / en quoi… »

• Notez vos **premières idées** (vos premiers **arguments**) pour répondre à la question posée par le sujet. Elles vous aideront à formuler une problématique.

ÉTAPE 2 Formuler la problématique

• La problématique n'est pas obligatoire, mais elle permet de prouver que vous avez saisi les **enjeux** du sujet et que vous le traitez sous un **angle personnel**.

• Elle consiste en une **reformulation** et un **dépassement** du sujet. Pour la trouver, vous pouvez procéder comme suit :
« Le sujet dit que… / Le sujet ne dit pas que… »

• Formulez alors de **nouvelles questions** en lien avec le sujet, et qui nuancent, réfutent, élargissent la thèse soutenue.

S'entraîner

Analyser un sujet

1 a. Lisez le sujet suivant et dites quel est son thème principal.

Sujet Le cinéaste R. Bresson écrit : « Cinéma, radio, télévision, magazines, sont une école d'inattention : on regarde sans voir, on écoute sans entendre. » Que pensez-vous de cette affirmation ?

Thème : ....

b. Reformulez la thèse de l'auteur.

Thèse : ....

....

....

....

2 Lisez les sujets suivants.

a. Surlignez les mots-clés, encadrez les connecteurs logiques s'il y en a.

b. Donnez une définition et/ou des synonymes de chaque mot-clé.

c. Reformulez le sujet.

d. Notez vos premières idées pour répondre à la question.

Sujet 1 Certains philosophes ont, dès le XVIIIe siècle, mis toute leur foi dans le progrès matériel qu'ils croyaient facteur de progrès moral. Pensez-vous que cette foi soit encore acceptable à notre époque ?

Définition et/ou synonymes des mots-clés : ....

....

....

....

....

....

Reformulation du sujet : le sujet porte sur ....

et m'amène à me demander si ....

....

Premières idées : ....

....

....

....

....

....

....

....

Sujet 2 Dans un article intitulé « Les jeunes face au travail », Jean Rousselet écrit : « Aujourd'hui, la réussite ne passe plus obligatoirement par le travail. Le métier se dévalorise au profit des avantages qu'il doit procurer. » Partagez-vous ce point de vue ?

Définition et/ou synonymes des mots-clés : ....

....

....

....

Reformulation du sujet : Le sujet porte sur ....

et m'amène à me demander si ....

....

....

....

Premières idées : ....

....

....

....

....

....

....

....

Sujet 3 Vous expliquerez et discuterez cette affirmation de G. Souchal (revue *Pourquoi ?*, 1968) : « Un monde vraiment humain ne peut pas être un monde d'hommes dominé par les hommes. Le bonheur ne se bâtit pas avec une esclave, il se gagne et se partage avec une compagne. »

Définition et/ou synonymes des mots-clés : ....

....

....

....

....

....

....

Reformulation du sujet : le sujet porte sur ....

....et m'amène à me demander si ....

....

....

Premières idées : ....

....

....

....

....

....

....

....

....

Discuter le sujet et formuler une problématique

3 **a.** **Lisez les sujets suivants et reformulez-les.**
b. **Discutez-les et formulez une problématique possible.**

Sujet 1 Que pensez-vous de cette réflexion de Henry de Montherlant (1941) : « Rester seul, délibérément, dans une société où chaque jour davantage votre intérêt évident est de vous agréger, c'est cette forme d'héroïsme que je vous convie ici à saluer » ?

Reformulation du sujet : Le sujet porte sur le thème ....

........................et m'amène à me demander si........................

....

....

....

Discussion du sujet : Le sujet dit que ....

....

....

Le sujet ne dit pas ....

....

....

....

....

....

....

....

....

....

....

....

Problématique possible : ....

....

....

Sujet 2 Est-il indispensable de se dévoiler aux autres pour mieux se comprendre ?

Reformulation du sujet : Le sujet porte sur...........................

....et m'amène à me demander si ....

....

Discussion du sujet : Le sujet dit...

....

Le sujet ne dit pas ....

....

....

....

....

Problématique possible : ....

....

....

....

75 Construire un plan

Sujets de BAC traités

Retenir

1 Cherchez des arguments et des exemples

- Pour trouver des arguments et des exemples, **sollicitez vos connaissances rattachées** à :
  – l'**œuvre intégrale** concernée par le sujet,
  – les **lectures cursives**,
  – les **textes complémentaires** étudiées en explication linéaire,
  – le texte proposé en **contraction**,
  – vos **connaissances personnelles**.
- Notez toutes les **idées** (arguments) qui vous viennent à l'esprit en lien avec le sujet.
- Pour chacune, cherchez des **exemples**.

2 Organiser ses arguments

- Votre développement sera organisé en **deux ou trois grandes parties**, correspondant à vos arguments principaux. (→ fiche 73, p. 208) :

Dans le cadre d'un **plan dialectique**, chaque grande partie pourra commencer par les connecteurs suivants : *Certes*... (I), *Cependant*... (II), *Pourtant* ou Mais... (III)

Introduction

Partie I = *Certes*
+ argument 1

Partie II = *Cependant*
+ argument 2

Partie III = *Pourtant/Mais*
+ argument 3

Conclusion

Dans le cadre d'un **plan thématique**, chaque grande partie pourra commencer par les connecteurs suivants : *Tout d'abord*... (I), *par ailleurs*... (II), *Enfin*... (III).

Introduction

Partie I = *Tout d'abord*
+ argument 1

Partie II = *Par ailleurs*
+ argument 2

Partie III = *Enfin*
+ argument 3

Conclusion

S'entraîner

Savoir convoquer ses connaissances

1 a. Dites, en plus de l'œuvre intégrale que vous avez lue en classe dans le cadre de l'objet d'étude « La littérature d'idées », quels autres textes vous avez étudiés.

b. Cherchez une référence personnelle (livre, film, série, tableau, musique...) en lien avec le thème de l'œuvre et du parcours associé.

Œuvre intégrale : ....

....

Parcours associé : ....

....

....

Lecture cursive : ....

....

Explication linéaire extraite du parcours associé 1 : ....

....

Explication linéaire extraite du parcours associé 2 : ....

....

Référence personnelle : ....

....

Chercher des arguments et des exemples

2 a. Pour chacun des sujets suivants, surlignez les mots-clés qui indiquent le thème de l'essai, et formulez vos premières idées à partir de ces mots-clés.

b. **Notez des extraits d'œuvres travaillées en classe ou issues de votre culture personnelle que vous pourriez convoquer pour rédiger votre essai. Vous pouvez faire des recherches sur Internet.**

Sujet 1 En quoi la conscience écologique peut-elle être considérée comme un nouvel humanisme ?

Idées : ....

....

....

....

....

....

....

Œuvres : ....

....

....

....

Sujet 2 Selon vous, l'accès à la connaissance est-il une nécessité pour accéder à la liberté ?

Idées : ....

....

....

....

....

....

....

....

....

....

Œuvres : ....

....

....

....

....

3 **a.** **Lisez l'argument rédigé suivant.**

b. **Déterminez le type de plan, en précisant ce qui vous a permis de répondre.**

....

....

c. **À quel argument (le premier, le deuxième, le troisième) correspond ce passage ?** ....

d. **Surlignez l'annonce de l'argument et soulignez l'exemple.**

Tout d'abord, si les voyages permettent l'ouverture aux autres cultures, c'est parce qu'ils constituent une expérience réelle qui aide à comprendre les autres par l'immersion. Marco Polo, Italien qui raconte son voyage en Chine au XIIIe siècle, est allé à la rencontre d'un peuple très différent du sien dont il a observé les mœurs avec une réelle curiosité, presque comme le ferait un ethnologue. En effet, dans le *Livre des Merveilles*, il peint les modes de vie, les costumes, les manières de table des autochtones sans les juger.

4 **a.** **Lisez le sujet suivant et dites quel type de plan est attendu.**

b. **Cherchez des arguments et des exemples les illustrant. Faites figurer, au début de chaque argument, les connecteurs logiques correspondant aux grandes parties de votre plan (dialectique ou thématique).**

Sujet Dans *Les Thibault* de Roger Martin du Gard, un vieux professeur s'exprime ainsi : « Je goûte assez l'intolérance des jeunes. C'est bon signe qu'un adolescent soit par nature en révolte contre tout. Ceux de mes élèves qui sont arrivés à quelque chose étaient tous de ces indociles, entrés dans la vie l'injure à la bouche ». Partagez-vous l'opinion de ce professeur ? La révolte vous semble-t-elle nécessaire pour « arriver à quelque chose » dans la vie ?

Plan..

Argument 1 :..

....

....

Exemple 1 :..

....

....

....

....

Argument 2 :..

....

....

Exemple 2 :..

....

Argument 3 :..

....

....

....

Exemple 3 :..

....

....

Rédiger un essai

Sujets de BAC traités

Retenir

• Votre devoir doit comporter **trois étapes** :

L'introduction	Le développement	La conclusion
4 étapes : 1. Phrase d'accroche sur le thème. 2. Reprise et explication rapide du sujet. 3. Formulation de la problématique. 4. Annonce du plan.	**Deux ou trois grandes parties.** 1 partie = un **argument** principal (= idée), développé à l'aide de deux ou trois **sous-arguments** illustrés par des **exemples**. **Argument 1** → Sous-argument 1 + exemple(s) ; Sous-argument 2 + exemple(s) ; Sous-argument 3 + exemple(s) **Argument 2** → Sous-argument 1 + exemple(s) ; Sous-argument 2 + exemple(s) ; Sous-argument 3 + exemple(s)	**2 étapes :** 1. Bilan rapide sous forme de réponse à la problématique, mettant en valeur votre avis personnel sur la question 2. Ouverture (facultative).

S'entraîner

Repérer les étapes de l'introduction

1 **a. Lisez le sujet suivant et l'introduction qui s'y rapporte.**

Sujet Selon vous, qu'est-ce qu'une bonne éducation ?

[......................] Dans son premier récit paru en 1532, *Pantagruel*, l'auteur humaniste Rabelais propose, par le biais d'une lettre de Gargantua envoyée à son fils, un modèle d'éducation idéale. Il reprend ce thème cher aux humanistes dans son œuvre suivante, *Gargantua*, en présentant sous les traits de Ponocrates le modèle du bon maître accordant autant d'importance à l'hygiène du corps qu'à celle de l'esprit. Cet intérêt porté à une éducation idéale va perdurer depuis l'humanisme jusqu'à nos jours, différentes théories s'opposant quant aux meilleures façons d'instruire les enfants. [................ ....] Mais qu'est-ce qu'une bonne éducation ? [....................................] Quelles seraient ses objectifs ? Sur quoi s'appuierait-elle pour les atteindre ? [............................] Existe-t-il d'ailleurs une seule éducation idéale, qui conviendrait à tous ? [.................. ....] J'avancerai dans un premier temps l'idée selon laquelle une bonne éducation est celle qui forme aussi bien le corps que l'esprit et la réflexion. J'affirmerai ensuite que l'éducation idéale doit, selon moi, suivre les intérêts de l'enfant et ne pas le contraindre à l'apprentissage par la force physique. Enfin, je verrai que la liberté d'apprentissage ne doit pas pour autant évacuer la question de la discipline, qui me paraît essentielle et nous permet d'apprendre à vivre en société.

b. La question posée par le sujet est-elle ouverte ou fermée ?

....

c. Nommez chacune des étapes de l'introduction.

d. Quel type de plan est proposé ? ....

Repérer les étapes du développement

2 **a. Lisez le sujet suivant et le développement qui s'y rapporte.**

Sujet Les voyages et le tourisme favorisent-ils aujourd'hui l'ouverture à la diversité des cultures ?

[...] Cependant, de nos jours, le voyage prend la plupart du temps la forme d'un séjour touristique. Le tourisme est ainsi devenu un phénomène de masse, mondialisé, qui ne présente plus rien d'authentique et c'est pourquoi, à mes yeux, il ne permet pas de rencontrer réellement la culture de l'autre. [.........................] Dans son roman *Alma*, Jean-Marie Gustave Le Clézio raconte comment certaines parties de l'île Maurice sont rachetées à leurs habitants pour y construire des hôtels de luxe et des marinas qui vont définitivement chasser les habitants locaux. Les touristes qui y viennent cherchent à retrouver un confort standard, propre à certaines chaînes hôtelières et qui n'a rien à voir avec la façon de vivre des populations autochtones.

[..] Cet engouement pour les îles et l'exotisme aboutit en réalité à une sorte d'uniformisation et tend à abolir la diversité des cultures : le voyage devient alors tout sauf la rencontre avec autrui. [.........................] C'est d'ailleurs ce que dénonce Claude Lévi-Strauss dans *Tristes Tropiques* : le tourisme nous donne l'illusion d'une découverte, il est une sorte de substitut d'aventure ou d'initiation et favorise en réalité l'uniformisation du monde et l'extension d'une sorte de « monoculture ».

b. **Nommez chacune des étapes du développement.**

c. **Surlignez le connecteur logique qui ouvre le développement et indiquez à quelle partie nous en sommes du devoir, et quel type de plan est suivi.**

....

d. **Reformulez le premier argument :** ....

....

....

e. **Reformulez le deuxième argument :** ....

....

Repérer les étapes de la conclusion

3 **a.** **Lisez la conclusion suivante.**

En définitive, si le musée facilite l'accès au monde de l'art, il reste essentiel de renforcer ses liens avec le monde scolaire et associatif. Il convient également de favoriser les enseignements permettant d'acquérir les prérequis indispensables, de donner le goût de la contemplation, de susciter des rencontres gratuites. Mais d'autres outils permettent à la jeunesse d'accéder au monde de l'art, dont certains assez inattendus, comme des comptes Instagram d'artistes.

b. **À quoi correspond la partie surlignée en jaune ?** ....

c. **À quoi correspond la partie surlignée en vert ?** ....

d. **Sur quel thème pouvait porter le sujet de l'essai ?** ....

....

Rédiger un essai

4 **Voici un extrait d'article, un sujet d'essai et une proposition de plan.**

La société vénère elle aussi ses héros. « Dans un monde sans repères, ballotté par le chômage, les crises économiques, les héros favorisent la cohésion sociale, cristallisent notre besoin d'idéal autour de valeurs nobles comme la justice, la solidarité, la générosité. Ils transmettent aussi l'idée que la vie peut surmonter les tragédies », souligne Frédéric Vincent. Des porteurs d'espoir rappelant à chacun d'entre nous que le héros n'est rien d'autre qu'un individu ordinaire qui a su transfigurer son existence.

Christelle Pangrazzi, « Tout le monde peut-il être un héros ? », © *Ça m'intéresse*, n° 419, janvier 2016.

Sujet Pourquoi, selon vous, notre société a-t-elle besoin d'admirer des personnages extraordinaires ?

Proposition de plan

I. Des héros de papier aux héros dans la réalité
- **a.** Des personnages qui transmettent des valeurs modèles.
- **b.** Des personnes du quotidien qui transmettent de l'espoir et que l'on admire.

II. Cependant, on peut leur préférer une forme d'humanité plus ordinaire.
- **a.** Critique des modèles inaccessibles.
- **b.** Valorisation des personnages ordinaires qui forment notre réalité.

a. **Rédigez l'introduction.**

....

b. **Rédigez le début du paragraphe (annonce de l'argument et exemple) correspondant au I. b.**

....

c. **Rédigez la conclusion.**

....

77 Utiliser son brouillon de manière efficace

▶ Contrairement à ce que l'on pourrait croire, **l'étape du brouillon n'est pas une perte de temps**.

▶ Vous devrez y consacrer **au moins 1 h 30, voire 2 heures**.

Retenir

1 Quel est l'intérêt de faire un brouillon ?

• Il vous permettra d'**analyser** correctement le texte à contracter, de construire un plan cohérent et équilibré pour votre essai, et de **rédiger** une introduction et une conclusion qui sauront convaincre votre examinateur.

• Pour que votre brouillon soit **efficace**, il doit être **clair et aéré**. Pour cela :	– Utilisez uniquement le **recto** de la feuille.
	– **Numérotez** chaque feuille en haut à droite pour vous y retrouver au moment de passer à la rédaction au propre.
	– Laissez des **marges suffisantes** pour réécrire, ajouter des éléments.
	– Utilisez des **couleurs différentes** pour relever des éléments sur les textes.

2 Les étapes du brouillon

Feuille 1
Travail préparatoire sur la contraction
→ Fiche 71, p. 204

→ **Feuille 2**
Rédaction partielle de la contraction
→ Fiche 72, p. 206

→ **Feuille 3**
Travail préparatoire sur l'essai
→ Fiche 74, p. 210

→ **Feuille 4**
Plan détaillé de l'essai
→ Fiche 75, p. 212

→ **Feuille 5**
Introduction et conclusion rédigées de l'essai
→ Fiche 76, p. 214

S'entraîner

La contraction : travailler sur la feuille 1

1 Lisez le texte suivant.

L'imagination telle qu'on la comprend au seuil de l'époque moderne peut être une faculté de l'âme ou un événement mental, une croyance ou une chimère. Mais c'est aussi une force qui se projette d'un corps à l'autre. On considère comme cas d'école de cette force la femme qui communique son imagination à l'enfant qu'elle porte. À cet exemple vient s'ajouter un autre au dix-septième siècle : celui de la force qu'exerce l'imagination d'un auteur sur ses lecteurs.
L'imagination forte par excellence, c'est en l'occurrence celle de Montaigne. Loin de constituer un sujet d'éloge comme on pourrait le croire, la force de son imagination est critiquée comme un égarement de la raison, une « contagion ».

Richard Scholar, « La force de l'imagination de Montaigne : Camus, Malebranche, Pascal », *Littérature classique*, n°45, 2002.

ÉTAPE 1 Le thème, la thèse, l'énonciation

a. **Notez ci-dessous le thème et la thèse du texte en vous aidant des éléments surlignés.**

b. **Barrez les exemples illustratifs, soulignez les exemples argumentatifs.**

• **Thème** : ....

• **Thèse** : ....

....

....

• **Énonciation** : ....

ÉTAPE 2 Les idées

c. **Délimitez les paragraphes par une barre oblique et donnez-leur un titre.**

P 1 : ....

P 2 : ....

ÉTAPE 3 L'organisation de la pensée

d. **Indiquez à quoi correspondent les éléments en jaune.**

: ....

ÉTAPE 4 Le plan

e. **En reprenant les titres des paragraphes (étape 2), proposez un plan détaillé, à l'aide d'abréviations.**

....

....

....

....

....

....

....

La contraction : travailler sur la feuille 2

2 **Contractez le texte de l'exercice précédent en passant de 115 mots à 30 mots environ.**

....

....

....

....

L'essai : travailler sur la feuille 3

3 **Sujet** L'imagination nous éloigne-t-elle du monde ou nous permet-elle de mieux le comprendre ? (EAF 2021)

a. Surlignez les mots-clés et encadrez les connecteurs logiques.

b. Donnez une définition et/ou des synonymes de chaque mot-clé.

....

....

....

....

....

c. Précisez le type de plan attendu.

....

....

d. Reformulez le sujet.

....

....

....

....

e. Formulez une problématique.

....

....

L'essai : travailler sur les feuilles 4 et 5

4 **a. À partir de l'exercice précédent, cherchez des arguments et des exemples pour finaliser le plan détaillé partiellement proposé ci-dessous.**

b. Rédigez l'introduction et la conclusion de l'essai travaillé dans les exercices précédents.

I. L'imagination peut nous couper du monde réel ou nous en éloigner par la création d'univers fictifs qui favorisent l'évasion et le divertissement	
Arguments	**Exemples**
a. L'imagination permet de nous affranchir des règles, des codes, des contraintes, de la rationalité du monde réel pour nous faire accéder à des univers extraordinaires.	....
b.	L'Eldorado dans *Candide*, *Robinson Crusoé* de Daniel Defoe, les univers extraordinaires des films de Miyazaki…
c. L'imagination permet de se libérer d'un quotidien décevant ou éprouvant pour s'inventer un monde meilleur... au risque de perdre pied avec la réalité.	....
II..	
a..	Tous les romans de Balzac ou de Zola qui nous permettent de découvrir précisément l'époque de l'auteur, les dystopies (Huxley, Orwell) qui jettent un éclairage sur notre société
b. L'imagination constitue un moyen de s'ouvrir aux autres et de s'interroger sur soi-même et sur la définition et le devenir de l'humanité.	....
c. L'imagination reste en définitive une force à associer à la raison pour comprendre le monde.	Les scientifiques, de Galilée à Einstein, qui ont fait leur plus grandes découvertes grâce à leur imagination.

Ponctuer ses écrits

Retenir

- La ponctuation permet de structurer les idées, à l'écrit. Elle organise un paragraphe en phrases, et articule les moments d'une phrase entre eux.

1 Ponctuation et intonation

- La ponctuation est le signe écrit de l'intonation : elle signale les respirations, les changements de ton. **Chaque pause** et **chaque changement d'intonation** doivent être marqués, à l'écrit, par **un signe de ponctuation** :
  – **forte**, si on cherche à isoler une phrase, au sein d'un texte,
  – **faible**, à l'intérieur d'**une phrase**.
- **Une phrase** complète commence par une **majuscule** et se termine par un **signe de ponctuation forte**.

2 Les principaux emplois de la ponctuation

Ponctuation forte (en fin de phrase)		
Point	.	Termine la phrase déclarative.
Point d'interrogation	?	En fin de phrase interrogative directe, signale une question.
Point d'exclamation	!	Signale une émotion forte, un ordre ou une défense.
Points de suspension	...	Marquent un effet de suspense, d'attente, un sous-entendu non exprimé, une mise à distance ironique de l'énoncé, une suggestion...
Ponctuation faible (au sein d'une phrase)		
Virgule	,	• Sépare des groupes de mots de même fonction, les noms de leurs pronoms de reprise,les appositions et dans un dialogue, les incises des paroles rapportées. • Met en apposition les compléments circonstanciels. • Détache les remarques du locuteur, le nom de celui à qui l'on s'adresse. • Remplace une conjonction de subordination ou de coordination.
Point-virgule	;	Sépare des propositions indépendantes.
Deux points	:	Annoncent une explication.
Guillemets	« ... »	Indiquent que l'auteur ne reprend pas comme siennes les paroles qu'il cite.
Tiret	–	• Dans un dialogue, marque un changement de personnage, de locuteur. • Dans un texte, détache parfois une proposition.
Parenthèses	( )	Encadrent une précision non essentielle.

S'entraîner

Ponctuer une phrase

1 Observez les phrases suivantes, et ponctuez-les.

1. Les professeurs pensent les enfants sont trop sévères.
2. Bravant les intempéries la pluie le vent l'eau de mer qui les cinglait au visage ils s'étaient avancés jusqu'au bord des rochers.

2 Surlignez les signes de ponctuation fautifs.

1. Quant au père, il ne mangeait, rien.
2. Ça, c'est vraiment une bonne, idée !
3. Nous, irons au supermarché avant ce soir.
4. Les barquettes de fraises qui étaient en, devanture lui, donnèrent faim.
5. Je ne pensais pas, que mes résultats, seraient aussi hauts !
6. Quand, elle lui présenta les faits, le policier l'écouta avec attention.

Employer la virgule

3 Placez des virgules dans les phrases suivantes.

1. Je t'ai déjà dit je crois que mon ami Paul était toujours un bon coéquipier.
2. Tous les lundis matin sur le chemin du lycée Elsa recharge sa carte de tram.
3. Mon frère je ne lui parle plus.
4. Depuis le confinement il travaille chez lui.
5. Cet élève parce qu'il est nouveau ne connaît pas encore bien les couloirs de son lycée.

4 a. Ponctuez les phrases suivantes après avoir surligné les éléments à détacher, et justifiez votre choix.

1. Fatigué l'homme s'assit.

....

2. Ça va mieux Olivier ?

....

3. Elle va mieux je crois.

....

4. Il ne vient pas il est malade.

....

5. La veille au soir quand le témoin les a croisés ils se déplaçaient rapidement en rasant les murs comme s'ils cherchaient à se cacher.

....

b. Réécrivez les phrases 1 et 4 en déplaçant les éléments surlignés.

....

....

....

....

5 Lisez à haute voix ces extraits, surlignez les groupes que vous isolez par l'intonation, puis ponctuez chaque phrase. En cas de doute, relisez en exagérant le ton.

1. Demain dès l'aube à l'heure où blanchit la campagne
je partirai Vois-tu je sais que tu m'attends
J'irai par la forêt j'irai par la montagne
Je ne puis demeurer loin de toi plus longtemps (**Hugo**)

2. Que l'homme étant revenu à soi considère ce qu'il est au prix de ce qui est qu'il se regarde comme égaré dans ce canton détourné de la nature et que de ce petit cachot où il se trouve logé j'entends l'univers il apprenne à estimer la terre les royaumes les villes et soi-même son juste prix (**Pascal**)

6 Ponctuez les phrases suivantes, après avoir complété celles qui vous semblent incomplètes.

1. Après être arrivés après avoir ôté nos manteaux trempés et avoir rapidement déposé nos bagages sur les lits qui nous avaient été attribués pour le séjour.......................................

....

2. Si jamais, demain, il se mettait à pleuvoir avant l'heure du déjeuner...

3. Dans la nuit, marchant à petits pas et tenant à la main une lampe torche...

7 Ponctuez les phrases suivantes. Aidez-vous de l'intonation.

1. En un lieu l'autre jour où je faisais visite je trouvais quelques gens d'un très rare mérite qui parlant des vrais soins d'une âme qui vit bien firent tomber sur vous Madame l'entretien. (**Molière**)

2. Arrias a tout lu a tout vu il veut le persuader ainsi c'est un homme universel et il se donne pour tel il aime mieux mentir que de se taire ou de paraître ignorer quelque chose. (**La Bruyère**)

8 Ponctuez les paragraphes suivants, de manière à les rendre vivants et clairs.

1. Je vous l'imprime attendez Il faut que vous remplissiez cette demande sur papier le plus rapidement possible en répondant bien à toutes les questions afin que je puisse enregistrer votre demande dans les temps sans cela c'est sûr vous ne pourrez plus faire valoir vos droits à cette allocation étudiante oui oui je sais bien vous savez que deux jours c'est un délai très court mais je n'y peux rien moi c'est la loi c'est comme ça

2. Ce rapport s'organisera en trois temps je présenterai dans une première partie l'entreprise qui m'a accueilli pour ce stage et détaillerai les difficultés que rencontre son groupe depuis la mise sur le marché des innovations de ses concurrents à l'échelle internationale j'exposerai ensuite les avancées de la réflexion du groupe sur l'impact carbone qu'engendre son mode de production actuel réflexion à laquelle nouvelle politique RH oblige chacun est invité à se soumettre quel que soit son domaine conception production management marketing logistique entretien la dernière partie de notre travail tirera de la comparaison de trois modes de production européen asiatique et sud-américain et de leurs impacts carbone respectifs des préconisations qui relues et axées sur la question de l'écologie pourraient si elles étaient mises en place dans un délai inférieur à un an guider la production sans dégrader la qualité vers un allègement de son impact carbone.

9 Ponctuez cette introduction de dissertation, rédigée par un élève.

Qu'est-ce que l'art et en particulier l'art poétique Cette question a intéressé et intéresse encore aujourd'hui nombre de poètes et de théoriciens de la littérature Comme d'autres donc le poète Baudelaire s'est essayé à définir l'art dans *Le Peintre de la vie moderne* 1885 La modernité, c'est le transitoire le fugitif le contingent la moitié de l'art dont l'autre moitié est l'éternel et l'immuable Il y a eu une modernité pour chaque peintre ancien L'art est donc au carrefour de l'ancien et du moderne du mouvement et de l'immobilisme Cette définition de la peinture nous permet-elle de penser un autre art la poésie Pour résoudre ce problème nous nous attacherons d'abord à montrer comment l'histoire des mouvements poétiques s'est écrite souvent en s'opposant à des formes bien installées et en les dépassant Puis nous étudierons combien l'apparent immobilisme du passé peut encore être mis en mouvement par l'activité du lecteur d'aujourd'hui Enfin nous verrons comment la combinaison de ces deux composantes contradictoires de l'art à travers le temps est l'expression du génie au cœur du chef-d'œuvre véritable

79 Éviter les répétitions

Retenir

- Sauf effet stylistique, les répétitions ne sont pas conseillées dans un texte et ne font pas bon effet dans un devoir. Voici quelques procédés de reprise pour les éviter.

1 L'emploi des déterminants

- Les **déterminants démonstratifs** ou **possessifs** permettent de rendre votre texte plus fluide.

Déterminants démonstratifs	Déterminants possessifs
Ce(t), cette, cela, celui, celle(s), ceux… La deuxième strophe du poème est marquée par une série d'allitérations. **Cette** strophe (= la strophe dont on vient de parler) est très musicale.	Ma, ta, sa, mon, ton, son, le(s) mien(s), la mienne, les miennes… L'œuvre d'Annie Ernaux est marquée par la question du déracinement social. **Son** œuvre (= l'œuvre d'Annie Ernaux) évoque ses origines sociales et familiales.

2 Les reprises pronominales

- Une reprise pronominale reprend un nom ou un groupe de mots déjà cités dans le texte. Les pronoms peuvent être :

personnels + *-même*	*même(s)* redouble certains pronoms (*lui, elle, soi, eux*…) et produit un effet d'insistance : Antigone dit **elle-même** à Créon qu'elle veut mourir.
démonstratifs + *-ci* et *-là*	Dans les pronoms démonstratifs composés (*celui-ci, celui-là*…), *-ci* désigne le GN le plus proche dans ce qui précède, *-là*, le plus éloigné : Voltaire use de nombreux procédés argumentatifs. **Ceux-ci** permettent de convaincre le lecteur.
possessifs	Dans ce lycée, tous les professeurs de français son excellents. **Le mien** est le meilleur !
adverbiaux *y* et *en*	***y*** reprend généralement des compléments qu'on introduirait généralement par la préposition *dans, sur* ou *à* : La maison familiale était un lieu de retrouvailles, on **y** allait chaque été.
	en reprend généralement des compléments qu'on introduirait par la préposition *de*. La maison familiale avait été construite par mes grands-parents dans les années 50. Ils **en** étaient fiers.
relatifs	La maison familiale, **qui** se trouve près de Rouen, est facile d'accès pour notre famille.

3 Les reprises nominales

Le synonyme	L'hyperonyme	L'hyponyme	La périphrase
Mot de sens proche et de même nature, de même niveau de langue que le mot référent : l'écrivain – **l'auteur**	Mot dont le sens englobe un ensemble plus large que le mot référent : **l'auteur** pour le poète	Mot dont le sens est plus précis que le mot référent : **le poète** pour l'auteur	Groupe de mots qui désigne le mot référent : Hugo, **l'auteur des *Misérables***, est né en 1802.

S'entraîner

Repérer le référent

1 Dans les phrases suivantes, soulignez le référent des mots en gras.

1. Quand les élèves sont entrés dans la classe, le professeur **leur** a demandé de faire silence. **Les lycéens** ont commencé à lire le texte qui était au programme du Bac.
2. Les dates des examens ont été affichées à l'entrée du lycée. Tous les élèves se sont précipités pour en prendre connaissance avant que **l'établissement** ne ferme.
3. J'ai beaucoup aimé le roman de Duras, *Moderato Cantabile*. **Celui-ci** parle d'une rencontre entre deux êtres solitaires, Chauvin et Anne Desbaresdes.
4. *Une femme* est un roman d'Annie Ernaux qui parle essentiellement de sa mère. Elle **y** retrace sa jeunesse et les souvenirs qu'elle a avec elle.

Distinguer les procédés de reprise

2 Dans le texte suivant, surlignez les reprises nominales du groupe nominal « un jeune garçon ».

Comme il passait par Vassonville, il aperçut, au bord d'un fossé, **un jeune garçon** assis sur l'herbe.
– Êtes-vous le médecin ? demanda l'enfant.
Et, sur la réponse de Charles, il prit ses sabots à ses mains et se mit à courir devant lui.

L'officier de santé, chemin faisant, comprit aux discours de son guide que M. Rouault devait être un cultivateur des plus aisés. Il s'était cassé la jambe, la veille au soir, en revenant de *faire les Rois* chez un voisin. Sa femme était morte depuis deux ans. Il n'avait avec lui que sa *demoiselle*, qui l'aidait à tenir la maison.
Les ornières devinrent plus profondes. On approchait des Bertaux. Le petit gars, se coulant alors par un trou de haie, disparut, puis il revint au bout d'une cour en ouvrir la barrière.

Gustave Flaubert, *Madame Bovary*, 1856.

3 a. Dans le texte suivant, surlignez les reprises du nom « institutrice ».

Elle dit qu'elle est la fille de l'institutrice de l'école de filles de Sadec. Il réfléchit et puis il dit qu'il a entendu parler de cette dame, sa mère, de son manque de chance avec cette concession qu'elle aurait achetée au Cambodge, c'est bien ça, n'est-ce pas ? Oui c'est ça.

Alexandre Duras, *L'Amant*,1984.

b. De quel type de reprise s'agit-il ?

4
Le soir, elle prenait ma Bible
Pour **y** faire épeler sa sœur,
Et, comme une lampe paisible,
Elle éclairait ce jeune cœur.

Sur le saint livre que j'admire
Leurs yeux purs venaient se fixer ;
Livre où l'une apprenait à lire,
Où l'autre apprenait à penser !

Victor Hugo, *Les Contemplations*, 1856.

a. Dans la première strophe, surlignez la reprise nominale du nom « sœur ». Comment s'appelle ce procédé ?

b. Dans la première strophe, quel est le référent du mot en gras ? Quel est le type de reprise ?

c. Dans la seconde strophe, relevez les différentes reprises du mot Bible et analysez-les.

5 Surlignez les différentes reprises des mots en gras.

[Emma] se demandait s'il n'y aurait pas eu moyen, par d'autres combinaisons du hasard, de rencontrer **un autre homme** ; et elle cherchait à imaginer quels eussent été ces événements non survenus, cette vie différente, ce mari qu'elle ne connaissait pas. Tous, en effet, ne ressemblaient pas à celui-là. Il aurait pu être beau, spirituel, distingué, attirant, tels qu'ils étaient sans doute, ceux qu'avaient épousés **ses anciennes** camarades du couvent. Que faisaient-elles maintenant ?

Flaubert, *Madame Bovary*, 1856.

Indiquez de quel type de reprise il s'agit.

6 Analysez les reprises en gras du mot surligné en vert.

Un jour, sur **ses** longs pieds, allait, je ne sais où
Le Héron au long bec emmanché d'un long cou.
Il côtoyait une rivière.
L'onde était transparente ainsi qu'aux plus beaux jours ;
Ma commère la Carpe y faisait mille tours
Avec le Brochet son compère.
Le Héron en eût fait aisément **son** profit :
Tous approchaient du bord, l'oiseau n'avait qu'à prendre ;
Mais **il** crut mieux faire d'attendre
Qu'**il** eût un peu plus d'appétit :
Il vivait de régime, et mangeait à **ses** heures. […]

Jean de La Fontaine, *Fables*, « Le Héron », VII, 4, 1668.

1. Poissons d'eau douce qui vivent dans la vase.
2. Le plat, la nourriture.

Utiliser les procédés de reprise

7 Transformez les phrases en évitant la répétition. Utilisez des reprises pronominales.

1. Les professeurs ont expliqué les différentes épreuves du Bac. Les épreuves auront lieu fin juin.

2. Copenhague, Amsterdam et Bruxelles sont mes trois villes préférées. Quand je peux, j'adore passer des weekends à Copenhague, Amsterdam et Bruxelles.

3. La dissertation que tu as rendue est excellente. Ma dissertation était beaucoup moins réussie.

80 Corriger ses erreurs d'écriture

Retenir

1 Les trois niveaux de langue

- Certaines remarques en marge de vos copies (« mal dit », « mal formulé », « style ») signalent parfois un mauvais usage du niveau de langue : **courant**, voire **familier**, au lieu de **soutenu**.
- Le mauvais usage du niveau de langue peut être dû à l'un des éléments suivants :

Choix de mots ou d'expressions inappropriés

Baudelaire a la haine. ✗

Construction incorrecte de la phrase

En écrivant ce poème, l'Anjou devient une région idéalisée. ✗

↓

En écrivant ce poème, Du Bellay brosse de sa région natale, l'Anjou, une description idéalisée. ✓

Mauvais usage des conjonctions de subordination (oubli ou présence inutile du « que », par exemple)

Il est évident le poète était connu. ✗

↓

Il est évident que le poète était connu. ✓

Usage de formulations impersonnelles (*il semble, il y a, il faut dire…*) qui peuvent être supprimées en changeant le sujet de la phrase.

Il y a beaucoup de métaphores.

On relève de nombreuses métaphores.

De nombreuses métaphores parcourent le texte. ✓

À vous d'expliquer

- **Corrigez l'exemple 1 et justifiez vos corrections.**

....

....

S'entraîner

1 Corrigez les phrases suivantes :
a. en analysant les erreurs de construction syntaxique.
b. en passant du registre courant au registre soutenu.

1. La poétesse se rappelle qu'est-ce que son amant a fait pour elle.

a. ....

....

b. ....

....

2. Il semble Victor Hugo est triste.

a. ....

....

b. ....

....

....

....

3. La raison est parce que sa fille est morte.

a. ....

....

b. ....

4. Peut-être le dramaturge a voulu faire rigoler son lecteur.

a. ....

....

b. ....

5. C'est de son père dont parle la romancière.

a. ....

....

....

....

b. ....

Retenir

2 Favoriser les phrases simples, mais éviter les phrases sans verbes

- Parfois, pris par votre sujet, vous rédigez des phrases trop longues, qu'il vous sera ensuite impossible de corriger.
- Pour éviter ces phrases « à rallonges », gardez en tête ce principe simple : une idée = une phrase.

> *Georges Perec fait une description des meubles appartenant à Jérôme et Sylvie en utilisant des verbes au conditionnel et des mots un peu péjoratifs ce qui donne une impression d'irréel et aussi d'un mobilier usé et pas très beau alors que les personnages veulent vivre dans un endroit tout neuf avec de beaux objets.* ☒

Astuces

- À la relecture, si vous trouvez plus d'un pronom relatif « qui » ou plus de deux conjonctions de coordination, c'est que vous en avez abusé.
- Il faudra en supprimer !

- À l'inverse, vous oubliez parfois de rédiger des phrases complètes. Mais il est difficile de manier les phrases non verbales (ou « nominales »). Rédigez plutôt une phrase à la structure élémentaire (sujet + verbe + complément).

> *En premier lieu, les différences entre les deux personnages.* ☒

3 Formuler clairement la problématique et la conclusion

- Dans votre introduction, la problématique doit être formulée de manière correcte. Les phrases qui commencent par : « Nous pouvons nous demander » sont des phrases **déclaratives**, elles ne sont donc suivies ni **d'une inversion du sujet ni d'un point d'interrogation**.

> *Nous pouvons nous demander pourquoi la tragédie de Racine émeut-t-elle toujours des spectateurs contemporains ?* ☒

- Dans votre conclusion, utilisez des connecteurs, comme « Ainsi » (en début de phrase, toujours suivi d'une virgule) ou « donc » (situé après le verbe, sans virgule).

> *Pour conclure, le romancier brosse un portrait ironique du personnage.* ☒

À vous d'expliquer

- **Récrivez correctement l'exemple 3 ci-dessus et commentez les modifications qui ont été nécessaires.**

....

....

S'entraîner

2 Corrigez ces phrases, en les coupant ou en les complétant.

1. Le thème du texte est la demande en mariage que Marie fait à Meursault mais il ne répond pas de manière satisfaisante parce qu'il dit « Si tu veux » mais Marie espérait une autre réponse qui aurait marqué l'enthousiasme de son amant.

....

....

....

....

....

....

2. Les idées du romancier sur le mariage.

....

....

3 Réécrivez ces phrases en utilisant les bons connecteurs.

1. Pour terminer, l'amour du poète n'a pas d'égal.

....

....

2. En conclusion, le drame de Victor Hugo suscite la compassion du spectateur.

....

....

3. Pour conclure, ce poème est empreint de mélancolie.

....

81 Comprendre l'enjeu de l'explication linéaire

Retenir

La première partie de l'oral

- **Barème** : 12 pts :
  - **2** pts pour l'introduction (→ fiche 82, p. 226), avec lecture du texte (→ fiche 86, p. 234)
  - **8** pts pour l'explication linéaire (→ fiche 83, p. 228)
  - **2** pts pour la question de grammaire
- **Temps de préparation globale** : 30 min.
- **Durée du passage** : 12 min.

Explication linéaire
Elle porte sur l'un des **12** textes (voie technologique) ou **20** textes (voie générale) travaillés en classe et qui figurent sur votre **récapitulatif**.

- Vous devez, au fil du texte :
  - **repérer, analyser et interpréter** les éléments pertinents d'un passage, ceux qui « font sens » ;
  - **expliquer les choix d'écriture de l'auteur** ;
  - **toujours relier la forme** (l'analyse des procédés) **au sens** (ce qu'ils révèlent).

À la fin de l'explication, la **question de grammaire** sur un **court passage du texte présenté**.

- Elle vous aura été posée par l'examinateur avant votre temps de préparation.
- Il peut vous demander les opérations suivantes : **analyser, transformer, expliquer, justifier**.
- Pour répondre, vous pouvez :
  - **définir** la notion,
  - **décrire** le point de grammaire dans le passage choisi,
  - **répondre** à la question posée.

S'entraîner

Comprendre l'importance des choix d'écriture

1 **Lisez la phrase suivante : « Elle eut envie de discuter avec son voisin. »**

a. **Transformez cette phrase, tout en conservant son sens, en utilisant une métaphore, une hyperbole, une interrogative directe.**

b. **Analysez les effets produits par chacun de vos choix.**

- **Métaphore :** ....
....
- **Effet produit :** ....
....
- **Hyperbole :** ....
....
- **Effet produit :** ....
....
- **Interrogation directe :** ....
- **Effet produit :** ....
....

2 **Lisez la phrase suivante.**

> Elle pleurait avec simplicité, attentive à ne pas tacher de larmes sa robe de crêpe de Chine, à ne point défaire sa figure, elle pleurait soigneusement, proprement, petite martyre du maquillage...
>
> Colette, *Les Vrilles de la vigne*, 1908.

a. **Reformulez la phrase le plus simplement possible.**

....
....
....

b. **Relevez les termes qui ont permis de rendre la phrase d'origine plus intense.**

....
....

c. **Mettez la phrase d'origine à la forme exclamative : quel effet ce changement produit-il ?**

....
....
....
....

Effet : ....
....

d. **Remplacez le terme « martyre » par un synonyme : quel effet ce changement produit-il ?**

Synonyme de « martyre » : ....

Effet : ....

e. **À partir du modèle donné, interprétez chacun des procédés utilisés par l'auteur.**

– **« de crêpe de Chine » (l. 2)**
Procédé d'écriture : Complément du nom « robe »
Interprétation : Cette expansion nominale ajoute un détail précieux à la tenue de la jeune fille, qui a l'air soucieuse de ses apparences

– **« défaire sa figure » (l. 2-3)**
Procédé d'écriture : groupe verbal employé au lieu du verbe « défigurer », plus habituel.
Interprétation : ....

– **« soigneusement, proprement » (l. 3)**
Procédé d'écriture : répétition de deux adverbes de manière de sens proche
Interprétation : ....

– **« petite martyre du maquillage » (l. 3-4)**
Procédé d'écriture : oxymore (« petite martyre ») et métaphore (« martyre du maquillage »)
Interprétation : ....

f. **Au terme de cette analyse, dites quelle image est donnée de la jeune fille.**

....

Répondre à une question de grammaire

3 Lisez les sujets suivants et répondez, pour chacun d'eux, aux questions de grammaire correspondantes :

a. **Définissez la notion.**

b. **Décrivez le point de langue dans la phrase soumise à l'étude.**

c. **Répondez à la question posée.**

Sujet 1 « Que dois-je donc trouver dans ce monde si fort désiré ? » (**Balzac**, *Mémoires de deux jeunes mariées*)

Transformez cette interrogative directe en interrogative indirecte, et expliquez toutes les modifications que vous avez dû faire.

a. ....

b. ....

c. ....

Sujet 2 « Elle se détourne pudiquement, en se renversant en arrière et à sa droite, pour cracher derrière le mamelon. Elle a ainsi Willie sous les yeux » (**Beckett**, *Oh ! les beaux jours !*)

Introduisez entre les deux phrases un rapport de subordination. Analysez la proposition subordonnée obtenue.

a. ....

b. ....

c. ....

Sujet 3 « Le tombeau, confident de mon rêve infini
(Car le tombeau toujours comprendra le poète),
Durant ces grandes nuits d'où le somme est banni
Te dira : Que vous sert, courtisane imparfaite
De n'avoir pas connu ce que pleurent les morts ?
– Et le ver rongera ta peau comme un remords. »

(**Baudelaire**, *Les Fleurs du Mal*, « Remords posthumes », 1857)

Surlignez et analysez toutes les formes de la négation dans ces vers.

a. ....

b. ....

c. ....

L'explication linéaire

82 Organiser son introduction et répondre à un projet de lecture

ORAL Entraînement filmé

Retenir

L'introduction

(2 à 3 minutes **maximum, notée sur 2 points**) comprend les étapes suivantes :

1. Une contextualisation de l'extrait

Présentez :
- l'**auteur**,
- l'**œuvre** dans son **contexte politique** et/ou **littéraire**,
- l'**intérêt du passage** par rapport au **parcours associé**.

2. La lecture du texte

Lisez-le **intégralement**. (→ fiche 86, p. 234)

3. Le projet de lecture

- Équivalent d'une **problématique**, le projet de lecture est la question qui dirige votre explication linéaire et qui permet de présenter l'**enjeu du texte**.
- Présentez-le sous forme de **question directe** (Comment… ?, En quoi… ?) ou indirecte (Nous pouvons nous demander comment… / en quoi…).

4. L'annonce des mouvements du texte

- Ils correspondent aux **deux ou trois grands moments** qui délimitent le passage.
- Ils suivent l'**ordre linéaire** du texte (paragraphe ou structure interne) et doivent mettre en évidence la **progression** du passage.
- Donnez un **titre** à chacun de ces mouvements, qui correspondront aux grandes parties de votre plan d'étude.

S'entraîner

Sélectionner les éléments

1 **Lisez les textes et paratextes suivants.**

a. **Indiquez quels éléments devront figurer dans la première étape de votre introduction pour présenter l'auteur et l'œuvre.**

b. **Surlignez les passages qui justifient le choix de ce texte dans le cadre du parcours associé.**

1. Œuvre intégrale : Molière, *Le Malade imaginaire*
Parcours associé : spectacle et comédie

ANGÉLIQUE. – Tâche, je t'en conjure, de faire donner avis à Cléante du mariage qu'on a conclu.

TOINETTE. – Je n'ai personne à employer à cet office, que le vieux usurier Polichinelle, mon amant, et il m'en coûtera pour cela quelques paroles de douceur […].

Le théâtre change, et représente une ville.

PREMIER INTERMÈDE

Polichinelle dans la nuit vient pour donner une sérénade à sa maîtresse.

Molière, *Le Malade imaginaire*, 1673.

....

....

....

....

....

2. Œuvre intégrale : Guillaume Apollinaire, *Alcools*
Parcours associé : modernité poétique ?

À la fin tu es las de ce monde ancien
Bergère ô tour Eiffel le troupeau des ponts bêle ce matin
Tu en as assez de vivre dans l'antiquité grecque et romaine
Ici même les automobiles ont l'air d'être anciennes

Guillaume Apollinaire, *Alcools*, 1913.

....

....

3. Œuvre intégrale : Jeanne Benameur, *Ça t'apprendra à vivre*
Parcours associé : éloge d'une mère

Elle écoute.
Elle continue à éplucher ses fichus légumes qu'on n'aimera pas dans la soupe, mais très lentement, comme ailleurs.
Elle écoute.
Je lui lis mes rédactions.
On fait îlot dans la cuisine.
Ma mère devient une femme qui rêve, le pouce calé contre l'épluchoir qui glisse. Je lui jette un coup d'œil, ça y est, elle est une autre et elle écoute. Elle et moi, nous appareillons ensemble loin de l'appartement, dans mes mots.

Jeanne Benameur, *Ça t'apprendra à vivre*, © Actes Sud, 1998.

....

....

Situer le passage et proposer un projet de lecture

2 Lisez les paratextes suivants.

a. Indiquez à quel mouvement ou siècle l'auteur appartient.

b. Dites à quel moment de l'œuvre ce passage se situe et ce que le lecteur en attend.

c. À partir de ces seuls éléments, essayez de formuler un projet de lecture.

1 Abbé Prévost, *Manon Lescaut*, 1731, Première partie, chapitre 1.

a. ……

b. ……

c. ……

2 Jean-Luc Lagarce, *Juste la fin du monde*, 1990, épilogue.

a. ……

b. ……

c. ……

Repérer les mouvements d'un passage

3 Dans le texte suivant, délimitez les mouvements du texte par une barre oblique et donnez un titre à chacun.

Dans mon quartier natal, on n'eut pas compté vingt maisons privées de jardin. Les plus mal partagées jouissaient d'une cour, plantée ou non, couverte ou non de treilles. Chaque façade cachait un « jardin-de-derrière » profond, tenant aux autres jardins-de-derrière par des murs mitoyens. Ces jardins-de-derrière donnaient le ton au village. On y vivait l'été, on y lessivait ; on y fendait le bois l'hiver, on y besognait en toute saison, et les enfants, jouant sous les hangars, perchaient sur les ridelles[1] des chars à foin dételés.

Les enclos qui jouxtaient le nôtre ne réclamaient pas de mystère : la déclivité[2] du sol, des murs hauts et vieux, des rideaux d'arbres protégeaient notre « jardin d'en haut » et notre « jardin d'en bas ». Le flanc sonore de la colline répercutait les bruits, portait, d'un atoll[3] maraîcher cerné de maisons à un « parc d'agrément », les nouvelles.

Colette, *Sido*, © Librairie Arthème Fayard et Hachette Littérature, 2004.

1. Châssis d'une charrette. – **2.** La pente. – **3.** Îlot.

Premier mouvement : ……

Deuxième mouvement : ……

4 VERS LE COMMENTAIRE BAC ÉCRIT

Lisez le passage suivant et répondez aux questions.
Œuvre intégrale : Émile Zola, *La Bête humaine*
Parcours associé : le naturalisme et la notion de progrès

Dans cet extrait qui clôt le roman, Jacques et Pecqueux, les conducteurs de la locomotive, sont tombés lors d'une dispute sous les roues du train chargé de soldats en partance pour le front. Sans chauffeur ni mécanicien, le train fou poursuit sa course, devant l'affolement impuissant des hommes.

On tremblait de peur : un express[1] qui se trouvait en avant, allait sûrement être rattrapé. Lui, ainsi qu'un sanglier dans une futaie[2], continuait sa course, sans tenir compte ni des feux rouges, ni des pétards. Il faillit se broyer, à Oissel, contre une machine-pilote ; il terrifia Pont-de-l'Arche, car sa vitesse ne semblait pas se ralentir. De nouveau, disparu, il roulait, il roulait, dans la nuit noire, on ne savait où, là-bas.

Qu'importaient les victimes que la machine écrasait en chemin ! N'allait-elle pas quand même à l'avenir, insoucieuse du sang répandu ? Sans conducteur, au milieu des ténèbres, en bête aveugle et sourde qu'on aurait lâchée parmi la mort, elle roulait, elle roulait, chargée de cette chair à canon, de ces soldats, déjà hébétés de fatigue, et ivres, qui chantaient.

Émile Zola, *La Bête humaine*, 1890.

1. Train express. – **2.** Bosquet.

a. Indiquez quels éléments devront figurer dans la première étape de votre introduction pour présenter l'auteur et l'œuvre.

……

b. Délimitez les mouvements du texte par une barre oblique et donnez un titre à chacun.

Premier mouvement : ……

Deuxième mouvement : ……

c. Formulez un projet de lecture.

……

d. Surlignez les passages qui justifient le choix de ce texte dans le cadre du parcours associé.

e. Rédigez une introduction complète.

ORAL Entraînement filmé

83 Présenter son explication linéaire à l'oral

Retenir

- L'explication linéaire doit vous permettre de **révéler le sens du texte**. Appuyez-vous sur l'analyse précise de **procédés** : l'auteur écrit *d'une certaine manière*, pour produire *un certain effet*.
- Elle doit suivre l'**ordre du texte**, mais vous pouvez, lorsque c'est pertinent, faire des liens entre des éléments éloignés.
- Ne vous arrêtez que sur **les éléments les plus significatifs** : il ne s'agit pas de tout analyser mot à mot.

Les éléments à analyser

- Voici cinq niveaux d'écriture que vous devez analyser :
– le **lexique** (les mots : champs lexicaux, registres de langue, termes mélioratifs ou péjoratifs, figures d'amplification ou d'atténuation…),
– la **syntaxe** (la phrase et sa construction : longueur, rythme, classes, fonctions, place de certains mots, figures de construction et d'insistance…),
– Les **figures d'analogie** (comparaison, métaphore, personnification, métonymie…),
– les **sonorités** (répétition, allitération, assonance…),
– les **références** culturelles, historiques, littéraires…

La conclusion

- La conclusion doit être très **brève** : répondez **en une phrase** à la question posée dans votre projet de lecture.
- Après votre phrase de conclusion, répondez à la **question de grammaire** soumise par l'examinateur (→ fiche 81, p. 224).

S'entraîner

Repérer et interprétez les procédés d'écriture

1 Lisez les extraits suivants.

a. Nommez et interprétez les procédés d'écriture surlignés en orange et vert.

b. Indiquez pour chacun s'il s'agit d'un procédé relevant du lexique, de la syntaxe, d'une figure d'analogie, des effets de sonorités ou d'une référence.

1. Toute cloche clochable clochant dans le clocher, en clochant fait clocher par le clochatif ceux qui clochent clochablement. Le Parisien a des cloches. Donc : et toc !

Rabelais, *Gargantua*, 1534.

a. …

b. …

2. Le flambeau de la vérité a dissipé tous les nuages de la sottise et de l'usurpation.

Olympe de Gouges, *Déclaration des droits de la femme et de la citoyenne*, 1791.

a. …

b. …

3. Il était environ minuit. À cette heure, Raphaël, par un de ces caprices physiologiques, l'étonnement et le désespoir des sciences médicales, resplendissait de beauté pendant son sommeil. Un rose vif colorait ses joues blanches. Son front gracieux comme celui d'une jeune fille exprimait le génie. La vie était en fleurs sur ce visage tranquille et reposé.

Honoré de Balzac, *La Peau de chagrin*, 1831.

a. …

b. …

2 Dans l'extrait suivant, surlignez trois procédés d'écriture qui vous paraissent pertinents et interprétez-les.

Elle me parut si charmante que moi, qui n'avais jamais pensé à la différence des sexes, ni regardé une fille avec un peu d'attention, moi, dis-je, dont tout le monde admirait la sagesse et la retenue, je me trouvai enflammé tout d'un coup jusqu'au transport.

Abbé Prévost, *Manon Lescaut*, 1731.

• **Procédé 1 :** ....

....

Interprétation : ....

....

• **Procédé 2 :** ....

Interprétation : ....

....

....

• **Procédé 3 :** ....

Interprétation : ....

....

Mener une explication linéaire

3 Lisez les vers suivants.

Je suis toujours enfant, je dessine avec soin de
longs chemins de fer, et des bateaux dansant ....
(J'ai plus de souvenirs que si j'avais mille ans) 1..........
Mon beau navire ô ma mémoire ....
Il y a aussi un coucou en bois ....
Il y a une fondrière[1] avec un nid de bêtes blanches ....
(Mais l'espérance est une toute petite fille...) 1..........

Valérie Rouzeau, *Récipients d'air*, © Le Temps qu'il fait, 2005.

1. Trou dans un chemin, souvent rempli d'eau ou de boue.

a. Surlignez et numérotez les six procédés qui vous paraissent pertinents.

b. En vous inspirant de l'exemple en vert, reportez les numéros sur les lignes prévues à cet effet et proposez une interprétation des procédés correspondants.

Procédé 1 : ....

....

....

....

Procédé 2 : ....

....

....

....

....

Procédé 3 : ....

....

Procédé 4 : ....

....

....

Procédé 5 : ....

....

....

....

....

Procédé 6 : ....

....

....

Procédé 7 : ....

....

....

....

....

c. Présentez à voix haute votre explication du texte en liant, au fil de la lecture, le relevé des procédés à votre interprétation.

Formuler une phrase de conclusion

4 Pour chaque sujet, lisez le paratexte, le projet de lecture et l'annonce de mouvements correspondant suivants, puis rédigez une phrase de conclusion.

Sujet 1

Œuvre intégrale : Marivaux, *L'Île des esclaves*, 1725.
Parcours : Maîtres et valets
Passage : scène 10 (proche du dénouement)
Projet de lecture : En quoi Cléanthis fait-elle la satire des maîtres ?
Mouvements proposés :
I. L'opposition entre Arlequin et Cléanthis
II. Une scène permettant le dénouement

....

....

....

....

Sujet 2

Œuvre intégrale : Abbé Prévost, *Manon Lescaut*, 1731.
Parcours : Personnages en marge, plaisirs du romanesque
Passage : Rencontre entre Manon Lescaut et le chevalier Des Grieux (première partie)
Projet de lecture : En quoi le récit de cette rencontre permet-il de présenter les deux personnages principaux comme des êtres à part ?
Mouvements proposés :
I. Une rencontre placée sous le signe du coup de foudre
II. Une rencontre placée sous le signe de la tragédie

....

....

....

....

....

84 ▶ L'entretien

ORAL Entraînement filmé

Justifier le choix d'une œuvre à l'oral

Retenir

1 Le jour de l'épreuve

Cette seconde partie de l'oral est notée sur **8 points**. La durée du passage est de **8 minutes**.

1. Présenter l'œuvre

- **Vous avez le choix de l'œuvre** que vous présentez le jour de l'oral, durant l'**entretien**.
- Votre présentation doit être rapide : **2 à 3 minutes**. Mais il ne s'agit pas de résumer le livre.
- L'examinateur approfondira les raisons de votre choix : vous devez donc **bien préparer vos arguments.**

2. Se poser les bonnes questions

1. Contexte général
- Qui est l'auteur ?
- À quelle époque a-t-il vécu ?
- Quels sont les mouvements politiques, littéraires et intellectuels dominants ?

2. L'œuvre dans son contexte
- Dans quelles conditions l'œuvre a-t-elle été créée ?
- Comment a-t-elle été reçue lors de sa publication ?
- À quel genre ou sous-genre littéraire appartient-elle ?

3. L'œuvre
- Quels sont les thèmes principaux ?
- Les personnages essentiels ?
- Les enjeux de l'œuvre et son actualité ?

4. Votre lecture
- Quelles activités d'appropriation avez-vous faites autour de l'œuvre?
- Quels passages ou personnages vous ont le plus marqué ?
- Pour quelles raisons ?
- Pourquoi et comment conseilleriez-vous à un ami de lire cette œuvre ?

3. Justifier son opinion, être convaincant

- Pour être convaincant, **nuancez votre propos**, en utilisant des **modalisateurs** et des **verbes d'opinion**.

Verbes : Je pense / Je crois / Je trouve / J'imagine que…
Il me semble que…
Expressions : À mon avis… Selon moi…
J'ai le sentiment que… J'ai l'impression que…

- **Justifiez vos émotions** face au texte ou aux personnages.

– J'ai été touché par le personnage…, parce que…
– Ce moment de tension m'a ému pour les raisons suivantes…
– Les enjeux contemporains de l'œuvre, qui parle de…, m'intéressent beaucoup car…
– Il m'a semblé que tel personnage était particulièrement attendrissant dans ses réactions, au moment où…
– À l'inverse, tel personnage m'a semblé énervant au moment de…

2 Durant l'année

On ne vous demande de maîtriser qu'**une seule œuvre** pour cette partie de l'oral, que vous avez par ailleurs **choisie**. Vous devez donc faire l'effort de bien la connaître. Pour cela, vous devez la **relire** puis :

Annoter

- **Sélectionnez** les **passages**, les **poèmes** qui vous marquent le plus.
- **Surlignez** les citations que vous reporterez dans votre **carnet de lecture**.
- Notez dans votre carnet vos **réflexions sur les personnages** (Comment évoluent-ils ? Quels liens entretiennent-ils ?)
- Notez vos **réflexions** sur le **style de l'auteur**.
- Cherchez au moins **deux éléments** qui vous ont **plu**, et deux qui vous ont **déplu**.

Construire une carte mentale

- Vous pouvez préparer une **carte mentale** qui vous permettra de mémoriser facilement les informations dont vous devez vous souvenir à propos de l'œuvre.

Répéter votre présentation

- Durant l'année, présentez-la **plusieurs fois à l'oral** devant vos amis, vos professeurs, vos parents, ou même devant un miroir. N'hésitez pas à vous filmer pour **vous entendre** et **vous corriger**.

S'entraîner

Préparer sa présentation

1 Après avoir choisi votre œuvre, répondez aux questions suivantes.

1. Que savez-vous de la vie de son auteur ?

……………………………………………………………………

……………………………………………………………………

2. En quoi la vie de l'auteur a-t-elle une influence sur son œuvre ?

……………………………………………………………………

……………………………………………………………………

3. Connaissez-vous d'autres œuvres de cet auteur ?

……………………………………………………………………

……………………………………………………………………

4. Savez-vous à quel mouvement littéraire il appartient ?

....

....

5. En quoi l'influence de ce mouvement se retrouve-t-elle dans son œuvre ?

....

....

6. Qu'a provoqué chez vous la lecture de cette œuvre ? Vous a-t-elle fait réfléchir ? À quoi ?

....

....

7. Quel passage / poème de l'œuvre vous a le plus marqué ? Pourquoi ?

....

....

8. Qu'avez-vous ressenti au moment où vous en avez achevé la lecture ?

....

....

9. En quoi cette œuvre résonne-t-elle avec votre quotidien ou avec l'actualité ?

....

....

Justifier les raisons de son choix

2 Après avoir fait votre choix d'œuvre, complétez les phrases qui vous paraîtraient pertinentes en avançant vos propres arguments.

1. J'ai aimé cette œuvre, car ....

....

....

2. J'ai été ému(e) par le personnage de..

car..

....

3. Je me suis identifié(e) au personnage de..,

car..

....

4. J'ai apprécié de découvrir tel milieu/telle époque ....,

car ....

....

5. Cette œuvre fait écho à mon quotidien, car ....

....

....

6. Cette œuvre entre en résonance avec l'actualité, car ....

....

....

7. Le style de l'auteur m'a particulièrement plu, car ....

....

....

3 Notez deux citations extraites de votre œuvre et justifiez votre choix.

Citation 1 : ....

....

....

....

....

....

....

Citation 2 : ....

....

....

....

....

....

....

4 VERS L'ENTRETIEN BAC ORAL

a. Sur le modèle de la carte suivante, créez votre propre carte mentale sur l'œuvre choisie avec les informations que vous souhaitez retenir pour l'entretien.

b. Entraînez-vous à faire votre présentation à l'oral. Vous devez tenir trois minutes maximum.

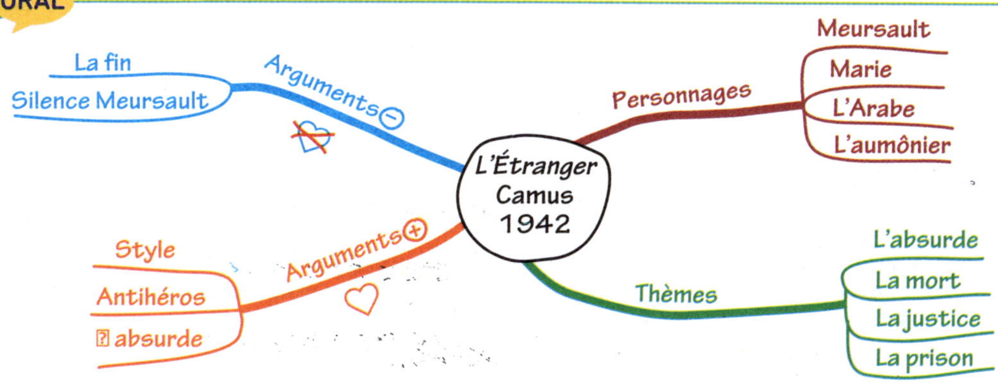

85 Répondre aux questions de l'examinateur

- Durant cet entretien, vous devez affirmer votre culture, vos connaissances littéraires, mais aussi votre goût et votre capacité à argumenter.
- C'est votre opinion personnelle qui importe. Vous devez donc **donner votre avis de lecteur** (B.O. du 6 juillet 2020).

Retenir

1 Les questions que l'examinateur pourrait vous poser

L'auteur et le contexte de l'époque	– À quelle époque se situe l'œuvre ? – Quel est le contexte historique de l'époque ? – Quelle est la position de l'auteur à cette époque ? – Pourquoi l'auteur a-t-il choisi ce titre ? – Dans quelles conditions l'œuvre a-t-elle été écrite ?
La réception de l'œuvre	– Comment l'œuvre a-t-elle été reçue par la critique ? Le public ? Pourquoi ? – Pourquoi l'œuvre a-t-elle fait scandale à l'époque ?
Les enjeux de l'intrigue, de l'œuvre en général	– L'intrigue vous semble-t-elle d'actualité ? Pourquoi ? – Vous êtes-vous retrouvé(e) dans les thématiques abordées ? Lesquelles et pourquoi ?
Les personnages de l'œuvre	– En quoi les personnages sont attachants, intéressants, nouveaux, scandaleux pour l'époque ? – Quelle est l'originalité de ces personnages ? – Les personnages représentent-ils des personnes qui ont existé ?
Les liens de l'œuvre avec d'autres œuvres	– À quelle œuvre du corpus cet ouvrage vous fait-il penser ? Pourquoi ? – Les personnages vous font-ils penser à d'autres personnages ? Lesquels ? – Pourquoi cette œuvre est-elle différente des autres ?
Votre appréhension de l'œuvre	– Quel est votre personnage préféré ? Pourquoi ? – Quel est votre passage préféré ? Pourquoi ?

2 Ce qu'on attend de vous

Vous devez ...

Avoir une approche personnelle de l'œuvre	Mobiliser vos connaissances et votre culture générale	Prendre position
• Citez votre ou vos **personnages préférés** et justifiez votre réponse. • Citez un **passage** qui vous a marqué(e). **Resituez-le dans son contexte : qui parle à qui ? Quand ? Comment ? où ? (De) quoi ? Pourquoi ?** Vous devez pouvoir réciter le contexte par cœur. • Exprimez les **émotions** et **réactions** qu'a suscitées votre lecture de l'œuvre. • Mettez en avant votre **implication** dans vos écrits d'appropriation.	• Faites le lien avec au moins une **autre œuvre littéraire du programme**, du **même genre** ou du **même mouvement littéraire**. • Si le cas s'y prête, **comparez**-la avec une œuvre, littéraire ou artistique, issue de votre **culture personnelle** ou avec un **fait d'actualité**. • Mettez en avant **votre expérience de lecteur**. Par exemple, pour une pièce de théâtre, donnez votre avis sur une mise en scène que vous auriez vue hors cadre scolaire.	• Employez la **1re personne du singulier (« je »)**. • Préparez des **arguments solides**, fondés sur votre appréciation de l'intrigue, du style. **Votre argumentation doit être structurée par des connecteurs logiques.** • **Nuancez votre propos**, avec des concessives introduites notamment par *même si*, *bien que*, *en dépit de*...

3 Quelques conseils

Remplacez...	Assimilez...	Reformulez...
• Vos « tics » de langage (*du coup, de base*...) par des connecteurs plus appropriés (*par conséquent, c'est la raison pour laquelle*...). • **Entraînez-vous** à employer ces connecteurs le plus régulièrement possible quand vous prenez la parole en classe, afin que cela devienne un automatisme lors de l'entretien.	Un maximum d'**éléments de langage** (formules pour introduire un exemple, une explication, un argument...) pour qu'ils vous viennent naturellement le jour J.	La question pour en valider votre compréhension et vous donner le temps de réfléchir.

S'entraîner

Vrai ou faux ?

1 Cochez la bonne réponse.

	Vrai	Faux
1. Il est utile d'apprendre par cœur un passage d'une œuvre pour le réciter lors de l'examen.	☐	☐
2. Quand vous prenez position, il vaut mieux employer le pronom « on ».	☐	☐
3. Quand vous répondez, il est utile de reformuler la question, cela vous permet de réfléchir à la réponse que vous allez donner.	☐	☐
4. Il ne faut jamais donner son avis sur une œuvre.	☐	☐

Prendre position

2 a. Choisissez l'œuvre de votre choix et formulez des réponses aux questions suivantes.

1. Si vous n'aviez à conserver qu'une seule page du livre que vous avez lu, laquelle choisiriez-vous ? Pourquoi ?

....

....

....

....

....

....

2. Si vous deviez rendre compte de cette œuvre au moyen d'un ou plusieurs objets, lequel ou lesquels choisiriez-vous ? Pourquoi ?

....

....

....

3. Recommanderiez-vous aux autres lycéens la lecture de cette œuvre ? Pourquoi ?

....

....

....

....

....

....

4. Recommanderiez-vous aux autres lycéens la lecture d'une autre œuvre ? Laquelle ? Pourquoi ?

....

....

....

....

....

b. Répondez ensuite à ces questions qui portent sur les autres œuvres étudiées durant l'année.

1. Quel personnage parmi ceux que vous avez croisés cette année avez-vous admirés ?
2. Quel est celui que vous avez détesté ? Celui que vous estimez être un contre-modèle ?
3. Celui auquel vous vous êtes identifié(e) ?
4. Y en a-t-il un qui a suscité votre pitié ?
5. Quelle fin avez-vous préférée ? n'avez-vous pas aimée ?

Reformuler les questions

3 À partir des débuts de réponse suivants, proposez plusieurs reformulations de la question.
Question : Selon vous, pourquoi votre professeur a-t-il jugé pertinent de vous faire lire cette œuvre ?

a. Si je comprends bien ce que vous me demandez, ...

....

....

b. Si je saisis bien votre question, vous attendez que ....

....

....

c. Si je ne me trompe pas sur votre question, ...

....

....

d. Vous me demandez donc ....

....

....

e. La question que vous venez de me poser concerne le choix de l'œuvre, ...

....

Repérer les maladresses

4 Lisez les interventions orales suivantes et soulignez les maladresses commises par le candidat lors de l'examen du Bac. Surlignez-les et justifiez.

a. J'ai choisi cette œuvre car elle est vraiment cool. La manière dont Molière décrit les médecins est trop bien. Du coup, j'ai adoré et j'ai voulu la choisir.

....

....

b. J'ai choisi cette œuvre car elle est assez courte et on peut la lire rapidement.

....

....

c. J'ai choisi cette œuvre car j'adore le théâtre mais je déteste la poésie et le roman.

....

....

....

86 Travailler la lecture des textes

Retenir

- La lecture du passage, avec la situation du texte, intervient dans l'introduction, qui est notée sur **2 points**.
- C'est un moment important car il prouve déjà votre compréhension du texte. Votre lecture doit répondre aux deux critères suivants.

1. Une lecture « juste »

• Pour proposer une lecture juste, fluide, vous devez travailler le texte en amont :
– en cherchant les **mots difficiles** et leur **prononciation**,
– en vous entraînant à lire les **phrases très longues**,
– en vous habituant à faire les **liaisons** lorsqu'elles sont pertinentes.
• Dans le cadre de la **versification**, soyez très attentif(ve) à revoir la règle des **« e » sonores et muets**, des **diérèses** et **synérèses**, des **enjambements**, etc. (→ fiches 29 et 30, p. 118 à 121)

2. Une lecture « expressive »

Pour rendre une lecture expressive, vous devez :
– adapter votre **rythme** (ni trop rapide, ni trop lent) et la **vivacité** de votre voix au texte qui est lu,
– faire des **pauses** dans votre lecture,
– **insister** sur certains mots en les lisant de manière plus appuyée,
– bien faire entendre les **allitérations** ou les **assonances**.

S'entraîner

Lire la prose

1 Lisez les extraits suivants.

a. **Surlignez les mots difficiles et cherchez leur définition.**
b. **Soulignez les mots à mettre en valeur dans votre lecture.**
c. **Marquez les pauses courtes (/) et les pauses longues (//).**
d. **Encadrez les liaisons pertinentes.**

1. Car, sans m'étendre sur la différence des esprits des hommes, aussi prodigieuse en eux que celle de leurs visages, qui fait goûter aux uns les choses de spéculation et aux autres celles de pratique, qui fait que quelques-uns cherchent dans les livres à exercer leur imagination, quelques autres à former leur jugement, qu'entre ceux qui lisent, ceux-ci aiment à être forcés par la démonstration, et ceux-là veulent entendre délicatement, ou former des raisonnements et des conjectures, je me renferme seulement dans cette science qui décrit les mœurs, qui examine les hommes, et qui développe leurs caractères, et j'ose dire que sur les ouvrages qui traitent des choses qui les touchent de si près, et où il ne s'agit que d'eux-mêmes, ils sont encore extrêmement difficiles à contenter.

La Bruyère, « Discours sur Théophraste », *Les Caractères*, 1688.

Mots difficiles : ....

....

....

....

....

....

2. *Le chevalier Des Grieux confie sa peine à son ami.*

Il ne se lassait point de m'embrasser et de m'exhorter à prendre du courage et de la consolation ; mais comme il supposait toujours qu'il fallait me séparer de Manon, je lui fis entendre nettement que c'était cette séparation même que je regardais comme la plus grande de mes infortunes, et que j'étais disposé à souffrir non seulement le dernier excès de la misère, mais la mort la plus cruelle, avant que de recevoir un remède plus insupportable que tous mes maux ensemble.

Abbé Prévost, *Manon Lescaut*, 1731.

Mots difficiles : ....

....

....

....

Lire les vers

2 Lisez les extraits suivants.

a. **Surlignez les « e » sonores et barrez les « e » muets.**
b. **Soulignez les mots à mettre en valeur dans votre lecture.**
c. **Marquez les pauses courtes (/) et les pauses longues (//).**
d. **Encadrez les liaisons pertinentes.**
e. **Signalez les enjambements par une flèche.**
f. **Relevez et interprétez les allitérations ou les assonances.**

1. L'enfant avait cinq ans, et près de la fenêtre
Ses rires et ses jeux faisaient un charmant bruit ;
Et la mère, à côté de ce pauvre doux être
Qui chantait tout le jour, toussait toute la nuit.

V. Hugo, « L'Enfant », *Les Contemplations*, 1856.

....

....

2. Horloge ! dieu sinistre, effrayant, impassible,
Dont le doigt nous menace et nous dit : « Souviens-toi !
Les vibrantes Douleurs dans ton cœur plein d'effroi
Se planteront bientôt comme dans une cible.

Ch. Baudelaire, « L'Horloge », *Les Fleurs du mal*, 1857.

Allitération / assonance : ....

....

....

Lire de manière expressive

3 Lisez les extraits suivants.

a. Relevez la tonalité de chaque extrait.

b. Adaptez le ton de votre voix à ce que vous lisez.

c. Indiquez quels éléments du texte vous allez mettre en valeur dans votre lecture.

1. À trois heures et demie, tout dormait dans un bleu originel, humide et confus, et quand je descendais le chemin de sable, le brouillard retenu par mon poids baignait d'abord mes jambes, puis mon petit torse bien fait, atteignait mes lèvres, mes oreilles et mes narines plus sensibles que tout le reste de mon corps… J'allais seule, ce pays mal pensant était sans dangers.

Colette, *Sido*, © Fayard, 1930.

Tonalité : ....

Éléments mis en valeur : ....

....

....

2. ARGAN. – Et n'avez-vous rien vu aujourd'hui ?
LOUISON. – Non, mon papa.
ARGAN. – Non ?
LOUISON. – Non, mon papa.
ARGAN. – Assurément ?
LOUISON. – Assurément.
ARGAN. – Oh çà, je m'en vais vous faire voir quelque chose, moi.
(*Il va prendre une poignée de verges.*)
LOUISON. – Ah ! mon papa !

Molière, *Le Malade imaginaire*, 1673, II, 8.

Tonalité : ....

Éléments mis en valeur : ....

....

....

....

3. Femme, réveille-toi ! Le tocsin[1] de la raison se fait entendre dans tout l'univers ; reconnais tes droits. Le puissant empire de la nature n'est plus environné de préjugés, de fanatisme, de superstition et de mensonges. Le flambeau de la vérité a dissipé tous les nuages de la sottise et de l'usurpation. L'homme esclave a multiplié ses forces, a eu besoin de recourir aux tiennes pour briser ses fers. Devenu libre, il est devenu injuste envers sa compagne. Ô femmes ! Femmes, quand cesserez-vous d'être aveugles ?

O. de Gouges, *Déclaration des droits de la femme et de la citoyenne*, « Postambule », 1791.

1. Sonnerie de cloche répétée pour donner l'alarme.

Tonalité : ....

Éléments mis en valeur : ....

....

....

....

....

....

4 Lisez l'extrait suivant.

[Un] jour d'hiver, comme je rentrais à la maison, ma mère, voyant que j'avais froid, me proposa de me faire prendre, contre mon habitude, un peu de thé. Je refusai d'abord et, je ne sais pourquoi, me ravisai. Elle envoya chercher un de ces gâteaux courts et dodus appelés Petites Madeleines qui semblent avoir été moulés dans la valve rainurée d'une coquille de Saint-Jacques. Et bientôt, machinalement, accablé par la morne journée et la perspective d'un triste lendemain, je portai à mes lèvres une cuillerée du thé où j'avais laissé s'amollir un morceau de madeleine. Mais à l'instant même où la gorgée mêlée des miettes du gâteau toucha mon palais, je tressaillis, attentif à ce qui se passait d'extraordinaire en moi. Un plaisir délicieux m'avait envahi, isolé, sans la notion de sa cause. […] J'avais cessé de me sentir médiocre, contingent, mortel.

M. Proust, *Du côté de chez Swann*, 1913.

a. Surlignez les mots difficiles en contexte et cherchez leur définition.

....

....

....

....

b. Soulignez les mots à mettre en valeur dans votre lecture.

c. Marquez les pauses longues (//).

d. Encadrez les liaisons pertinentes.

e. Relevez la tonalité de cet extrait. ....

f. Lisez le texte à voix haute en adaptant le ton de votre voix.

87 Concevoir des fiches sur ses textes

Retenir

- Rédiger des fiches est un excellent moyen pour **fixer ses connaissances, ordonner ses idées** et **retenir l'essentiel.**
- Pour être efficace, la fiche ne doit porter que sur **une notion** ou sur un **sujet**. Il existe différents types de fiches :

1. Les fiches traditionnelles	2. Les flash cards	3. Les cartes mentales
• **Numérotez** votre fiche. • Notez son **titre** de manière claire. • Utilisez une **couleur** par **rubrique** et par niveau de **titres**. • Utilisez les **mots clés**, soyez le plus synthétique possible. • Utilisez des **listes** à tirets, à points ou à numéros.	• Elles sont particulièrement **ludiques**, surtout si l'on révise à plusieurs. • Sur une fiche bristol, notez une notion sur le **recto** et les connaissances liées à cette notion sur le **verso**.	Elles permettent de visualiser en un coup d'oeil les éléments essentiels de la notion. • Placez au centre le **thème principal**. • **Reliez** chaque notion au thème principal sous forme de branche courbe et colorée. • **Hiérarchisez** vos idées en les écrivant en plus ou moins gros, dans un cadre plus ou moins épais.

Fiche 1 - Histoire littéraire

Les Lumières

Principes fondamentaux : raison, intelligence, tolérance et esprit critique

Critiques :
- Dieu n'est plus au centre de tout
- monarchie absolue
- excès du pouvoir religieux

Auteurs principaux : Montesquieu, Voltaire, Diderot, Rousseau

Procédés :

Argumentation directe : essai, discours, pamphlet, encyclopédie, maxime, dictionnaire

Argumentation indirecte : roman, utopie, théâtre, conte philosophique, discours fictif

Recto

Les Lumières

Verso

Principes :
- Raison
- Intelligence
- Tolérance
- Esprit critique

Critiques :
- Monarchie absolue
- Excès du pouvoir religieux
- Dieu n'est plus le centre de tout.

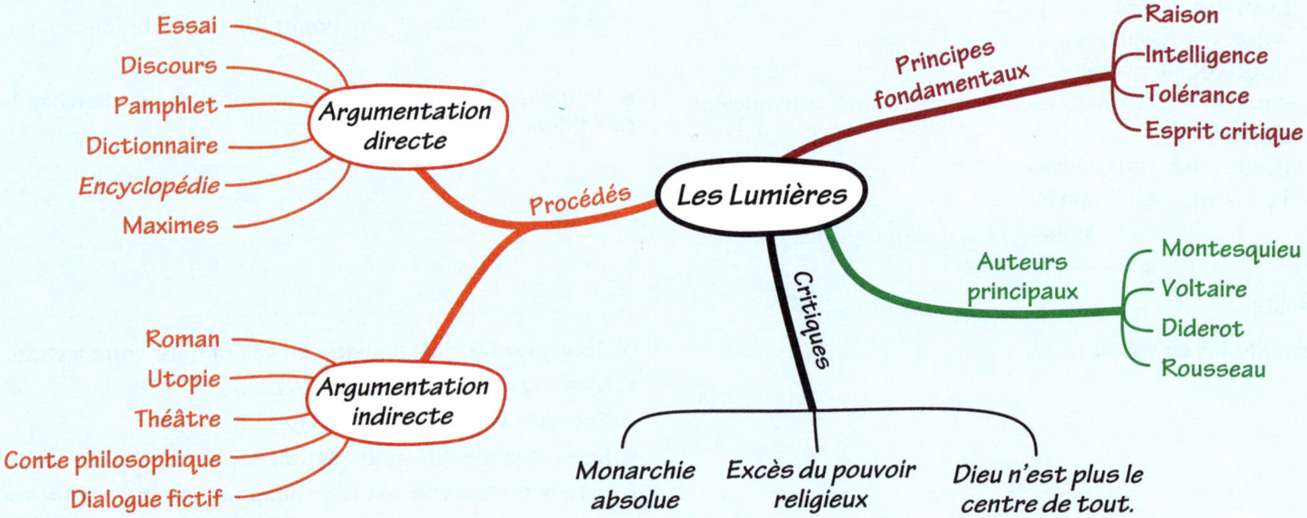

S'entraîner

Créer des fiches traditionnelles

1 **Réalisez une fiche traditionnelle, sur le modèle suivant, autour d'un roman lu en œuvre intégrale pour l'oral du bac. Vous indiquerez le titre du roman et son auteur en haut de la fiche.**
Faites des rubriques en précisant les personnages, les thèmes, les enjeux, le contexte historique et le contexte littéraire.

Titre :
Auteur :
Personnages :
Thèmes :
Enjeux :
Contexte historique :
Contexte littéraire :

Créer une carte mentale

2 **a. Remplissez les cases de la carte mentale suivante.**

b. Créez une carte mentale sur le thème suivant : le naturalisme. Vous intégrerez les éléments suivants : auteurs, enjeux, procédés.

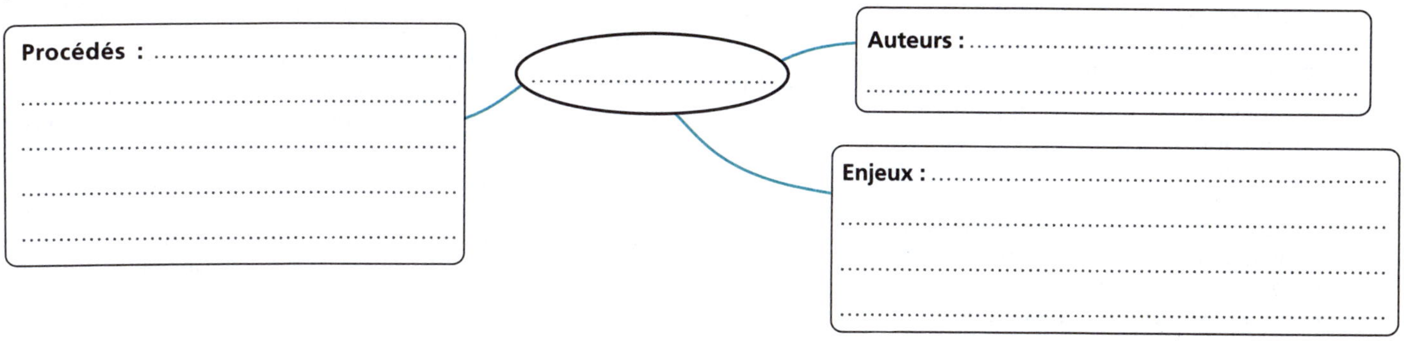

Créer une flash card

3 **Créez une flash card sur *Gargantua*.**
Notez au verso les informations qui vous paraissent importantes concernant l'auteur et l'œuvre proposée.

Recto

Gargantua

Verso

88 ▶ Réussir son oral
Prendre la parole en public

Retenir

Prendre la parole en public demande un peu d'entraînement, il existe des techniques bien précises pour s'y préparer.

Travailler sa posture	Travailler sa voix	Et aussi…
• Si vous êtes **debout (exposé, discours, « Grand oral »)** : adoptez une position du corps **stable** : – Restez ancré(e) au sol, les pieds à plat, écartés à la largeur des hanches. – Ne montez pas les épaules et tenez-vous droit(e). – Utilisez vos mains pour soutenir votre discours (ne les mettez pas dans les poches, ne croisez pas les bras) – Regardez votre interlocuteur, soyez souriant(e). • Si vous êtes **assis (oral du bac, débat)** : mêmes conseils que pour la position debout, mais posez les bras sur la table.	Veillez aux **marqueurs de la voix**… • **Articulation** : articulez pour être bien compris. • **Volume** : ne parlez ni trop fort, ni trop bas, trouvez un volume de voix adéquat. • **Rythme** : ne parlez ni trop vite, ni trop lentement. • **Portée** : adressez-vous à l'ensemble de l'auditoire, du premier au dernier rang • **Souffle** : maîtrisez votre respiration pour bien placer votre souffle. • **Pauses** : faites des pauses après les virgules et les points.	• Avant l'oral, si vous êtes stressé(e), **respirez profondément** : gonflez le ventre, bloquez la respiration 4 secondes et expirez 5 secondes. • Présentez-vous **soigné(e)** face à l'examinateur. • Utilisez un **langage neutre** et **courant**, pas de familiarités (« ouais », « bof », « heu », « de base », « grave », etc.). • N'oubliez jamais que vous êtes **maître de votre discours** : restez **concentré(e)** et ne soyez pas déstabilisé(e) par votre interlocuteur. Il est là pour vous noter, pas pour vous juger.

S'entraîner

Travailler sa posture

1 Cochez la bonne réponse.

	vrai	faux
a. Il est important de lire ses notes plutôt que de regarder son interlocuteur	☐	☐
b. Utiliser les mains est utile pour appuyer votre discours/argumentation	☐	☐
c. Vous pouvez garder vos mains dans les poches.	☐	☐
d. Quelques familiarités sont admises quand l'examinateur est sympathique.	☐	☐
e. Vous devez avoir une tenue relativement classique.	☐	☐
f. Il n'est pas nécessaire d'être souriant.	☐	☐

2 Lisez ce texte.

a. Posez votre voix.

b. Faites-vous entendre de toute la classe.

c. Faites de courtes pauses aux virgules, et laissez entendre l'exclamation finale.

> Jusque-là, rien n'était parvenu à ralentir la marche de ma mère. Rien n'était venu à bout de son entêtement de femme jouée. Jouée et perdue. Rien, ni la fatigue, ni la mer, ni les sables.
>
> Personne ne nous dira jamais combien de temps aura duré notre traversée, combien de nuits ces enfants qui suivaient leur mère ont dû dormir en marchant !
>
> **Carole Martinez**, *Le Cœur cousu*, © Gallimard, 2007.

Adapter son langage

3 Dans les extraits suivants, barrez les mots ou expressions à éviter face à un examinateur.

a. Depuis le début du XXe siècle, la place du metteur en scène est carrément déterminante. Chaque représentation d'une pièce est l'occasion d'un dialogue entre le metteur en scène et l'auteur.

b. Lorsqu'on pense au théâtre, on pense direct à l'importance du texte, à l'époque, aux lieux et aux personnages de l'action, aux situations que développe l'intrigue. Le truc, c'est que le texte théâtral apparait comme un super moyen pour représenter les conflits entre les hommes et les tensions qui traversent la société.

c. La poésie exprime des sentiments intimes et perso. De nombreux poètes traduisent ainsi leur mélancolie et leur angoisse. Et ça le fait, car à chaque lecture, ben … nous sommes hyper séduits par la beauté du vers.

d. Dans la littérature du XVIIIe siècle, ce roman est un texte de base. Il est grave connu et très important. Ce roman est trop beau. C'est pas toujours facile de le comprendre, car certains passages sont difficiles.

Travailler sa voix : articulation, volume et rythme

4 Lisez en boucle les trois virelangues ci-dessous en suivant les consignes.

a. Détachez chaque syllabe de manière très marquée, en ouvrant et en étirant les lèvres au maximum.

b. Adoptez un rythme normal, puis lent, puis rapide, puis à nouveau normal.

c. Adoptez un volume normal, puis de plus en plus fort (*crescendo*) puis de plus en plus bas (*decrescendo*) pour arriver au murmure.

1. Le chat sauvage se sauve, le chasseur chauve le chasse.
2. Je veux et j'exige quatre-vingt-seize chaises.
3. Je suis un juge juste, je n'ai juste jamais jugé.

Poser sa voix

5 Lisez les extraits suivants.

a. Indiquez à quel moment il convient de faire une courte pause (/) et une pause plus longue (//).

b. Dans le second extrait, soulignez les mots sur lesquels vous souhaitez insister par la voix et par le geste.

1. Je ne sais où se sont brisés les fils qui me rattachent à mon enfance. Comme tout le monde, ou presque, j'ai eu un père et une mère, un pot, un lit-cage, un hochet, et plus tard une bicyclette que, paraît-il, je n'enfourchais jamais sans pousser des hurlements de terreur à la seule idée qu'on allait vouloir relever ou même enlever les deux petites roues adjacentes qui m'assuraient ma stabilité. Comme tout le monde, j'ai tout oublié de mes premières années d'existence.

Georges Perec, *W ou le Souvenir d'enfance*, © Denoël, 1975.

2. Monsieur le Président, mesdames, messieurs les députés, doubler le budget de la culture en temps de crise, est-ce bien raisonnable ?

Alors même que sous l'impulsion vigoureuse du Premier ministre, le Gouvernement et le pays se mobilisent pour gagner la bataille de l'emploi, l'urgence ne commandait-elle pas d'autres priorités ? N'est-ce point là heurter de front le sens commun ?

Sur le chemin des interrogations décapantes, posons la question des questions : un ministère de la culture, pour quoi faire ? Pour éclairer d'un petit coin de ciel bleu le sévère appareil de l'État ? Pour apaiser les consciences malheureuses ? Pour féconder l'avenir ?

Jack Lang, *Discours à l'assemblée nationale*, 17 novembre 1981.

Travailler sa voix : portée et souffle

6 Lisez le texte suivant en posant votre voix et en vous faisant entendre de toute la classe.

Astuces

▸ Faites de courtes pauses après les virgules et points virgules, respectez l'intonation des points d'interrogation. Prenez le souffle suffisant quand il y a des énumérations.

Homme, es-tu capable d'être juste ? C'est une femme qui t'en fait la question ; tu ne lui ôteras pas du moins ce droit. Dis-moi ? Qui t'a donné le souverain empire d'opprimer mon sexe ? Ta force ? Tes talents ? Observe le créateur dans sa sagesse ; parcours la nature dans toute sa grandeur, dont tu sembles vouloir te rapprocher, et donne-moi, si tu l'oses, l'exemple de cet empire tyrannique. Remonte aux animaux, consulte les éléments, étudie les végétaux, jette enfin un coup d'œil sur toutes les modifications de la matière organisée ; et rends-toi à l'évidence quand je t'en offre les moyens ; cherche, fouille et distingue, si tu peux, les sexes dans l'administration de la nature. Partout tu les trouveras confondus, partout ils coopèrent avec un ensemble harmonieux à ce chef-d'œuvre immortel.

Olympe de Gouges, *Déclaration des droits de la femme et de la citoyenne*, 1791.

7 Entrainez-vous à lire les textes suivants debout, à voix haute, en étant attentif/ve à votre posture et à votre voix.

1. Le théâtre. Vous ne savez pas ce que c'est ? Il y a la scène et la salle. Tout étant clos, les gens viennent là le soir, et ils sont assis par rangées les uns derrière les autres, regardant. Quoi ? Qu'est-ce qu'ils regardent, puisque tout est fermé ? Ils regardent le rideau de la scène. Et ce qu'il y a derrière quand il est levé. Et il arrive quelque chose sur la scène comme si c'était vrai. C'est comme les rêves que l'on fait quand on dort. C'est ainsi qu'ils viennent au théâtre la nuit. Je les regarde, et la salle n'est rien que de la chair vivante et habillée. Et ils garnissent les murs comme des mouches, jusqu'au plafond. Et je vois des centaines de visages blancs. L'homme s'ennuie, et l'ignorance lui est attachée depuis sa naissance. Et ne sachant de rien comment cela commence ou finit, c'est pour cela qu'il va au théâtre. Et il se regarde lui-même, les mains posées sur les genoux. Et il pleure et il rit, et il n'a point envie de s'en aller. Je sais qu'il y a le caissier qui sait que demain on vérifiera ses livres, et la mère adultère dont l'enfant vient de tomber malade, et celui qui vient de voler pour la première fois, et celui qui n'a rien fait de tout le jour. Et ils regardent et écoutent comme s'ils dormaient.

Paul Claudel, *L'Échange*, 1894,
© Mercure de France, 1901 et 1954.

2. J'étais sur une tour au milieu des étoiles !
Soudain, coup de vertige. Un éclair où, sans voiles,
Je sondais grelottant d'effarement, de peur,
L'énigme du Cosmos dans toute sa stupeur !
Tout est-il seul ? Où suis-je ? Où va ce bloc qui roule
Et m'emporte ? – Et je puis mourir ! mourir, partir,
Sans rien savoir ! Parlez ! Ô rage, et le temps coule
Sans retour ! Arrêtez ! arrêtez ! et jouir ?
Car j'ignore tout, moi ! Mon heure est là peut-être :
Je ne sais pas ! J'étais dans la nuit, puis je nais,
Pourquoi ? D'où l'univers ? Où va-t-il ? Car le prêtre
N'est qu'un homme. On ne sait rien ! Montre-toi, parais,
Dieu, témoin éternel ! Parle, pourquoi la vie ?
Tout se tait ! Oh ! l'espace est sans cœur ! Un moment !
Astres ! Je ne veux pas mourir ! J'ai du génie !
Ah ! redevenir rien irrévocablement !

Jules Laforgue, *Éclair de gouffre*,
« Phare de la Hève », 28 oct. 1880.

Crédits photographiques

Couverture
De gauche à droite
Portrait charge d'Émile Zola, illustration d'André Gill pour L'Éclipse du 16 avril 1876 : KHARBINE-TAPABOR ; Pierre Niney dans *Un chapeau de paille d'Italie* d'Eugène Labiche, mise en scène de Giorgio Barberio Corsetti, Théâtre Ephémère – Comédie Française, Paris, 2012 : BRIGITTE ENGUERAND/Divergence ; Jules Elie Delaunay, *Portrait de mademoiselle Stéphanie Brousset*, 1871, huile sur toile, musée des Beaux-Arts, Nantes : Photo © RMN-Grand Palais/Gérard Blot ; Plantu, logo de l'association *Cartooning for Peace*, août 2004 : © PLANTU ; Deux ménestrels, illustration issu du *codex des Cantigas de Santa María*, vers 1280, monastère d'El Escorial, Madrid : AKG-Images/Fine Art Images/Heritage Images

Plat II
De haut en bas et de gauche à droite
Hans Holbein le Jeune, *Les Ambassadeurs*, 1533, huile sur panneau, National Gallery, Londres : BIS/Ph. © Archives Nathan ; La fontaine de Trevi : SHUTTERSTOCK/Nicolas Forenza ; Vue du château de Versailles, école française du XVIIe siècle : BIS/Ph. H. Josse © Archives Larbor ; Jean Honoré Fragonard, *Portrait d'homme*, 1766-1770, huile sur toile, musée du Louvre, Paris : BIS/© Archives Larbor ; Ronsard : BIS/Ph. Studio J. J. Morlan © Archives Larbor ; La Fontaine : BIS/Ph. J. Arland © Archives Larbor ; Du Bellay : BIS/Ph. Coll. Archives Larbor ; Corneille : BIS/Ph. H. Josse © Archives Larbor ; Molière : BIS/Ph. H. Josse © Archives Larbor ; Marivaux : BIS/Ph. H. Josse © Archives Larbor ; Racine : BIS/Ph. Canonge © Archives Larbor ; Beaumarchais : BIS/Ph. Guiley-Lagache © Archives Larbor ; Montaigne : BIS/Ph. © Archives Nathan ; Diderot : BIS/Ph. H. Josse © Archives Larbor ; La Bruyère : BIS/Ph. H. Josse © Archives Larbor ; Voltaire : BIS/Ph. © Archives Nathan ; Olympe de Gouges : BIS/Ph. H. Josse © Archives Bordas ; Rabelais : BIS/Ph. H. Josse © Archives Larbor ; Mme de La Fayette : BIS/Ph. Coll. Archives Larbor ; Montesquieu : BIS/Ph. H. Josse © Archives Larbor.

Plat III
De haut en bas et de gauche à droite
Caspar David Friedrich, *Le Voyageur au-dessus de la mer de nuages*, 1818, huile sur toile, Kunsthalle, Hambourg : BIS/Ph. Ralph Kleinhempel © Archives Larbor ; Jules Bastien-Lepage, *Les Foins*, 1877, huile sur toile, musée d'Orsay, Paris : BIS/© Archives Larbor ; Piet Mondrian, *Composition n°IV, avec rouge, bleu et jaune*, 1929, huile sur toile, Stedelijk Museum, Amsterdam : BIS/Ph. © Stedelijk Museum, Amsterdam – Archives Larbor ; Mark Rothko, *n°6, Violet, Green and Red*, 1951, huile sur toile, collection privée : BIS/Ph. L. Joubert © Archives Larbor © 1998 Kate Rothko Prizel and Christopher Rothko – Adagp, Paris 2022 ; Apollinaire : BIS/Ph. Coll. Archives Nathan ; Césaire : BRIDGEMAN IMAGES/Sophie Bassouls ; Baudelaire : BIS/Ph. Coll. Archives Nathan ; Rimbaud : BIS/Ph. © Étienne Carjat – Archives Larbor ; Breton : BIS/Ph. Lipnitzky © Archives Larbor ; Musset : BIS/Ph. H. Josse © Archives Larbor ; Rostand : BIS/Ph. Fermina – Coll. Archives Larbor ; Ionesco : BIS/Ph. Jeanbor © Archives Larbor ; Pommerat : ADOC-PHOTOS/Fred Kihn ; Hugo : BIS/Ph. Nadar © Centre des monuments nationaux, Paris ; Zola : BIS/Ph. Coll. Archives Larbor ; Sartre : PHOTO12.COM/Ullstein Bild ; Camus : ROGER-VIOLLET/Ullstein Bild ; Balzac : BIS/Ph. Jeanbor © Archives Larbor ; Stendhal, BIS/Ph. H. Josse © Archives Larbor ; Maupassant, BIS/Ph. Coll. Archives Larbor ; Proust : BIS/Ph. L. Joubert © Archives Larbor ; Colette : BIS/Estate Gisèle Freund/Coll. Archives Bordas ; Yourcenar : BRIDGEMAN IMAGES/Marcello Mencarini ; Duras : BRIDGEMAN IMAGES/Agip ; NDiaye : ROGER-VIOLLET/Jean-Pierre Couderc

Intérieur
6 et **15** : Kim DONG-KYU ; **16** : *Tapisserie de Bayeux*, XIe siècle – L'armée anglaise commandée par Harold : AURIMAGES/Musée de la Tapisserie, Bayeux ; **20** : *Les Proportions du corps humain d'après Vitruve*, dessin de Léonard de Vinci vers 1492, Galerie de l'Académie, Venise : BIS/Ph. Giacomelli, Venise © Archives Larbor ; **24** : Vue du château de Versailles : ADOBE STOCK PHOTO/rmp91 ; **26** : Le Bernin, *L'Extase de sainte Thérèse d'Avila*, 1645-52, marbre, chapelle de Cornaro, Santa Maria della Vittoria, Rome : AURIMAGES/Collection Dagli Orti ; **28** : Jean-Honoré Fragonard, *Le Verrou*, vers 1778, huile sur toile, musée du Louvre, Paris : BIS/Ph. Hubert Josse © Archives Larbor ; **32** : Albert Besnard, *La Première* d'Hernani. *Avant la bataille*, 1903, huile sur toile, maison de Victor Hugo, Hauteville : CC0 PARIS MUSÉES/Maisons de Victor Hugo Paris-Guernesey ; **36** : Gustave Courbet, *Un enterrement à Ornans*, vers 1849, huile sur toile, musée d'Orsay, Paris : Photo © RMN-Grand Palais (musée d'Orsay)/Gérard Blot/Hervé Lewandowski ; **38** : *Arbre généalogique annoté des Rougon-Macquart*. Manuscrits occidentaux, NAF 10290, Folio 172, BNF : BNF ; **40** : Odilon Redon, *Les Yeux clos*, 1890, huile sur toile, musée d'Orsay : Photo © RMN-Grand Palais (musée d'Orsay)/Hervé Lewandowski ; **44** : *Rhinocéros*, mis en scène par Emmanuel Demarcy-Mota, 2013 : PHOTO12.COM/ALAMY/Theatrepix ; **48** : Nathalie Sarraute. Paris, 1958 : ROGER-VIOLLET/Boris Lipnitzki ; **52** : *Cendrillon*, pièce écrite et mise en scène par Joël Pommerat, Théâtre de Thionville, 2015 : MAXPPP/Le Républicain Lorrain/PhotoPQR ; **56** : Marguerite Duras, 1993 : ROGER-VIOLLET/Janine Niepce ; **60** : Abd Al Malik en concert, 2013 : AFP/Anne-Christine Poujoulat ; **7** et **65** : BRIDGEMAN IMAGES/Laurence Folie ; **82** : AKG-Images/© 2022 Heirs of Josephine N. Hopper/Adagp, Paris ; **8** et **115** : BRIDGEMAN IMAGES/Alinari ; **141 ht g** : ADOBE STOCK PHOTO/Elena_suvorova ; **141 ht d** : CHRISTOPHE L COLLECTION/© Pathé/David Koskas ; **141 bas** : CHRISTOPHE L COLLECTION/© Selznick International Pictures/Vanguard Films ; **146** : GAMMA RAPHO/Laurent Maous ; **163** : BRIDGEMAN IMAGES/Photo Josse ; **168** : AKG-Images ; **9** et **171** : ADOBE STOCK PHOTO/Olly.

Édition : Valérie Antoni
Conception graphique (intérieur et couverture) : Élise Launay
Mise en page : La papaye verte
Iconographie : Geoffroy Mauzé
Fabrication : Kévin Magar
Photogravure : Point 11

N° de projet : 10286632
Dépôt légal : Avril 2022
Achevé d'imprimer en Juillet 2022 par Rotolito S.p.A. en Italie